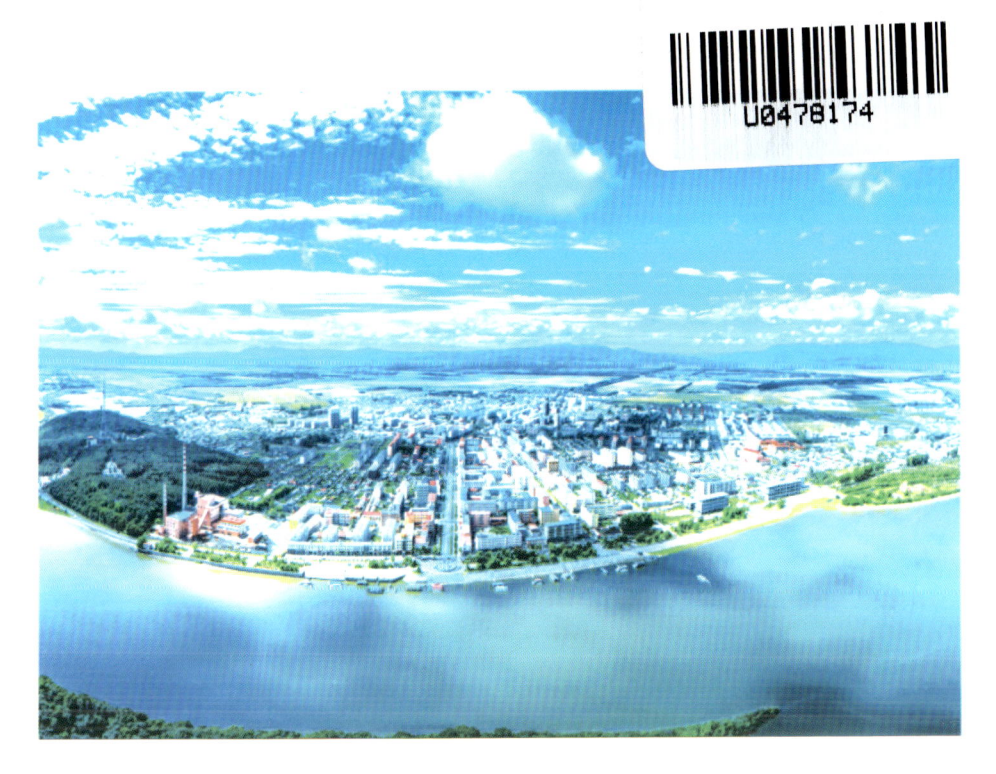

大美饶河 鸟瞰 摄影：徐义

大美饶河 夜景 摄影：徐义

中共满洲省委所属党组织分布及反日游击队创建地示意图
（1932年—1935年）

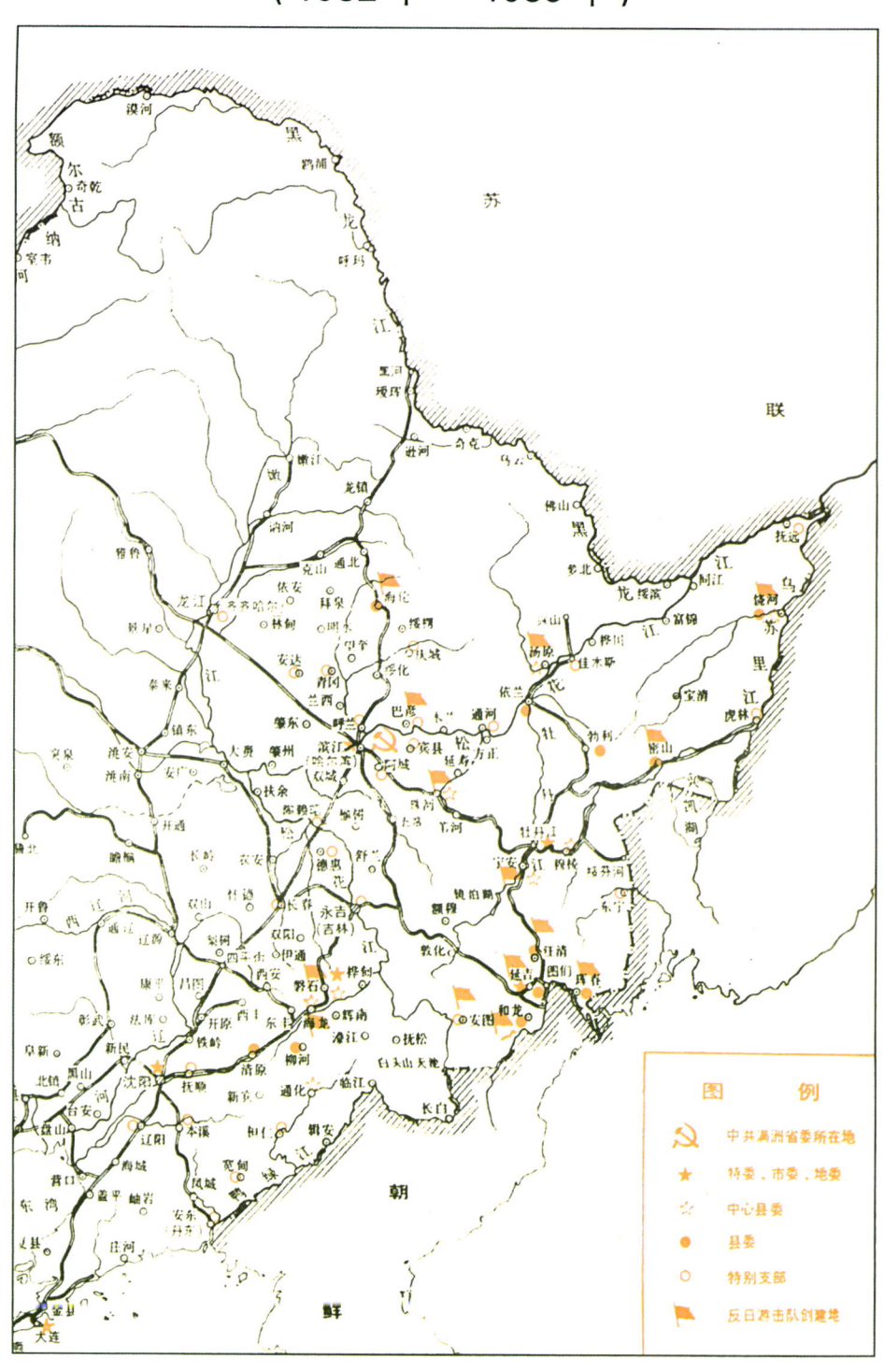

饶河抗日英雄纪念碑

饶河县烈士陵园

饶河县革命老区发展史

饶河县老区建设促进会 编

黑龙江教育出版社

图书在版编目（CIP）数据

饶河县革命老区发展史 / 饶河县老区建设促进会编 . -- 哈尔滨：黑龙江教育出版社，2021.5
ISBN 978-7-5709-2222-2

Ⅰ．①饶… Ⅱ．①饶… Ⅲ．①饶河县－地方史 Ⅳ. ①K293.54

中国版本图书馆CIP数据核字(2021)第078458号

顾　　问	于万岭
丛书主编	杜吉明
副 主 编	白亚光　张利国　李树明　李　勃

饶河县革命老区发展史
Raohexian Geming Laoqu Fazhanshi

饶河县老区建设促进会　编

责任编辑	宋 菲　高 璐
封面设计	朱建明
责任校对	杨 彬
出版发行	黑龙江教育出版社
地　　址	哈尔滨市道里区群力第六大道1305号
印　　刷	哈尔滨博奇印刷有限公司
开　　本	787毫米×1092毫米　1/16
印　　张	25
字　　数	300千
版　　次	2021年5月第1版
印　　次	2021年5月第1次印刷
书　　号	ISBN 978-7-5709-2222-2　　定　价　58.00元

黑龙江教育出版社网址：http://www.hljep.com.cn
如需订购图书，请与我社发行中心联系。联系电话：0451-82533097　82534665
如有印装质量问题，影响阅读，请与我公司联系调换。联系电话：0451-51789011
如发现盗版图书，请向我社举报。举报电话：0451-82533087
未经编著许可，不得转载

《饶河县革命老区发展史》编审委员会

主　任　王崇峰（中共饶河县委原副书记）
成　员　何玉林　曹兆奇　赵　颖　冯　健

《饶河县革命老区发展史》编辑委员会

主　编　王瑞林（中共饶河县人大常委会原主任）
副主编　刘胜范　曹兆奇　赵　颖　王铁兵
　　　　　刘　霞（吉林省四平市铁西区区委）
成　员　王　海　李相斌
工作人员　王　忠　于锦波　辛国元
校　对　赵　颖（中共饶河县委党校教授）
插图设计　李建华

编　著　刘胜范（中共饶河县委党校原校长）

总 序

在举国欢庆新中国成立70周年前夕，中国老区建设促进会王健会长请我为《全国革命老区县发展史》丛书作序，作为一名在老区战斗过并得到老区人民生死相助的老兵，回首往事，心潮澎湃，感慨万千，深感义不容辞，欣然应允。

中国革命老区，是以毛泽东为代表的中国共产党人在领导人民推翻帝国主义、封建主义和官僚资本主义三座大山，争取民族独立和人民解放伟大斗争中建立的革命根据地，在这片红色的土地上，诞生了无数可歌可泣的革命英雄儿女，为后人树起了一座不朽的丰碑。她是新中国的摇篮，是党和军队的根。

在艰苦卓绝的战争年代，老区人民把自己的命运与中华民族的命运紧紧地联系在一起，与中国共产党和人民军队的命运紧紧地联系在一起，他们生死相依，患难与共。我曾亲历过战争年代，并得到过老区红哥红嫂的救助，切身感受到发生在身边的一幕幕撼天动地的革命故事，在那极其艰难的条件下，老区人民倾其所有、破家支前，不怕艰难困苦，不怕流血牺牲。"最后一碗米送去做军粮，最后一尺布送去做军装，最后一件老棉袄盖在担架上，最后一个亲骨肉送去上战场"，这是当时伟大的老区人民为建立新中国做出巨大牺牲的真实写照，它将永远镌刻在中国共产党、中国人民解放军、中华人民共和国的历史丰碑上。他们的光辉业绩永载史册，他们的革命精神必将影响一代又一代的革命新人，造就一代又一代的民族脊梁。

在社会主义革命和建设时期，革命老区和老区人民响应党的号召，面对落后的面貌、脆弱的经济、恶劣的生态环境，他们本色不变，精神不丢，自力更生，艰苦奋斗，干一行爱一行。始终坚持"革命理想高于天"，自觉做共产主义远大理想的坚定信仰者和忠实实践者，勇于向恶劣的自然环境和贫穷落后宣战，他们在各条战线上为国建功立业，用平凡的双手创造了一个又一个不平凡的奇迹，彰显了老区人的崇高精神和人格力量。

在改革开放的伟大进程中，老区人民解放思想，勇于创新，发奋图强，攻坚克难，老区的经济社会建设取得了辉煌成就。特别是在改变中国的面貌、中华民族的面貌、中国人民的面貌、中国共产党的面貌的伟大实践中发挥了至关重要的作用。老区人民既是改革开放的参与者，也是改革开放的推动者。

艰苦练意志，危难见精神。老区人民在近百年的革命战争、社会主义建设和改革开放的伟大实践中，孕育形成了伟大的老区精神：爱党信党、坚定不移的理想信念；舍生忘死、无私奉献的博大胸怀；不屈不挠、敢于胜利的英雄气概；自强不息、艰苦奋斗的顽强斗志；求真务实、开拓创新的科学态度；鱼水情深、生死相依的光荣传统。这是党和人民宝贵的精神财富、丰厚的政治资源，是凝心聚力、振奋民族精神的重要法宝，也是社会主义核心价值观的重要内容。

中国老区建设促进会怀着强烈的政治责任感和历史使命感，组织全国各地老促会人员克服困难，尽心竭力编纂《全国革命老区县发展史》丛书，记录老区的光辉历史和辉煌成就，传承红色基因，弘扬老区精神，是功在当代，利及千秋的一件大事。手捧这部丛书的部分书稿，读着书中的故事，倍感亲切，深感这部丛书具有资政、育人、存史的社会功能，有着重要的时代和历史价值。它是不忘初心、牢记使命的源头活水，是赞颂共产党、讴歌老区人民的一部精品力作，是弘扬老区精神、传承红色记忆的丰厚载体，是一项继承优秀传统文化、弘扬革命文化、发展社会主义先进文化，坚定"四个自信"的宏大文化工程。它必将成为一种文化品牌，为各界人士了解老区宣传老区支持老区提供一部有价值的研究史料。希望读者朋友们能从中了解并牢记这些为党和民族的利益不断奉献的老区人民，从中得到教益，汲取人生奋斗的精神动力。

新时代赋予新使命，新起点开启新征程。让我们更加紧密地团结在以习近平同志为核心的党中央周围，坚持以习近平新时代中国特色社会主义思想为指导，增强"四个意识"，坚定"四个自信"，做到"两个维护"，弘扬老区精神，铭记苦难辉煌。为实现"两个一百年"奋斗目标，实现中华民族伟大复兴的中国梦做出新的更大的贡献！

迟浩田

2019年4月11日

编写说明

2017年6月,中国老区建设促进会组织全国各地老促会启动编纂《全国革命老区县发展史》丛书,按照"建立中国共产党、成立中华人民共和国、推进改革开放和中国特色社会主义事业"三大里程碑的历史脉络,系统书写革命老区百年历史,深入挖掘革命老区红色文化资源,这对于充实丰富中国革命史籍宝库、在新时代传承红色基因、弘扬革命精神、强固根本,对于激励人们在新的历史条件下夺取中国特色社会主义伟大胜利,实现中华民族伟大复兴的中国梦具有重要意义。

丛书编纂以习近平新时代中国特色社会主义思想为指导,以《中国共产党历史》《中国共产党的九十年》等重要文献为基本依据,以党的领导为核心,以老区人民为主体,以老区发展为主线,体现历史进程特征,突出时代发展特色,坚持辩证唯物主义和历史唯物主义相统一、历史真实性与内容可读性相统一的原则,书写革命老区从站起来、富起来到强起来的光辉革命史、不懈奋斗史、辉煌成就史,把老区人民的伟大贡献、伟大创造、伟大成就、伟大精神充分展示出来,形成一部具有厚重历史特征和鲜明时代特色的精品力作。这是一部培根铸魂、守正创新,既为历史立言,又为时代服务,字里行间流淌着红色血脉、催生着革命激情的传世之作。丛书的编纂出版将成为讴歌党讴歌人民讴歌时代、传播红色文化、为革命老区和老区人民树碑立传的重要载体。丛书按照编年体与纪事本末体相结合、以编年体为主的编写体例确定框架结构；运用时经事纬、点面结合的方式记述史实；坚持人事结合、以事带人的原则处理人与事的关系；采取夹叙夹议、叙论结合以叙为主的方法展开内容。做到史料与史论、历史与现实、政治与学术统一，文献性、学术性、知识性相兼容。

为编纂好《全国革命老区县发展史》丛书，打造红色文化品牌，中国老区建设促进会认真组织积极协调，提出政治立场鲜明、史料真实准确、思想论述深刻、历史维度厚重、时代特色突出、编写体例规范、篇目布局合理、审读把关严格、出版制作精良的编纂出版总要求，力求达到革命史籍精品的精神高度、思想深度、知识广度、语言力度，增强丛书的权威性和社会影响力。各省（区、市）、市（州、盟）、县（市、区、旗）老促会的同志，以强烈的使命感、责任感和紧迫感，勇于担当，积极作为，认真实施，组织由老促会成员、专家学者等参加的十余万人编纂队伍。编纂工作主体责任在县，省、市组织协调、有力指导、审读把关。各方面人员以高度负责的精神和科学严谨的态度，满腔热情地投入工作，为丛书编纂出版做出了重要贡献。丛书编纂工作还得到了党和国家有关部委、地方各级党委政府及有关部门的大力支持和积极参与，社会各界也给予了热情帮助。中共中央政治局原委员、中央军委原副主席、原国务委员兼国防部长迟浩田上将，对老区人民怀有深厚感情，对革命老区建设发展十分关注，欣然为《全国革命老区县发展史》丛书作总序。

| 编写说明 |

丛书由总册和1 599部分册（每个革命老区县编纂1部分册）组成，共1 600册。鉴于丛书所记述的史实内容多、时间跨度长和编纂时间紧，不妥之处，敬请批评指正。

中国老区建设促进会

目　录

贺《饶河县革命老区发展史》出版（代序）⋯⋯⋯⋯ 001
饶河县概述⋯⋯⋯⋯⋯⋯⋯⋯⋯⋯⋯⋯⋯⋯⋯⋯ 001
第一编　饶河革命老区斗争时期⋯⋯⋯⋯⋯⋯⋯ 008
　第一章　饶河早期历史概述⋯⋯⋯⋯⋯⋯⋯⋯⋯ 009
　　第一节　饶河古代历史沿革⋯⋯⋯⋯⋯⋯⋯⋯ 009
　　第二节　饶河近代边防建设和俄国的扰边荼毒⋯ 012
　　第二节　中国共产党在饶河的早期活动及中共饶河中心
　　　　　　县委成立⋯⋯⋯⋯⋯⋯⋯⋯⋯⋯⋯ 017
　第二章　壮丽的抗日斗争历程⋯⋯⋯⋯⋯⋯⋯⋯ 020
　　第一节　饶河抗日浪潮⋯⋯⋯⋯⋯⋯⋯⋯⋯⋯ 020
　　第二节　日寇铁蹄践踏饶河，大好河山沦陷⋯⋯ 023
　　第三节　日本侵略者对饶河的残酷殖民统治⋯⋯ 028
　　第四节　党建立饶河反日游击队与初期武装斗争⋯ 040
　　第五节　游击队威震那丹大岭，碧血染红三江原野⋯ 049
　　第六节　浴火奋战中的游击队成长壮大为四团、二师⋯ 056

第七节　抗日烽火中诞生抗日联军第七军，战旗猎猎，
　　　　血战沙场，迎来饶河抗日高潮 ……………… 070
第八节　党加强七军政治组织建设 ……………………… 085
第九节　捷报频传的1938年，七军威名扬四方 ………… 089
第十节　驰骋疆场，令敌胆寒的七军补充团 …………… 101
第十一节　巾帼不让须眉的七军妇女团 ………………… 106
第十二节　抗联七军英雄少年连 ………………………… 129
第十三节　艰难曲折的1939年，七军经历了严峻考验 … 134
第十四节　抗联七军进入最困难时期转隶第二路军
　　　　　第二支队 ……………………………………… 150
第十五节　在苏联远东野营中诞生的抗联教导旅 ……… 162
第十六节　苏联对日宣战，饶河大地光复 ……………… 174
第十七节　十大抗日英烈 ………………………………… 178
第十八节　抗日英雄谱 …………………………………… 205
第十九节　英雄夫妻，慷慨赴义 ………………………… 218
第二十节　抗战时期饶河县人口伤亡和财产损失 ……… 223
第二十一节　饶河地区革命史大事记（1927—1945年） 227
第二十二节　小结 ………………………………………… 239

第三章　解放战争 …………………………………………… 242
第一节　抗战胜利初期的复杂环境 ……………………… 242
第二节　共产党领导锄奸剿匪平叛斗争 ………………… 248
第三节　清算斗争与土地改革运动 ……………………… 251
第四节　土改后的政权建设、互助合作与生产大发展 … 255
第五节　做好各项工作迎接中华人民共和国成立 ……… 257

第四章　饶河历史人物传记 ………………………………… 260

第二编　饶河县革命老区经济恢复、改造和建设时期 ……… 270
第一章　国民经济恢复、改造和建设时期 ………………… 271

第一节　饶河县经济、社会恢复和改造时期 …… 271

第二节　饶河县经济、社会建设时期 …… 275

第二章　经历曲折后的经济、社会恢复时期 …… 285

第一节　饶河县委职能的恢复 …… 285

第二节　饶河县乌苏里江段反干涉斗争 …… 285

第三节　珍宝岛自卫反击战 …… 287

第四节　开荒建村 …… 291

第三编　饶河县革命老区经济社会发展时期 …… 294

第一章　改革开放 …… 295

第一节　农村各项政策的落实 …… 295

第二节　农村家庭联产承包责任制 …… 296

第三节　县属企业体制改革 …… 297

第四节　国家珍贵皮毛养殖基地的建立与发展 …… 299

第五节　国家级东北黑蜂自然保护区 …… 301

第二章　经济社会快速发展时期 …… 304

第一节　农业生产 …… 304

第二节　新型工商业蓬勃发展 …… 309

第三节　通讯、交通、电力 …… 311

第四节　口岸建设与中俄贸易 …… 315

第五节　城市建设 …… 319

第六节　教育　文化　卫生事业 …… 322

第七节　新农村建设 …… 333

第八节　扶贫开发与精准扶贫 …… 335

第九节　乡镇合理分布 …… 346

第十节　赫哲人获得新生，走向幸福康庄路 …… 349

第十一节　国营农场概况 …… 355

第十二节　饶河境内的林业发展 …… 359

第三章　饶河发展远景 …………………………… 362
第四章　饶河县大事记（1946—2020年）………… 367
后记 ………………………………………………… 371
参考文献 …………………………………………… 373

| 代序 |

贺《饶河县革命老区发展史》出版（代序）

中共饶河县委书记　韩雪海

史以文记，文以史传。在共和国七十华诞到来之际，30万字的《饶河县革命老区发展史》即将付梓，这是全县史志事业又一硕果，也是饶河县政治生活中的一件大事，更是激励饶河人民在习近平新时代中国特色社会主义思想指引下，为实现中华民族伟大复兴而不懈奋斗的生动教材。

盛世修史，资政弘文。史志辑录春秋定论，印证风土流变，资治，传世，育人，备考。史志工作者虽呕心沥血，却甘之如饴，敬节励志，皓首穷经，锲而不舍，终成完帙。《饶河县革命老区发展史》一书，立足地域历史文化和红色资源，在深入挖掘党史、军史、老区革命史的同时，充分展示了饶河从远古时期中华先民创造的灿烂渔猎文明，到近代保家卫国、抵御外侮，再到中国人民站起来、富起来、强起来的光辉历程。这是第一次比较系统完整地叙述饶河从1909年设立县治、1930年建立中共饶河县委、1931年建立中共饶河中心县委、抗联第七军浴血疆场、饶河光复、北大荒开发建设、改革开放和中国特色社会主义进入新时代等不同历史时期、不同层面的沧桑巨变，向世人展示了边城饶河波澜壮阔的历史画卷，是一部脉络清晰、史料翔实、可读性强、催人奋进的珍贵地方史料书籍。

那丹之表，乌苏之滨。饶河襟三江而带东极，沃野千里，江河纵横，山岳峥嵘，钟灵毓秀，握瑾怀玉，文明悠远，人杰地灵。早在中华民族的先人尚处于文明曙光的新旧石器交替时期，从这里到日本海的辽阔地域就分散居住着阿尔泰语系、满—通古斯语族的各个不同部落，他们共同创造了灿烂的中华渔猎文明。1840年鸦片战争以后，在西方列强坚船利炮的轰击下，中国危机四起、人民苦难深重，陷入半殖民地半封建社会的黑暗深渊。勤劳勇敢的饶河人民虽历经艰难困苦，但始终与伟大祖国和民族同呼吸共命运，为中华民族的独立、解放、繁荣、复兴不懈努力奋争。

鏖战东疆，血沃中华。1931年"九一八"事变，饶河人民惨遭日本军国主义野蛮蹂躏，饶河县人口从1934年的3.9万多人，锐减到1945年的1.2万多人，百业凋敝，人民挣扎在死亡线上。饶河人民在中国共产党的领导下，不畏强暴，在自然条件极其恶劣、孤悬敌后、没有后勤补给和强敌反复"围剿"的情况下，与日伪军展开殊死搏斗，共进行大小战斗200多次，消灭包括日野武雄少将在内的日伪军2 500多人，缴获了大批武器弹药和军需物资，沉重地打击了日本侵略者的嚣张气焰。饶河人民用鲜血和生命铸就了：忠贞报国，勇赴国难；勇敢顽强，前赴后继；坚贞不屈，勇于献身；不畏艰险，百折不挠；休戚与共，团结御侮的抗联精神。

垦荒戍边，忠诚奉献。在战争创伤的废墟上，共和国的一代农垦军人用铸剑之犁开垦了沉睡亿万年的黑土地。让千里榛莽变良田，辽阔的三江原野田畴连片，昔日北大荒成为共和国的北大仓，从根本上改变了饶河的面貌。他们在极其艰苦的条件下创业，以对党的无限忠诚和崇高的理想信念，孕育和锤炼出：信仰坚定，胸怀大局；不畏艰险，顽强拼搏；艰苦奋斗，自强不息；解放思想，敢闯新路；牺牲自我，戍边富国的北大荒精神。

砥砺奋进，兴边富民。改革开放40多年来，饶河人民在党的领导下，特别是近年来，饶河县全面贯彻落实习近平新时代中国特色社会主义思想，不忘初心、牢记使命，践行新发展理念，聚焦经济建设中心，以"一带一区一窗口"建设为总牵动，着力建设乌苏里船歌百里黄金旅游带、国家级生态功能示范区和黑龙江省东部沿边对外开放重要窗口，加快兴边固边、富民惠民步伐。饶河先后被评为国家珍贵毛皮动物良种繁育基地、全国绿色农产品原料标准化生产基地、国家级出口农产品质量安全示范区、国家水产种质资源保护区，是国家生态示范区、全国湿地保护工作先进县、龙江最美区县和全国首批命名的9个"天然氧吧"之一，也是全省双拥模范县、全省文明城市，饶河小南山遗址入围"2017年全国十大考古新发现终评"。始终将脱贫攻坚作为重要政治任务和民生工程，通过各方面的不懈努力奋斗，饶河县顺利实现脱贫摘帽，扶贫开发取得历史性成就。

鉴史明志，以史育人。习近平总书记指出："老区是党和人民军队的根"，饶河作为一类革命老区，全县人民在党的坚强领导下，同全国人民一道风雨同舟、披荆斩棘、砥砺前行，在伟大祖国和民族站起来、富起来和强起来的巨大历史变革中做出了饶河的历史性贡献。饶河革命老区人民在党领导的各个历史时期所孕育形成的宝贵精神品格，汇集凝练成弥足珍贵的革命老区精神，有着超越时空的永恒价值，将永远镌刻在边疆繁荣发展的历史丰碑上，也必将为饶河在同党和国家实现"两个一百年"奋斗目标和中华民族伟大复兴中国梦的历史进程中、在奋力形成饶河改革发展生动实践的艰辛探索中，持续提供不竭的精神动力和历史启迪。

值此《饶河县革命老区发展史》出版之际，我对所有为饶河文化事业发展进步、史志编撰繁荣兴旺付出努力、给予支持的同志们、朋友们表示崇高的敬意和诚挚的感谢。

饶河县概述

饶河县位于黑龙江省东部，三江平原南缘，乌苏里江中下游，县域面积6 765平方公里。地理坐标为东经133°07′26″—134°20′12″，北纬46°30′58″—47°34′24″。行政区划界线为东依乌苏里江，有长达128公里边境线与俄罗斯哈巴罗夫斯克边疆区和滨海边疆区隔江为界；东北以阿布胶河与抚远县毗邻；北以别拉洪河与同江市为邻；西北以挠力河与富锦市相望；西以里七里沁河与宝清县交界；南以外七里沁河同虎林市接壤。政区结构为县辖4镇5乡79个行政村，含1个四排赫哲民族乡和3个朝鲜族村，其中，四排赫哲民族乡是全国仅有的3个赫哲民族乡之一。行政区域内有红旗岭、饶河、胜利、八五九、红卫5个农垦国营农场，东方红及迎春2个森工林业局的下属11个森工林场。全县人口15万，有25个民族，汉族占近97%。

饶河气候特点。从纬度看属于北温带中的寒温带下限大陆性季风气候区，但饶河在地理上距日本海仅400公里，又具有半大陆、半海洋气候特征。其特点为：春季，多西北或西南大风；夏季短促，加之境内广布森林湿地，气候湿润而温热；秋季降温急骤，山区常有过早（9月上旬）霜冻发生；冬季漫长、干燥（虽然降雪量很大）而严寒。年平均气温2.8℃，无霜期约130天，年10℃以上有效积温2 500℃左右，年平均日照总时数2 360小时，年均降水量近600毫米。

饶河地质构造。饶河位于中国最东部完达山东北支脉那丹哈达拉岭山区，为三江平原、穆棱河流域、乌苏里江流域等中新生代断陷盆地所环抱之古生代岩层残留断块。从地质构造看是被中生代、新生代断陷盆地所环抱，是上古生代地层之残留断块，形成地质历史时间短，岩浆活动不剧烈，岩石构成成分相对单一，致使形成多种有价值且品位高又储量大的金属及能源矿藏的可能性较小。

县域自然地貌为中部多山，南北纵向成岭，形成中部高峻，东、西、北三面低平之自然地形。完达山东北支脉那丹哈达拉岭绵亘期间，由西南向东北延伸至挠力河北岸，形成西南高，东北低的地势。县域地貌类型有山地、丘陵、沟谷狭窄平原和沿江河湿地平原等类型，为五山一水二草二分田，县域森林、湿地、草原和水域面积占县域总面积的80%以上。最高山峰皮克山823.9米，森林面积3 450平方公里，植被保存比较完好，境内植物种类多、数量大，已考知的有167科1 050种，很多都是稀有种或特有种，其中高等植物就有112科728种，野生动物有东北虎、东北豹、黑熊、野猪、马鹿、狍子、猞猁、獾子、貉、紫貂及飞禽。是北温带较完备的生态系统之一，也是名副其实的北温带物种基因库。

饶河县境内有乌苏里江和挠力河两大江河，均属于黑龙江水系。乌苏里江为饶河县境内最大的河流，流经本县长度128公里。乌苏里江有东、西两个源头，东源由俄境内的乌拉河和刀毕河汇合而成，发源于锡赫（霍）特山主峰西南侧；西源的松阿察河发源于兴凯湖，入口处始为中俄界江，由南向北流至抚远县黑瞎子岛与黑龙江汇合，全长905公里，流域面积18.7万平方公里。挠力河自西向东蜿蜒曲折注入乌苏里江，流经本县长度为130公里。饶河水产资源富饶，有驰名中外的大马哈鱼（鲑鱼）、乌苏里白鲑、挠力河黑背红腹鲫鱼等。

饶河自古为人烟渺茫的边荒苦寒之地。在人类新旧石器交替时期，这里就是东方古老的渔猎民族生产生活的重要场所，并孕育了与渔猎生产相适应的渔猎文明。自夏、商、周朝以来的息慎、肃慎、挹娄、勿吉、靺鞨、女真，到清朝的满洲，虽然称谓不同，但他们都属于阿尔泰语系、满—通古斯语族的各不同部落，是这块土地的世代主人。饶河县最早土著居民是东海女真所属的瓦尔喀部和清末民国初年溯乌苏里江而来的赫哲喀喇部落居住之地，是祖国东北边疆的开拓者和建设者，创造了别具特色的中华渔猎文化。

近代为警防俄患，屯垦实边，于1909年3月10日（清宣统元年农历二月十九）建县，饶河是取挠力河的"挠"字谐音，意为丰饶之地。

自清中叶以来，清廷腐败，有边无防，饶河屡遭俄患，兵燹匪盗、烟毒肆虐。1840年鸦片战争以后，中国逐步沦为半殖民地半封建国家，领土主权遭到破坏，自给自足的自然经济破产，国势日蹙，北方强邻沙俄更加虎视眈眈。当时，清朝国内局势动荡，各地农民起义风起云涌，英法发动第二次鸦片战争的战火烧至北京，朝野震动。清政府内外交困，顾此失彼，沙俄借势趁火打劫，蚕食鲸吞我大片国土，先后强迫清朝政府签订了不平等的《中俄瑷珲条约》和《中俄北京条约》。从此，中国的内河黑龙江和乌苏里江变为中俄界江，沙俄的魔爪进一步伸向中国腹地。

1931年9月18日，日本关东军悍然发动蓄谋已久的"九一八"事变，饶河遭日寇野蛮蹂躏，战乱频仍，各族人民生灵涂炭，饶河县人口从1934年的3.9万多人，锐减到1945年8月15日的1.2万多人。饶河百业凋敝，社会失去活力，人民挣扎在死亡线上。在民族存亡危急关头，中国共产党饶河中心县委，毅然挑起救亡图存重任，发动民众，组织抗日武装，在各族人民的积极支持下，队伍迅速壮大，由抗日游击队发展到抗日联军四军四团，进而为二师，为七军，累计近二千名抗联战士，或阵前，或敌后，与日寇展开殊死搏斗，足迹遍及那丹大岭，碧血荐洒三江原野，共进行大小战斗200多次，消灭包括日野武雄少将在内的日伪军2 500多人，缴获了大批武器弹药和军需物资，沉重地打击了日本侵略者的嚣张气焰。饶河人民的抗日斗争使日伪闻风而丧胆，始终没有建立稳定的统治。战斗中涌现出陈荣久、崔石泉、李学福、王汝起、张文偕、李斗文、朴振宇、徐凤山等一大批优秀中共党员、抗日将领和爱国志士，表现了"中华儿女不可辱，甘洒热血争自由"的大无畏英雄气概。他们用鲜血和生命铸就出"忠贞报国，勇赴国难；勇敢顽强，前赴后继；坚贞不屈，勇于献身；不畏艰险，百折不挠；休戚与共，团结御侮"的伟大抗联精神。

　　20世纪50年代中后期，在战争创伤的废墟上，在物资十分匮乏和技术装备手段尚十分落后的条件下，一代农垦军人用铸剑之犁划开了沉睡亿万年富饶的黑土地。让千里榛莽变良田，辽阔的三江原野田畴连片，建成了中国规模最大、机械化程度最高的国营农场群之一，昔日北大荒靓丽转身为共和国的北大仓，从根本上改变了饶河的面貌。他们在极其艰苦的条件下创业，凭着对党的忠诚和崇高的理想信念，孕育和锤炼出：信仰坚定，胸怀大局；不畏艰险，顽强拼搏；艰苦奋斗，自强不息；解放思想、敢闯新路；牺牲自我，戍边富国的北大荒精神。北大荒精神集中体现了中华民族勤劳勇敢的优秀品质，它继承发扬了延安南泥湾精神和人民军队的光荣传统，又体现了与时俱进、开拓创新的宝贵品格，至今仍然放射着催人奋进的耀眼光芒。

　　20世纪60年代末，饶河人民面对苏联霸权主义的威胁挑衅，表现出不畏强暴、大义凛然、视死如归的英雄主义气概。在反干涉斗争和珍宝岛反击战中，军民团结、同仇敌忾、斗智斗勇，取得了这场斗争的全面胜利，捍卫了伟大祖国的神圣领土。这场斗争所形成的"祖国利益高于一切"和"一不怕苦，二不怕死"的珍宝岛精神气壮山河，成为爱国主义教育的经典名句！

进入改革开放新时期，饶河各族人民在党的坚强领导下，同全国人民一道风雨同舟，披荆斩棘，砥砺前行，在经历了站起来、富起来和强起来的历史变革中作出了伟大的贡献，形成了新时代的改革创新精神。饶河革命老区人民在党领导的各个历史时期所孕育形成的抗联精神、北大荒精神、珍宝岛精神和新时代的改革创新精神，一并汇集凝练成弥足珍贵的革命老区精神，有着超越时空的永恒价值，它将永远镌刻在历史的丰碑上。

饶河是建党较早的国家一类革命老区，饶河百年峥嵘岁月，世纪沧桑巨变，特别是迈进改革开放新时代，饶河各族人民在党的富民政策指引下，传承红色基因，大力弘扬抗联精神、北大荒精神、珍宝岛精神和改革创新精神，重塑秀美山河，迅速改变城镇乡村贫穷落后面貌，经济建设转型升级，城镇建设提档升级，社会发展日新月异，百姓生活富庶安康。中共饶河县委、县政府全面贯彻落实党的十八大以来确定的路线方针政策，紧紧围绕"两个一百年"奋斗目标，结合饶河地方特色，加大精准脱贫力度，举全县之力攻坚克难，黑蜂生产、口岸建设等特色产业蓬勃兴起，助力脱贫攻坚工程，有力地巩固了脱贫成果。饶河县委县政府坚持民之所盼、施政所向的执政为民理念，始终把保障和改善民生作为一切工作的出发点和落脚点，坚持新增财力向民生倾斜，切实让改革发展的丰硕成果惠及广大人民群众。

近年来，饶河县委县政府按照党中央"一带一路"的战略部署，发挥地缘优势，确定"边贸重镇、旅游大县、生态名县和双鸭山市对外开放的黄金通道"的战略定位，提出了"打口岸牌、走生态路，发展特色产业、建设美丽富庶文明饶河"的县域经济、社会发展思路，团结和带领全县干部群众真抓实干，奋发作为，提前完成脱贫攻坚任务，县域经济社会实现了更好更快和跨越发展。

在建设锦绣家园的征程中，饶河老区人民作为抗联英烈和拓荒者传人，创造出无愧于历史和后人的新辉煌！荣获了"全省平安县""全省法制环境建设先进县""全省双拥模范县""全省民族团结进步先进集体""全省文明城市""国家级生态示范县""国家珍贵毛皮动物良种繁育基地""欧盟有机食品组织认定的有机食品生产基地""国家级东北黑蜂自然保护区"、国家级"兴边富民"工作重点县等一系列荣誉称号。

饶河县是天然大氧吧。生态格局为五山一水二草二分田，县域森林、湿地、草原和江河面积占县域总面积的80%以上。碧水蓝天、空气清新，景色优美、空气负氧离子最高值为36 100个/立方厘米，是全国首批命名9个"天然氧吧"之一。

饶河县是绿特大基地。拥有耕地面积450万亩、森林面积3 450平方公里和1江28河，绿色有机农副产品、水产品和山特产品资源十分丰富，绿色、无公害农副产品种植面积占全县农作物总播面积95%以上。饶河县是东北黑蜂国家级自然保护区核心区、国家珍贵毛皮动物良种繁育基地、欧盟有机食品组织认定的有机食品生产基地、全国绿色农产品原料标准化生产基地、国家级出口农产品质量安全示范区、国家水产种质资源保护区。

饶河是文史大宝库。饶河小南山古文化遗址出土的文物，《中国通史》开篇即有展示，其出土古玉总数占黑龙江省出土古玉总数的近一半。饶河境内古人类遗迹可追溯到9 000年以前，被誉为"孕育东方渔猎文明的摇篮"。

饶河县是外贸大通道。饶河口岸是全年四季通关的国家一类客货运输口岸，口岸设计年过货能力100万吨，日过客2 000人次，对应的俄罗斯比金口岸是俄远东地区唯一由政府官方投资建设的口岸。饶河——比金口岸相距仅760米，是运输鲜活农副产品、轻纺产品、家用电器、生活日用品和其他系列生产加工产品的理想通道。

饶河县是旅游大走廊。拥有珍宝岛、乌苏里江国家湿地公园、千鸟湖国家AAAA级旅游景区、国家级东北黑蜂自然保护核心区、挠力河国家自然保护区、小南山抗日英雄纪念碑、四排赫哲风景区等优势旅游资源，饶河县是中国十佳原生态旅游名县、最美中国旅游目的地示范县。饶河因优美动听的《乌苏里船歌》《大顶子山哟高又高》蜚声大江南北。70年的新生历史，40年的跨越发展，饶河伴随着改革开放的凯歌行进。

大美饶河——这颗乌苏里江畔的明珠历经岁月的洗礼，正日益绽放出新时代夺目的光彩。饶河这座中西合璧的口岸城市不断勾勒并不断刷新着自身的轮廓，变得更加靓丽。浓墨重彩绘蓝图，明珠边城育新风。承载着饶河15万人民发展梦想的这座红色边城、外贸名城、民族名区、生态名县的口岸城市已经崛起在祖国的东方。

第一编 ★ 饶河革命老区斗争时期

第一章　饶河早期历史概述

第一节　饶河古代历史沿革

饶河县位于祖国东北边陲,地理坐标为东经133°07′26″—134°20′12″,北纬46°30′58″—47°34′24″。饶河自古及近代为边荒闭塞苦寒之地,早在中华民族的先人尚处于文明曙光的新旧石器交替时期,从这里到日本海的辽阔地域就分散聚住着阿尔泰语系、满—通古斯语族的各个不同部落,他们共同创造了灿烂的中华渔猎文明。饶河县最早的土著居民是东海女真(野女真)的瓦尔喀部和清末民国初年由黑龙江和松花江下游溯乌苏里江而来的赫哲喀喇部落人居住之地。①根据饶河境内县城郊区小南山、小佳河镇、石场林场和五林洞河小东山等地遗址考古出土

---

① 参见《赫哲族简史》,黑龙江人民出版社,1984年8月第1版。明朝,女真分为建州女真、海西女真和野女真(又称东海女真),赫哲喀喇属于泛称的野女真。清初,野女真分二大部:瓦尔喀部和呼尔喀部(呼尔哈部、虎尔哈部、虎尔喀部),图们江至乌苏里江两岸,迤东海滨为瓦尔喀部落,牡丹江至松花江及黑龙江下游为呼尔喀部落。历史上也有泛称瓦尔喀部和呼尔喀部为窝集部(又称渥集部)——当地土著居民称崇山峻岭、林木荆棘丛生、河流密布之人迹罕至的广大地域为"窝集",因而,居住此地的人又有窝集部之称。赫哲喀喇生活在呼尔喀部落中,因此,赫哲喀喇与瓦尔喀是同宗同族,同属野女真部,只是居住地不同,称呼不同。

文物考证，早在一万年左右就有人类聚居生息在饶河这块土地上。

从公元前约2 200多年前的唐虞时代至公元前476年的春秋时期，这里是属于中华民族成员之一的满族祖先肃慎人居住的地方。在对饶河小南山遗址数十年不间断地考古发掘中，出土了大量的玉璧、玉珠、石斧、石矛、石镞、刮削器、磨制的石镞和夹砂粗红陶器等遗物，这些物品据考证同为中原地区原始社会时期的同类产品遗物。其中的玉璧、玉珠与依兰县倭肯哈达洞穴所出土的类似黄河流域汉族佩戴的各式玉佩相同。小南山遗址跨越年代久远，文物遗存丰富，信息量大，涵盖了乌苏里江流域新石器时代渔猎古人类生产、生活各个方面的最好遗存标本。为此，21世纪初考古历史学界认定饶河小南山文化类型的氏族部落，是新石器晚期所代表的乌苏里江中下游古渔猎文明中心。这进一步证明了从原始社会起，中华民族的祖先就劳动、生息、繁衍在这块资源丰饶的广袤黑土地上，这里的古代先民早在史前就和中原地区有着密切的经济、文化等联系。同时，证明了渔猎经济在特殊地理单元内也能孕育古人类文明，也同样是中华文明的重要组成部分。

有史以来，饶河即为受中原文明影响的各渔猎民族聚居之地区，先后有不同的部落和部族生活在这块土地上。从历史发展进程演变看，饶河县境域的行政归属管辖经历变革为：周、秦朝以前为肃慎，汉为挹娄，南北朝时属勿吉，隋朝为粟末靺鞨之号室部，唐为渤海国所属之怀远府（今同江市）及安远府（今俄伊曼市附近）所辖，辽为东京道之颇阿里部（今俄哈巴罗夫斯克市），金为上京道之速频路，元为辽阳行省之水达达路、乌图里万户府、阿速骨儿千户所。以上朝代时期，饶河尚未有固定行政建置。至明朝，饶河属奴尔干都司管辖区，永乐十二年（1414

年）设失儿兀赤卫①，卫指挥为当地部人首领万达。

清朝建立后，饶河在大的行政区上隶属于吉林将军管辖。清初，顺治十年（1653年），饶河是宁古塔昂邦章京属地，本县隶属宁古塔昂邦章京②属下德克登吉③世管佐领管理（佐领为武职正四品）。其属地中的古司库瓦郎④为乌苏里江沿岸军队主要集结地。自顺治九年（1652年），宁古塔昂帮章京海色，率部去黑龙江下游同俄国入侵者激战乌扎拉村之后，几十年间，本县所属境内沿乌苏里江之各居民点，成为迎送历次讨伐罗刹（沙俄军队）的兵站和物资补给地。康熙元年（1662年），宁古塔昂邦章京更名为镇守宁古塔等处将军。

康熙十五年（1677年），宁古塔将军治所移驻吉林乌拉（今吉林市，乌拉为满语，为江河之意），称吉林将军，宁古塔改置吉林将军属下副都统（副都统为武职正二品级）。雍正十年（1732年），吉林将军属下宁古塔副都统辖区增设三姓副都统（三姓为今依兰县），三姓副都统辖区下领三姓、富克锦⑤（也称弗提卫或富提希卫，由明代转音，今富锦市）两个驻防协领，饶河又依次接受吉林将军、三姓副都统和富克锦协领管辖。

①即实尔固宸卫，今饶河县马架子林场场部附近的小安河北1.5公里处沿乌苏里江岸之高岗地。明朝在关外设立的卫、所，有别于关内，不受人数限制。
②昂邦章京，满语为"总兵"，汉译即将军。清初，在东北实施有别于关内"行省制"的"军府制"，宁古塔昂帮章京为东北当时两行政区之一的最高长官，正一品武职，是吉林将军的前身。
③今虎林市独木河口，清初，乌苏里江沿岸最大村镇之一。
④满语是军营之意，今珍宝岛附近之地名，称公司。
⑤富克锦协领当时驻地为噶尔当（嘎尔当）屯，满语称"噶尔当"为协领，后以官职名为地名。

这时期，乌苏里江流域赫哲人共有八姓，分别编为镶黄旗、正黄旗、镶白旗、镶红旗、镶蓝旗。至嘉庆（1796—1820年）和道光（1821—1850年）时期，乌苏里江两岸噶珊（满语村屯之意）已有20余处。其中，乌苏里江西岸饶河境内之噶珊就有：哈达（满语山顶之意，今饶河县城）、锡尔古臣（今饶河马架子林场北，即失儿兀赤，又叫希尔古差、实儿古宸）、佛匪（今饶河农场西通一带）、诺罗（今饶河东安镇）等四处。清道光二十年（1840年），饶河县总人口1 100人左右[1]，其中多数为瓦尔喀人，其次为赫哲人和少量关内流入垦荒的汉族人。本县居民的贡貂纳税、兵丁征调、境内治安等，均由三姓副都统及其下属的佐领负责征调、收缴和管理。

黑龙江、松花江、乌苏里江三江流域沼泽湖泊密布，河流纵横，水系发达，富产鱼虾和珍禽；完达山余脉的崇山峻岭蜿蜒起伏、横亘其间，一望无际的茫茫林海孕育了丰富珍贵的森林资源、栖息着各种山禽野兽。如此丰饶美丽的山河，给以渔猎为生的赫哲人以舟楫之利、衣食之源，为发展渔猎经济和渔猎文化奠定了丰厚的物资载体，这里就是赫哲人的可爱家乡。

第二节　饶河近代边防建设和俄国的扰边荼毒
（1840—1929年）

自1840年第一次鸦片战争以来，腐败的清政府相继签订一系列丧权辱国条约。第二次鸦片战争期间，沙俄趁火打劫，强迫

---

[1] 姚中晋编著《饶河县志》，卷二《建置》第二章《人口》，卷三《社会人文》第一章《民族》第三、四节。黑龙江出版社，1992年第1版。

清政府签订了《中俄瑷珲条约》和《中俄北京条约》，抢占了黑龙江流域的100余万平方公里中国领土，包括黑龙江以北、外兴安岭以南、乌苏里江以东至库页岛的大片土地。中国逐步沦为半封建半殖民地社会，民族危机加重，社会经济日趋凋敝，中国此时已处于"瓜分豆剖，渐露机芽"被肢解的危险境地。鉴于我辽阔的东北边疆，地无设置，边无守备，人烟稀少，沙俄又无止境地贪婪蚕食，为形势所迫，清政府被迫放开"封禁"政策，使得山东、河北一带大批破产的农民、手工业者，慕其资源丰饶至东北谋生。至此，日积月累，汉民在饶河渐次增多，本县荒野逐渐得到开发。初期，这些人以种植鸦片为主，兼种有少量粮食和蔬菜。这一结果，导致本县的民族成分、民族结构、民族数量、生产方式等发生了重大变化。原土著瓦尔喀人和赫哲人成为少数民族，汉人上升为主体民族，农耕经济代替渔猎经济。

光绪八年（1882年），清政府在富克锦的嘎尔当（今富锦市郊区西噶尔当村）设置协领衙门。富克锦协领衙署为当时三姓副都统的派出机构（截至1907年），委任战功显著、威望显赫的嘎尔当城主尤坑哈拉·克热炳顺为第一任协领，负责管理松花江、黑龙江下游和乌苏里江的广大区域。协领衙署管理的具体行政区域为：音达木（今佳木斯）至通江（今抚远）、挠力河（今饶河）沿江的22个村屯。分为4个防区，每区设一佐领和100披甲[①]兵勇，就地募兵设佐，安民保境戍守边疆。协领衙署还在松花江和黑龙江下游及乌苏里江沿岸设置了20个卡台（警戒哨瞭望

[①] 清朝八旗制度，军人按照身份地位，分为"阿哈""披甲人"和"旗丁"三种。阿哈即奴隶，多是汉人、朝鲜人；披甲人是降服部落的人，民族不一，地位高于阿哈；旗丁是建州和海西女真人。到后来，降服的人减少了，披甲人的原意逐渐引申为征调的一般士兵。

台），4个卡伦[①]，统管辖区一切防务及行政事务。

　　协领衙门挑选当地400赫哲族甲兵，编为一旗，发给钱粮和恩科地[②]。饶河乌苏里江一带赫哲族分别属于镶蓝旗、镶黄旗、正黄旗和正红旗，凡编入旗者均称"伊彻满洲"（新满洲）。协领衙门最高官职为"嘎尔当或噶尔达"，其下属四个牛录章京[③]，每个章京分别管辖一个旗下的兵丁。章京以下各屯有"哈番"，"哈番"之下有"拨什库"，直接统治各村屯居民。"嘎尔当"和章京一般由满洲人担任，"哈番"和"拨什库"由赫哲人担任。协领衙门的400兵丁，从赫哲族的四个旗中征集，分别由所属章京掌管和训练。协领衙门的兵丁，不是常设驻军，而是清朝在东北边疆寓兵于农的一种兵役制度，每年春秋各训练一个月，每次100人。训练完毕回家生产，战时应召入伍。赫哲人成年男子在清朝都有服兵役的义务，男人在18岁都要"上挡子"（将姓名记载应征兵册），每人每月发12两银子，直到应征兵期结束时止。应征的赫哲族均为骑兵，马匹是自家的，无马的要借用他人的。吃的粮食也要自己备带，每次受训一个月，每人自带小米半斗。

　　咸丰九年（1859年），在饶河境内的诺罗河口建卡伦（挠力

[①]清朝东北边疆的卡台、卡伦的主要职能是巡查边界、管理属区军政事物。

[②]清朝末年，朝廷给赫哲人分配土地，名曰"恩科地"，作为养兵之用。

[③]赫哲语称章京为"佳仁"，努尔哈赤定300人为1牛录，作为基本的户口军事编制单位，牛录额真1人管理，始正式成为官名。后金天聪八年（1634年），改称牛录章京，入关后，改为汉称佐领，正四品。后逐渐演变，不同等级，官职不同，章京的称谓也不同。但关外章京，战时为领兵官，平时为行政官，掌管所属户口、田宅、兵籍、诉讼诸事，其职多为世袭，也是社会与军事组织职名。

河）。该卡伦初设现在的饶河县东安镇的乌苏里江与挠力河交汇处，后迁至小佳气河与挠力河汇流处西岸，即今小佳河镇。卡伦为军政合一组织，统管本县境内的一切防卫和行政事务，卡伦相当于现在的县团级单位，为一地方的军政长官。

随着本县人口不断增加，农业生产发展较快，由卡伦官代理行政职务已不适应。本着"招垦兴边，警防俄患"的宗旨，光绪三十三年（1907年）始建吉林省治，改将军为巡抚，撤销所设之三姓副都统，饶河属于吉林省治。光绪三十四年（1908年），饶河县挠力河以南地域划归密山府治，挠力河以北仍归依兰府治。至此，富克锦协领衙署一共经历了28年历史，七任协领，于1909年建立富锦县撤销。宣统元年（1909年3月10日），经吉林省衙门呈报清朝政府，拟在小佳气河卡伦驻地建饶河县治所，仍属密山府管辖。此奏折于宣统二年（1910年5月24日）清廷正式朱批允准，吉林省民政使司任命举人出身的候补知州方世立为饶河县设治委员（相当以后的县长），县治所在今小佳河镇的小佳气河与挠力河交汇处以西二公里处（俗称"老衙门"）。饶河县所定行政区域范围：东以乌苏里江与俄为界，西以双丫子（即双砑岭，今宝清县八五二农场造纸厂南山）与密山府（今密山市）接壤，南以老岭分水（今神顶峰）与虎林县为邻，北以挠力河与临江府（今同江市）及绥远州（今抚远县）毗邻，面积7 500平方公里。至此，本县疆域始定，县内行政区划为四个松散行政区，即：长泰区（今县城为长泰区治所）、长平区、长益区、长豫区。建县初期本县人口约900余人，其中瓦尔喀和赫哲人约200多人。①宣统

---

①1840年饶河县人口约1 100人，由俄境传入天花等疾病蔓延，至20世纪初，本县人口锐减至六七百人，建县初期本县常住人口增至900人左右。见《饶河县志》，卷二《建置》第二章《人口》，黑龙江出版社，1992年第1版。

三年（1911年）饶河县归吉林行省东北路道（治所在今依兰县）管辖。1917年，县治所迁移挠力河口（今东安镇），1925年，第十三任县知事（县长）姜永昌再迁县治所于团山子（今饶河镇）。

中国近代史是一部饱受列强侵略凌辱的历史，尤以沙俄诉诸武力割让我大片国土对中国危害最深、影响最大。本已处于边荒闭塞之地的东北边疆饶河县更是长期惨遭沙俄荼毒和日本帝国主义野蛮统治，加之地广人稀，疾病流行，烟毒肆虐，匪贼蜂起，人民生活苦不堪言。

自沙俄以武力强迫清政府签订不平等的《中俄瑷珲条约》和《中俄北京条约》以来，乌苏里江虽为中俄国界，但也并未阻隔沙俄对我国的侵扰和掠夺。当年饶河大量的流民为利益驱使在广袤森林中种植鸦片，起因源于俄商的非法诱惑。俄商低价收购鸦片，利用中东铁路的殖民特权，再高价售往中国东北内地，从中牟取暴利。以致历任县长所采取的禁烟措施都收效甚微，烟毒长期遗祸一方。同时，俄商以欺诈手段实施不平等民间易货贸易，廉价兑换我方粮食、酒、布匹等，更有俄商在饶河境内雇人砍伐森林，廉价收购大批珍贵红松木材。即使是这种不平等的中俄民间易货小额贸易，我边民也常遭遇俄方在沿江一带哥萨克匪徒的越境劫掠烧杀，饶河东安镇一带的30余户赫哲居民就是不堪俄国哥萨克匪徒的野蛮侵扰而搬迁择居。

近代饶河县与俄国为邻，伴随着的不是友好互助，而是兵连祸结，还有其他接连不断的厄运。交往中又惨遭俄人带来的天花等传染性疾病的致命危害，特别是当地的土著居民瓦尔喀与赫哲人，由于他们对这些病菌、病毒免疫力低及当时缺医少药，俾使该民族濒临灭绝之境地。据20世纪50年代瓦尔喀遗老——傅传生口述：饶河西通一带的佛匪噶珊及霍伦霍（今饶河西林子乡平原村东北大班河北岗）等地，清咸丰年间，因天花蔓延，数百口人的村寨，几年间就死亡殆尽，每村幸存者不过三五人。有一姓傅的人家兄弟9人，死了7人，那两人是进山狩猎才幸免于难。1915年，仅有十多户人家的四排村，死于天花的就有20多人，全村只剩下姓何和姓傅的两户。

1929年"中东路事件"，饶河亦无辜遭受兵燹，蒙受很大损失。停泊在饶河港口码头的"海昌"轮船，先遭遇苏军炮击损伤，后被登岸之苏军劫走。苏军借中东路事件强行登陆饶河后，枪杀平民37人。苏军纪律松弛，蔑视华人，强盗嘴脸暴露无遗，一如老沙皇。如公然抢劫店铺财物后为消灭罪证，将东安镇"富盛昌"商铺掌柜及老幼5口全部枪杀；劫掠沿江一带商铺酒店28家，烧毁房屋56栋，强抢耕牛60余头、马30余匹，其他财物无法详记。这次中东路事件，饶河是无辜受害者，毫无防备之力的饶河各族人民又一次惨遭全副武装苏军的劫掠、杀戮和蹂躏的灾难。据史料不完全统计，本县在这次事件中官方经济损失20.3万银圆，民间经济损失49.25万银圆。饶河自建县到1929年所积累的财富几乎为之抢掠焚烧一空，对饶河人民的经济社会生活造成极大破坏。

第三节 中国共产党在饶河的早期活动及中共饶河中心县委成立

1921年中国共产党成立后，就十分重视东北地区党组织的建立和活动的开展。1928年9月下旬，中共满洲临时省委召开了东北第二次党员代表大会，决定将中共满洲临时省委改为中共满洲省委员会。中共满洲省委的建立，进一步加强了党对东北地区的统一领导。

1928年春，满洲临时省委派崔石泉（又名崔庸健、原名崔秋海，曾用名金治刚，朝鲜族）等中共党员到佳木斯一带，后又到通河县等地开展党的活动，并于1929年秋从通河来到饶河。崔石泉与黄哲云（又名黄继兴，朝鲜族）、崔一山（又名崔石峰、崔应哲，朝鲜族）、徐凤山（又名李阳春，朝鲜族）等四五名中共党员一起，先后在饶河县新兴洞、东安、四合顶子一带开展活动。他们有的以放山、挖参等活动作掩护，深入各山沟散居群众之中，宣传组织群众，启发群众阶级觉悟，培养发展骨干力量；有的以教书为掩护，宣传党的主张，介绍当今中国和世界形势，进行启蒙思想教育，领导群众进行反封建、反把头、反军阀的经济和政治斗争。这些中共党员的早期活动，为中共地方党组织在饶河的建立奠定了组织基础。1930年3月，经满洲省委批准成立中共饶河县委，县委书记为崔一山[①]，委员有崔石泉、黄哲云、徐凤山。中共饶河党组织的建立，揭开了饶河人民革命斗争崭新的一页。

　　为适应革命形势的发展，壮大基层党组织，发展革命力量。1930年8月上旬，满洲省委决定成立中共北满特委（兼哈尔滨市委）。北满特委当时直接负责饶河、汤原、阿城、珠河、密山、宁安、穆棱、依兰等8个县级地方党组织的领导工作。

　　1931年初，中共北满特委再次派徐凤山、崔石泉到饶河。徐凤山、崔石泉等人以三义屯为落脚点，以教书为掩护，秘密在三义屯一带开展活动。徐凤山利用三义屯亲戚较多之便，开始接近时任屯保长的李学福（又名李葆满、李学万，朝鲜族），持续做他的思想工作。经徐凤山的动员启发，李学福的思想认识发生改变，决心投身革命。他卖掉房屋和地产，将该款项用

[①]《中共饶河县组织史资料》第一章第一节第2页，黑龙江省新闻出版局黑出管字〔1987〕第407-40号备案。

于为党组织购买枪支、弹药和活动经费之需。这一时期，还有中共党员姜继范（又名姜盖），他在饶河西南岔后屯子（今三义村）小学任教员，以教书为掩护，通过放山、挖参等活动接触群众，宣传革命道理，培养发展基本骨干，秘密开展革命活动。还有原密山县委书记池活（又名池喜谦）等人，在密山组织武装暴动失败后转移苏联境内，回国后也在饶河开展党的地下工作。这些早期革命者在饶河的活动，为后来建立党领导的饶河抗日队伍奠定了组织基础。

1931年3月，在乌苏里江中下游地区党组织建立与迅速发展的情况下，中共北满特委为适应新的斗争形势需要，以中共饶河县委为基础，建立辐射领导周边各县的中共饶河中心县委。中心县委书记由朴元彬（朝鲜族）担任，委员有崔石泉、徐凤山、李一平（朝鲜族）等。饶河中心县委下属党组织有：饶河区委（书记为徐凤山）、抚远区委、宝清特支（1932年8月改为县委）、虎林支部。由于当时我党还处于地下隐蔽活动时期，饶河中心县委机关没有固定地址，先后临时设在虎林三人班、宝清的七星砬子、饶河的团山子（今饶河镇）、十八垧地及小南河村等地。随着中共党组织的建立和发展，党在这一带的影响日益扩大深入，领导了从最初有组织的经济斗争，到争取自身解放的革命斗争及后来的捍卫国家独立的抗日斗争。

第二章　壮丽的抗日斗争历程

（1931—1945年）

第一节　饶河抗日浪潮

　　日本自明治维新后，野心膨胀，觊觎中华国土，唆使关东军于1931年9月18日悍然进攻沈阳北大营中国驻军，中日局部战争随即爆发。"九一八"事变①爆发不是偶然事件，是日本帝国主义自明治维新以来确定的对华侵略扩张的"大陆政策""满蒙政策"之基本国策的必然结果，是日本军阀为摆脱世界性经济危机带来的困境和缓和国内尖锐阶级矛盾的实际步骤。国民党当局的

---

①历史上沿袭称"九一八"为事变，但"事变"和"战争"是两个属性不同的概念。"事变"是指突然发生的重大的非常事件；"战争"是政治的继续，是解决政治矛盾的最高斗争形式。日本关东军于1931年9月18日夜晚突然袭击东北军驻沈阳的北大营，随即占领东三省，自此掀起了中国人民14年之久的抗日战争。1931年9月19日，日本驻国际联盟代表芳泽谦吉故意轻描淡写地发表声明说：请国联不必重视此"地方事件"。这是日本人有意掩饰这一战争性质的错误概念，1948年11月远东国际军事法庭对日本战犯判决书中明确指出："我们认定对华战争自1931年以后是侵略战争。"

"攘外必先安内"的不抵抗政策束缚了几十万东北军，特别是束缚了尚留在东北的17万军队的手脚。致使日军仅以不足2万人的兵力如入无人之境，未付多大代价即顺利占领东北各个要地，东三省大好河山很快沦陷敌手，东北3 000多万人民陷于水深火热的苦难深渊。

毛泽东在中国共产党第七次全国代表大会作《论联合政府》政治报告中指出："中国人民的抗日战争，还是在一九三一年就开始了。"

战争爆发的第二天，中共满洲省委发表《为日本帝国主义武装占领满洲宣言》；9月20日，中共中央发表《为日本帝国主义强暴占领东三省事件宣言》；同一天，中华苏维埃共和国中央工农革命委员会发表《满洲事变宣言》；9月22日，中共中央发表《关于日本帝国主义强占满洲事变的决议》。宣言和决议关于动员全民抗战、驱逐日本侵略者的号召，得到东北各阶级各阶层、各党派、各行业的广泛响应和拥护及全国人民的支持。辽阔的东北大地到处燃起反抗日寇侵略的熊熊怒火，不甘做亡国奴的广大东北人民与一部分东北军爱国官兵、地方民团、保安队、警察及山林队、红枪会、大刀会等，违背国民党当局不抵抗命令，纷纷组织起救国军、义勇军、自卫军、反日总队等各种武装，数量最多时达30多万人，形成一支宏大的抗日队伍。他们挥长矛、舞干戚；操土炮、端鸟枪，在黑山白水间与日本帝国主义及其走狗展开了殊死搏斗。抗日的怒吼，反抗的枪炮声，唤醒了三千万东北人民，迅速掀起了东北各族人民的抗日浪潮，中华民族伟大的十四年抗日战争序幕从此在东北大地拉开。这些在中共满洲省委领导下或影响下的抗日武装，在这一阶段历史上统称为东北"义勇军"。

针对东北时局的剧变，中共中央和中共满洲省委率领东北人民坚定地走在时代的前列，勇敢地挑起救亡图存的民族重担。为加强对东北各地义勇军的领导，从1931年10月起，先后派遣200余名党员、团员到各义勇军工作。并从党领导和影响的反帝大同盟、互济会、反日会等进步团体中选派一大批骨干到各义勇军中加强力量，同时，还动员大批进步青年、知识分子参加义勇军，动员社会各界人士募捐、资助义勇之师，支持义勇军坚持抗战斗争。在党的领导下，这一时期的东北义勇军队伍发展迅猛，到最高潮时期的1933年形成30余万人的武装抗倭洪流，抗日武装斗争如火如荼，遍及白山黑水、那丹大岭、乌苏江畔。

饶河是我省建党较早的地区之一，饶河抗日游击队则是三江地区我党最早创建的一支抗日武装。饶河各族人民有着抵御沙俄侵略者的长期革命斗争光荣传统。"九一八"事变后，随着抗日斗争形势的深入发展，中共饶河县委先后在中共满洲省委、北满特委、吉东局、吉东特委和吉东省委及饶河中心县委、下江特委（名称来源于这一带地域位于乌苏里江下游）的领导下，依次经历了饶河中心县委、下江特委和七军党委几个阶段。至1932年，饶河中心县委所属中共党员发展到123名，其中饶河区委党员55人（满洲省委文件320008号），反日会基本成员300多名。饶河中心县委领导党员和反日会员，组织周边县份群众进行反地方当局苛捐杂税、反把头压榨和反日宣传、游行、示威，办骨干培训班等活动，把党的主张化作群众共识，厚植社会土壤。党领导的饶河抗日武装在特务队、饶河工农义勇军、反日游击队的基础上，也逐步发展为饶河抗日游击大队、东北抗日同盟军第四军四团、抗日联军四军二师和抗日联军第七军。在与强大日伪军战斗中和极其险恶艰苦困难的环境下，饶河中心县委领导周边各县人民前赴后继，流血牺牲，同日本侵略军及其走狗进行了不屈不挠的斗争，打得日伪统治者坐卧不安，始终没有建立稳定的统治，牵制了日本关东军的有生力量，有力地支援了关内的抗日斗争和国际反法西斯战争。

党领导的饶河抗日武装以饶河境内及周边县份的莽莽林海、水域沼泽为屏障，利用比邻苏联的有利国际条件，活动于饶河、虎林、宝清、同江、抚远、富锦、绥滨等县，开辟了大片游击区，并建立了一批敌后抗日游击密营，一直坚持到抗日战争的最后胜利。在对日本侵略者的浴血奋战中，许多优秀党员、抗日将士壮烈牺牲，无数爱国志士和抗日群众为国捐躯，他们为中华民族的解放事业做出了巨大贡献，在抗日斗争史上书写了光辉的篇章。

第二节　日寇铁蹄践踏饶河，大好河山沦陷

1932年3月1日，在日本关东军操纵下，拼凑成立了以清朝废帝溥仪为首的满清遗老遗少和各路汉奸卖国贼组成的"伪满洲国"傀儡政府。伪满洲国是日本关东军卵翼下具有殖民地性质的伪政权，它成立伊始就遭到东北广大群众的唾弃和中国人民的声讨。

吉林省前依兰镇守使李杜将军严厉痛斥东北边防军吉林副司令长官公署参谋长熙洽"独立"通电的附逆卖国行径，并断然拒绝其劝降活动。他在二十四混成旅少校以上军官抗日动员会议上慷慨激昂地说："现在国难当头，大敌当前，军人不能苟且偷生，除奔赴疆场，为国杀敌，报效国家之外，再无别路可走！"随即率部参加抗战。1932年1月，他率一个团赴哈尔滨与各方人士共商抗日大计，成立"东北抗日自卫军"，李杜当选为总司令。他命令驻各县所辖部队改编为自卫军或自卫团，参加抗战。

于是有驻饶河的九十九团三营改编为自卫军混成旅，路永才任旅长，虎林县的高玉山被任命为依兰镇守使兼战时自卫团第九大队大队长，李象山任第十一大队大队长。

1932年2月5日，哈尔滨保卫战失利后，东北抗日自卫军辗转撤至密山、虎林与饶河一带。1932年12月31日，日本关东军及伪满军队从鸡西市梨树镇和富锦市南北两个方向，向完达山脉三江平原腹地的饶河县夹击进逼。1933年1月4日，日军广濑师团长率第十师团主力利用铁路向虎林方向快速推进，10日，其属下密山支队侵占虎林县城（今虎头镇）。东北大部沦陷后，李杜所率领的自卫军孤立无援，采取的又是单纯军队抗战，未发动组织群众及建立巩固的根据地，粮秣、弹药无措，兵员损耗无法补充。李杜的自卫军在虎林与装备精良的日军密山支队激战后，主力队伍很快溃散，不得已，李杜于1933年1月10日率抗日自卫军一部千余人由虎头镇涉江去苏联。1月13日，又有邢占清和杨耀钧率领的另一部抗日自卫军2 000余人退入苏联境内。[①]

李杜在撤离苏境之前，将抗日自卫军余部委托给陈东山副司令统领。该部在虎林、饶河、宝清一带仍坚持一段时间抗日斗争，溃散后，一部分加入党领导的饶河抗日游击队。

1932年3月5日，中共满洲省委发表《为反对满洲"独立政府"成立宣言》。《宣言》号召东北人民"自动武装起来，驱逐日本帝国主义出满洲，打倒它的新工具'独立政府'"。中共饶河中心县委积极筹划组建武装力量，组织群众开展各种形式的反日活动，抵制地方政权上层人物的卖国活动，为即将到来的严峻事变作准备。

"九一八"事变后，由于日军对边远的饶河一带尚无暇顾

[①] 见元仁山编著《东北抗日联军第七军》第一章第一节。黑龙江人民出版社，2005年5月第2版。

及,但以县长刘洪谟为首的饶河上层社会官吏、商绅、保安队头目人等畏日、降日论调甚嚣尘上,甘愿做卖国求荣的亡国顺民,仰日人鼻息苟且偷生,毫无民族气节,主动与日本人暗通款曲,频送秋波。1933年3月,时任县长刘洪谟接到日本关东军三江先遣司令官尹祚乾公函后,欣然前往宝清县接受日本人招安。尹祚乾饬令各县承认"满洲国",宣读"建国决议"及"满洲独立宣言"(见《满洲国史》第133—137页),同时做好新伪县公署组建并准备迎接日本接收官,筹建各县自治指导委员会。根据日本关东军参谋部昭和六年(1931年)11月10日正式成立的"自治指导部"系统指示,各县自治机关设"自治指导委员会",由日本人任参事官、警务指导官的要求,在汉奸县长刘洪谟主持下,饶河县设立了以日本人为参事官的"自治指导委员会"。十余日后,日军尚未侵占饶河,饶河上空就飘起了日本国旗及伪满洲国五色国旗。各色汉奸等群丑,麇集弹冠相庆,将饶河唾手送给日本人。

日本关东军先遣司令部派驻饶河参事官与警务指导官,原定1933年3月末到达饶河,因山路被融化的雪水多处冲毁,路途不畅,未能按期到达,饶河暂时尚未被日寇占领。

1933年1月14日,伪虎林县公署委任李象山为虎林县伪自卫团指挥,高玉山为副指挥。2月3日,日本驻虎林县警务指导官佐藤重男将该自卫团改编为警察大队,下设两个中队,委任李象山为虎林县伪警察大队长,高玉山任第一中队长。高玉山曾于1925年任虎林县独木河自卫团分队长、总队长,早年因行业关系与李杜有接触,"九一八"事变后,高玉山的抗日思想不仅受到李杜的影响,更受到他的挚友——共产党员王撝卿的抗日思想影响。时已接受日伪招安的高玉山,把这看作是权宜之计,他正在等待时机拉起队伍再举反日旗帜。3月,恰有高玉山两部下在服侍虎林日本参事官和警务指导官时，误将两箱子弹疑为鸦片或货币，遂见财起意，竟将这日本两官佐打死[①]。事发突然，高玉山闻讯后，连夜率一中队从独木河赶到县城，立即缴了伪警察署的枪支，接管了伪县公署，控制全城及周围要隘，在虎林竖起反日大旗。当地响应者多达1 000余人，队伍定名"东北国民救国军"，高玉山任救国军司令，杨培石任参谋长，下辖两个旅。接着，收编了附近其他抗日武装，又组建第三旅。

随后，陈东山率东北抗日自卫军余部与高玉山的救国军汇合，双方决计率领部队攻打密山县，增大战略纵深，扩大政治影响。得知信息的日军在伪军配合下，在黑嘴子与密山之间设伏重创救国军。救国军受挫后，高玉山决定除部分队伍留下戍守虎林县城，主力部队开赴日寇尚未占领的饶河，联合饶河一带抗日组织，壮大抗日武装力量和形成更加宽广的战略纵深。其时，饶河地方政权上层分子已降日，掌权人物拒绝与救国军联合抗日。1933年4月初，高玉山率救国军2 000余人进军饶河，屯军县城周边及近郊三义屯，摆开攻城阵势。县长刘洪谟一方面调集大带河保安队100余人，小佳河保安队150余人，小南河保安小队50余人，腰房子及七里钦（今永幸及五林洞一带）保安队60余人及县城警察，合计近400人据守县城；一方面又与救国军虚与委蛇，征调精面粉500袋、大米100袋、肥猪50头、鸦片500两犒劳救国军，作为救国军撤离饶河的条件。4月17日，救国军初次攻城不顺，遂逸去义顺号（今宝清县大和镇）。此期间，高玉山联合黑河镇守使马占山属下臧景芝的十二团600余人和鲁祥的红枪会武装，将其扩编为救国军第四旅和第五旅。此外，高玉山还联合了桦川县长张锡侯的队伍及其他抗日队伍多支，救国军迅猛扩展到

[①] 姚中晋编著《饶河县百年拾记》卷七《人物》第354页，华文出版社2010年版。

五六千人。5月26日凌晨，高玉山率新整合的队伍再一次对饶河县城发起进攻。经两小时的激战，城西门被抗日救国军攻破。拂晓4时，救国军占领县城。这场战斗双方共死伤100余人，其中县保安队长侯文彩以下死伤40多人，救国军死伤60多人。县长刘洪谟、商务会长邢克仁、农会会长孙行瑞及县府各科局长等，分别乘小木舟顺乌苏里江逃往抚远县。县保安队头目苑福堂、孟广林等则携武器遁逃至小佳河，后又逃至富锦投靠日本江防司令部。随即，高玉山发兵攻打抚远县城，敌伪望风遁逃，虎林、饶河、抚远三县连成一片，形成抵御日寇进攻的较大阵容。

救国军占领饶河后，当地农民和商人骤然间要负担几千人的军需给养。以自然经济为主且人烟稀少的饶河不堪重负，立时造成大批农民破产、店铺倒闭和物资奇缺局面。加之救国军仓促间成立，成分复杂，各成系统，军纪松弛，为争夺粮食等物资经常发生内部冲突，扰民事件不断发生。高玉山见状，除令臧景芝的第四旅留驻县城外，其余各部散驻周边村屯。

1933年8月19日，驻富锦日军探听饶河虚实后，命饶河商务会长邢克仁、农会会长孙行瑞引路，驻富锦江防舰队司令少佐尹祚乾带领4艘军舰约一营兵力溯乌苏里江进攻饶河。救国军第四旅侦知情报后，考虑力量对比悬殊，为城内百姓免受战火涂炭，于8月21日主动撤离县城。8月22日，日本江防舰队在饶河县城登陆。代理县长刘鸿钧、电报局长洪英晋、邮便局长赵霞震等在县城悬挂日本国旗，迎接日军舰队并陪同日本尹祚乾司令官一同前往虎林，23日占领虎林县城——虎头镇。不久，日江防舰队返回驻地富锦。8月29日，救国军第四旅、第五旅和张锡侯部乘日舰队离开饶河之际，又重新占领饶河县城。

日军在巩固广大东北占领区后，陆军部队逐步向中苏边境地带推进。1934年1月31日，小佳河保安队长苑福堂为驻富锦的日本关东军饭冢支队作向导进占四排屯，2月1日正午12时，日军饭冢支队之先遣部队的金田大队所属三个中队逼近饶河县城。其先头部队鹿田中队330多人由城北门外一带发起进攻；阿部中队300多人，由县城西门外一带进攻；桑波田中队的280多人，以机枪、迫击炮为火力掩护，在县城郊区大带河桥南作预备梯队。三支日军向县城齐头发起总攻，驻县城的救国军第四旅第十和十一团被击溃，在臧景芝带领下退至大别拉炕屯（镇江村）。高玉山的救国军在饶河期间，虽接纳共产党地方武装，但又采取限制措施，也未发动群众建立巩固根据地，在日军全面进攻时孤立无援，弹药给养匮乏，作短暂抵抗之后辗转山区。高玉山、王㨂卿、陈东山、臧景芝等随后率大部救国军分批涉江逸去苏联。至此，东北抗日自卫军和东北国民救国军的武装抵抗宣告结束，日本侵略军仅以一名军曹和两名士兵死亡的微小代价就占领饶河，饶河各族人民陷入苦难的十二年亡国奴深渊。

第三节　日本侵略者对饶河的残酷殖民统治

日军占领饶河后，收罗各方亲日走狗汉奸，组建伪县公署。日本人按贡献大小分别予以赏赐官衔职位，刘洪谟任伪县长，刘鸿钧任伪内务局长，龚金城任伪警务局长，李相宸任伪警务局第一署署长（后接任伪警务局长），苑福堂任伪县警察大队长，其他如伪财务局长、伪税捐局长、伪邮便局长等均由效忠日本人的汉奸充任。日驻军头目神田任饶河伪县公署顾问、绪方义道任伪县公署参事官、隈元早苗任伪县公署警务指导官，各伪警察分署均派日本人任警务指导官。这些日本人，表面上是这些伪机构的顾问、参事官、指导官，实际上掌握着该机构一切实权，是名副其实的"太上皇"。

伪县公署成立不久,日伪就借维护县内秩序为名,推行所谓"治安第一主义"方针,发布公告:强令要求居民必须服从满洲新国家政令,稍有不从就以反满抗日罪名拘捕、杀戮。为镇压人民反抗,日伪军警在县城各个角落设置若干告密箱,暗地里培植大批各行业效劳日本人的特务,监视人民言行,搜捕爱国志士,饶河陷入法西斯白色恐怖中。

第一,在日军驻饶河守备队长兼饶河伪县公署顾问神田指挥下,日伪加紧从经济领域控制饶河。他们首先从粮食、食盐、布匹及人民生活日用品入手,牢牢控制哈尔滨通往饶河之客货轮船运输和富锦至饶河的陆路运输,断绝乌苏里江中苏民间贸易往来,掐断抗日队伍给养来源,迫使当地人民屈服日伪统治。在日伪的经济封锁和高压控制下,饶河百业凋敝,人民的生活陷于极度困苦中。鸦片烟价暴跌,粮食、食盐、药品等无法正常运进饶河,县内粮荒、盐荒尤其严重,生活在山区的居民有时几个月不见一粒盐。县城大批商铺、作坊开始解散雇工,靠出卖劳力维持生活的人瞬间变为无业游民,生活举步维艰。到1941年末,全县商铺、作坊百分之九十关闭。粮食、食盐、布匹、火柴、豆油、日用百货等商品全部实行配给制。如原茶庄鞋店商行"东生泰"为主体组成的"小卖联盟",成立不久转为日伪控制的"配给店"。县内布匹、茶叶、食品、制酒、榨油、书店、印刷……全由日伪指定的"东生泰"一家控制。随着太平洋战争爆发,日伪对经济资源的控制空前强化,在饶河又成立了"三泰公司",专门控制粮食(包括配给居民的粗糙食物和代食品)、食盐及煤炭等,烟、酒类除军需外,市面已绝迹。那时,饶河饿殍遍地,羸弱倒毙者随处可见。活着的人衣不蔽体、食不果腹、脸带菜色,广大民众苦不堪言,饶河人民已失去了基本的生存条件。

第二，为扑灭抗日烽火和进攻苏联，日本侵略者占领饶河后陆续增添兵力，强化武力统治。1934年2月5日，日本侵略者攻占饶河的第四天就派伪满第五团开赴饶河，负责县内警备。2月27日，关东军神田顾问率日本警官30余名，乘汽车从富锦赶到饶河，担任县内各伪警察署指导官，负责剿勘救国军剩余武装。1935年2月，驻佳木斯伪满第七军管区陆军第三十一团900多人由日本顾问神田指挥开赴饶河。敌人几次对饶河换防伪军均不小于一个团兵力，最多时达一个伪满旅约1 500人，这些驻防饶河的伪满军配合日军、伪警察"围剿"抗日武装，镇压人民的反抗。日军在饶河大带河屯（今垒山村东岗）建军事基地，常驻饶河的日本关东军守备队兵力约一个营。1941年夏季，为配合德军夹击苏联，又对饶河增兵一个联队，兵力达三四千人。

神田毕业于日本东京帝国大学，参加镇压朝鲜人民革命运动，为人阴险狡猾凶残。1934年至1935年，神田带兵进驻饶河后，广为收买培植密探、特务，拼凑80余人的特务工作班，派往县内各山沟居民点做侦探，或打入抗日队伍内部，为日军从事提供情报和分化瓦解招降意志不坚定的动摇分子。在敌特汉奸的配合下，神田率领伪满军800余人，对佛寿宫（今大顶子山后小安河沿岸一带）、小北沟、大带河等地进行三次大清剿，杀害无辜百姓150多名，烧毁民房50多栋。1935年秋季，叛徒王可文出卖小北沟屯抗日救国会，神田亲自领兵搜捕，逮捕该救国会会长于时干、组长倪福田等5人，又兽性大发滥杀当地无辜群众30多人，对饶河人民犯下累累罪行。

第三，为将东北变为永久的殖民地，日本又实施更为阴毒的移民计划，意图改变东北的民族构成比例，作为强基固本永久之计。日本在饶河重要地点建立武装移民村屯，靠军警力量强占中国人耕种的肥沃土地，武力驱赶中国人离开故土家园。同时，还将大量16岁至19岁的日本青年经特殊训练后，组成"义勇队开拓团"，配置在移民村，作为卫戍移民村和镇压当地抗日武装的准军事部队及发动侵苏战争的后备兵源补充基地。1934年9月，日本茨城县国民高等学校校长加藤宽二、宫川县松川五郎等，派14名青年来到饶河县，在县城南郊建大和村，实行农业殖民开拓。1943年5月，日本北海道、冲绳第二批开拓团男青年200余人到达饶河县，被分派在三义屯、大别拉炕屯（今镇江村）、小别拉炕屯（今太平村）、西林子屯、四排屯等地建立日人殖民开拓点。日本移民东北，是"满蒙政策"的一个重要战略步骤，只是由于战争后期日本国力不支，盟国参战迅速战败，其移民计划才化为泡影。

第四，自1935年始，日本帝国主义为扩大侵华战争和进攻苏联，巩固其东北后方占领地，实施三年"肃正"计划，对饶河人民施行残酷野蛮的殖民统治。日本侵略者以武力强制搞所谓"净化边境""强化治安肃正""归屯并户""集团部落""坚壁清野""匪民分离"等法西斯统治措施。

日伪统治饶河时期，为陷抗联队伍于孤立无援境地，施行野蛮的"归屯并户""集团部落"制（如西林子、三人班、蛤蟆河子、小佳河、大佳河、西凤沟村屯等"集团部落"），进行军事扫荡清沟，将散居的居民点或小村屯或界江边沿及森林腹地的房屋全部烧光，武力驱赶群众统一集中居住在用土垡子垒起的一丈多高的围墙内，围墙上设置铁丝网，围墙外挖防护壕沟，伪满军和伪警察把守，居民出入检验《良民证明书》。日寇又搬出殖民统治朝鲜和中国台湾的经验，推行《治安警察法》《保甲法》《十户连坐法》《暂行取缔武器法》等法西斯制度措施，到处建立警察机构和特务组织，架设电话，构筑工事。群众出入本村屯都得出示通行证，还经常遭受无故搜身打骂，人民成了笼子里不带枷锁的奴隶，没有丝毫的人身自由和一点人的尊严。这一系列的法西斯暴行，其目的就是通过极端高压手段震慑人民，妄图切断抗联七军与人民群众的联系，困死抗联队伍，扑灭抗日烈火，达到永久奴役之目的。

为配合军事扫荡清沟行动，日本侵略者在政治上还采取"以华治华"等阴毒策略，大力收买利诱官僚政客、地主豪绅、惯匪流氓为其服务，做残害百姓的帮凶。同时训练大批特务，打入我军和反日群众组织，进行瓦解、暗杀、散布谣言，挑拨少数民族和汉族关系，逮捕和杀害我地下党员和抗日武装人员及抗日群众。据《饶河县志》记载，日军侵入饶河后兽性大发，不到两个月时间，便逮捕杀害反日群众20余人，将50余无辜百姓扔入乌苏里江中溺水而死。

在野蛮的"归屯并户"和实行"集团部落"统治后，每个村屯都有日本人和伪警察严加看管，动辄就以莫须有的罪名将百姓予以逮捕，被捕者大都是有去无回。据不完全统计，自1934年至1938年，仅被扔入乌苏里江中溺水而死的就不下200人（冬天塞入乌苏里江冰窟窿里）。日军对被逮捕的我党地下党员、抗日武装人员、反日会成员等，日伪的手段更为残忍，用尽各种酷刑拷打，最后不是被折磨而死就是秘密处死。更加惨无人道的是将被捕的抗日人员秘密送往设立在哈尔滨的731细菌部队（731是侵华日军从事细菌战研究的特种部队，对外称石井部队），做活人冻伤、细菌感染、毒气等试验。

1935年12月21日，敌人在暴马顶子集中后，焚烧30多户民房，杀害无辜百姓16人，逮捕12人，并强迫居民迁走。日军行至大叶子沟时，将反日会员安锡鹏绑起来严刑拷打，但安锡鹏至死不屈，被日军用刺刀残忍挑死。同时在关门嘴子、小南河、七里沁、大别拉炕等村屯也进行了疯狂的烧杀抢掠。

1937年春，伪三江省发布"靖安训令"：限期在一年内将山沟里之散民，全部驱赶下山，归"集团部落"，加强城防警戒，切断抗联与群众联系，断其粮源，困厄抗联七军（《满洲国史》第204页）。

1937年7月，日伪军集中1 000余兵力，在深山密林区进行全面扫荡，实行所谓"靖安清野"，对尚未迁出的散居民众，以通匪（抗日军）罪名杀害无辜民众300余人。当年初冬，饶河日伪军、警察、宪兵，将大叶子沟、十八垧地、西风沟、暖泉子、大带河、关门嘴子、暴马顶子、七里沁子一带约3 600多户10 000多群众的住房烧毁，在日伪"讨伐"队的武力威逼驱赶下，男女老幼顶风冒雪四处奔逃，含泪抛弃赖以生存的家园故土，一路上被枪杀、冻死、无望自尽者近1 000人，仅在暴马顶子一次清沟时就有100多名群众被枪杀。日军清山野蛮至极，如大带河沟住户卢洪祥，清沟时妻子刚分娩不过5天，未能按时迁出，残忍的日军不管情由，将在家5口人用刺刀刺死，2个逃到野外的10余岁孩子被活活冻死。更有为虎作伥的汉奸走狗，为讨得日本主子欢心，戕害同胞无所不至。如三义屯伪警察署长辛汉山，在大带河沟里清乡并屯时杀死80岁老婆婆等3人，民众搬迁迟缓的，他就以通匪罪论处。这个杀人魔王在石头窝、大带河、暖泉子和关门嘴子一带杀害无辜百姓70余人，比日军的兽行有过之而无不及。

1938年3月，日伪武力强制推行保甲制度，将县内散居居民户归并到13个集团部落。饶河县分为13个保、66个甲、376个牌，全县原有的居民点变成了无人区，人民被划定在固定的网格中，任其奴役宰割。日伪清乡并屯给农民正常生产生活带来极大破坏：人口锐减，原耕地荒芜，许多迁徙的民众又无地可耕，差役沉重，生产力下降，粮食产量极低，灾荒年甚至颗粒不收，多数农户忙碌一年，尚不足糊口。由于经济凋敝，县城商铺、手工作坊等业主被迫关闭歇业。一些无工可做，无栖身之所的流浪穷人有的成为街头乞丐，有些就靠冬季拉小爬犁到20多里外的西南岔、小北沟等地为日伪官吏或特务、警察运木柴燃料聊以糊口。这些人若错过城门开放时间，因饥饿冻馁疲惫而倒毙城外者不计其数。1943年，全县百分之五十以上居民家庭没有被褥，许多农民家的炕上只有一摊破棉花套子或破麻袋片。山沟里的孩子长到十几岁尚赤身裸体，而到冬天则靠多烧木柈取暖过冬者屡见不鲜。四排村竟有男子夏季在地里劳作，浑身涂些泥巴，腰间围破麻袋片遮体。有的朝鲜族家庭，炕上唯有几张稻草帘子，算是夜间遮身取暖铺盖。据不完全统计，日伪统治饶河期间，因生活无望冒险越江投奔苏联的青壮年270多人。日伪1937年至1939年在饶河县建集团部落：1937年建部落6个，户数600户；1938年建部落4个，户数421户；1939年建部落4个，户数400户。[1]

困苦不堪的饶河人民，苦苦挣扎在死亡线上，若感染疾病，更是雪上加霜，不但无钱看病，就是有钱也无处寻医购药。1939年，全县流行伤寒、虎痢拉传染病，染疾死亡者近百人。1943年，饶河出现大的饥荒，伪县公署配给人民的有限粗粝食物难以果腹。城内居民更是苦不堪言，豆饼、野菜、稻糠、红松树皮也成为充饥主要食物。当年4月，县内再次发生瘟疫，染疾者1 000余人，死亡200余人。

第五，饶河土著居民赫哲族在日伪统治时期，更是屡遭兵燹，险象环生，几近灭绝边缘。日伪统治者对赫哲这个多灾多难的弱小民族，采取种族灭绝与威逼利诱双重殖民政策。一方面，借口防备抗联和苏联的幌子，在"治安肃正"和"强化治安"口号下，实行"坚壁清野、归屯并户"野蛮政策，将赫哲人迁居至离乌苏里江几十公里的沼泽地带所谓一、二、三部落中集中管

---

[1]1987年黑龙江省党史工作委员会编《黑龙江党建资料》第九辑。

理，其生产的渔猎产品必须优先低价出售给"兴农合作社"，又收缴赫哲人赖以谋生的枪支弹药。日寇还挑选一部分赫哲人于杳无人烟的深山密林集中居住，允许其种植鸦片，发放吸烟证，使许多人因吸食鸦片中毒而丧失生产、生育能力，直至死亡。赫哲人又一次面临万劫不复的深渊，过着食不果腹，衣不蔽体，朝不保夕的原始部落都不如的生活。至1945年8月15日日本投降，劫后余生的饶河赫哲族仅100多人（黑龙江省300多人）。

第六，日本经不起长期战争的消耗，采取以华制华，以战养战策略，同时制造民族间矛盾，达到以华制华目的。日寇对饶河占领区人民的盘剥如敲骨吸髓，苛捐杂税名目繁多，如"所得税""卫生税""禁烟税""飞机献纳金""门户费""出荷粮"……无偿强抽名目繁多的劳役，美其名曰"出荷工""勤劳奉仕"。还实行"国兵制"来扩充伪满兵力，补充日军兵员不足。饶河日伪当局驱使大批城乡青壮年服兵役，充当"讨伐"抗日联军的炮灰。未能当上"国兵"的所谓"国兵漏"，则编成"勤劳奉仕队"，强迫从事建筑、军事工程、筑路、垦荒等各种沉重劳役。

日伪军"讨伐"抗联，强征大批"出荷工"。他们每人为日伪军背负一百多斤重的弹药粮米物资，爬山越岭、涉水踏雪，受尽虐待。因疾病饥饿和超强度劳动及严寒而死亡、伤残者数以百千计之多。

1939年9月下旬，日伪征集西林子、小南河屯一带民工100余人顶风冒雪在森林、沼泽里修筑新兴洞公路。高强度的劳动，低劣的食物，简陋的衣装，致冻饿死者30余人。"十八座坟"就是修筑饶河至虎头公路，一次死亡民工18名而埋于向阳至五林洞之间15里处路北的坟冢。1942年秋，日寇将从华北扫荡抓来"民夫"千余人，先后押至饶河镇小南山四周、大带河屯、逮云岭西之迎门山高地构筑碉堡工事，工程结束后，这些人都被秘密处死。

　　1943年3月，日伪当局调来"勤劳奉仕队"1 500余人，在大带河屯四周山地、石场西、大牙克东迎门山、托窑山、仙人台等处穿凿山洞、挖掘战壕、修筑水泥工事。同时，伪县协和会青年训练所，征集"国兵漏"50余人，组成"勤劳奉仕队"与本县400余名民夫到大带河及石场以西修筑公路。1944年秋，日伪当局抽调民工200人，在县城西北隋家山（今县城西郊外一棵树，即饶河农场一队）西一公里处和东安镇诺罗山后修建简易飞机场。

　　1945年7月22日，伪饶河县公署利用县城学校暑假，组织60余名12岁至16岁男性学生及40余名民工美其名曰"勤劳奉仕"，到关门嘴子及小南河等山区采集山葡萄茎叶，熬制酒石酸，以备作战需要。

　　日本侵略者还对饶河人民采取分而治之毒计，挑拨汉族和赫哲族及朝鲜族关系，制造民族矛盾。一方面，利用赫哲人纯朴直率、骁勇善战，熟悉当地山林地形的特点，发给一部分赫哲人枪支弹药狩猎，刻意挑起赫哲人对汉人的敌意。逼其兼以侦察抗联踪迹，传递情报，搜捕零星抗联人员，达到以华制华，消耗双方之目的。此毒计，收买了以尤德荣（里七里沁河与挠力河交汇处之原保安屯，也称七里沁屯屯长）为首的个别贪图眼前利益的赫哲人，给抗联七军造成一定的损失。

　　自1910年"日韩合并"，日本帝国主义将朝鲜完全变为自己的殖民地后，日本即推行其"皇民化"政策，以所谓"内鲜一体"（"内"即日本本土，"鲜"即朝鲜）为名，宣称日本人与朝鲜人"同根同祖"，都是"大日本帝国的臣民"。在中国东北"九一八"事变爆发后，日本当局则宣称"日鲜、蒙、满、汉五族共和"，日本侵略者把自己列为五族之首，朝鲜族排第二，培养他们的优越感。方法是任用朝鲜族人当官吏，各种配给也优于后三族，学生入学也格外照顾，征召入伍的朝鲜族人参加关东军，列入皇军序列，而蒙、满、汉族人被征召入伍则当"满军"。

奉天总领事林久治郎在"九一八"事变前讲："利用朝鲜人向满洲进行渗透，总比日本人抛头露面更富于隐蔽性。"

镇压、收买、挑拨离间，制造民族隔阂，是日本殖民统治的惯用伎俩。饶河日本宪兵分遣队在朝鲜族里搜罗崔海峰、沈河涉、金相豹[①]等败类，于1933年下半年开始在饶河县城、小佳河、东安镇等地组织所谓"韩民会"组织，设立"自卫团"，充当日寇帮凶。在汉族里搜罗以苑福堂为首的汉奸，组织"保卫团"，同时组织由饶河日本宪兵分遣队控制的日、朝、汉"工作班"，专司侦察抗日联军活动。自1935年起，日本人整合各类武装伪组织，成立160人的县伪警察大队，日人町田任指导官、犬童任军事教官，伪警察大队下设三个中队，一中队长李树山，二中队长赵家培，三中队长龚金城。伪警察队的成立，标志着日本人采取以华制华统治饶河的全面升级，伪警察队成为日本人"围剿"抗联部队和镇压人民反日的得力鹰犬。

第七，饶河在日伪统治时期已变为一座人间地狱，日寇视人民生命如草芥，犯下反人类滔天罪行。日伪宪兵、警察在城乡肆意横行，经常以"战时有害分子""通匪""经济犯""思想犯""国事犯"等罪名随意捕抓人。在关门嘴子清剿时，日伪军抓捕10余农民被巫指为抗日军探子，将其捆绑后赶进一所空房子里活活烧死，滚滚浓烟伴着哀号声十里不绝。1944年10月，永

[①]元仁山编著《东北抗日联军第七军》第三章第一节第49页。黑龙江人民出版社，2005年5月第2版。

幸、小别拉炕屯以"通苏""通匪"罪名，一次抓捕17人，严刑拷打后解往内地监狱。

日本统治者为阻断抗日联军的国际交通线，自1943年起，以原小南河伪警察中队长孟广林为首领，自密山第十军管区调伪满军一个营来饶河改编为国境警备队，沿乌苏里江一带设置13处边境哨所，每哨所配备一个班兵力监守，重点哨所多达20名，每哨所派日本人做指导官。

为加强对当地人民统治，日本宪兵饶河分遣队特务机关收买培植大批特务为爪牙。日本特务机关以叛徒王纲为骨干，组成北边公司，名义为经营县内木炭、石灰、原木采伐、种植鸦片、狩猎、下江河捕鱼等，实则组成一张庞大特务网，各行业经营业主自成一特务体系，其下又设若干分支。凡参与伐木、狩猎、采山货、捕鱼、烧木炭、烧石灰人等，必须挂特务名衔，承诺侦探、搜集抗日联军及苏联派遣地下人员情报任务，否则禁止参与上述行业。同时组成"特搜班"在山林里打猎兼巡逻，追捕抗联及苏联情报人员。该特务机关织了一张繁密的情报网络，参加的人员总数约计250余人。

日本宪兵队还广泛征集为其效忠之亲日分子，进行特务训练，作为中坚力量。沈品一加入日特组织后，又网罗李树林、郑子丰、孙德胜、肖洪盛、赵孟信、蔡春华等人，充当特务主任原田（朝鲜族）的爪牙（饶法院〔1958〕刑字94号）。1943年，饶河日本宪兵队搜罗30余名单身青年，在花砬子东南金场山前麓开办特种训练所，培养国际特务。另外，日本宪兵队还以饶河分遣队宪补、汉奸张甲正（1954年被公审枪毙）为骨干，组织大批武装特务，专门对付抗联人员及苏联情报人员，人数在150名以上。被其抓获的抗联人员、国际情报人员、政治嫌疑犯、思想犯等均经宪兵队施以灌凉水、灌辣椒水、坐老虎凳、唆狼狗咬等各种毒刑严加刑讯。有当场致死者，有被暗地毒死者，有被投入冰窟窿者，有发往哈尔滨市平房区日本731秘密细菌部队做细菌试验胚品者。叛徒戴玉珍告密，日本宪兵队于1942年9月23日将饶河三多照相馆掌柜王乐甫、邹俭堂以私照违禁相片及通苏、通抗联等罪名逮捕，刑讯后发往哈市平房区日本731部队做人体细菌实验。1943年，小别拉炕屯长孙长春及其子孙肇选诬告10户农民通匪，日本宪兵队一次逮捕永幸、小别拉炕等屯12人，经过多次残酷刑讯后，也都全部发往哈市平房日本731秘密细菌部队做人体实验。1944年秋，大带河屯救国会会长张华学、村民张宝贵等，因给抗联送过粮食，被特务彭瑞和赵洪均侦悉告发，一次逮捕10人，其中在牡丹江模范监狱受绞刑5人，病死狱中4人。以"广通茂"商号作掩护的抗联秘密交通员林向阳被特务告发，1945年2月15日被宪兵队逮捕刑讯后，作为"特别输送"到日本731部队做残忍的人体细菌实验。仅1940年至1945年，驻饶日本宪兵分遣队抓捕的人数就达150人，鲜有能活着出魔窟者。

兹录有部分哈尔滨平房《七三一陈列馆》档案记载饶河县日伪特别移送受害者名单：

1.刘存国，男，45岁，饶河县城内农民，1939年3月5日由饶河日本宪兵分遣队特移实施前夕患病死亡。

2.杨吉林，男，54岁，伪东安省饶河县大带河屯农民，1941年7月9日由虎头日本宪兵分队特别移送。

3.崔玉山，男，46岁，饶河县饶河街农民，1943年2月22日由伪东安省日本宪兵队虎头宪兵分队饶河分遣队特别移送。

4.殿祥，男，33岁，1943年在饶河县关门嘴子屯被捕，后由饶河日本宪兵分遣队特别移送。

5.某人（姓名不详），男，伪东安省日本宪兵队虎头宪兵分队饶河分遣队于1943年5月特别移送。

6.3人（姓名不详），均是男性，伪东安省日本宪兵队虎头宪兵分队饶河分遣队于1943年11月特别移送。

7.王宝信，别名王子玉，男，永乐屯，1944年2月23日由伪东安省日本宪兵队虎头宪兵分队饶河宪兵分遣队特别移送。

8.刘某，男，34岁，伪东安省日本宪兵队虎头宪兵分队饶河宪兵分遣队于1944年8月特别移送。

9.张化学，男，44岁，饶河大带河屯，1944年8月8日由虎头日本宪兵分队特别移送。

县伪警察本队也设有特务组织，自成特务体系。为效忠谄媚其日本主子，侦察方式花样百出，手段残忍卑劣比日本人有过之而无不及。如饶河街有一个女特务化装成乞丐，讨得一碗大米饭，随即到伪县警察本队特务队告发，旋即将施主以"经济犯"逮捕入狱。

法西斯式的高压统治、奴化教育、饥馑、疾病、无休止的繁重差役……良田荒芜、庐舍坍塌、饿殍盈野，百业凋敝，家家有血，人人有泪，赫哲族更是濒于灭绝。致使全县人口总数由1934年的39 106人，到1945年日本投降时直线锐减到12 137人。

第四节　党建立饶河反日游击队与初期武装斗争

"九一八"事变后，荒陬闭塞的饶河一带尚处于相对平静时期。当时，饶河社会情况异常复杂，上层人物已做好降日准备，各派力量交织，暗流涌动，正是"溪云初起日沉阁，山雨欲来风满楼。"面临错综复杂的斗争形势，中共饶河中心县委积极贯彻党的抗日救国主张，团结各派抗日力量，不断地壮大和发展党的基层组织和抗日武装，同时组织和发动群众，积蓄革命力量，迎接更严酷斗争的到来。

在宣传发动群众的基础上,饶河中心县委积极创造条件建立抗日武装。1932年8月间,在宝清县小城子沟秘密创办了"军政讲习所",由饶河、虎林、抚远、宝清等县党组织推荐的30多名优秀青年参加训练,"讲习所"负责人为崔石泉(当时叫金治刚,朝鲜族)。其间,一名学员胆怯畏惧,将"军政讲习所"的情况泄密给敌人,培训基地遭到破坏,进行仅两个来月的培训被迫中止。虽然如此,学员们在短暂时间里学习政治、军事等科目,开阔了视野,增长了知识才干,进步非常快。这些青年经培训后,回到各地均成为抗日活动骨干。

1932年10月,饶河中心县委决定由崔石泉、金文亨、金东天、崔龙锡、许成在、朴英根6名党员(均为朝鲜族),利用仅有的一支手枪成立自己的武装"特务队",队长为崔石泉。"特务队"采取秘密活动和缴获一支枪发展一名队员的方法,从县民团及警察手中夺取武器,在抗日群众的配合支持下,"特务队"日益壮大起来。经5个多月的艰苦努力,"特务队"发展到40余人,枪支也达40余支。

1932年,日军侵占松花江下游地区后,严密封锁水路,使主要依靠水路进行商品流通的饶河地区,生活必需品流通停止,加之这一年秋季水患成灾,引起粮食严重短缺,人民生活困苦,群众仇日反日浪潮高涨。饶河中心县委抓住时机,大力宣传各族人民团结起来共同抗日的伟大意义,动员120多名党员深入群众中进行组织发动,在三义、暴马顶子、关门嘴子、大带河、新兴洞、大别拉炕、小别拉炕、大佳河、小佳河等地秘密发展反日会员,建立反日分会组织。在此基础上成立饶河反日总会,总会长徐凤山(1934年后改为郑鲁岩),外交委员李学福,宣传委员金成陪,组织委员杨义凤，妇女委员方顺爱（徐凤山妻）。①1932年至1935年间，全县各村屯普遍建立了反日分会，会员600多人（汉族470余人、鲜族129人），高潮时1 000多人，其中核心会员300多人。

同时各村屯还成立了反日青年会、妇女救国会。受党影响的"大刀会""红枪会"等群众自发抗日武装也纷纷向共产党靠拢。反日会是在中国共产党领导下自愿参加的民众抗日组织，饶河中心县委通过反日会积极开展活动，召开反日群众大会，进行游行示威，动员民众捐钱捐物、抢救伤病员、侦察敌情等。兹列举小别拉炕屯反日会成立过程：1935年9月25日，李学福派金口昌到小别拉炕屯找张仁喜，商讨建立当地反日会，并就组织方法等问题进行讨论。10月2日，中心县委组织部长徐凤山来到张仁喜家，研究近日成立小别拉炕屯反日会。10月24日，张仁喜在自家召集小别拉炕屯第四牌牌员及其他人员23人会议。经过协商，推举张仁喜为小别拉炕屯反日会支部长。②在中共饶河中心县委的宣传组织下，饶河人民抗日斗争的爱国热情不断高涨，迎来抗战新局面。

1933年2月，中共饶河中心县委在三义屯召开会议改组中心县委，朴振宇当选为饶河中心县委书记，组织委员徐凤山，宣传委员黄继兴，一般委员玄荣学、杨义凤、崔宇振。

1933年4月21日，根据中共饶河中心县委指示，特务队在大叶子沟改编为饶河农工义勇军，队长崔石泉，政治部主任金文亨，外交委员李学福。下设3个小队，第一小队队长崔石峰，第二小队队长许成在，第三小队队长蔡一勋。同年5月，为培养军

①《中共黑龙江历史》第一卷上册第八章第252页，中共党史出版社，2013年10月第1版。
②摘自李铸、贾玉芹、高书全等译《中华民国史料丛稿》（译稿）《关于东北抗日联军的资料》第二分册，第305页。

政骨干，进一步壮大队伍，中共饶河中心县委在饶河三义屯小学创办军政训练班。崔石泉任训练主任，金文亨为大队长，李学福为班长，教员有朴振宇、金铎、杨宽镇。经两个多月的训练，受训的40多名学员大都参加了饶河农工义勇军，并成为以后组建的抗日游击队骨干。

1933年春夏之际，饶河县旧政权上层社会亲日分子察觉我党地下活动，饶河区委书记徐凤山等一些党的负责人先后被逮捕，饶河党组织遭到破坏，被迫停止了活动。后高玉山率"东北国民救国军"攻占饶河，徐凤山等人获释，饶河党组织又恢复了活动。

1933年5月26日，高玉山率救国军攻占饶河县城后，公开支持群众的抗日活动。这样饶河党组织由地下转入公开，在救国军一旅司令部对面挂出了饶河反日总会的牌子，领导群众积极开展抗日活动。

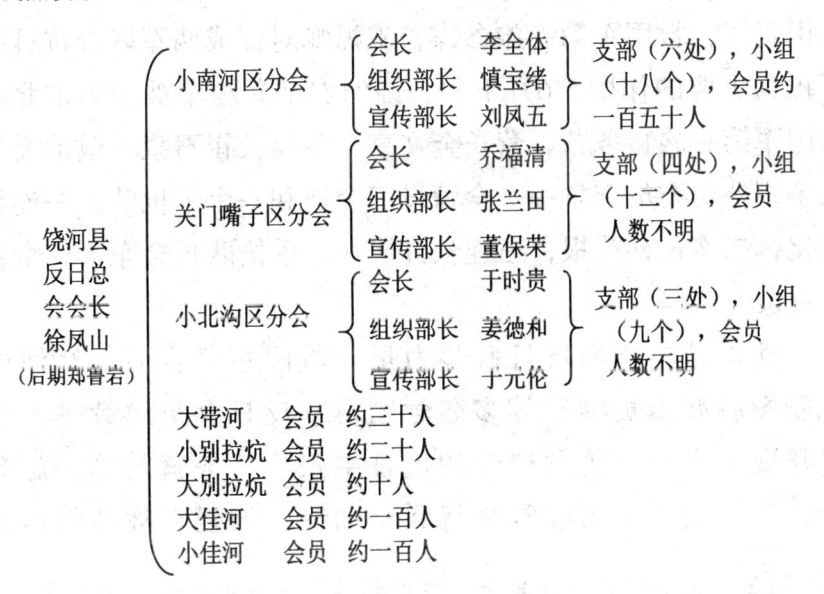

饶河县反日总会会长 徐凤山（后期郑鲁岩）

- 小南河区分会
  - 会长 李全体
  - 组织部长 慎宝绪
  - 宣传部长 刘凤五
  - 支部（六处），小组（十八个），会员约一百五十人

- 关门嘴子区分会
  - 会长 乔福清
  - 组织部长 张兰田
  - 宣传部长 董保荣
  - 支部（四处），小组（十二个），会员人数不明

- 小北沟区分会
  - 会长 于时贵
  - 组织部长 姜德和
  - 宣传部长 于元伦
  - 支部（三处），小组（九个），会员人数不明

- 大带河 会员 约三十人
- 小别拉炕 会员 约二十人
- 大别拉炕 会员 约十人
- 大佳河 会员 约一百人
- 小佳河 会员 约一百人

（《中华民国史料丛稿》（译稿）《关于东北抗日联军的资料》第二分册，第304页，李铸、贾玉芹、高书全等译）

早在高玉山的救国军攻入饶河之前，中共饶河中心县委就派出党员徐凤山、朴振宇等同志，与救国军第一旅参谋长王撝卿[①]（王惠卿）联系，先后给救国军派去20多名党团员，仅在救国军一旅就有12名党员。救国军进驻饶河后，成为这一带最大的抗日力量，但救国军成分复杂，帮派林立，内部矛盾大，且军纪不严，侵害民众利益的事件经常发生，甚至内部为争夺财物发生武力冲突。如此状况，在大敌压境面前，救国军不但要失去群众支持，就是自身也容易分崩离析而失去战斗力。中共饶河中心县委经过研究，决定在保持农工义勇军独立性的前提下加入救国军，与救国军联合共同抗日，形成紧密的抗日统一战线。更好地利用我党我军的威望和模范行动，影响改造救国军，同时也借力发展壮大我党领导的抗日武装。中心县委派反日总会外交委员李学福与王撝卿联系两军联合共同抗日事宜，达成在保持农工义勇军独立性原则下，改编为救国军第一旅特务营。这一协议得到高玉山赞同，救国军第一旅参谋长王撝卿对促成两军联合抗日起到了极为重要的作用。6月下旬，饶河农工义勇军被编为东北国民救国军第一旅特务营，营长金文亨、参谋长崔石泉、政治委员朴振宇，外交委员李学福。全营设三个连和一个手枪队，一连长金龙化，二连长朴英根，三连长许成在，手枪队长金东天，全营共一百余人。

党领导的饶河抗日武装力量与救国军联合后，饶河中心县委先后派出黄继兴等多名党团员、反日会员继续进入救国军开展工作，宣传共产党的抗日主张。特务营与第一旅第一营（营长景乐亭）经常举行联合训练，加强实战技能培训，

[①] 王撝卿，原山东省泰安县大汶口中共特别党支部书记，大革命失败后被通缉，闯关东逃到虎林，与高玉山相识。此人才学出众，颇受高玉山器重。

特务营指战员军事素质明显提高。党领导的特务营处处以身作则的模范行动影响了救国军官兵，双方合作愉快，抗日统一战线得到加强。

救国军第一旅及特务营进驻虎林县马鞍山地区后，救国军中敌视共产党、准备投降日寇分子，乘机制造朝鲜族和汉族矛盾，抵制群众抗日活动，掀起反共浪潮。驻县城第四旅臧景芝部第十二团公然破坏联合抗日协议，当年8月末，逮捕反日总会李学福、黄继兴、李汉珠、徐汉龙、李珠太、南春常等负责人和部分反日会员，除李学福和李汉珠逃脱外，饶河早期党的组织者黄继兴等多人被杀害。此后，双方人员在饶河县时有冲突伤亡。

救国军第四旅旅长臧景芝要求高玉山下令缴械特务营，遭到高玉山断然拒绝，他说："谁抗日谁就是我们的朋友！"并警告滋事者不准再制造事端。饶河中心县委派李学福与高玉山联系，阐明联合抗日、防止分裂，维护团结的重要性。双方达成共识，挫败救国军内部反动军官的反共图谋，扩大了党在救国军的影响。

1933年12月上旬，金文亨、崔石泉率领特务营袭击了虎林县城附近依附日寇的于保董大排队，缴枪70余支和一批粮食、衣物。特务营将缴获的一部分物资交给救国军，获得救国军官兵的好评。

为解决部队给养，高玉山决定率救国军与特务营1 500余人联合攻打虎林县城（今虎头镇）。1934年1月28日拂晓，特务营与救国军第一旅第一营被编为先锋队，首先攻入城内。特务营完成了预定攻占日本参事官驻地等任务，击毙日军20名，缴获轻重机枪5挺和一些步枪。日伪军在特务营和救国军的猛烈攻势下，向县城西南逃窜。这时，敌人大批援军赶到，战事突然发生逆转，特务营和救国军第一旅第一营腹背受敌，陷入城内，后续的救国军大部队见状，畏缩不前，攻入城内部队有被围歼危险。后虽有高玉山组织部队增援，但均遭失败。特务营除第一连和第二连迅速撤离，攻入县城核心区的第三连被敌人重围，在激烈的战斗中，第三连除2名受伤队员转移外，全部壮烈牺牲，救国军第一旅第一营也牺牲100多人。此战，打死打伤日伪军200多人，东北国民救国军阵亡270多人，特务营损失过半，第三连连长许成在等25名官兵牺牲，营长金文亨、二连连长朴英根2人负重伤。战后，部队将重伤员送去苏联伊曼治疗，金文亨因伤势过重，抢救无效牺牲，年仅32岁。

  这次战斗给当地日伪军以重创，打击了敌人的嚣张气焰。通过首次同强大的日伪正规军作战，检验了我军战斗力，锻炼了每一名战士和指挥员。同时党领导的特务营冲锋在前，作战勇猛顽强，纪律严明，在救国军官兵和人民群众中产生了很大的影响，鼓舞了抗日群众的斗志，提高了共产党领导的军队声望，揭开了党领导三江人民独立抗战的序幕。

  此战结束后，高玉山的救国军溃散，日伪军全面反扑。党的组织也遭到很大程度损失，饶河县党员剩有13名、团员17名、反日会员120名，虎林县剩有党员7名，抚远县失去联系的党员5名、团员7名，宝清县党组织与中心县委失去联系，特务营剩有党员20名、团员13名。

  为避敌锋芒，保存力量，崔石泉等率特务营余部50多人在没膝盖深的大雪中日夜行军，甩掉了尾追的敌人，将队伍开到了饶河大带河附近。从此，那丹大岭、三江原野区域，唯有中国共产党所领导的抗日武装在这一地区与日伪军周旋，坚持抗日斗争。1934年2月3日，饶河中心县委在大带河特务营驻地召开党的会议，决定将特务营改编为饶河民众反日游击大队，也称饶河抗日游击大队。改编后，全队共60余人，编为两个中队和一个手枪队。李学福任大队长，崔石泉任参谋长，朴振宇任政治指导员。崔石峰与许资善①分别担任第一和第二两个中队的中队长，金东天任手枪队队长。会议还确定饶河抗日游击大队的主要任务是深入发动群众，扩大游击队的力量，打击日伪统治，开辟抗日游击区和建立密营。

不久，满洲省委吉东局派出的联络员小李与游击队取得联系，给饶河中心县委和游击队传达了1933年1月26日《中共给满洲各级党部及全体党员的信》②（以下简称"一·二六"指示信）。饶河中心县委立即召开全委第一次扩大会议，组织学习贯彻"一·二六"指示信精神，根据指示信精神对照检查过去的工作。会议认为："九一八"事变以来，面对东北局势的巨变，中心县委忽视了联系争取各阶级各阶层力量结成广泛的统一战线，打击共同敌人日本帝国主义及其走狗的工作。会议指出：今后中心县委和游击队要加强群众的宣传组织工作，动员广大群众积极投身抗日救国斗争，同时派人到救国军余部和各山林队中开展工作，争取同他们联合抗日。中心县委扩大会议

---

① 许资善，山东省章丘县人，13岁随家人流落饶河县。1933年加入高玉山东北国民救国军，给第一旅参谋长王撝卿当警卫员。后任特务营二连副连长，当年7月，经朴振宇、崔石泉介绍加入中国共产党。1935年由组织派去苏联学习，在苏联学习期间改名张福才，1937年冬毕业后回到延安。见《饶河抗日风云》，第59页。

② 1933年1月26日，中共驻共产国际代表团（简称中共代表团）代表中共中央，向中共东北党组织发出了《中共给满洲省委各级党部及全体党员的信》（《一·二六指示信》），明确提出了在东北建立反日统一战线的策略方针，标志党在东北策略方针的重大转变。此时以后，中共驻共产国际代表团实际上已代表党中央直接行使对满洲省委的领导。

还作出今后一个时期工作指导决议：一是改组中心县委，纯洁组织，加强领导，派人到虎林、宝清、抚远县恢复党的组织，创办党报，发展反日群众组织，加强党的纪律和团结抗日队伍；二是加强农民工作；三是加强工人工作；四是加强青年工作；五是加强妇女工作；六是加强对伪军工作；七是加强统一战线工作，把目前饶河一带的500多名零散抗日队伍统一到我党领导的抗日旗帜下；八是加强游击队自身建设；九是加强民族团结。

会后，中心县委派郑鲁岩去饶河西风沟做救国军王旅长的工作，派吉东局来的巡视员赵小岗和小金分别到两个山林队做工作，派方英武到武阳队做工作……这些活动都取得了很好的效果。这两次会议，对恢复加强这一地区党组织建设和游击队的发展壮大，建立以我党领导的游击队为核心的抗日武装统一战线，掀起各民族共同抗战高潮起到了重要作用。

1933年4月至1935年，饶河中心县委书记先后由朴元彬和于化南担任。此期间先后担任饶河中心县委委员的有：崔石泉、徐凤山、李学福、朴振宇、张文偕、李斗文、李一平、于化南、郑鲁岩①。饶河中心县委下属党组织有：饶河县委②、宝清县委、虎林县委（书记李一平）③和抚远县委。共11个支部，其中3个为中心支部。党员104人，其中汉族29人，朝鲜族75人；党员中女党员6人，游击队党员22人。此间，饶河中心县委活动于饶河县大叶子沟、暴马顶子和饶河十八垧地等。

---

①1939年9月，郑鲁岩于永幸村西北10公里秃顶子密营被俘叛变，解放后被人民政府镇压。

②1934年2月，饶河区委改县委，县委书记为徐凤山，委员有于化南、梁义凤、朴振宇、崔石泉。

③1936年7月成立中共虎林县委。

第五节　游击队威震那丹大岭，碧血染红三江原野

　　1934年至1935年，饶河抗日游击大队根据饶河中心县委第一次全委扩大会议精神，在张文偕、李学福、崔石泉等领导下，积极主动开展游击战，打击日伪势力，建立以暴马顶子密营为中心的游击区。发挥统战威力，联合其他抗日队伍，迅速扩大了抗日武装阵营。在1934年冬季反"讨伐"战斗中，游击队大显神威，频频痛歼日伪军，取得了反"讨伐"战斗的一个接一个胜利。随之就是游击区的扩大，游击队自身的进一步发展，党的影响力迅速提升，鼓舞了三江一带人民的抗日斗志。

一、建立以暴马顶子为中心的游击区

　　游击队是在敌我力量悬殊情况下，采取与敌人兜圈子、捉迷藏、钻空子、避实击虚、分散与集中相结合等机动灵活战术摆脱强敌"围剿"。同时，利用山岭树林和沼泽草原等有利地形，伏击敌人，打击日伪的嚣张气焰。

　　1934年2月15日，游击大队在饶河十八垧地与200多名尾追的伪军发生战斗。十八垧地是只有几户人家的小山沟，东北两面是大山，西面是低矮山冈，只有一条南北方向的道路通向小山中。在大雪封山的情况下，是通向此地的唯一路径。这天上午9时，200多伪军乘坐20多个马爬犁进犯十八垧地，在离屯子三四百米处徒步包抄过来。当敌人距离屯子100多米时，被李学福、崔石泉率领的游击队伏击，经3个小时的激战，打死打伤敌人30余人，其余仓皇败退。此战，我军以少胜多，无一伤亡，取得了饶河抗日游击大队成立后的第一个胜利，游击队士气高涨，群众扬眉吐气，受到鼓舞。

严冬过后是游击队开展活动的有利季节，1934年4月，游击队击溃降敌的大叶子沟民团，同时，派熟悉情况的许资善率30多人奇袭盘踞在花砬子山与金场山之间的"双龙队"土匪巢穴，将其解除武装，智擒"双龙"匪首汪景龙。对为害一方、勾结日寇与我军为敌的"双龙"首恶头目汪景龙及其二头目处死。游击队拔掉这两个为虎作伥的据点，震慑了当地汉奸和土匪，使一些山林队的作恶行为有所收敛。

为了加强饶河抗日武装的领导力量，1934年5月，中共吉东局派李延禄领导的"东北抗日救国游击军"政委张文偕[①]同志到饶河中心县委和游击队驻地大叶子沟指导工作，根据吉东局指示，张文偕任饶河抗日游击大队大队长，崔石泉任政治部主任，朴振宇任政治指导员，李学福任军需处长，一中队长金龙化，二中队长许资善，手枪队长金东天。此时，游击队发展到90余人，到7月份，队伍迅速扩大到200多人。此后，饶河抗日游击大队在抗日斗争中不断发展壮大。

日军铁蹄践踏饶河后，采取"以华治华"，利用中国人打中国人的策略。苑福堂和李喜山所属的两支伪警察队分别盘踞在暴马顶子和大别拉炕河一带，与我抗日游击队为敌，残害百姓，气焰十分嚣张，饶河中心县委决定拔掉这两个据点。1934年6月3日，由大队长张文偕率游击队部分队伍和其他抗日武装100余人，攻打了暴马顶子，将苑福堂70余名伪警察队击溃。同时李学福、崔石泉也率50余名游击队员，夜袭大别拉炕，击溃了李喜山伪警察队，缴获10余支枪和20多匹马。此后，为长期坚持抗战，

[①] 1933年1月2日，绥宁中心县委成立抗日游击总队，同年1月下旬扩编为东北抗日救国游击军，李延禄为军长、张文偕任政委、陈荣久任副官、彭施鲁任军长秘书。1934年9月改名为抗日同盟军，继而为东北抗日同盟军第四军、东北抗日联军第四军。

经饶河中心县委决定,在敌人力量薄弱,山高林密,地势险要,易守难攻的那丹哈达拉岭暴马顶子建立密营。暴马顶子是能控制周边50余华里的"山中要塞"、形胜之地,以它为核心建立物资储备、伤病员治疗和人员休整密营基地具有战略意义,饶河中心县委也随即从大叶子沟迁到暴马顶子。7月初,张文偕率队攻打抚远县别里已小街,击溃60多名敌人,缴获17支步枪和棉布等物资,没收汉奸财产,推动当地抗日斗争向前发展。

二、广泛联合各个反日武装共同抗战

日本侵略者对饶河实行野蛮残酷的"归集团部落""保甲连坐"等法西斯殖民统治、经济封锁和军事扫荡(三光政策),肆意烧杀淫掠,人民惨遭杀害凌辱,迫使许多农民和手工业者无家可归,甚至达到无以生存的地步。目睹山河破碎,心怀家仇国恨的血性男儿纷纷自发拉起队伍,各树旗帜,各立山头进行反抗。由于没有取得党的领导,加之这些队伍成分复杂,纪律松弛,有的甚至存在着土匪习气,这些武装统称为"山林队"。1934年间,饶河、虎林一带报各种山头的民间武装就有60余股之多,人数达千余人,如鲁司令(500人)、德仁、常山、德胜、三江、九龙、东海胜、治国、安邦、天君、东盛、好胜、老来好、北海、君子人、庄稼人等等。与此同时,还出现小南河的"红枪会"、大佳河的"大刀会"等村屯群众自卫武装。在共产党统一战线政策的感召和受党所领导的抗日游击队英勇奋战的影响,这些山林队和群众自卫武装都把共产党看成是自己的靠山,纷纷投奔游击队要求共同抗日。大队长张文偕抓住时机,于1934年7月15日在义顺号(今宝清县大和镇)召集了抗日游击大队和各山林队联席会议。参加会议的有140多名游击队员和部分山林队的300多名队员。在会议上,形成四条协议:

第一，团结一致，互相支援，共同抗日救国；

第二，缴获的战利品和没收的敌伪财产，平均分配；

第三，不损害群众利益，支持群众抗日活动；

第四，如有投敌行为，随时缴械。

各山林队一致表示接受抗日游击大队的领导，并要求编入游击队。张文偕大队长根据各山林队的表现和队伍成分，将山林队中的一部分素质好的编为游击队的基本队，其余部分编为收编队。这次会议之后，饶河抗日游击大队转入虎林境内活动。

1934年7月20日，张文偕、崔石泉率游击大队一部和两支收编队准备攻打驻虎林三人班之敌。由于配合战斗的收编队行动迟缓而暴露目标，次日凌晨我游击队陷入敌重围，双方激战五六个小时，情况危急，张文偕大队长果断决定由自己亲自率少数队员作掩护，让主力突围，而张文偕大队长为掩护突围部队中弹壮烈牺牲。

7月23日，利用敌人胜利后麻痹大意、防守松懈之际，崔石泉率游击大队再次攻打虎林三人班，出其不意击溃敌人。8月1日又乘胜攻打饶河五林洞，击溃伪军120余人和20多人的民团，打死日军教官2名、伪军20多名，缴枪60多支、手榴弹200多枚及其他军用物资，我军伤、亡各1人。8月7日，游击队夜袭小佳河日伪军，击溃驻地伪军一个连，缴械民团武装30余人，俘虏日军教官1人，并缴获了一批武器弹药。

张文偕牺牲之后，饶河中心县委决定由李学福继任饶河抗日游击大队大队长，游击队在战斗中有了更大的发展，群众都亲切地称饶河抗日游击大队为"葆满队"。"葆满队"名震那丹哈达拉岭和三江原野地区，吓得日伪军坐卧不宁，惶恐不安。日伪内部赌咒发誓时，他们之间常以："若×××出门撞上'葆满队'。"饶河抗日游击大队通过积极开展游击战，频频打击驻饶河日伪军，进一步增强了战斗力，扩大了党的影响，同时收编的山林队也得到了锻炼。

经过几次战斗考验，又将"安邦""防贤"等山林队升为基本队，编入游击队第三中队，饶河抗日游击大队扩展到250余人。形成了以党领导的游击队为核心，各山林队和反日会、红枪会、大刀会等外围群众组织参与的广泛抗日武装统一阵线。

三、游击队粉碎日伪冬季"讨伐""围剿"

1934年抗日形势的迅猛发展，引起饶河日伪的惊恐不安，日军强化了虎饶地区的军事力量，准备冬季对我游击区进行大规模"讨伐"，妄图利用大雪封山之际，消灭我抗日游击队。在饶河中心县委的领导下，李学福、崔石泉率领游击大队，一方面在群众中建立情报网、交通网，准备越冬给养；另一方面采取将部队化整为零，用袭击、骚扰、截击等游击战术打击敌人，有时也集中兵力，围歼小股敌人。

东北的冬季漫长严寒，江河结冰，地面积雪深厚，便于敌人利用汽车、马爬犁运输兵力。而我游击队只凭两条腿与敌人周旋，处于明显的劣势。李学福等从当地赫哲人脚穿滑雪板追赶野兽得到启发，选择年轻力壮队员成立了滑雪队。他们自制工具，因陋就简，很快做出第一批80多副滑雪板。他们聘请有经验的赫哲族师傅做教练，饶河县大叶子沟两公里多长的沟趟子，就成了他们滑雪训练场。初期，战士们穿上滑雪板就控制不住方向和速度，有的队员仰面朝天摔倒，有的头拱地栽倒，有的撞到树上……但他们没有泄气，因为谁都明白，这滑雪工具太适合冬季游击战了，是扬己之长打击日伪军的利器。

在近一个月时间里，战士们苦练滑雪技术，已能在雪地自由滑行，而且还练就了滑行中射击本领。这是东北抗联的第一支滑雪队，时称"板子队"。当时七军中流行的一首《雪地游击》歌词是这样写的：

雪地游击，

我们有特长。

穿踏板，扶长杆，

不用喂草粮。

登高岭，走洼甸，

步履比马快。

赶走日本侵略者，

功垂霄壤。

可是到了上高山峻岭时，雪板是向下滑的，没有办法，就得扛着雪板爬山。不久，战士们发明了解决这一问题的办法，就是在雪板底下绑上猪皮或各种野兽皮，使毛尖向后，爬山时雪板向下滑，毛尖扎入雪中，阻碍雪板倒退。这个小发明，极大地提高了滑雪队的战斗力。

滑雪队是我游击队冬季反扫荡的王牌利剑，我军从各方面做好了反"讨伐"的准备。

1934年冬至1935年春，李学福等几个游击大队主要领导分别率领部分队伍，坚守大叶子沟、暴马顶子、十八垧地、大佳河等游击活动区。1934年11月，日伪军以暴马顶子为重点，采取几路分进合击战术，企图摧毁我游击队密营。李学福、崔石泉率70名战士采取避开正面强敌，用奇袭战术打击敌人。日伪军只占领了一个空暴马顶子，围歼我游击队阴谋落空。在大叶子沟，金东天率60名战士也是用同样的办法摆脱了敌人"围剿"。在十八垧地，李斗文率30名队员全歼25名来犯之敌，缴获全部武器辎重。杨官俊带30余名队员于大佳河处截击敌人，歼敌若干名，缴获步枪10支。

不甘心失败的敌人于1935年1月15日，从佳木斯等地调来精锐的日军骑兵和步兵800多人前来助剿。游击大队接到情报后，李学福把分散的游击队集中到地势险要，积雪深厚，离敌人后方远，敌步、骑兵无法有效展开的大王砬子（也称大旺砬子，虎林、饶河交界处）一带设伏，同时派出战斗小组引诱敌人进入伏击圈。1935年1月29日，这股中的一支300多骄横凶悍敌人向我军伏击地点进犯，游击队派几名战士边打边撤，诱敌进入伏击阵地。李学福、崔石泉指挥队伍猛烈开火，敌人顿时慌作一团，一面做困兽之斗，一面慌忙组织突围。这时，我滑雪队员犹如脱弦利箭，仿佛天兵降临，飞驰截断敌人退路。溅起的雪花如梨开的浪花，他们在飞驰中开枪射击，打得敌人蒙头转向，乱作一团，游击队趁机发起全面反击。激烈的战斗持续一天，我军仅以死伤6人的微小代价，击毙击伤敌人100多名。傍晚，残敌眼见取胜无望，为避免被全歼，丢盔卸甲狂奔溃逃，一路上逃散的敌人又有一些被冻死或冻伤。

大雪飘飘的冬季，是游击队最难熬的时日。然而有了"板子队"后，游击队便在那莽莽雪野中往来如飞，日伪则闻风丧胆。

大王砬子伏击战结束后，2月10日，李学福乘胜率80名队员夜袭暴马顶子，经3个小时激战，击毙伪连长以下10余人，缴械伪军50多人，缴获60余支步枪和一批军用物资，收复了暴马顶子密营。3月中旬，游击队获得情报，在暴马顶子山后伏击苑福堂的小佳河伪警察队，毙敌10多人，缴获步枪20余支，子弹6箱。恼怒的饶河日伪当局随后出动500多兵力前来暴马顶子"围剿"。李学福率队在敌人必经之路的关门嘴子险要地段设伏，击毙日伪军30多人，其中1名日军中尉和2名伪军连长，缴获步枪40余支，机枪1挺及弹药若干。

由于采取了灵活机动的战略战术，打垮了各路敌人的一次次进攻并重创了敌人。这年冬季日伪"讨伐"以失败告终，游击队扩增到300多人，军威大振。

1935年5月，李学福率领300多名游击队员，攻打马鞍山伪军驻地，将23名伪军全部缴械。在返回暴马顶子密营途中，趁小佳河日伪防守松懈，兵不血刃解除小佳河伪自卫团武装，缴枪18支，伪自卫团成员经教育后释放。当地伪组织人员受到震慑，多日惊恐不安，不敢全力为虎作伥。当年6月，游击队集中一个中队兵力夜袭三义屯北伪军驻地，击毙伪军10余人，缴械20余人，缴获枪支弹药若干。

第六节　浴火奋战中的游击队成长壮大为四团、二师

自1932年末中共中央迁入中央苏区后，中共满洲省委便受上海中央局和中共驻共产国际代表团双层领导。1934年上海中央局遭到破坏后，满洲省委的工作就直接受中共驻共产国际代表团领导。

1934年6月，满洲省委决定取消吉东局，成立吉东特委。吉东地区，包括现吉林省东北部地区和黑龙江省东南部地区——主要是牡丹江地区和乌苏里江中下游的三江地区。

1934年9月，中共驻共产国际代表团派杨松[①]以满洲省委巡视员、吉东特委书记名义来到东北工作。1934年10月在穆棱县下

[①] 杨松，原名吴兆镒，湖北省大悟县人。1927年2月进入莫斯科中山大学学习并加入中国共产党。1928年出席党的六大，1931年1月当选团中央委员，随后被中共驻共产国际代表团派往苏联远东符拉迪沃斯托克，任太平洋职工工会中国部主任。1933年受中共驻共产国际代表团指派，参入东北地区党的领导工作。1934年化名吴平，以中共满洲省委巡视员身份回到东北，1935年2月，主持成立吉东特委，任吉东特委书记。1935年7月，他出席共产国际第七次代表大会，参与《八一宣言》起草，提议建立东北抗日联军，会后担任共产国际执委会书记处中国问题顾问。1938年2月底，杨松回到延安，任中宣部副部长。1941年3月，任《解放日报》总编辑。1942年1月病逝。

城子区河西屯召开吉东党的工作会议，成立中共吉东临时特委。1935年2月，杨松在牡丹江主持召开吉东党的工作会议，成立吉东特委，杨松任书记，李范五任组织部长，各县委书记为委员，领导饶河中心县委、宁安、穆棱、密山及东宁区委，特委隶属中共满洲省委和中共驻共产国际代表团共同领导。

在共产国际关于建立世界反法西斯统一战线精神指导下，1935年6月3日，发出了由中共驻共产国际代表团滕代远等同志起草的《给东北负责同志的秘密信》，也称《六三指示信》。指示信要求东北党组织进一步贯彻统一战线策略，联合一切反日力量共同抗日。

1935年8月1日，中共驻共产国际代表团根据共产国际七大精神，以中华苏维埃政府及中国共产党中央委员会的名义，发表了《为抗日救国告全国同胞书》，即《八一宣言》。①

1935年8月20，饶河中心县委召开第三次扩大会议，会议总结了一年来的工作，学习传达《六三指示信》和《八一宣言》，分析当前形势，通过了《中共饶河中心县委第三次扩大委员会决议案》。该《决议案》要点是：

1.中心县委应成为战斗司令部，加强对下级党组织的领导，

---

①自1934年10月中央红军长征起，东北党组织就与党中央失去联系，在以后的3年时间里，驻莫斯科的中共驻共产国际代表团，特别是以陈云、杨松为核心的满洲问题委员会担负起领导东北抗日斗争的重任。在反对张国焘分裂党的斗争中，张闻天于1936年1月24日致电朱德："兄处组织仿东北局例，成立西南局直属国际代表团。"此举标志着遵义会议以来的党中央已实际批准东北党组织在组织关系上归属中共驻共产国际代表团领导。1935年8月1日，中央红军在长征途中，中共驻共产国际代表团根据共产国际第七次代表会议上有关在各国建立反法西斯统一战线的精神要求，以中华苏维埃中央政府、中共中央的名义在莫斯科发表《为抗日救国告全国同胞书》，即历史上产生重要影响的《八一宣言》。

加强中朝民族团结，加强宣传工作，加强党内纪律，加强虎林的工作，恢复抚远县党组织；

2.加强开展青年工作，积极发展团员；

3.加强反日会工作，扩大会员，争取红枪会加入反日会，逐渐将反日会变成民众的政权机关；

4.没收汉奸走狗财产，关心战士生活；

5.加强对山林队的统战工作和伪军分化瓦解工作，尤其是对邹其昌山林队要经常派政治指导员，加强政治思想工作；

6.根据吉东特委指示，将游击队改编为东北抗日同盟军（也称东北人民革命军）第四军第四团。

饶河中心县委认真贯彻《八一宣言》精神，大力宣传党的抗日民族统一战线政策，积极做其他各抗日武装的团结工作。于是东北救国军残部和一些山林队武装纷纷向我游击队靠拢，很快就联合了其他抗日武装100余人。党所领导的饶河抗日武装力量迅速壮大，成为三江地区抗日的中坚力量。

1935年8月，中共驻共产国际代表团作出撤销满洲省委，按东北四大游击区组建四个新的省委（北满、南满、东满、吉东省委）和两个特委[①]决定。1937年3月，原吉东特委改组为吉东省委，辖道南特委、吉东特委和饶河、虎林等5个县委及第四、第五、第七、第八、第十军党组织，是吉东地区党组织和军队的最高领导机关和指挥机关。

一、东北抗日同盟军第四军第四团诞生

1935年9月18日，根据中共吉东特委指示，饶河抗日游击大队改编为东北抗日同盟军第四军第四团。团长为李学福，副团长朴振宇，参谋长崔石泉，政治部主任李斗文、副主任崔石峰，

[①]实际只组成了南满、北满、吉东3个省委和哈尔滨1个特委。

党委书记吴福林。全团编为四个战斗连，一个保安连，250多人（朝鲜族、汉族基本各半）。四团仍保持独立作战，主要坚持在饶河地区开展游击战。当天，四团在四合顶子召开了东北沦陷四周年雪耻誓师大会。会上宣读了《成立宣言》：

饶河游击队改编东北人民革命军告民众书

亲爱的沿江各县的兄弟们、姐妹们！我们游击队，从东三省沦亡以后，起义救国，与日本帝国主义及其走狗满洲国，血战已经有三年多的历史了！在这三年（多）当中，赖兄弟姐妹们的帮助，和我们武装同志的英勇善战，不惜牺牲屡次冲破了强敌的"围剿"，克服了第一段占（战）线上不少困难，野蛮的倭贼和卖国的汉奸们，到了今天也不得不张皇失措地承认民众游击队是他们的有力对头。

现在我们已经不是一个枪械简单，势力微小的队伍，我们在东北人民革命政府的指示之下，今将本队改编为东北人民革命军第四军第四团。今后我们要倍加我们的精神，去夺取新的胜利。当着东北失地尚未恢复，三千五百万父老同胞还淹没在血海，我们的任务是何等紧急而严重！兄弟们！姐妹们！你们从前尽力的（地）援助过民众游击队，今后再号召你们更要尽力的（地）援助人民革命军，今年明年我们劳苦群众的手，定要把日本在满洲血腥的统治反转过来！中华民族在自己的国土上也过着主人的生活。

东北人民革命军第四军第四团
（转载《救国时报》）[①]

誓师会上全体抗联将士情绪激昂，一致表示要为收复东北失地与日本侵略军血战到底，并纷纷请战。看到全军将士高昂的情绪，四团领导决定乘胜开辟抚远和宝清两个新的游击区打击敌人。

①《救国时报》是中共驻共产国际代表团在法国巴黎主办的报纸。

二、浴血新兴洞，威震东三省

饶河抗日游击大队改编为四军四团后，李学福、崔石泉、朴振宇、李斗文、吴福林等率150多名战士向抚远进发，开辟新的游击区。1935年9月20日，当队伍经过小南河屯附近的小西山时，攻打了该地的伪大排队（伪自卫团），缴获了敌人20多支枪和一些粮食。25日，四团获悉有敌人一船物资从县城经过新兴洞屯，于是部队改变原定进军路线，决定袭击这股敌人。

新兴洞是乌苏里江中下游沿岸的一个朝鲜族聚居村落，距离县城约90华里，居住着四五十户朝鲜族农民。新兴洞分前屯和后屯，前屯距离乌苏里江二三华里，后屯依山而建，距离乌苏里江约10华里。

26日上午，部队到达新兴洞后屯西北小山冈宿营。为安全起见，队伍在山上每个要点设置一道岗哨。当日，突然有30多伪军与我军接触，随即溃逃。日寇闻讯后，由关东军驻饶河守备队高木司令带领80多名日军，乘3艘汽船到新兴洞前屯。

27日清晨，四团哨兵发现乌苏里江面上开来3艘日本兵的汽船。于是，李学福、崔石泉、朴振宇、李斗文登上山顶的哨所，用望远镜察看情况。只见敌人的汽船靠岸后，从汽船下来的日本兵成战斗队形，穿过树林草甸子向后屯小山冲来。一线指挥朴振宇副团长命令部队：以他的枪声为令，集中射击。战士们接到命令后随即进入各自阵地埋伏起来，准备迎击敌人。日本兵从东北坡冲了上来，3挺重机枪一齐向我一连阵地扫射，子弹在空中嗖嗖作响，他们妄图以绝对的火力优势压制我军，抢占山冈。朴振宇副团长看准时机，一声令下：狠狠地打……战士居高临下，瞄准敌人奋力还击。一位抗联狙击手藏在一座坟墓后边，他连续打死了几个日军机枪手。趁敌人惊慌失措，火力有所减弱，副团长朴振宇命令二连二排长赵清河抢夺敌人重机枪。赵清河挺身跃出，疾步冲向敌机枪阵地。我军随即给予火力掩护，当他距敌人机枪阵地20余米时，挥手一枪就将日军重机枪手击毙。正当他去夺取敌人机枪时，敌机枪阵地上的另一挺轻机枪一梭子弹扫射过来，赵清河身中数弹牺牲，时年仅35岁。[1]

另外两名战士见赵排长牺牲，奋不顾身冒着弹雨猛冲过去，也被敌人击中牺牲。敌人接连不断的进攻均被我军击退，经过2个多小时的喋血苦战，日军攻势减弱，开始溃退。此时，苑福堂的伪警察大队和伪军三十五团300多人相继赶到战场，将我四团包围，伪军三十五团从我军阵地西北方向进攻，崔石泉、李斗文率领一部分战士进行狙击。开始溃退的日军又重整队伍开始反扑，我军腹背受敌，战场形势陡然紧张。副团长朴振宇在靠前观察敌情时，不幸中弹牺牲。这时，伪满军100多人，从小北山前攻了上来，李斗文不顾个人安危到阵地前，唱着战歌向他们喊话："满军兄弟们，中国人不打中国人，调回枪头打日本……"因游击队早与伪满军有一定联系，伪满军士兵听到喊话后就不再向我军射击，只是向天空放枪，并为我军扔来四五袋子弹……这时，一颗炮弹在李斗文身边爆炸，李斗文当场牺牲。我四团队伍在日伪军第二次联合冲锋时，三连、四连遭受损失较大。天黑时，李学福和崔石泉率领部队从北面、东面撤离战场，转道撤回暴马顶子密营休整。日军撤离新兴洞时，兽性大发，放火焚烧民房，小村屯变为一片瓦砾。

这场战斗鏖战竟日，我四团打死日军高木司令、富泉顾问以下12人、击伤17人，打死打伤伪满军和伪警察30多人。但我军也

---

[1] 赵清河早年自家乡河北省流落饶河县，受崔石泉、李学福等共产党人的影响，1934年毅然参加饶河反日游击大队。他机智勇敢，在多次战斗中都冲锋在前，屡立战功，同年加入中国共产党。

遭受很大损失，优秀指挥员李斗文、朴振宇和吴福林等17人牺牲（吴福林受伤后被俘，英勇就义），10多名同志受伤。突围打散的战士，经两天两夜的时间才陆续回到暴马顶子密营地。尤其是四团主要领导的牺牲，大家都很难过，部队士气一时比较低沉。团长李学福安慰大家说："干革命就会有牺牲，为革命牺牲是光荣的，活着的同志，就得擦干眼泪，为死难的烈士们报仇！"

这次战斗被称为著名的"新兴洞大战"，初组建的四团以劣势装备与多于我军几倍的强敌作战，并重创装备精良的日本关东军驻饶河守备队，使日伪军在一段时间里龟缩饶河县城不敢轻举妄动，打击了敌人的嚣张气焰，提高了我军的士气，鼓舞了广大群众的抗日斗志。

这次战斗在当时震动很大，《救国时报》载文悼念为国捐躯的烈士，连日伪机关报《盛京时报》也作了报道，并惊呼："饶河抗日力量不可低估！"

三、四团初战显名扬，党的统战政策发威力

统一战线是中国共产党进行革命斗争的三大法宝之一，也是东北抗联不断发展壮大和取得胜利的重要因素之一。在民族矛盾上升为国内主要矛盾的情况下，在中国共产党的抗日号召和广大人民群众反日浪潮的影响下，饶河的一些爱国的、有民族气节的山林队纷纷起来抗日。"新兴洞"战斗后，饶河中心县委召开了党和军事干部会议，总结了这次战斗的经验教训，号召动员各阶级、各阶层、各派别的反日力量凝聚到团结抗日旗帜下，握紧拳头狠狠打击共同敌人。"新兴洞"战斗后仅十几天，就有50余名抗日群众踊跃加入四团，各抗日山林队也积极要求加入我军。于是四团又收编了邹其昌、贾瑞福等山林队，扩编了七个连。当年11月7日，四团在大别拉炕召开了"东胜、长胜、天君、九龙、

九省、君子人、庄稼人、好友、治国、德山、方龙、双龙、六合"等山林队参加的联席会议，进一步宣传贯彻了党的抗日统一战线政策，将这些山林队一部分收编为四团领导下的独立营，由贾瑞福、赵花牙子分别担任营长和副营长。四团队伍不断发展壮大，威震虎饶那丹大岭地区和富锦、同江、抚远三江原野。

中共饶河中心县委及其领导的抗日武装，是完达山脉那丹哈达拉岭、三江原野坚持抗日斗争的中流砥柱。截至1935年末，中共饶河中心县委下辖12个支部，党员160人。其中，虎林县设区委，党员10余人；抚远县建立了党支部。同时在饶河县内的关门嘴子、小北沟、小南河、西南岔、苇子沟、小佳河、大别拉炕、小别拉炕等村屯建立17个反日分会，会员达600多人。在虎林的黑嘴子、独木河、九十牌等地建立反日会，会员160余名。[1]广大党员在抗日斗争中出生入死，发挥了模范带头作用，成为抗日斗争的骨干力量。

1935年11月开始，日伪集结3 000多兵力向以暴马顶子、大叶子沟为中心的游击区进行冬季"大讨伐"。我军分三路跳出日伪军重围，政治部主任崔石峰（李斗文牺牲后，由崔石峰任政治部主任）率一、四连到抚远县开展游击活动；崔石泉率四团主力转战虎林；李学福率部分队伍留在饶河与敌周旋，牵制敌人。日伪当年虚张声势的"大讨伐"被我军牵着牛鼻子走，疲于奔命，长达两个多月的冬季"大讨伐"宣告破产。

1936年2月初，东北抗日同盟军第四军政治部主任罗英到牡丹江向中共吉东特委书记李范五汇报工作，期间由于违反纪律经常去戏院等公共场所，于2月12日晚被捕后叛变，吉东特委遭到破坏。饶河中心县委工作由中共驻共产国际代表团通过驻苏联远

---

[1]《中共黑龙江历史》第一卷上册第二编第十章第321页，中共党史出版社2013年10月第1版。

东符拉迪沃斯托克交通局负责人吴平（杨松）、杨春山（中国人，化名斯达干诺夫，驻符拉迪沃斯托克中共代表团联络员）领导。

1936年3月初，在苏联符拉迪沃斯托克接受短期训练的郑鲁岩、刘总成、于化南、崔一龙等由李永镐做向导，回到暴马顶子密营，他们带来中共代表团给饶河中心县委和四团的指示信。信中肯定了中心县委和四团所取得的成绩，并提出今后一个时期的具体要求，其中一个重点就是将饶河中心县委改为下江特委，除原所领导的饶河、虎林、宝清、抚远四县党组织外，再加富锦、同江、绥滨县党组织，下江特委书记暂由饶河中心县委书记担任。3月20日，根据上级指示，在暴马顶子小东沟成立下江特委，任命朴元彬为下江特委书记，刘总成任组织部长，金昌海任宣传部长，特委委员有郑鲁岩、徐凤山、李一平、金铎，交通员李永镐，下江特委机关设在饶河十八垧地。此时，虎饶一带部队党员已发展到230余名（中共饶河县组织史）。

1936年4月28日，饶河县委宣传部长王可文因贪污军费畏罪投敌叛变，饶河县委改组，调任李永镐为饶河县委书记。7月，调徐凤山任虎林县委书记。此时，饶河县委下属党组织有小南河、大叶子沟、县街南、抚远四个区委，4个党支部，8个党小组，党员共84人（《中共饶河县组织史》）。

四、东北抗日联军第四军第二师诞生

1936年3月25日，根据吉东特委指示，在下江特委的领导下，东北抗日同盟军第四军第四团在关门嘴子改编为东北抗日同盟军第四军第二师。同年4月，又改为东北抗日联军第四军第二师。郑鲁岩任师长，李学福任副师长兼四团团长，崔石泉任参谋长，崔荣华任政治部主任兼党委书记。第二师下辖1个团，即第四团，姜尚平任副团长，崔石峰任政治部主任。不久，又将收编的邹其昌部编为第五团，邹其昌为团长。这样，二师为两个团，共500余人。二师发表了《为抗日救国告群众书》和《告各抗日部队书》，这是一份掷地有声的政治宣言，起到了鼓舞群众，团结友军，打击震慑敌人的作用。

五、开辟同江、抚远游击区

饶河日伪当局对蓬勃发展的抗日武装十分惊恐，1936年春，日伪加紧实施"坚壁清野""归屯并户"等措施，并准备3 000多人的兵力"围剿"我军。下江特委根据新情况，为保存刚诞生的二师，决定分几路转移，跳出敌人包围圈，到外线打击敌人。派崔石泉、姜尚平率250多人到同江、抚远和富锦开辟新游击区；李学福率部分队伍坚持饶河斗争，吸引敌人主力；郑鲁岩率部分队伍到虎林、宝清、密山开展游击战。

为实现这一计划，二师决定先采取声东击西战术，作出重兵进攻县城样子。日伪当局果然中计，急忙从四周抽调兵力回防县城，敌人的"围剿"部署被打乱。二师趁机兵分三路攻打三处日伪军。4月8日，李学福率150多名战士攻打大别拉炕屯；崔石泉率100多名战士攻打关门嘴子伪军三十一团三连；崔荣华率100多名战士攻打小佳河屯。三路突袭部队仿佛神兵天降，打了三处据点敌人措手不及。我军分别消灭了大别拉炕和关门嘴子的敌人，击溃小佳河50多名守敌，共缴获步枪40多支和一批弹药及辎重。此战成果，为二师的成立献上一份奠基礼。而后二师乘敌人部署混乱，按原计划进行战略转移。

同年4月，为开辟同江、富锦、绥滨新游击区，崔石泉和姜尚平率队先到同江和富锦。这两个县是三江平原腹地，低矮山地丘陵属于完达山余脉末端，境内为广阔的冲积平原，河流纵横，泡沼星罗棋布。同江当时人口3万多人，日伪力量薄弱。富锦当时人口近16万人，是三江腹地，驻扎大量日军，日伪统治力量强大。

同江、富锦和饶河三县交界处是一片辽阔的蔓生水草沼泽湿地，中间分布着大小不等的漫岗森林，间或有一些农户人家。这种地理环境除冬季，都不利于敌人大部队和机械化部队展开，是我军开展游击战的理想场所。这一带的附日地主武装大排队（伪自卫团）势力大，崔石泉率队来到后，一方面宣传发动群众，另一方面向伪大排队阐明抗日救国道理，提出中国人不打中国人。经过一段时间的艰苦工作，崔石泉带的队伍在群众中树立了很高威信，并影响了当地伪军士兵。群众开始接近我军，大排队对我军的敌视程度也减轻，开始频频接触我军。同江二龙山大排队40名队员，有8名要求加入我军，崔石泉及时派12名战士协助二龙山伪军哗变，他们击毙1名日军教官和死心塌地效劳日军的反动队长，20余名伪军士兵携带40余支枪械投奔二师。

1936年6月15日上午，崔石泉率150名战士在开往同江县头道林子的途中，与360余名日伪军发生了遭遇战。战斗从上午9点打到下午6点，鏖战竟日，我军击退了敌人一波波的进攻，但由于敌我力量对比悬殊，我军一时难以摆脱敌人的纠缠。崔石泉下令向伪军喊话：中国人不打中国人，伪军枪口朝天放……政治攻势发挥了威力，伪军开始消极应战、畏缩不前，日军成了我军的活靶子。战场形势骤然转变，我军集中火力打击日军。见取胜无望，日本指挥官在夜幕掩护下率残部撤退。这次遭遇战，我军击毙日伪军50余人，击毁轻重机枪3挺，我军伤亡24人，赢得了我军出征首次胜利，向三江人民展示了抗联二师的雄姿。

崔石泉率领的这支队伍，在两个多月的征战中，既是战斗队，消灭敌人，又是宣传队，争取群众，瓦解敌人。富锦、同江一带被日伪奴役的群众从中看到了希望，抗日斗争觉悟不断提高，有60余人自愿加入了抗联队伍，各地群众向我抗联队伍捐资4万多元和一批粮食。这一带的各个山林队有感于我军的民族大义和英勇作战精神，也纷纷向我军靠拢，愿意共同打日本。同江县的"海鹞君、北海、防贤、永远"等众多支山林队表示愿意接受我军领导，有的还与我军一起行动。绥滨县有15支山林队派人联系我军，愿与我军一起抗日。这次远征，战果丰硕，扩大巩固了新的游击区。期间，副团长姜尚平不顾抗日大局，因经费分配问题与崔石峰等闹矛盾，擅自带三连25名战士离开大部队去挠力河边的小根菜嘴子，将三连长芮升臣以"朝鲜人走狗"捆绑起来，破坏部队团结，挑起汉朝民族矛盾。崔石泉从维护团结的大局出发，派人前往教育姜尚平，让他迷途知返改正错误。然而姜尚平一时执迷不悟，不肯归队，给我军这次出征取得的战果抹上一层阴影。①

六、坚持开展饶河游击战

按分兵计划，李学福率二师部分队伍拖住饶河敌人，在敌重兵"讨伐"下开展了游击战。1936年3月，副师长李学福在大别拉炕屯附近邀请"九省、保山、东胜、好胜、中山、天君、张海胜、永远、庄稼人"等抗日山林队首领开会，经讨论在四团时

---

① 姜尚平，原报号"安邦"，1934年末带领30多名山林队员参加游击队。他山头意识严重，加入我军带有很大的投机成分。他这次离队后经过多次教育又归队，为团结抗日大局，1938年1月5日下江特委扩大会议仍任命他为二师十三团团长，1938年7月在同江青龙山被其谋划投日的部下祁成月、孙宪武、刘云江缴械后枪杀。同年夏季，刘雁来奉命击毙了叛徒，将这支队伍带回三师。见元仁山编著《东北抗日联军第七军》第三章第三节第72页，黑龙江人民出版社2005年5月第2版。

期独立营基础上，把这些山林队编为三个团，辖入二师建制。二师又增设六、七、八团，由王风林、贾瑞福、君子人分别担任团长。当时敌情严重，战斗频繁，李学福为加强党对这支部队的领导，改变山林队陋习，提高素质，在小别拉炕密营创造条件办军事训练班。从老部队中选调优秀指战员40多人参加培训，经过3个多月培训，这些学员分别被派到这三个新组建团担任副团长、连长、指导员职务。由于采取了这些措施，使新编入的山林队政治觉悟提高较快，纪律性增强，部队有了一定战斗力。

1936年初，日寇为对付抗联和镇压人民的反抗，在西林子屯成立了一个所谓的以朝鲜人为主的"工作班"。这是一伙主要从长春过来，由抗联部队中变节投敌后受日本关东军特高科特殊训练，专门负责收集情报、招降纳叛，对付我抗日联军的一股危害极大的特务机构，共有46人，装备精良，驻扎西林子屯，头目是金东焕、郑成忠。这伙穷凶极恶、手段卑劣的家伙，四周人民也深受其害。小南河屯后沟一个叫天津班的地方，居住着由山东青州逃荒来的李清和、李清连兄弟二人。这兄弟二人早年参加过山东红枪会，为人行侠仗义，有一身好武功。因不堪日伪当局压迫，兄弟二人遂倡议成立红枪会以自保，一时间四乡民众为之响应。聚集起以阎宝纯为会长，李清和、李清连兄弟二人为法师的百余人会员团体。[①]他们是当时饶河境内最大的红枪会组织，与抗联七军联系密切，有情况时首领以鸡毛传信的方式通知会员。

1936年4月13日，李学福与红枪会首领制定奇袭方案：由李学福率抗联70名战士作外围掩护，熟悉情况的红枪会为先锋。当

---

① 姚中晋编著《饶河县百年拾记》卷四第一章第165页，华文出版社。中共饶河县委党史研究室、饶河县政府网站编《东北抗日联军第七军战斗历程》。姚中晋编著《饶河县志》卷十四《人物传》第四集《李清和》第768页，黑龙江人民出版社1992年7月第1版。

日以鸡毛传檄方式聚合70余名会员及小南河反日会会员田明玉、萧云会、黄占元等人，他们各执梭镖和大刀到汇集地点。当日午夜，红枪会在"工作班"安插的内线——警尉补慈日华打开营门，李清和手执大刀砍倒哨兵，率队冲入室内。众特务在睡梦中被缴枪不杀的喝声惊醒，一个个面壁而立，红枪会当即缴枪28支、子弹数箱。忽然间伪巡官唐佐臣夜晚风流后自营房外面而入，发现情况有异，连续开枪，击中红枪会5人。仓促间形势骤变，场面失控，缴械的特务乘隙夺枪反扑，室内局面混乱，李清和于混战中挥刀搏击，命令大家撤退，他接连砍倒六七个特务，被一个躲藏在暗中的特务击中头部牺牲，时年36岁。危急中黄占元引火焚烧房屋，欲阻击敌人，不幸的是未及撤出的内应慈日华和另一名红枪会员也殒命大火中。此战打死"工作班"特务11人，红枪会李清和、李清连兄弟以下牺牲15人，红枪会蒙受重大损失。为避免恋战而陷入敌人援军合围中，李学福当即率领队伍阻击敌人，掩护红枪会撤出战斗。这是饶河首次党领导的军队与地方群众武装联合作战，说明党的影响已深入人心，各方反日力量已经凝聚到抗日的旗帜下。

这一年，李学福率领的这支队伍不但拖住了敌人，粉碎日伪"讨伐"计划，还发展扩大了队伍。

七、开展虎林、宝清游击战

1936年4月，郑鲁岩率二师200余人队伍到虎林开展游击战。敌人闻讯，加强了独木河、三人班、黑嘴子等地防备力量，并谋划围歼我军。6月20日，我军在莲花山与日伪军300多人激战五六个小时，毙敌20多人，缴枪10余支，我军牺牲7人，负伤8人，打退了敌人的进攻，给虎林日寇极大震动。7月初，新加入二师的七团长贾瑞福率180多名战士转战虎林，在倒木河九排与150多日伪军激战8小时，毙敌30多人，摧毁敌人重机枪1挺、轻机枪2挺，我军牺牲1人、伤2人。8月1日，郑鲁岩率200多人队伍，在虎林黑嘴子与300多日伪军激战5小时，击毙日军30多人、伪军5人，我军伤2人。9月1日，二师警卫连长姜克智率60名战士，在大黄山伏击宝清义顺号伪军100余人，毙敌10余人，缴枪20余支。

在虎林和宝清，我军对伪军晓以民族大义，开展政策攻心成效显著，伪军哗变反正人数激增。如春季，虎林三人班伪军3人携枪投入我军，马鞍山伪军4人携枪哗变；5月，宝清义顺号伪军2人、三人班伪军2人各携枪投奔我军。8月，更有圈儿泡子伪军一个连哗变反正，携带75支步枪、2挺轻机枪、2挺重机枪、80匹战马投入我军。我军转战虎林、宝清，一路奋勇杀敌，令日伪胆寒，群众扬眉吐气，各路山林队纷纷与我军建立联系，抗日浪潮进一步高涨。

1936年初冬，根据抗日斗争形式变化和上级新的军事部署，崔石泉和郑鲁岩分别率领队伍返回了暴马顶子、大叶子沟为中心的饶河游击区。

第七节　抗日烽火中诞生抗日联军第七军，战旗猎猎，血战沙场，迎来饶河抗日高潮

1931年"九一八"事变后，东北地区各阶层民众和东北军中部分爱国官兵，在中国共产党的领导、协助和影响下，风起云涌地组成不同名称的抗日队伍——统称义勇军，坚决抗击日本帝国主义的侵略，极大地振奋了全国人民抗日救国的斗志。但是，由于日军的猖狂进攻和国民党当局不抵抗政策的阻挠破坏，加之

义勇军归属不一、分散活动和领导层本身的弱点,抗日义勇军不到两年即大部分陷于瓦解。1933年秋以后,中共满洲省委在各地原已创建的反日游击队(当时亦称农工义勇军)的基础上,组建了东北人民革命军,并以人民革命军为主体,联合义勇军余部和其他爱国武装力量,在南满、东满、北满和吉东地区,建立抗日联合军和抗日同盟军。1936年2月,东北人民革命军联合其他反日部队,发表统一建制宣言,改称东北抗日联军,陆续编成11个军,最盛时期共达3万余人,形成东南满、北满和吉东三个较大的游击区。

东北抗日联军是在"九一八"事变后,东北各阶级、各阶层人民掀起的轰轰烈烈的抗日救国斗争高潮中产生和发展起来的。东北各地抗日军队第一次统一的称谓、统一的组织——东北抗日联军,它标志着东北抗日游击战争迎来了新阶段和新的高潮期。这支在战火中诞生的军队,是中国共产党创建和领导的东北各族人民的抗日武装,是一支用人民军队建军思想和建军原则组建的新型人民军队,是一支用爱国主义和国际主义精神武装起来的人民军队。她在中华民族危亡的时刻,奋起抗击,在长达14年之久极其艰难困苦的岁月里,同日本侵略者及其走狗进行艰苦卓绝、不屈不挠的浴血奋战,歼灭和牵制了大量敌人,为东北和全国抗日战争的胜利作出了重要贡献,在整个世界反法西斯战争史上都占有着重要的地位。

鉴于当时东北抗日阵容内,成分纷杂,归属不一,联络不便,力量分散,常常不能协同一致开展军事行动的情况,必须整顿和统一东北抗日各部的武装力量,以便应对以后更加艰难局面到来。1935年10月11日,杨松以中共驻共产国际代表团代表的名义出席在苏联符拉迪沃斯托克召开的东北抗日斗争形势会议,进一步研究贯彻落实"八一"宣言和建立更广泛的抗日民族统一战线等相关问题，并就着手组建统一的东北抗日联军的时间、步骤及建制等具体问题进行了深入研究。会议发表了由杨松起草的《东北抗日联军为华北事变告全国同胞书》和《东北抗日联军呼吁一致抗日通电》。1936年2月10日，杨松按照中共驻共产国际代表团的指示，在黑龙江省汤原县吉星沟召开东北抗日联军军政联席扩大会议，研究讨论改编东北各抗日武装力量，成立东北抗日联军具体事宜。1936年2月20日，中共驻共产国际代表团以杨靖宇、王德泰、赵尚志、李延禄、周保中等人的名义联合发表《东北抗日联军统一军队建制宣言》，从这一天起各派抗日武装的番号统一整编为接受共产党领导的东北抗日联军。这标志着东北各个抗日武装统一在党领导的抗日大旗麾下，和东北最广泛抗日统一战线的形成。这支队伍中有共产党员，有工人、农民和手工业者，有知识分子，有东北军旧部，也有"绿林"好汉等。这些原本信仰各异的爱国人士，在东北抗日联军这一共同旗帜下团结在一起，形成抗日武装洪流，站到了抵抗侵略者的最前线，戮力同心，并肩作战。

一、抗日烽火中抗联第七军诞生

这一时期，党领导的那丹哈达拉岭、三江原野一带的抗日武装斗争呈星火燎原、蓬勃发展之势。在饶河中心县委、下江特委领导下，至1936年春，饶河县委有4个党支部，84名党员，反日会员800多人，其中朝鲜族200多人。周边的虎林、宝清、抚远各县党组织和反日群众团体也发展迅猛。各村屯的党组织、反日会、青年救国会与敌人斗智斗勇，冲破日伪当局推行的"归屯并户"、建立"集团部落"和经济封锁，向坚持斗争的二师部队提供粮食、食盐、衣服、情报，医治伤病员等。红枪会、各山林队也主动与二师联合作战，共同抗日。二师依靠人民群众的支持和抗日统一战线，在日伪密织如网的统治区内频频打击敌人，队伍在战斗中成长。

1936年4月，下江特委委员崔宇振和梁义风等以不正当手段将下江特委书记朴元彬选掉，另选刘总成为代理书记。刘总成等赴苏联符拉迪沃斯托克汇报特委改组情况，受到中共驻共产国际代表团驻符拉迪沃斯托克交通局负责人批评。7月，杨松派陈荣久为联络员与刘总成一同回饶河，并指示另行改组下江特委，组建抗联七军。他们由交通员于吉东作向导，到达暴马顶子密营。

1936年9月15日，下江特委在饶河县大佳河西沟召开会议，改组特委，朴元彬又当选为特委书记，增补陈荣久为特委委员。10月26日，下江特委在暴马顶子小东沟召开党和军队干部会议，讨论了关于成立抗日联军第七军等问题。

1936年11月初，下江特委召开由二师党委委员，二师各级支部书记以及有关军事干部参加的会议。会议讨论了崔荣华、崔石峰、梁义风在同江所犯的错误，作出取消他们三人的工作并开出党籍的决定；讨论了郑鲁岩在虎林带部队开展游击战时所犯的错误，决定取消郑鲁岩在军事上的一切工作，改任为特委宣传部长；取消崔清海的下江抗日救国青年总会委员职务等几项决议。①11月15日，中共下江特委在关门嘴子和文登岗之间（今饶河三义村的石头窝子山岭后）继续召开二师党委委员、党员军事领导干部及地方党组织负责人会议，根据《八一宣言》和《东北抗日联军统一军队建制宣言》精神，把东北抗日联军第四军第二师正式改编为东北抗日联军第七军。全军编为3个师，每师暂设一个基本团，下辖三个连。军长陈荣久，参谋长崔石泉，副官长毕玉民，经济部长董墨林。一师师长由陈荣久兼任；二师师

---

①1938年1月，中共下江特委临时工作委员会发表《关于下江特委在1936年11月处置崔石峰等人的意见》。

长李学福，参谋长金铎；三师师长景乐亭，政治部主任金铁宇，参谋长闫敬山。一团团长张文清，二团团长王凤林，三团团长金德俊、副团长隋长青。全军共700余人（基本队400多人，收编队300多人），其中共产党员109人。抗联七军成立后发表了东北抗日联军《七军宣言》：

  我们（东北人民革命军第四军第二师、君子仁队、北海队、三江队、宝山队、好胜队、友好队、东山队、海鸥君队、访贤队、永远队等）在这五年抗日战争中，得到血的教训，知道"团结则生，分裂则死"这句话是天经地义至理名言！我们深信中国苏维埃中央政府和中国共产党主张建立国防政府及抗日联军，停止内战，一致抗日，这一号召，实为救亡国存唯一办法；我们为的是对立日寇"各个击破""并大屯""冒充抗日军"的毒辣政策和阴谋；我们没有统一领导，没有整个的计划，就不能在将来更大的事变中，取得更大的胜利；并且我们在这一年中，因为同志的英勇作战，群众的竭诚拥护，使我们的队伍有长足发展，根据以上的条件，所以我们放弃个人的称号与山头，以平等的原则，成立抗日联军第七军。

  自今以后，我们愿意与东北的各抗日联军共同组织统一的军事领导机关；我们希望全国各政党、各团体、各名流学者，本着"兄弟阋墙、外御其侮"的天良，早日实现国防政府以领导我们；我们欢迎"满洲国"的军队不要再受日寇和卖国贼的欺骗，赶快反正到抗日联军来，共同作抗日救国的神圣事业，我们愿意与日本爱好和平的士兵和劳动群众亲密的联合起来，打倒共同的敌人——对外侵略弱小民族，对内剥削穷苦群众的帝国主义者；我们不分民族，不分籍贯，不分党派，不分职业，不分信仰，不分性别，不管过去有任何敌对行为，不管有任何旧仇宿怨，只要是不愿意当亡国奴的同胞们，都要与他们巩固的团结，以打倒残暴的日寇，收复锦绣的山河，并且我们愿意牺牲一切，在抗日救国事业中作群众的先锋。同时我们不论家庭、亲属、朋友、凡是亲日的都是我们不共戴天的血仇，与日寇一律地看待。我们相信唯有这样，才能实现中国共产党和中国苏维埃政府的预言："共产党和苏维埃政府坚决相信：如果我们四万万同胞有统一的国防政府作领导，有统一的抗日联军先锋，有千百万武装人民群众作战，有无数万东方和全世界无产阶级和被压迫民族作声援，一定能战胜内受人民反抗外受列强敌视的日本帝国主义！"

东北抗日联军第七军
中华民国二十五年十一月

（原文载一九三七年九月十八日巴黎《救国时报》）

宣言指出：在日本侵略者实施"各个击破"和"归大屯"的毒辣政策面前，"团结则生，分裂则死"，各抗日部队要团结一致，共同对敌，共同为驱逐残暴的日本侵略者，为收复东北失地而努力战斗。宣言号召：伪军不要再受日寇和卖国贼的欺骗，赶快实行反戈投到抗日联军中来，共同完成抗日救国的神圣事业。宣言起到了震慑日寇，动摇瓦解伪军，团结人民，增强抗日必胜信心的作用。随后，在军长陈荣久领导下，首先抓了七军队伍的整顿，清除了混在七军内部的日伪奸细分子，纯洁了队伍，提高了全军干部、战士的政治思想觉悟，加强了革命队伍的团结。1937年1月13日，抗联七军在小南河沟里狐仙堂（今新开村正西15华里左右）召开各山林队和各民众武装及反日会骨干会议。会议一致接受七军提出的《共同抗日决议案》，党的统一战线发挥了巨大威力，各阶层人士、各路抗日武装齐聚抗日大旗麾下，七军队伍得到迅速扩展，部队总人数扩充至850多人，抗日烽火呈燎原之势。在七军成立后短短几个月就初显神威，游击战开展得十分活跃，取得了一个个战斗的胜利。

二、天津班战斗歼日军，那丹浩气传千古

面对燎原的抗日烈火，惊恐不安的日伪当局加快实施清山清沟、"归屯并户"的所谓"集团部落"政策，加紧"讨伐""围剿"我军，还利用叛徒特务破坏我军密营和地方党组织及群众反日组织。1936年12月13日，日伪军袭击饶河县我军石头窝子密营，交战中崔荣华（原二师政治部主任）、高明远（朝鲜族、原二师军需处长）等7人牺牲，崔石峰（又名崔一山，被捕后叛变）及妻子、高明远的妻子及金春被俘。同年12月，我军两处密营和山林队四处密营被敌人破坏。日伪还抓捕抗联家属进行劝降，动摇我军心；派特务打入我军内部，进行挑拨矛盾，传递情报信息；队伍内的各种投机分子也跃跃欲试，原二师四团副团长姜尚平继续坚持顽固的错误观点，另立山头；原二师五团团长邹其昌到虎林纠合部分山林队也另立山头；原二师七团团长贾瑞福带一部分人重新当土匪。1936年12月4日，特委书记朴元彬受特委委托去苏联符拉迪沃斯托克汇报工作[①]，指定郑鲁岩临时代理特委书记。郑鲁岩消极怠工，也想拉一部分人另立山头；特委委员刘总成放弃自己的工作擅自独立行动[②]；已变节降日的罗英、张焕又混入七军从事破坏活动……使刚成立的七军面临严峻挑战。陈荣久在1937年2月28日

[①] 朴元彬到苏联符拉迪沃斯托克后，接受审查，因他曾经被捕，在执行枪毙时逃出。刚成立的七军和下江特委问题很严重，有很多疑点，朴元彬到莫斯科后接受审查。见元仁山编著《东北抗日联军第七军》第四章第一节第84页，黑龙江人民出版社2005年5月第2版。

[②] 1937年5月7日，刘总成在饶河县小南河文登山二师密营，被饶河伪警察"讨伐"队逮捕。见元仁山编著《东北抗日联军第七军》第四章第一节第85页，黑龙江人民出版社2005年5月第2版。

给上级的信中提出："我们抗日联军处在极端孤立和危险的状态"。针对七军成立初期的复杂情况，下江特委和七军领导一方面向上级要求加派得力干部来加强七军领导，另一方面又采取果断措施，处决了混入内部的几名奸细，取消了刘总成的特委工作。同时，整顿队伍，加强思想教育，严明军纪，加强内部团结，尤其是加强对新编入的山林队教育和领导。经过一系列的教育整顿工作，使刚成立的七军经受了考验和锻炼。

1937年初，陈荣久在暴马顶子密营召开会议，决定拔掉对抗联危害极大的西林子日伪特务"工作班"。1937年3月4日夜晚，崔石泉率领100多名战士包围西林子屯。但我军行动已事先被叛徒罗英[①]泄露给敌人，战斗打响后，敌特防守甚严，火力很猛，很难攻克。为避免县城敌人增援，使我军陷入腹背受敌危险境地，崔石泉率队伍果断撤出战斗，向天津班转移，准备与军部会合。3月6日上午，伪饶河县政府日本参事官大穗久雄[②]率100多名日军和200多名伪军赶到西林子增援，扑空后又尾随我军向天津班追击。

天津班是饶河县西林子屯到暴马顶子的必经之路，附近横列着四五个山丘。此时陈荣久军长正在天津班新开沟狐仙堂召开山林队首领会议，得知信息后，陈军长亲自布置阻击战。

[①]罗英，原名韩心平，曾任东北抗日同盟军第四军政治部主任。1936年2月12日，他到牡丹江向吉东省委汇报工作时被捕叛变，使吉东省委遭到破坏，后又混到七军任陈荣久军长秘书。1937年10月6日，中共吉东省委对他的罪行进行审查核实后，被判处死刑。

[②]大穗久雄，1932年8月毕业于京都拓殖大学。后到东北参加日本北满特别调查班，在以哈尔滨为中心的17个县里进行特务活动。后任伪辑安、汤原两县副参事官。1936年4月任伪饶河县政府参事官，对我抗日军民犯下滔天罪行，是侵华的"急先锋"和刽子手。

自天津班沟口屏岭山东端始，沿路于各山头关隘设四道伏击点。大穗久雄恃其兵多和武器精良，于3月6日下午1时左右，乘10余张马爬犁，向天津班进攻。我军前二道伏击岗卡按预定方案将敌人放进，待敌进入天津班东第二和第三山头之间时，七军150多名战士向这股敌人发起猛烈射击，前后夹击敌人。敌人顿时慌作一团，几次冲锋都被我军击退，激战3个小时，骄狂的敌人战力锐减。正当我军准备组织反冲锋时，饶河伪警察大队长苑福堂带200多伪警察向我军背后偷袭，敌人兵力猛增至500多人，战场形势骤变，我军腹背受敌。在敌众我寡的情况下我军顽强战斗到下午6点，敌机枪手连续被击毙3人，火力被压制。军长陈荣久见状，立即跃身率领战士去夺取敌机枪，不料，被卧伏在爬犁底下的受伤日军暗枪击中胸部，当场壮烈牺牲。战士看到他们自己的军长牺牲，个个义愤填膺，枪口喷射出复仇的火焰。当敌指挥官大穗久雄手持战刀，指挥部下又一次向我军阵地发起冲锋时，我一连连长王振华忽地跃起，不顾自身完全暴露在敌人火力下，站在雪地向大穗久雄射击，复仇的子弹连发五枪，大穗久雄当场毙命。王振华连长也同时被敌人射穿右眼壮烈牺牲。此次战斗共打死日军大穗久雄大佐以下30多人、伤10余人，打死伪军团副以下伪军和伪警察几十人、伤几十人。抗联七军牺牲24人、伤多人，首任军长陈荣久以身殉国。战斗结束后，陈荣久及两名战士（侯培林、金元俊）遗体被当地救国会组织人员掩埋在天津班屏岭山后。

青山埋忠骨，浩气永长存。陈荣久为中华民族的解放事业献出了宝贵的生命，他的英雄事迹将永远为人民所赞颂。

三、崔石泉整顿队伍斗内奸，军民联合三打"工作班"

陈荣久军长的牺牲，是抗联七军的重大损失。这时，七军失去了与吉东省委联系，下江特委也处于无人负责状态，叛徒罗英乘机大耍阴谋诡计，行挑拨离间之能事，叫嚣要夺取七军领导权，部队出现混乱现象。此危急时刻，稍微迟疑不决，就有全军覆灭的危险。崔石泉不愧是久经沙场、斗争经验丰富的共产党人，他挺身而出，巧计撕破了罗英的伪装嘴脸，关键时刻稳定了七军，保住了这支刚诞生的抗日队伍。随即他与抗联七军其他领导在暴马顶子召开七军紧急党委会，会议决定由崔石泉任七军党委书记、代理军长；将一师、二师合并为第一师，由李学福任师长；原第五团和改编的山林队扩编为第二师，邹其昌任师长，云英鹤任政治部主任；景乐亭仍任第三师师长；李永镐负责联系上级党组织，将罗英逮捕并交吉东省委处理。这次会议及时地解决了七军领导权问题，清除了叛徒，纯洁了队伍，加强了内部团结，统一了认识，从而使七军很快稳定并有了较快发展。

1937年春，小南河一带的红枪会100多人投靠我军，提出联合攻打西林子特务"工作班"和伪警察队。4月22日，崔石泉率150多人和红枪会50多人再次攻打西林子。战斗从清晨3点打到9点，毙敌20余名，我军伤亡13人。将缴获的14支步枪和其他军用物资，全部装备了红枪会，随后红枪会加入七军。这次战斗胜利沉重打击了日伪特务"工作班"的嚣张气焰，特务"工作班"从此萎靡不振，当地群众倍受鼓舞，取得了抗联七军和群众武装红枪会联合作战新战果。

西林子战斗结束后，七军兵分两路开展游击战。崔石泉、邹其昌率军部和二师及收编队到虎饶交界处活动；李学福、景乐亭率一师和三师到同江、富锦一带活动。

四、出征虎林震敌胆，五军、七军首次联合显神威

崔石泉率500多人挺进虎林地区，积极联合当地山林队和其他群众抗日武装，成立虎饶反日游击总指挥部。1937年6月，在独木河与伪军一部交战3小时，击毙伪军30多人，缴枪10余支和一部分弹药。据亲临战斗的抗联老战士陈德山①回忆，此战给虎林日伪以极大震慑。

1937年11月，在敌人"围剿"尚未形成包围圈时，崔石泉率领600余人队伍转战抚远，甩掉强敌。12月12日，崔石泉率七军部分骑兵、步兵联合抗联五军三师400余人，突袭宝清七星河镇（也称星河镇，今宝清县七星河乡），击毙日军指导官和教官各1人，击毙日军10余人，打伤20余人，消灭伪军一个连，缴获步枪200余支、轻机枪4挺、重机枪1挺、迫击炮1门及其他军用物资。载着一路征战胜利的凯歌，崔石泉率队伍返回饶河密营。

五、三江湿地枪炮鸣，军民团结歼日伪

1937年5月初，李学福、景乐亭率一、三师700多人渡过挠力河，穿过一望无际漂筏甸子湿地，挺进富锦、同江境内。他们在大旗杆（饶河、宝清、富锦三县交界处）、卧虎林子、前六牌、二龙山、对青山、小酒家等地广泛开展游击活动，边做群众工作，边筹集给养，同时寻找战机消灭敌人。富锦、同江两县属于三江平原腹地，地域辽阔，湿地连绵，泡泽、河流纵横，中间

———————
①陈德山，1937年在饶河大顶子山参加抗联七军，因作战勇敢任七军三师七团一连连长，1939年转任抗联五军教导团副团长，1942年10月任抗联教导旅中尉排长，1943年与抗联七军女战士胡秀珍结婚，1945年8月随苏军返回东北。

分布很多漫岗丘陵，散落一些小村屯，交通不便，日伪统治力量薄弱，春、夏、秋季节不便于机械和大部队运动，是开展游击战的理想场所。李学福率领的这支远征部队，在富锦一个叫水林子的地方建立密营基地。水林子周围是长着水草和漂筏塔头的沼泽湿地，中间是一片高岗地，方圆好几里，岗上长满了白桦树、柞树。水林子这个地方很富饶，水里有鱼，草地上有野菜、蘑菇，是个休养、防御敌人的好地方。部队在这里盖起了简易营房，营房是用桦木杆子竖着闯起来的，上头小、底部大，最上边留一个口子排烟熏蚊子，战士们管它叫"雀笼子"。

初到新环境，群众不了解抗联队伍，加上敌人欺骗宣传和严密控制，他们一时很难接触到群众，当然也不了解周围敌情。李学福带领战士们克服重重困难，寻找机会到各村屯宣传抗日救国道理，动员群众支援抗联，打击日寇。在艰苦环境中，他们严守群众纪律，部队断炊就下河捉鱼、挖些野菜、树皮、蘑菇当主食，把仅有的一点咸盐救济群众。经过一段时间活动，他们就在大旗杆、卧虎林子、前六牌、二龙山、对青山等地打开了局面，赢得当地群众信任，掌握了周围敌情。

一次，李学福率部队攻打头道林子、卧虎力等敌人据点，缴获了许多枪支，粮食也得到了补充。5月15日，李学福、景乐亭率200余名战士到同江二龙山策应一连伪军哗变时，与500多名伪军遭遇，鏖战五六个小时，击毙敌人50多名，我军牺牲10人，受伤6人。这次行动虽然未获全功，但仍然接应出哗变过来的伪军20余人，并携40余支步枪参加了抗联，形成了很大的轰动效应。尤其是这支远征的抗联部队在当地群众配合下将死心塌地为日军效劳、残害同胞、恶贯满盈的富锦伪军"讨伐"队长张大胡子和同江二龙山土豪左殿生逮捕枪毙，震慑了日伪，使那里的汉奸走狗胆战心惊，不敢公开为非作歹，群众拍手称快，鼓舞了抗日士气，参加抗联队伍的人多了起来。李学福率部队频繁出击，袭击敌人，破坏交通。这一灵活机动游击战术，打得日伪晕头转向，顾此失彼，七军在三江原野声威大震。从此在三江平原腹地，我军开辟了一个新的游击区。抗日烽火成燎原之势，七军文艺工作者们创作了反映他们战斗生活的游击队之歌，展现了七军游击队员的精神风貌。

四季游击歌[①]　　2/4 C调

55 53 | 55 11 | 2.1 2 3 | 2—|
春 日 游 击 风 光 特 别 好 |

1 1 22 | 6 6 55 | 3 3 5 5 | 2—|
风又和 日又暖 满地铺 碧 草

3 5 6 | 3 5 6 | 3 5 3 5 | 6—|
花放香 鸟歌舞 天地一乐 园

1 1 2 2 | 3 3 3 | 11 6 6 22 | 5—|
革命生长 似怒芽 镇压不 了

　　6月30日，李学福率领700多名战士在二道林子休整。二道林子距富锦县城约五六十公里，是一道东西走向的狭长山冈，有三个小村庄，60多户人家，战略地位重要。部队驻扎的第二天，接到地下党送来情报，富锦日伪侦知抗联动向，驻富锦日军小宾司令调动近千名日伪军，配备大炮、掷弹筒、重机枪，并配以部分骑兵和坦克战车，拟一举围歼抗联部队。当时，李学福和景乐亭率领的一师和三师部队只有5挺轻机枪，没有重武器，弹药也不充足，力量对比悬殊。但这一仗又势在必打，而且又必须打赢，

---

① 《抗日战争歌曲选集》第一集第三部分第184至185页《义勇军四季游击歌》，根据《东北地区革命历史文件汇集》中朱光《关于第七军几年来的斗争的一点经验》。

否则，不但丧失前一段所取得的战果，也甩不掉这股强敌，仓促返回饶河还有被富锦、饶河两股敌人夹击歼灭的危险。李学福和他的战友经过认真分析，决定利用当地群众基础好，部队刚打胜仗士气旺，周围沼泽湿地遍布，不利于敌人骑兵、坦克和大部队施展发挥等优势，来一次扬长避短的反击战。

开战的消息传开，备受日伪欺压蹂躏的二道林子群众纷纷以各种形式资助抗联部队，男人参加挖战壕，女人备送干粮，一位80岁的李大爷献出自己的寿材，用以为部队加固阵地工事。部队领导不准，李大爷说："我老了，不能亲自上战场杀豺狼，尽我一分薄力，就等于我上战场……"就这样，抗联部队和当地群众共同构筑一道埋葬这批敌人的战场。

凌晨3时，黑压压的敌人朝我军阵地冲来，300米、200米，当敌人进入100米有效射程内，我军的机枪、步枪一起射向敌人，枪声、手榴弹的爆炸声响成一片，冲在前边的敌人如镰刀下的韭菜，霎时倒下一大片，后边的敌人连滚带爬后撤。战士们跃出战壕，缴获一批武器弹药，我军以逸待劳取得第一次反冲锋胜利。

天亮后，不甘失败的敌人用大炮轰击抗联阵地。隆隆的炮声，震耳欲聋，大地颤抖，空气夹杂着刺鼻的硝烟味，阵地周围的天空被炮弹激起的尘土与硝烟形成的混浊物遮蔽了。炮轰停止后，紧接着是一波又一波的冲锋……从黎明到天黑，鏖战一整天。我军有群众支持，后勤有保障。日伪在沼泽地前，骑兵施展不开，坦克陷入泥潭，大部队不便运动，丝毫占不到便宜。我军利用地形优势，与敌激战一天，击毙敌人150余人，击伤多人，我军牺牲10余人，负伤14名，取得了缴获80余支步枪和一批弹药的战果。晚七时，抗联主动撤出阵地，跳出敌人包围，摆脱了强敌。

此战，抗联声威大震，群众极受鼓舞。有同江县群众刘会来亲自到伪军中宣传我军抗日大捷，说服50名伪军哗变。同江县一区"自卫团"团长王廷周听到我军反对日伪"归大屯"和我军战斗的胜利，带领百余名士兵毅然反正参加我军。

"抗联英雄如猛虎，日本鬼子反遭殃，铜墙铁壁被冲破，誓将倭寇抛海洋。"（选自周保中将军诗歌）

李学福率队在富锦、同江活动期间，联合各山林队，成立联合反日指挥部，进行了三次较大战斗。他们在水林子密营成立缝衣队，有著名的庄凤等20名抗联女战士仅用一台手摇缝纫机，昼夜工作，将缴获的布匹制成军装，满足部队扩大需要，一时传为佳话。

三江湿地广袤，河汊纵横，不便于敌人机械化运作，日伪统治力量薄弱，而有利于我军在春、夏、秋季节发展游击区。进入秋季，李学福将部队化作若干小队频繁出击，袭击敌人，破坏交通。这一灵活机动游击战术，打得日伪军晕头转向，顾此失彼。李学福、景乐亭率七军一部远征三江，痛歼日伪，战果辉煌，发展壮大了队伍，奠定了群众基础，七军威名开始远播三江原野。9月以后，三江湿地逐渐失去屏障作用，日军调动大批部队，从四周围拢上来，妄图一举消灭这支抗联队伍。9月的一天，敌机开始向水林子密营轰炸，造成一些损失。按预定计划，李学福、景乐亭率队昼夜兼程返回饶河。

1937年7月7日，日寇发动全面侵华战争，全国各阶级、各党派同仇敌忾，兄弟阋于墙，外御其侮。这次七军两支部队出征虎林、宝清、富锦、同江，战果累累，声名远播，抗联七军进入一个新的发展时期。受党的统战政策和民族大义影响，伪军、伪警察人心动摇，饶河、虎林、同江、富锦等县的山林队、红枪会民间武装纷纷向抗联七军靠拢。于是，七军在小南河召开民众抗日团体、各个山林队、红枪会参加的联席会议。会上经过多方协商和耐心教育,一致接受《共同抗日决议案》。此后,各地的山林队、红枪会相继接受七军领导,形成以七军为核心骨干的协同配合作战局面。同时七军又将条件成熟的"好友、姜国臣、孟尝君、北海"等几百人的山林队收编到七军编制内。

到1937年底,七军队伍不断扩大,在群众大力支持下,解决了新增800多人的冬装和2.7万元军饷,组建了一支骑兵部队,建立了暴马顶子、十八垧地、大叶子沟、四合顶子基本密营基地,成立了由近百名女战士组成的妇女大队——妇女团,抗联七军迅速扩大到1 500余人,处于鼎盛时期,形成三江地区抗日武装斗争蓬勃发展的大好局面。

第八节　党加强七军政治组织建设

抗联七军成立之初,部队组成来自四面八方,有党领导的游击队,有山林队,有群众武装红枪会,有反正哗变的伪军等等,成分十分复杂。领导层中的政治水平、党性修养、组织纪律性也参差不齐,有的怀着各种私利或不同动机投身革命,有的作风粗暴武断,有的单纯军事思想甚至不要党的领导,有的"左倾"思想严重……这些人在革命高潮或顺境中尚能维护大局,一旦遇到困难挫折,往往动摇,甚至变节投敌,对抗联七军的发展危害极大。而七军成立之始就处在日伪的反复"围剿"中,战斗频繁,没有学习整顿的时间,使各种非无产阶级思想没有得到有效肃清。下江特委书记朴元彬去办联后,下江特委和七军党委与上级失去联系,上述问题一直得不到解决。1937年11月,七军党委通过抗联六军二师师长和抗联五军派来的交通员,与抗联五军军长、吉东省委常委周保中①取得联系。随后，下江特委委员徐凤山②代表特委赴吉东省委汇报，要求吉东省委派领导到下江特委和七军，进行组织整顿。

　　1937年末至1938年1月5日，周保中以中共吉东省委代表身份来到饶河，在饶河十八垧地主持召开了下江特委扩大会议。③下江特委和七军党委领导层思想斗争和争论问题较多，需要反映和解决的问题也较多。因此，会议的主要目的是解决下江特委内部分歧，改组下江特委，整顿七军班子，规划游击战运动方向，确定当前任务。

　　会议主席是徐凤山，记录员是郑鲁岩、金铎（金天民）。参加会议的有：下江特委委员、饶河和虎林两县县委委员、七军党委委员、七军各师的党员师长、连以上党支部代表等35名和吉东省委代表周保中。列席会议的有：三军四师政治部主任金策、六军一师师长马德山等。会议议程有十项：①选举会议主席；②周保中代表吉东省委作声明；③周保中作目前政治形势报告；④郑鲁岩作下江特委工作报告；⑤崔石泉作七军工作报告；⑥临时提议；⑦讨论问题；⑧周保中作总结；⑨决议案；⑩附件。

　　会议通过了《下江特委扩大会议决议案》，该决议案详细指出了下江特委和七军党委存在的各种错误思想和处理问题的不当

---

①1936年2月，周保中任东北抗日联军第五军军长；1937年3月，吉东省委成立时任省委常委；1938年冬任省委执行部主席（书记）。

②徐凤山（李阳春），朝鲜族。1931年3月，任饶河区委书记；1932年8月，任饶河县委书记；1936年3月，任下江特委委员；1936年11月，接替李一平任虎林县委书记。1938年9月，七军政治部主任郑鲁岩以闹派性为借口，擅自决定将徐凤山诱至花砬子杀害。

③元仁山编著《东北抗日联军第七军》第四章第二节。黑龙江人民出版社，2005年5月第2版。

之处，以及个别领导干部的错误，并作出了几项具体决议。

会议决定：撤销下江特委全部执行委员，改选新的下江特委，吉东省委派鲍林（勃利县委书记）任下江特委书记，在鲍林到来之前，特委组成临时工作委员会，张文清任临时工委主席，崔石泉、郑鲁岩为委员。会议改选七军党委执行委员会，崔石泉、李学福、郑鲁岩、金铁宇、云鹤英、景乐亭、刘廷仲为委员，邹其昌、张文清为候补执行委员，崔石泉任党委书记，李学福、郑鲁岩任常务委员，改选后的七军党委直接受吉东省委领导。会议还改选了七军领导，李学福任军长，崔石泉任参谋长兼代理军长（李学福正在患病，需要到苏联治病），郑鲁岩任政治部主任，张文清（原一师二团政委）任军部副官长，金铎（原一师参谋长）任政治部宣传科长。一师师长王汝起[①]、副师长姜克智，派勃利县的地下党员何可人到七军一师任政治部主任（吉东省委派来）；二师师长邹其昌、副师长金世昌、政治部主任金铁宇；三师师长景乐亭、副师长云鹤英、政治部主任刘廷仲（原一师一团政委）。一师下辖三个团：一团长崔勇进，二团长王风林、政委李一平，三团长天君（原名宋松臣）、政委金昌海（原三师七团政委）；二师下辖二个旅：一旅下辖三个团，四团长王某、五团长刘雁来、六团长赵某，二旅下辖十二、十三、十四三个团，旅长邹其昌（兼）；三师下辖五个团，即七、八、九、十、十一团，七团长隋长青、政委王盛，八团长君子人（于贵祥，东北抗联300烈士名单），九团长杨秉清，十团长姜义，十一团不详。

会议决定：把刘秀吉、金海云、李东植、孙还春、裴学范、崔永拒、崔恒善、赵振岩等同志调到军部培训，然后再派

[①] 吉东省委为加强七军领导力量，1938年1月，将抗联五军二师副师长王汝起调到七军任一师师长。

到各连任政治指导员。把军部的保安连分为两部分，一部分组成一师警卫连，另一部分扩编为军部警卫营。各师抽调优秀战士到抗联二路军教导队培训，培养基层连队干部。团级建立士兵委员会，参与政治和军事问题讨论。加强党对军队的领导，加强军队思想政治工作，取消军事干部专权。会议还作出了关于部队纪律、部队与山林队的关系、军民关系，及个别人的处理意见等方面的决议。

会议要求：七军应以完达山脉为依托，饶河为中心，开展虎林、宝清、密山、同江、富锦、抚远等地游击战，加强反奸细斗争，纯洁队伍，加强内部团结，继续搞好统一战线工作，加强密营建设，多储备粮食，作长期抗战准备。战士们在征战中创作了一首歌谣："饶河到虎林，游击快如神，满军不及防，枪弹送了人。虎林到饶河，胜利真是多，夜间去袭击，日本鬼子逃如梭。"

通过这次会议，解决了当时下江特委和七军领导干部中存在的主要问题，改组了下江特委，整顿了七军，加强了领导力量，加强了党对军队的领导和思想政治工作，增进了团结。但是，对深层次的思想、作风问题及加入七军的山林队整顿教育等未能从根本上解决。

会议结束后，周保中赴苏联比金市，要求与中共驻共产国际代表团的符拉迪沃斯托克交通局联系。他在比金市等待一个月后，于1938年2月20日得到苏方答复：因国共两党第二次合作，中共驻共产国际代表团已于1937年11月底回国，停止对东北党组织的领导，今后东北党组织由中共中央直接领导。周保中给中共中央写一书面报告，委托苏方转达。

下江特委扩大会议后，为抗日事业毁家纾难，舍身忘我奋战的李学福军长，因常年战斗在艰苦险恶环境中，身体健康状况恶化，于1938年2月患半身不遂，赴苏联比金医治，1938年8月8日不幸病逝。此期间，七军军长一职由参谋长崔石泉代理。

第九节　捷报频传的1938年，七军威名扬四方

1938年起，日本关东军集中几万日军和1万多伪军，总兵力达6万人，对伪三江省地区进行"大扫荡"，对活动在饶河、虎林、抚远一带的抗联七军进行重点"讨伐"。

1938年3月初，伪军三十一团骑兵营500余人从虎林开进饶河小南河屯，伪军三十五团从富锦赶到饶河大叶子沟一带。这两股敌人配合当地日伪军兵分两路，一路向十八垧地逼近，另一路向关门嘴子进犯。由于叛徒金杨玉等为日伪军作向导，七军的几个密营基地先后遭到破坏，抓走了尚未来得及转移的缝衣队女战士及军部通讯员等人，搜去了印刷用品、缝纫机、文件，七军损失严重。崔石泉率军部直属队，采取机动灵活战术，不与敌人正面交锋，绕着大山兜圈子，让敌人摸不清虚实，死死拖住敌人大部队，掩护七军另两路主力部队转移。即使斗争环境如此严酷，崔石泉也不忘培训干部，将各师抽调的优秀战士30余人，集中在隐蔽地点苇子沟，进行了为期3个月的军政课程培训。

敌人大军压境，形势骤然紧张，七军内部意志不坚定分子携枪投敌事件屡有发生。根据这些情况，七军领导一方面加强部队思想政治教育，肃清内部奸细，另一方面从战略上谋划跳出敌人重兵包围圈，到外线打击敌人。于是决定崔石泉率军部留在饶河牵制敌人，一、二师转战同江和富锦，三师转战宝清，联合五军三师共同开展游击战。

为适应形势变化，加强领导力量，1938年7月下旬，吉东省委决定成立由季青、鲍林、王效明组成下江临时党团（即三人团），季青[①]担任党团书记，具体负责领导下江地区二路军所辖的抗联四、五、七军各部队政治工作。

1938年8月，根据吉东省委指示，七军编入东北抗联第二路军，接受二路军总指挥部统一领导。[②]

一、奇袭小南河伪警察队，里应外合捣敌穴

饶河县小南河屯位于大顶子山南坡山麓下，是进入抗联部队暴马顶子等几个密营的交通要道之一。日伪为对付抗联，在要冲地段的小南河屯大顶子山下佛寿宫派驻有60多人的伪警察队。这些伪警察不堪伪队长及日本人的克扣盘剥和欺辱，军心浮动，其中的士兵王庆奎、张玉华受我军宣传影响较深，流露出不愿当亡国奴，想投奔抗日联军的想法。经过我地下工作者考察，他们的思想转变是真实的。于是我抗联地下组织转告他们继续以伪警察身份做掩护，争取更多的有爱国心的志同道合者，待时机成熟时起义，在日本人的心脏里插一刀，为抗日做更大贡献。他们随后研究了一个伪装突袭小南河伪警察队的战斗方案，经过抗联七军指挥部的修改补充，使这次行动计划更为缜密，并决定尽快着手准备。

崔石泉派军部警卫连吴应龙连长和赵指导员负责接应伪军哗

[①]季青，原名李大丕，依兰县人，1932年9月加入中国共产党。1936年末任抗联第三军的团政委、二路军教导队主任、五军三师政治部主任、吉东省委下江三人团书记、教导旅第四营政治副营长。

[②]东北抗联第二路军于1937年10月10日成立，周保中任总指挥。当时第二路军以第四军、第五军为核心，包括第二军二师等部队。以后根据抗日武装斗争活动区域变化，又将第七军、第八军纳入抗联第二路军建制序列。

变。当时，敌人征调四方老百姓修建围墙和营房，人多且杂，易于混淆。于是我七军利用村民进山伐木、运木、给伪警察队建营房机会，挑选8名战士组成小分队易装成民夫，混在出劳役的老百姓里边，进入大顶子山佛寿宫伪警察队驻地。

1938年7月中旬的一天，我七军又派来30多名战士，埋伏在村子周围。中午，当伪警察队全体警察正在院子里休息吃午饭，在伪警察队机枪班长张玉华等协助下，这8名战士突袭该处伪军。张玉华抱起机枪正对伪警察们喊道："不准动，谁动就打死谁！"敌人措手不及，埋伏在附近的抗联战士一拥而上，把在场的伪警察队全部缴械。日本驻伪警察队的山本指导官，刚下班回到他的住处，正准备吃午饭，听到外边一阵吵闹声不知出了什么事。他刚一出门探望，被七军一战士打了一枪，没打中，随后便同这名抗联战士交手肉搏起来。山本指导官的老婆随后跑来，抽出她丈夫的战刀向我抗联战士身上乱砍，将这名抗联战士胳膊砍伤。这时，冲过来的其他战士叭叭几枪，将山本指导官和他的老婆全部击毙，还打死一名妄图动手反扑的伪警察。在与10多名顽抗伪警察交战中，我军赵指导员等3人牺牲、3人负伤。我军击毙山本指导官及其老婆和1名勤务兵，打死反抗的伪警察1名，缴获机枪2挺、步枪53支、四四式马枪13支、子弹1万多发及其他军需品，20余名哗变伪军参加七军行列。崔石泉用这批缴获的武器，在小别拉炕成立了40多人的七军少年连。

这次奇袭战在群众的掩护下，内外配合智取成功，打乱了日伪在该地的营建部署，使抗联七军及时得到人员和武器补充，战斗力得到加强。

二、西风嘴子伏击战，日军少将毕命挠力河

1938年9月26日晚，抗联地下联络员朴永山送来一份情报：伪满洲国军政部1名日本高级官员在40名军警护卫下，将由抚远乘船沿乌苏里江、挠力河到小佳河，视察"集团部落"建设情况。小佳河"集团部落"位于三江平原与那丹哈达拉岭结合部，是日伪于1936年开始建立的，归并了周围1 000多户居民，战略地位十分重要。

留守老鹰沟密营的代理军长兼参谋长崔石泉得知这一消息后，马上又通过其他渠道进行核实，认为这情报不但有重要军事价值，也有极为重要的政治价值。如果能歼灭这股敌人，会给日本关东军和伪满洲国造成极大震动。即使不能全歼，也是对日伪"治安肃正"所谓成果的极大讽刺，从而鼓舞军民的抗日士气。但此时我抗联七军主力部队都在同江、抚远、富锦、虎林一带活动，留在老鹰沟密营的只有七军军部一个警卫连的二三十名战士和一个少年连。临时抽调其他部队既无可能，时间上也不允许。战机不容错过，崔石泉凭着共产党人久经沙场锤炼出的政治军事素养，决定率军部警卫连和少年连一个排40多人，到挠力河畔的西风嘴子伏击由抚远乘船到小佳河视察返回的伪满洲国军政部要员——日野武雄少将。这40名抗联战士在崔石泉带领下，连夜从老鹰沟据点奔赴西风嘴子。

挠力河发源于完达山北坡，是乌苏里江的一个重要支流，也是完达山与三江平原的分水岭。挠力河河道狭窄曲折，汛期常泛滥，属典型的蛇形河，素有九曲十八弯之称。在蜿蜒曲折的河道上行船，对面看不见人，有时行驶半天的直线距离还不到几华里。西风嘴子是挠力河下游的一个小山包，北边山脚插入河中，故称"嘴子"，是挠力河主航道的必经之路。

经过一夜40多华里的急行军,翌日,部队到达西风嘴子。渔民们告诉抗联:日军的汽船已向小佳河方向驶去多时,还没有返回。这个季节,秋高气爽,山林染色,河水清亮,鱼肥稻香。崔石泉和战士们无暇欣赏这悦人的景色,立即在伏击阵地的险要关隘处构筑工事。

伏击地点处的河面宽不到百米,突出的"嘴子"扼住河道,是个绝佳的伏击阵地,崔石泉带领战士在临河的山崴处构筑工事隐蔽。为了麻痹敌人,他命令战士在构筑工事时山崖显露处的一棵小树、一棵草都不能碰动,保持原地貌,并在四周隐蔽处设置了多个隐蔽监视岗哨。

28日中午,崔石泉带领40多名抗日战士正在西风嘴子一处的捕鱼梁子吃饭。这时,山顶站岗的抗联战士发现远处走过来一个人,他鬼头鬼脑地东张西望,不时放慢脚步四处搜索,行动怪异。崔石泉马上派人在道旁草丛里设下埋伏,等那人走近时,将他擒获。经审问,才知道这是一名特务暗哨。原来饶河日伪当局为保障日野武雄少将万无一失,派小佳河警察队通知附近各村屯百姓在日野武雄来小佳河视察期间,一律戒严,不准百姓划船去挠力河捕鱼或进出村屯,警察特务四处巡逻侦探,一派紧张肃杀气氛。同时,狡猾的敌人还派出一些熟悉当地山野地形的特务密探到西风嘴子查看地形,侦察四周有无我抗联队伍。可见,日野武雄级别之高,身份之重要。饶河敌伪当局对此次伪满洲国军政部要员日野武雄少将巡边行动不敢松懈丝毫,警戒程度高,保卫方案缜密。七军伏击部队从俘获的特务嘴里得知今天日野武雄少将返航时间、人员、装备等情报。崔石泉为确保伏击成功,又将伏击方案做了进一步调整、细化,再一次作战前动员后,部队全部伪装进入阵地,枪弹上堂,屏声静气,以待战机。

下午3时左右，挠力河面传来日军的汽船马达声，并伴随着阵阵枪声。原来，挠力河水道在西风嘴子山脚拐了一个大急弯，河流一直沿着山根向东北流去，河的山沿是一片莽莽丛林，地形险要，敌人怕有抗日联军埋伏，因此汽船未到山根之前，先鸣枪震慑，进行火力侦察。我抗联战士严阵以待，四周寂静无声，日军汽船见杳无动静，便大胆顺着挠力河直冲山边而来。当日军汽船拐过山隘处，日野武雄正在船舵楼里拿着望远镜四处眺望，此时船离岸仅30米左右，敌船完全进入我军伏击火力圈内。崔石泉给身旁狙击手一个眼神，弹从枪发，他一枪将日野武雄击毙。随后，我伏击战士的机枪、步枪像雨点般似的向汽船射击。平静的河面顿时水花乱溅，十几个敌人应声倒下，余下的敌人，乱成一团。我抗联战士又是一阵密集的射击，敌机枪手还没到位就被击毙，驾驶员也被当场打死，汽船灭了火，在河道里打着横向北岸柳树丛漂去。战士们厉声高喊："缴枪不杀！"可是一点动静也没有。我军从西风嘴子的捕鱼亮子处乘小木船前去搜查，只见船上日军全部被打死。这场战斗只用了几十分钟就结束了，击毙伪满洲国日野武雄少将以下日军39名，缴获机枪1挺，步枪27支，短枪10支，子弹4 000多发，望远镜1架，我军无一伤亡，随后我方战士将敌汽船炸沉，伏击战取得了重大胜利。

西风嘴子伏击战，是东北抗日战场上歼敌级别最高的重要成功战例，创造了抗联七军以劣势装备全歼日寇的辉煌战果。该战使日伪胆寒，震惊了关东军和伪满洲国高层，他们不得不哀叹：征服满洲遥遥无期。伪满洲国《大同报》第一版披露了这次战斗，对日野武雄之死哀叹："满洲国防将星陨落一个。"

此战，极大地鼓舞了处于艰难时期的东北抗联部队的士气，鼓舞了当地深受殖民压迫人民群众的斗志和抗日热情。再一次证明，中国共产党领导下觉悟的中国人民是不可战胜的。

西风嘴子伏击战结束后，引起敌人更加疯狂报复。崔石泉率军部和少年连转战于深山老林的花砬子、四合顶子、暴马顶子、老鹰沟一带，寻机袭击敌人，使得日伪军疲于奔命。

三、七军三师和五军三师联合痛击宝清日伪军

根据军部1938年初的分兵决定，三师师长景乐亭、副师长云鹤英和政治部主任刘廷仲率三师到宝清开展游击战。宝清县当时人口6.5万人，经济比饶河发达，获取装备给养的余地比较大，当时驻扎日军一个骑兵联队和伪军三十团。七军三师300多人从饶河县小南河屯出发，经过6天穿山越岭艰苦行军，到达宝清县双柳河子，与五军三师会合。2月11日，五军三师李文彬师长接到情报，日军将于12日"进剿"锅盔山。两军决定在日军必经之路的双柳河子北部伏击敌人。12日，日军骑兵部队2 000人进入我军伏击圈，我军居高临下，敌骑兵难发挥优势，只有被动挨打，经过6个多小时激烈战斗，击毙击伤敌人200多人，我军仅十几名轻伤。骄横的日军骑兵受挫，狼狈逃离战场，两军首次联合打了一个漂亮伏击战。

1938年4月，隋长青带领七军三师七团80多人奔赴宝清（三师转战宝清时，隋长青有病未能随行），在宝清县向阳沟被伪军三十团和三十八团包围，隋长青仅带15名战士冲出重围。他们历经艰辛辗转到双鸭山，找到三师师长景乐亭。随后，景乐亭率三师转移至挠力河上游，待机与抗联五军三师再度会合。

几路抗联部队在宝清的活动，令日伪头目惊慌失措，日寇忙调来凶悍的伪兴安省蒙古骑兵队来对付这支抗联队伍。这支骑兵部队千余人，异常彪悍和野蛮。每个骑兵装备一支马枪、马刀、手枪、套马索，冬季除了战马以外，还配备滑雪板，马上、马下技艺娴熟。这是日本侵略者挑拨蒙汉矛盾，制造民族敌意的产

物，给抗联部队带来严重威胁。

5月下旬，七军三师和五军三师在宝清县南山里的大梨树沟布置伏击圈，先派一个骑兵排到山外诱敌。骄横的伪兴安省蒙古骑兵不知是计，欺我军人少，紧追不舍。进入伏击圈后，密集的子弹如雨点般射来，不到一个时辰就打死打伤50多敌人，俘虏40多人。缴获的马匹、枪械弹药装备了部队，俘虏经过耐心教育，使其认识到汉蒙两族是休戚与共的中华民族大家庭的亲兄弟，应团结起来，共御外侮，打击共同的敌人，拯救祖国危亡。这些受感化释放的俘虏回去后，对受骗来的伪兴安省蒙古骑兵是很大的触动，军心发生动摇。以后在富锦、同江的战斗中，骑兵队又屡遭抗联部队打击，从此这支被日本人倚重的骑兵队士气低落，不得不撤离三江地区，日寇挑唆民族仇杀毒计破产。[1]6月17日，五军三师师长李文彬率部队来到宝清东南某地，与景乐亭的七军三师再次会合。两军召开联席会议，根据吉东省委指示，主要以筹备给养和建立密营为主要任务，不与强敌正面作战，同时抓住有利机会开展游击战消耗敌人。

不久，两支部队在宝清县第四区袭击了中兴堡警察署，缴获敌人全部武装，获得大小枪支30余支和一批军用物资。

在以后两个多月时间里，抗联七军三师和五军三师曾在双鸭山煤矿、韩家木营和梭锁里河岸等地转战，袭击小股敌人也与敌人发生遭遇战，缴获一些给养，但部队也受到一些损失。8月22日，两军召开会议，决定将部队转移。七军三师政治部主任刘廷仲率部分队伍转战虎林三人班、独木河等地，建立密营，准备部队冬季给养。由景乐亭、李文彬率80余骑兵于8月23日启程，奔赴大旗杆，其余部队随后跟进。先行部队于8月27日到达大旗杆，与

---

[1] 见《虎林抗日烽火》，抗联老战士单立志回忆录《艰难征程抗日路》，黑新出图内字23G2000-4号，2000年8月第1版第45页。

下江特委书记鲍林①和七军一师师长王汝起会合。9月23日，景乐亭率七军三师队伍回到雁窝岛一带，筹备部队冬季给养。

四、七军一师、二师转战同江、富锦，平叛锄奸渡险关，游击战再显神威

1938年春，鲍林、王汝起、何可人根据吉东省委指示，来到七军军部驻地饶河大叶子沟报到任职。在敌人的军事"讨伐"、经济封锁、政治诱降、奸细挑拨瓦解面前，一师、二师不断出现叛逃投敌事件。如一师二团受奸细刘海龙挑拨，团长王风林用大斧子砍死七军副官张文清、军政治部宣传科长金铎等3名同志，带全团到义顺号投敌，二团政委李一平仅率6人死里逃生才奔回军部；一师警卫连先后逃跑8人；二师叛变的有七团、八团20多人、四团6人……面对这些错综复杂的情况，七军领导不断加强思想政治工作，反奸除特，稳定队伍，坚决与一切悲观失望动摇情绪做斗争，同时根据吉东省委指示，由鲍林负责在大旗杆举办七军政治训练班两期，成立学员教导队，每期三个月，培养军队政工干部。

按照年初军部制定的一师、二师开辟同江、富锦游击区作战方案，一师和二师经过准备后分别出发。1938年5月17日，邹其昌率二师200余人，在富锦与同江交界处的第七牌与200余名伪兴安军步、骑兵相遇。经过激战，毙敌50余人，缴获若干支步枪和

---

①鲍林，原名宋文锡，曾任勃利县县委书记、下江特委书记。1940年4月，被任命为抗联二路军总指挥部虎饶宝密边区特派员。1942年5月，参加小分队由苏联返回黑河。在哈尔滨被叛徒宋一夫（1938年7月30日，吉东省委书记兼第二路军远征军总负责人的宋一夫携款投敌，任哈尔滨伪警察厅警佐，是1943年"巴彦、木兰、东兴"大惨案主要刽子手，1946年被哈尔滨人民政府处决）发现拘捕。后来，他从宋一夫家逃出，来到山东。此后就与抗联部队失去联系。

2挺轻机枪及弹药和20多匹战马，击溃了敌人。

1938年6月，王汝起率一师100多人到大旗杆（富锦、饶河、同江三县交界处）与二师会合。此时，二师内部混入的奸细活动猖獗，军心不稳，思想政治工作薄弱。一师、二师会合后，邹其昌以养病为借口，把部队交给王汝起指挥，自己带着老婆和10余名警卫员躲进大旗杆附近的小雁窝休养。

鲍林和王汝起到大旗杆后，发现七军三师九团孙子严用卑劣手段将团长杨秉清驱逐，并自任团长。1938年春，他与富锦特务机关头子横田接头，请横田到部队讲话，接受受降指示，挑拨七军各师之间的关系，图谋瓦解七军。王汝起、鲍林果断采取措施，缴械九团，枪毙孙子严，将该团编入一师，并通报三师长景乐亭。

第一、二师会合后，王汝起、何可人和姜克智率一、二师转战同江、富锦一带。7月24日，一、二师攻打五顶山"集团部落"，缴获50多支步枪，我军无一伤亡。随后，在转移二道林子途中与尾追敌人交战，毙敌20余名，我军牺牲1人，伤3人。到了二道林子又与200多敌人交战，毙敌10余人，我军牺牲1人、伤4人。

当年7月，二师十三团团长姜尚平（为团结抗日大局，1938年1月5日下江特委扩大会议仍任命他为团长）在同江青龙山被部下谋敌叛变的祁成月、孙宪武、刘云江缴械后枪杀。叛徒们准备裹挟全团投降日寇。刘雁来奉命只身深入虎穴，设苦肉计骗取叛徒信任，巧计除掉这几个人，将全团安全带回七军。

不久，鲍林、王汝起、何可人又发现二师师长邹其昌和他老婆刘玉梅联系驻富锦的日本特务机关头子横田，准备投敌，经查证属实。原来李义忱是日本特务机关打进七军的奸细，刘玉梅和占一（七军收编的山林队头目）被收买变节，刘玉梅不断做邹其昌的策反工作，撺掇其率队叛变。邹其昌对抗日斗争的长期性和艰苦环境发生动摇，经不起利益诱惑，拟作投降准备。在5月份，李义忱、刘玉梅、占一到富锦与横田接洽，谈投降条件。8月27日，七军三师师长景乐亭和五军三师师长李文彬率队伍来到大旗杆，景乐亭、李文彬与鲍林、王汝起、何可人等紧急磋商，研究处置这一严重事态。决定由鲍林带教导队到小雁窝枪毙刘玉梅，李文彬带部队将邹其昌及警卫连缴械。平叛行动顺利完成，邹其昌被押至大叶子沟军部审判后枪决。

七军连续粉碎了几起未遂叛变，成功化解了严重内部危机，使日伪精心策划的从内部瓦解抗日队伍的图谋破产，稳定了七军队伍。事件平息后，王汝起与何可人马上着手整顿部队。在思想上，他们教育干部战士树立抗日必胜信心，打消部队中的动摇情绪；在组织上他们加强团结，努力清除队伍中的不安定分子；在军事上，他们抓紧一切空隙时间，带领干部战士苦练杀敌本领；在生活上，要求领导干部吃苦在前，处处关心战士。在他们的努力下，二师很快地扭转了邹其昌带来的负面影响，笼罩在二师头上的阴霾一扫而光，使全师士气为之大振。几场风波化险为夷，二师暂时由王汝起兼任师长。

同年8月15日，一师副师长姜克智[①]带领一、三团共计200多人驻扎在同江、富锦交界的卧虎里山西唐家油坊，后被敌特探知，派400多人前来"讨伐"，姜克智为避免群众受损失，将队伍带到附近五顶山据守。五顶山山势比较陡峭，南与卧虎里山相连，西面是草原，敌人将五顶山团团包围，战斗从上午10点到下午5点，击退敌人多次冲锋。为节省弹药，战士们居高临下抛石头，凌空而起的石块砸得敌人血肉横飞，鬼哭狼嚎。与敌激战近8个小时，打死敌百余人。

在天黑撤退时，姜克智不幸被流弹击中牺牲，时年28岁。

[①] 元仁山著《东北抗日联军第七军》第四章第三节第113页，黑龙江人民出版社2005年5月第2版。

王汝起是在抗日烽火中锻炼成长的一名我党优秀指挥员，他思维缜密，对形势分析颇有远见。当年夏天他就考虑到部队冬季给养问题，积极筹备粮食并储存在山里的密营中。当年9月，王汝起、何可人率队伍攻打一个"集团部落"，缴获骡马54匹和一批粮食，运至饶河密营储备。战斗锻炼了队伍，挫折使队伍更加坚强成熟，预先筹措的给养避免了冻馁之虞，从而使这支经历重大波折的抗联队伍度过了1938年漫长而严寒的冬天。

　　1938年是七军发展史上不平凡的一年，日伪重兵"围剿"，经济严密封锁，特务奸细活动猖獗，内部意志不坚定分子的倒戈叛变，给七军带来很大损失。随着抗日斗争形势的严峻，下江特委机关已经无法在日伪严密统治的占领区开展活动，于是，吉东省委于1938年6月下旬指示下江特委成立七军党的特别委员会。9月22日召开下江临时工委扩大会议，择机成立七军党的特别委员会。此后，下江特委及饶河各级党组织转入抗联七军党的特别委员会统一领导。

　　1938年11月13日，景乐亭和郑鲁岩在饶河大别拉炕主持召开下江党委扩大会议，参加会议的有景乐亭、郑鲁岩、崔石泉、金品三、鲍林、云鹤英等。会议未经吉东省委和第二路军总指挥部批准，就撤销了鲍林的下江特委书记职务；解除崔石泉的代理军长职务，仍为军参谋长；决定景乐亭担任七军军长。会议还决定组建七军党特别委员会，由金品三担任七军党特委书记，郑鲁岩、崔石泉任常务委员，景乐亭、何可人、刘廷仲、黄太浩任执行委员。会议还调整了部队的建制和各级领导干部，决定把一、二师合并为一师，但对外仍保留二师名义，把二师的二旅改编为骑兵团（团长李呈祥）和步兵团（团长郭祥云）归一师领导，师长王汝起，副师长刘雁来，政治部主任何可人；二师一旅改编为四师，师长金世昌（原二师副师长，四师改编后不久投敌）；云鹤英任三师师长；隋长青任七团团长，李永镐任七团政委，刘圣武任三团团长，葛善志任军部军需处长。会议还决定七军下一步活动计划：景乐亭带小部队在饶河活动；一师在饶河、虎林活动；三师和独立团（补充团）在虎林黑嘴子一带活动；崔石泉带步骑兵250人在抚远一带活动。

第十节　驰骋疆场，令敌胆寒的七军补充团

日伪的严密封锁，抗联七军的发展壮大，医疗、粮食、服装、枪械修理、救护等后勤问题，提到日程上来，迫切需要选择适宜地点，建立一个综合性的后勤保障基地和队伍。

一、在艰难困苦中建立补充团密营基地

1938年春，根据军部指示，七军副官毕玉民（又名毕于民）率队在土顶子山（也称秃顶子山，今虎林市东方红镇西北）密营建立抗联七军虎林办事处，毕玉民[①]任主任。

毕玉民（1909—1938年），山东省莱芜县野庄人，1929年在莱芜县中学毕业后来到虎林倒木沟（今858农场场部）寻亲，与母亲一起务农。"九一八"事变后，毕玉民满怀爱国热情参加抗日队伍，不久加入中国共产党和中共饶河中心县委领导的农工义勇军，1936年11月七军成立时任军部副官。毕玉民善于做统战工作，根据饶河中心县委的指示，团结教育一批山林队齐聚在共同抗日的旗帜下打日本侵略者。经过他的努力，收编了虎饶一带的"德胜、七队、东洋、九江、天义、中央"等山林队百余人，组建了七军独立团。独立团在土顶子山周围开荒

---

①1938年11月23日，七军政治部主任郑鲁岩为泄私愤，以毕玉民与上级闹独立之莫须有罪名将其杀害，年仅30岁。见《虎林抗日烽火》黑新出图内字23G2000-4号，2000年8月第1版第6页；《饶河抗日风云》第191页。

种地几百亩，建立密营基地，为大部队越冬筹集粮食、服装等物资。毕玉民威震敌胆，日伪曾悬赏1万元伪国币捉拿他。这位抗日英雄于1938年11月23日，被七军政治部主任郑鲁岩，以到饶河七军军部开会为名，指使人在去饶河途中的大别拉炕屯枪杀。毕玉民遇害后，根据抗联七军指示，虎林首任县委书记李一平来到土顶子山密营。

李一平到土顶子山密营后，将独立团改编为补充团，李一平任团长，李仁智任副团长，李明新任参谋长。补充团很快发展到120多人，下设两个连，一连长曹德福，二连长张福海。补充团在密营还建立了七军被服厂，队长金玉万（朝鲜族），队员10多名，共有7台手摇缝纫机。

由于日伪更加严格控制"归屯并户"后的"集团部落"，对群众的粮食和日用品的配给更加严苛，人民群众普遍缺衣少食。当年冬季，补充团也遇到粮食不足难题。附近的独木河屯是一个有一百多户人家大村屯，战略地位重要，日伪防范森严，四周围墙很高，绕墙壕沟又宽又深，向树林深处修建了碉堡群和战壕。该处驻扎一个营的伪军，设1名日本指导官，还有一个二三十人的伪警察署，也设1名日本指导官。整个村子仅开一个南向大门，昼夜设岗，隔断了抗联部队和老百姓的来往。到了冬天，这一带抗联部队经历的饥寒考验更为严峻，他们吃不到粮食，全靠山菜、木耳、蘑菇、橡子等野生植物充饥，由于长期吃不到盐，浑身浮肿，饿死冻死的战士远远超过在战场牺牲的数字，活下来的人也大多留下冻伤残疾。这年冬季，抗联七军补充团为了解决粮食，袭击了水克站（今虎林半站村），缴获一些服装和给养，俘虏了3名特务和3名汉奸，经审讯，掌握了周围敌人军事部署，接着补充团根据情报又奔袭七虎林河附近的一个日军据点。

这天晚上大风裹挟着大雪，七虎林河附近一个叫后半场子地方的日军守备松懈，是我军偷袭敌人的最好时机。驻守在这里的是日军一个骑兵排，他们龟缩在一个大地窨子里。地窨子只有一个南门，一个日军哨兵在门口站岗，暴风雪吹得他把脑袋缩在大衣领里。补充团曲排长带一个战士摸上去，先把哨兵干掉，不料，他惨叫一声，惊动了室内的敌人。双方开了火，我军用两挺机枪封锁了两边的窗户和唯一的出口南门，将龟缩在地窨子里躲避暴风雪的20多个日军全部打死，缴获20多匹军马和全部武器辎重，缓解了一时的给养之需。

1939年起，日伪实行更为严格的"匪民分离"政策，严密监视群众起居行动，对粮食、食盐、布匹、火柴、药品等物资实行更为严格的"配给制"，妄图困死、饿死我军。这要求七军一方面打仗，另一方面要解决给养。要生存要发展，除了战斗缴获外，自力更生开荒种地也是一个重要途径。

七军三师和补充团在虎林与五军三师九团会合后，部队常以稀粥加食盐充饥，虽然食不果腹，部队仍斗志昂扬地开展游击战，缴获了一些粮食和武器装备。1939年春天，补充团和五军三师九团在土顶子、马鞍山一带开垦出450多亩荒地，种上了玉米、萝卜、土豆、白菜等。七军三师政治部主任鲍林带领20多名战士，也在独木河一带种地、捕鱼，筹备冬天给养。种植的粮食和蔬菜虽然遭到敌人摧毁，但劫后剩余的部分仍然可观，在当年冬季给养奇缺时，也还是解了燃眉之急。由于李一平工作成绩突出，中共吉东省委三人团在给李一平的信中写道："你的工作及你的各方面的表现使我们非常满意。你不仅领导了补充团，而且帮助了五军三师……"

二、奇袭虎林清水嘴子兵营，团长李一平为国捐躯

虎林地理位置十分重要，是日本关东军驻防重地。作为日军

进攻苏联的桥头堡,县城由虎头迁至黑嘴子(今虎林镇),常驻一个师团兵力,修建了大量的永久性军事工事。1938年8月,七军补充团在李一平团长率领下来到虎林一带开辟新的游击区,此时抗联五军三师也奉命到虎饶一带开展游击战。两支抗联部队在虎林首次会师,力量倍增,如一把刺向当地日伪的利剑。五军三师九团在虎林和七军补充团密切配合,寻求最佳战机,给日寇致命一击,狠狠打击日伪的嚣张气焰。

1939年8月,补充团解救了2名奄奄一息的出逃劳工。通过他们,李一平了解到:敌人从关内抓来2 000多劳工,正在虎林县黑嘴子西北五六里地的清水嘴子修筑地下军火库和兵营。这些人到来后遭受到非人待遇,由于环境恶劣,劳动强度大,不少人都累死、病死,稍有反抗,轻者遭毒打,重者被扔进狼狗圈里丧命。工地周围除有一支装备精良的日军守备部队外,还有一个伪警察分队,看守甚是严密。许多人试图逃跑,但敌人防守严密,很难成功,这两个人是逃亡出来的幸存者。听了这些情况,战士们十分愤怒,纷纷要求去解救受难的阶级兄弟。

进一步侦察后得知,黑嘴子驻有日本守备队100多人,清水嘴子有一个伪军守卫队和警察分队,两地间隔6里,紧靠铁路,敌人增援迅捷。李一平和在补充团检查工作的季青与五军三师九团团长刘学悦、政委姜健[1]研究制定作战方案,决定攻打清水嘴子敌人。我军从补充团和九团挑选30名精悍战士,由刘学

---

[1] 姜健,朝鲜族,原名姜信泰,朝鲜庆尚北道尚州人,早年为逃避日本殖民统治随家移居中国,10岁就读宁安县龙井中学,后加入中国共产党,历任抗联第五军三师九团政委、抗联二路军总指挥部警卫大队政委、抗联教导旅第二营政治副营长、第四营营长。1946年2月任东北民主联军东满军区吉东军分区司令员。1946年5月奉命返回朝鲜,任朝鲜人民军第一师师长、总参谋长,中将军衔,1950年9月8日牺牲,时年32岁。

悦和姜健带领组成突击队，先行潜伏在清水嘴子工地附近农田里，李一平率2个连随后到清水嘴子接应。8月5日零时40分，我军突击队袭击清水嘴子，迅速消灭了伪守卫队和警察分队，解救出180多名劳工，让每名劳工扛一袋面粉随我军转移。清晨3点，部队和劳工在进山前穿越北大连泡的草甸子时被敌人发现。敌军派出飞机轰炸扫射，驻黑嘴子日军守备队的古田少佐也率领近百名日军追来。经过激战，我军甩掉了敌人，但是部分劳工在战斗中失散。

这次袭击战斗和阻击战，我军消灭伪军30余人，伪警察18人，击毙追击的日军10余人和指挥官1人，接应出的劳工有110人参加我军，缴获了不少面粉，解决了一时的军需。

这次战斗让虎林驻敌惊恐万状，驻守黑嘴子的日军，连夜向关东军总部拍发急电，请求支援。日本关东军总部下令抽调驻守国境守备队的重兵，深入这一带山区"讨伐"了一个多月。

当年秋季，经不起残酷战争环境考验的补充团副团长李仁智（原德胜山林队头目）和郑庆春[1]（原毕玉民的警卫员）趁补充团主力出征之际叛降日军，带领敌人破坏了种植基地，突袭了补充团密营基地。补充团缝衣队队长金玉万、李一平团长的爱人等几十人被俘，40多名妇女、老人、孩子被日军残忍杀害，库房及存放的粮食、棉布、棉花被烧毁。

10月，补充团200多名战士向饶河转移，李一平患病无法行军，部队派曹德福连长护送李一平到阿布沁河口猎户老李头窝棚处养病。一天，日军"讨伐队"路过附近，被窝棚的猎狗叫声惊动而暴露了目标，李一平把老猎户推出窝棚，命令他赶快撤离，自己和曹连长一起，退到林间一块石碴子后面阻击敌人。他们临

---

[1] 元仁山编著《东北抗日联军第七军》第五章第二节第131页，黑龙江人民出版社2005年5月第2版。《饶河抗日风云》，黑新图字第027号，第191页。

危不乱，沉着瞄准射击，先后击毙了12名敌人。但终因敌我力量过于悬殊，最后他俩都英勇牺牲。

1940年1月，根据吉东省委指示，补充团并入七军教导团，归军部直接领导，补充团完成了她光荣而艰巨的历史使命。

第十一节　巾帼不让须眉的七军妇女团

古有花木兰，替父去从军；今有妇女团，扛枪打东洋。

当国破家亡之际，她们面对日寇的烧杀掳掠，人民生灵涂炭，依然挺起柔弱的身躯，投身革命。在这场人类史上最残酷的正义与邪恶、生与死的大搏斗中，她们的表现是那样的坚毅从容和决绝，敢于直面日寇饕餮虎口，敢于正视淋漓的鲜血。她们有抓捕前吞咽鸦片的镇静坚定，有被施以酷刑后的悲壮就义，亦有洒泪抛家弃子的悲痛无奈……她们的英雄事迹记录了一个时代的苦难与悲壮，她们不愧为争取中华民族解放的自由女神。

抗联二路军总指挥周保中同志曾经说过："东北妇女在十四年长期斗争的过程中，是比较果敢坚决的，她们虽然处在极端困难的条件下，女游击队员始终没有变节投敌的，大部分都光荣地牺牲了。抗联七军女战士最多时达300多人，她们所走过的道路是中国共产党领导下的妇女解放道路。在困难当头之际，她们怀着不甘心当亡国奴的想法，参加了抗联队伍。第二个阶段是在抗日队伍中，接受共产党的教育，使她们懂得了革命道理，认清了妇女解放的道路，提高了阶级觉悟。最后是经过实际斗争的锻炼，坚定了她们为民族解放而斗争的信心，树立起为共产主义而奋斗的信念。抗联的女同志在艰苦的斗争环境中，忍受着比男同志更多的困苦，表现出坚毅的革命品质。"

1937年，抗联七军成立妇女大队，队长刘玉梅，副队长沈英顺，也称为七军妇女团。至1938年的抗联七军鼎盛时期，妇女团有300多人。她们中年龄最小的十二岁，平均年龄十六七岁，这正是她们生长发育长身体的花季年龄，为拯救国家危亡，争取民族独立和人民解放，毅然投入军旅，走上抗日的道路。妇女团有战斗就上火线，平时搞宣传，或缝洗衣服、做服装、照顾伤病员，有时还要化装执行侦察等任务，一般情况下都是在军部直接领导下随军部活动。妇女团人员流动性较大，经常有女战士被派往各部队。在以后的战斗中，七军妇女团的战士大部分为国捐躯，后期剩下60余人无法再保持独立战斗序列，全部分配到军部和各师部及密营被服厂、洗衣队。至1940年初，劫后余生的少数七军妇女团战士如庄凤、陈玉华、徐云卿、胡秀珍等去苏联参加抗联教导旅。

一、峥嵘岁月，钢铁意志

七军妇女团作为战斗序列部队，每天除练习射击、刺杀、投弹等军事科目。晚间还学习政治、文化和卫生护理，同时，还要站岗放哨、炊事和给养运输等许多工作，劳动强度一点也不比男战士差。抗联七军女战士在克服困难方面有着惊人的毅力，在行军中，女同志背的东西和男同志一样多，跋山涉水没有掉队的。由于条件艰苦，女同志来月经没有什么软物可垫，只好用破布、用捶软的树皮里层纤维代替。长途行军磨破大腿，有的引起流血化脓，没有消炎药，就是仅有的一点食盐也舍不得轻易使用，全凭革命意志坚持。有一个女战士，眼看要临产了，还跟着部队行动，在一次躲避敌人追击时，孩子生在雪地上，只做简单的处理就继续行军。

1939年秋季，由于叛徒出卖，战斗在深山老林里的七军补充团向马鞍山转移。许洪青、赵淑珍等12名密营被服厂女战士也一起随军行动，一路上背着缝纫机爬山越岭、走沼泽、过泥塘，精疲力竭。这支队伍里有个身怀六甲即将临盆的孕妇，她从前缠过小脚，因脚小鞋大，行军中把脚都磨破了，尽管如此，她从未哼过一声。她的名字叫许洪青，是副团长李德胜（又名李永胜）的爱人。许洪青在行军途中生下一个女婴，面对敌人的追剿，她强挺起产后虚弱的身子，抹去头上的汗水，把刚出生的孩子用破布裹紧后背上，迈着踉跄的步伐继续前进。部队断粮，孩子没奶，饿得直哭，母亲的心隐隐作痛，这哭声随时可能引来敌人。为了同志们的安全，夫妻二人想把孩子送人，可是深山老林连个人影都没有，山上山下都被敌人严密封锁，插翅也难飞。在一次被敌人追击的紧急关头，她怕孩子哭声引来敌人，就给孩子灌了点大烟水，把孩子麻醉过去。

　　一天夜里，当部队转移到阿布沁河河边时，战士们发现不远处有敌人宿营的篝火，山风习习，飞鸟藏匿，万籁无声，敌我双方都在宿营休息。苏醒过来的孩子这时又哭了起来，骤然间孩子的哭声划破寂静的夜空，传得很远。就在这时，大烟也用光了，夫妻俩做出一个狠心的痛苦决定：为了不让孩子的哭声惊动敌人，保证部队安全，把孩子抛进阿布沁河。许洪青用颤抖的手将孩子包裹好，哭着说："我这当妈的下不得这手啊，你去吧……"李副团长刚要抱孩子走，许洪青又喊了一声："老李，再让我看一眼……"李副团长硬着心肠来到河边，望着滔滔的河水，亲吻着孩子的脸说："闺女，你出生的不是时候，爸妈对不起你呀！"说完，一狠心闭着眼睛把孩子扔进了滔滔的阿布沁河，当他再睁开泪水模糊的双眼，看到包裹孩子的破布散落开了，孩子在水面漂流，两只小脚还在动。也许河水有情，不忍马上吞噬这个幼小生命；也许这刚出生的孩子，还没有懂得品尝母爱，不愿离开人间。这个坚强的硬汉紧握双拳，无声的泪水任凭流淌。就在这一瞬间，孩子看不见了，再也听不到孩子的哭声，只有那块破布，飘在白茫茫的水面上……许洪青匍匐在地，如万箭钻心，泪水止不住地滚滚流下。阿布沁河的滔滔之水，记录了此时一个母亲撕心裂肺的悲痛和无奈。

李副团长对爱人说：为了保障200多名战士的安全，我们牺牲孩子的生命值得！

七军一师三团金政委的爱人小朴，带着一岁多的孩子住在密营里。敌人"讨伐"搜山时，她带着孩子躲进密营附近的林子里。由于又冷又饿，孩子哭叫不止。小朴怕孩子哭声引来敌人，把抗联密营毁掉，就用手捂孩子的嘴，不让孩子哭出声来。等敌人撤走后，孩子脸已憋成紫青色了，众战友连摁带摇才缓过气来，差一点把孩子憋死。小朴长长出了一口气，泪水止不住扑簌簌流下来。

女战士申莲玉，1919年12月出生于吉林省延吉县一个贫苦朝鲜族家庭。当这个女孩呱呱坠地，母亲却死于难产。苦命的孩子生下来就失去了母亲，申莲玉的父亲望着襁褓中女儿那稚嫩的小脸仰天长叹："孩子啊，你娘撒下咱们爷俩就走了，没有奶水你可咋活啊？"从此后，申莲玉的父亲抱着幼小的女婴东家讨一口奶，西家讨一口粥，一把屎一把尿，又当爹又当妈，艰难度日。吃百家饭长大的申莲玉，竟渡过难关，活了下来。

"小白菜，地里黄，三岁两岁没了娘，跟着爹爹还好过，就怕爹爹娶后娘。"为了这个苦命的女孩，父亲很长一段时间没有再娶，他害怕后娘待孩子不好。小莲玉在一天天地长大，特别是一双扑闪闪、水灵灵的大眼睛，仿佛会说话似得，十分招人疼爱，父亲给她取了一个美丽的名字叫莲玉。

申莲玉8岁那年，一家人搬到了黑龙江省饶河县的小佳河屯居住。小佳河地势平坦、水源充足，极适合种植水稻，而朝鲜族人又擅长种植水稻，父女俩在此安居下来。

当时小佳河是中共饶河中心县委领导下开展抗日活动的一个重点地区，党组织在那里成立了反日会、妇女会等群众组织，中心县委的重要领导如崔石泉、李永镐等人也都在那里领导过抗日工作。虽然申莲玉当时年纪很小，但苦难的经历在她幼小的心灵里早就扎下了仇恨的种子，她痛恨这不公平的社会，很自然地能接受革命思想。这期间，她明白了抗日救国的道理，暗暗地下定决心，等长大了一定要像他们一样，参加革命，去打日本侵略者，推翻这黑暗的世界。

受共产党抗日宣传的影响，申莲玉的父亲支持抗日，为抗日部队工作，申莲玉的姐夫李永镐一家都参加了抗日联军。受到亲人的熏陶影响，在李永镐的帮助下，16岁的申莲玉于1936年毅然参加了抗联七军，从此，她走上了抗日道路。1937年她参加抗联第七军妇女团，1938年4月，她加入中国共产党。1939年她调到抗联第七军第三师被服厂工作。1940—1955年，她随抗联部队进入苏联，先后在苏联内务部农场和建筑部门工作。1955年4月，在周恩来总理的关怀下，从苏联返回中国。

参加抗联七军后，一次，申莲玉与几名战士背给养返回十八垧地密营，中途与日军巡逻队遭遇。战斗中，一名战士受了重伤，申莲玉冒着枪林弹雨爬到他身边，不知哪儿来的劲头儿，硬是把这个足有一米八，比自己还高30厘米的战友救离战场。

1937年，敌人实行铁壁合围似的大扫荡，申莲玉跟着队伍不停地转移。战士扛枪，她扛的是一个十多斤重的缝纫机，缝纫机就是她的"武器"，没有须臾离开她半步。当时的东北，不仅有凶神恶煞似的日伪军，更有严酷的恶劣天气。申莲玉的右脚后跟的伤疤，就是当年在零下40摄氏度的天气里，她的右脚后跟的皮和肉被生生冻掉，露出白生生的骨头。人在最寒冷的时候啊，往往会产生幻觉，觉得到处都是火堆。当时有很多战士就是在这种幻觉支配下，抱着大树死的，十分悲壮！她拖着冻伤的脚，一瘸一拐地行军，却一直没丢弃身上十多斤重的缝纫机，"不敢扔啊，扔了战士们穿什么？"她说。

1939年是东北抗联最艰难困苦的时期，日本人在黑龙江搞"归屯并户"，将散居、小村屯及靠近山林和国界的居民武力强制搬迁至所谓的"集团部落"，隔断人民与抗联的联系，妄图从经济上扼杀抗联；军事上采取"篦梳山林"式的反复密集扫荡，不给抗联以休整机会。一时间日伪气焰嚣张，抗联部队只能向森林深处转移。1939年10月，申莲玉所在的七军三师被服厂从小木河向十八垧地转移。行军中，"女战士最怕的就是来例假、生孩子。"尤其是女战士在冷冽的寒冬行军中生孩子，那简直就是一场灾难，大人要过"鬼门关"，孩子也要无辜受难。为了让孩子安静，就给孩子喂一点鸦片，不少婴儿没有见到来年春天就夭折了。

申莲玉一生最大的伤痛，就是孩子还未出世，爱人刘奇树就在1939年冬天的一次战斗中牺牲了。首长告诉她：刘奇树是为掩护一个同志光荣牺牲的。她与刘奇树是在抗日烽火中结成的一对志同道合的革命夫妻，虽然残酷的战争环境聚少离多，但他们的感情深厚。她听到这个不幸的消息，悲痛地昏厥过去。当时，申莲玉已有身孕，为了打败日本法西斯，为了将来的孩子能过上自由幸福的生活，她擦干眼泪，忍着悲痛继续战斗。那时密营都遭到了破坏，没有落脚的地方，日伪军的"围剿"又步步紧逼，她只能和大家一起在林海雪原中不停地转移。没有粮食只能吃树皮，或扒开积雪寻找干枯的野菜、野蘑菇充饥。当时没人能辨别哪种野蘑菇有毒？哪种野蘑菇可以食用？身为班长的申莲玉亲身尝试，那一次却不幸中毒，本来怀有身孕的虚弱身体更加孱弱。

1940年2月，二支队首长王效明和李永镐决定送即将临产的申莲玉去苏联休养身体。她背着的那台心爱缝纫机，随交通员进入苏联。因身体不好和即将临产，无法到教导旅野营，她被分配到当地农场。告别了枪林弹雨的战争环境，生活相对安定了，但那时苏联正在进行卫国战争，生活条件也非常艰苦，总是吃黑面包加冻土豆，刚出生的孩子奶水不足，不时地啼哭，她只能用磨碎的冻土豆粉或水泡面包渣给孩子充饥，她还要一边疗伤，一边到农场劳动。她凭着抗联战士的坚强意志，度过了那一段孤独而艰苦的日子。

1945年8月，教导旅随苏军反攻东北。祖国光复就在眼前，这是申莲玉做梦都在盼望的一天。因她身体未康复，又有年幼的孩子，申莲玉未被批准参加战斗，教导旅领导和苏联政府将她母子留在苏联，这一留就是十年。

1947年，她与东北抗联第六军战士张洪远组成了新的家庭，并生下了3个孩子。在异国他乡的每一天，回归祖国的念头都在她脑海里反复浮现，回国的愿望愈加强烈。

1955年4月，经周恩来总理批示，申莲玉一家终于回到魂牵梦萦的祖国。当时党组织给黑龙江民政局下了调令，解决她的工作问题。申莲玉却将调令藏在了箱底，她说："我自己身体不好，不给组织添麻烦。"那台伴随她转战异国他乡，见证抗联历史的缝纫机也被带回国，无偿捐给了博物馆。

二、悠悠芳草地，处处埋忠骨

七军妇女团的女战士绝大部分都牺牲在那场残酷的战争中，只有极少数幸运者才见到抗日胜利的曙光。

女战士沈景淑[①]，在一次执行侦察任务时被俘。饶河日本宪兵分遣队对她威逼利诱，她不为所动，惨无人道的法西斯刽子手对她施以各种酷刑，她咬紧牙关，宁死不屈，始终不向敌人吐露抗联半个字。最后恼羞成怒的敌人残忍地割断了她的动脉血管，沈景淑为民族解放事业英勇牺牲，被称作东方的"卓娅"。

周保中将军的《东北抗日游记日记》笔下的女英雄陈玉华（原名徐桂枝）"偌轻年纪经理家庭事务，极饶才干，间里青女少妇无出其右。"她少小离家，献身抗日事业，血洒乌苏江畔。1941年，七军报务员陈玉华从苏联返回饶河。在一次执行任务途中，小分队在饶河县西通山与搜山的日寇遭遇，陈玉华为掩护战友转移身负重伤，她凭着顽强的毅力，在生命最后时刻毁掉密码本和电台，陈玉华牺牲时年仅24岁。

1936年，年轻的陈玉华担任中共宁安县委秘密交通员。尽管她办事谨慎，机警灵活，可时间一长，敌人的密探还是盯住了她。为了安全，县委决定调陈玉华参加抗联第五军妇女团。

1937年初，由于陈玉华出色的表现任五军妇女团班长。妇女团同军部教导团在一起打游击，转战于牡丹江、宝清、富锦、饶河一带。在这一时期，抗日联军与日伪的战斗十分频繁，陈玉华和她所在的妇女团都经受了实际战斗的考验和锻炼，1937年4月她加入中国共产党，并被誉为"青年妇女之优秀党员"。在三道通战斗中，她表现得尤为突出。那是天将拂晓的一个早晨，几十步外还看不清东西。露营的战士正准备早餐，突然从岗上传来清脆的枪声，我军迅速迎战。这时，三倍于我军的日伪军蜂拥而上，恶狼一般地向我军阵地猛扑，一时硝烟弥漫，弹如雨下。妇女团、军部教导团并肩作战，狠狠打击敌人。妇女团一边战斗，

---

①选自《饶河抗日风云》，庄凤回忆录：《在抗联七军的战斗岁月》，黑新出图字第027号，1996年6月第1版，第21页。

一边护送伤员，她们有的给轻伤员包扎，有的把重伤员背往隐蔽地带。陈玉华正在给一个伤员包扎的时候，一颗炮弹呼啸着飞来，她迅速地用自己的身体掩护伤员。一声轰鸣，陈玉华身上盖满泥土，她挣扎着爬起来，不顾伤痛，又在烟幕中奔波。

1938年秋，东北抗日联军第二路军总指挥部决定派陈玉华赴苏联去专门学习无线电通信技术。陈玉华没有辜负组织的希望，以顽强的意志克服了学习中的困难，经过近一年的勤奋学习，她已熟练掌握了使用电台的技能和一般的修理技术，被周保中将军誉为"东北革命妇女学习现代技术无线电者，陈为最初第一人。"陈玉华深知在游击战争中，通讯联络的重要性。所以，不论在行军作战中，还是在宿营地，她都把电台视为自己的生命，时时刻刻注意保护好电台，始终保持着与上级电台的畅通，年轻的陈玉华被誉为抗联里的"永不消逝的电波"。

1940年夏，陈玉华被调到北安东面诺门河沟里三路军密营任电台台长并兼后方医院的负责人。这一年，日寇为了强化满洲治安，巩固后方，组织了庞大的日伪军对抗联实行分割"围剿"，进行不间断地"讨伐"。还派出特务、汉奸、叛徒四处活动，宣扬"日满亲善""王道乐土"，用以蛊惑人心，妄想分化瓦解抗联队伍。入秋后，北满进入阴雨连绵季节，但日伪军不顾道路泥泞，凭借着优良的装备和机械化交通工具，不停地巡逻和搜索，严密封锁抗联三路军活动的区域。连绵的阴雨和日伪军的"讨伐"，使抗联密营陷入了极端困难境地。

在小兴安岭西麓诺门河沟里，隐藏着抗联三路军的部分密营，陈玉华也在这里。密营的木板房散落在沟里的阳坡一带，房顶盖着一层泥土，上面用树枝遮掩着，周围也插满了枝叶。这样的"房子"不仅远处发现不了，就是走到跟前不细看也难发觉。但是，由于连绵秋雨，密营房顶上的泥土都已被雨水冲刷脱落，房子漏雨，铺上垫的草全都湿漉漉的。三路军在外面活动的部队处境也十分困难，虽然有时接近密营，但由于日伪的严密封锁，却无法潜入密营送给养和药物。时间过去两个月，密营粮食告罄，大家只靠野菜、野果、草根、树皮来充饥。饥饿与潮湿使战士们普遍得了浮肿病，没有医药，部分伤病员相继失去了生命，不少健康的同志也病倒了。

饥饿的煎熬、疾病的袭击日益严重起来。在这种情况下，陈玉华主持召开密营后勤党小组会，作出"坚定信心，振作精神，战胜困难，抗战到底"的决定。陈玉华号召党员，为贯彻党组织的决定积极地行动起来。会后，她每天把收发报工作处理完毕，就组织大家在营房里升起火，烘干铺草，重新给伤员铺好。抽空带他们去采蘑菇、木耳，把这些熬成汤给伤病员喝。为了鼓舞同志们的斗志，她给大家讲赵一曼烈士的故事及她殉难时高呼"最后胜利是中华民族的""为抗日斗争而死是光荣的"等口号，受到英雄事迹的感染，低沉的密营顿时有了生气，大家对抗战必胜的信心增强了。

1940年9月，陈玉华调到抗日联军第二路军第二支队工作。1940年冬，为了保存实力，等待抗日战争反攻阶段的到来，抗联各部队进入苏境整训。1941年2月，陈玉华作为派遣小分队成员回饶河执行侦察任务。一天，小分队准备去袭击敌人的据点。队伍刚出森林，就在西通附近的山坡上与一百多名日军遭遇。敌众我寡，雪深没膝，想避开转移已来不及了。队长命令队员立即散开，选好地形，设法突围。小分队居高临下，以大树做掩护，打死了几个日军。开始，敌人见他们使用的是苏式连发枪，火力猛，一时摸不清虚实，不敢贸然往坡上冲，只在远处还击。当弄清小分队人数不多时，他们立即步步紧逼，紧缩包围圈。小分队队长在从一棵大树转向另一棵大树时不幸中弹，接着指导员也牺牲了。这时，陈玉华挺身而出，勇敢地担负起指挥战斗的重任，指挥剩下的几个队员且战且退。陈玉华背着电台，利用大树做掩体，一边向敌人射击，一边指挥队员突围。战士们按照陈玉华的指挥边打边往外冲，有的冲了出去，有的在突围中牺牲了。

日军的包围圈越缩越小，火力越来越密集，机枪打得树枝乱飞。为了缩小目标，陈玉华跪在地上阻击敌人。当她看到有几个日本兵接近时，立即甩出了一颗手榴弹。就在这一瞬间，敌人的一颗子弹打中了陈玉华的胸部。她挣扎着想站起来，但伤势太重，没能站起来。生命最后时刻她坚持着从怀里掏出无线电密码吞了下去，并尽她最后的力量砸毁了电台，向深雪中抛去，她也随之倒在了洁白的雪地上。这位驰骋战场六年，年仅24岁的抗日女战士，为了中华民族的解放事业，血洒乌苏里江畔的西通山上。[①]

三、那丹岭上冰雪莲，抗联女侠展英姿

早春三月的那丹大岭、乌苏江畔，乍暖还寒。有一种迎寒风、破冰雪吐蕊绽放的小花，她就是报春娇子——冰雪莲，也叫冰凌花。在春寒料峭的东北大地早春，寥落单调的山冈尚覆盖着皑皑白雪，顷刻间俄尔就会有一簇簇金色淡黄的冰雪莲破雪而出，点缀着空旷的原野。她冰清玉洁，冷凝如脂，宛如披着婚纱的仙女，冲天香气满山崖，报与春天一处开，当地人们亲切地称呼她为"抗联花"。

北风寒、饥肠辘、枪如林、弹如雨、气如虹，在抗联七军队伍里，有众多如冰雪莲一样的傲骨和冰清玉洁品格的英雄女战士，为民族独立、人民解放，战斗在那丹大岭与乌苏江畔，谱写

[①] 根据王一知《抗联女战士陈玉华》等有关资料加工整理，见《饶河抗日风云》，黑新出图字第027号，1996年6月第1版，第89页。

出无数的壮丽诗篇。

当孩子和女人都拿起了武器，那胜利必将属于正义的中国人民。为国家舍小家的七军著名女战士庄凤，1919年8月24日出生于山东省胶县何庄，原名庄凤仙。她五岁那年随父母闯关东来到黑龙江省的东宁县，七岁时又随家搬迁到饶河县大带河村。庄家世代务农，家境贫寒，但庄凤却是位聪颖灵秀的女孩，她家曾与一位私塾先生为邻，老先生见庄凤聪敏好学，便免费教她读书，不到一年她就学会了很多常用字。

1934年日寇魔爪染指饶河，那一年庄凤15岁，正值豆蔻年华。她为躲避日本人的迫害，每天一大早，天蒙蒙亮，就灌一瓶子凉水，拿着一个玉米饼子，和村子里的小姐妹们往山里躲藏。她们整天藏在森林里，可这不是长久之计啊！况且躲得了初一躲不过十五，万般无奈之下，在父母的包办下，十五岁的庄凤被迫嫁给了附近村子的一户李姓人家，希望能借助婆家的力量寻求一些庇护。婚后一年，她生下了一个男孩，小小年纪就做了母亲，而这时她自己也还是一个孩子。

党组织和抗联七军经常到庄凤所在的村子宣传中国人不当亡国奴的道理，动员群众支援抗联，打击日本侵略者。庄凤耳闻目睹日本侵略者的累累罪行，如今又听到这些正义的宣传，内心震动。共产党说得对，"咱是中国人，说啥也不能当亡国奴啊。"庄凤内心思忖。她想跟着抗联队伍去打日本侵略者，可一件大事难住了她，那还没断奶的孩子怎么办？如果撂给婆家，孩子又是娘的心头肉，庄凤舍不得，况且婆家根本也不会同意。得知庄凤的难处，宣传抗日的女同志就说："咱部队有秘密营地，有孩子的女同志都在密营里工作，你可以和她们一样给部队洗衣服、做饭、护理伤病员，同时照看孩子，你要想抗日，只能走这条路。"这一番话打消了庄凤的顾虑。

庄凤下决心要参加抗联七军，可真要走就难了，首先庄凤的父母就不同意，父母说："你不能走，孩子太小，再说，你走了名声也不好听，说老庄家的姑娘跑了，让我们的脸面往哪搁？"丈夫不用说就更不同意了，是啊，谁能同意呢？她毕竟是为人妻、为人母的女人了。可庄凤又不同于其他的女人，她识字、粗通文墨，明白抗日救国的大道理。现实困难、世俗观念、亲情、家庭……使她彷徨、苦闷，激烈的思想斗争困扰得她吃不下饭、睡不着觉，到底怎么办？最后她下定决心，寻找机遇参加抗日联军。

机会终于来了，1936年11月里的一天，当时抗联七军一部分就住在庄凤她们村的附近，这天正好家里没有人，她趁机用棉被裹起孩子就奔向抗联部队驻地。

只有17岁的庄凤抱着不满两周岁的儿子参加抗联，分配到七军二师三团一连，成为一名真正的抗联女战士。因为带着孩子随军行动不方便，暂时到密营里工作。大带屯及周围村屯的很多年轻人受她的影响，纷纷踊跃报名参军，一时传为佳话。艰苦危险的战争环境锻炼了她，她很快成长为一名出色的抗联战士。

不久，婆家派人来部队劝庄凤回家。庄凤对来人说："我参加抗联是铁了心的，不打败小日本绝不回家。"来人见庄凤毫不动摇的坚决态度，转而提出爷爷奶奶想孙子，委托他把孩子带回去。其实婆家人的话也在理，庄凤是万分不舍骨肉分离，但又考虑残酷的战争环境，带一个婴儿随军作战也十分不易且危险很大，为了抗日大业，她最后狠了狠心，流着泪把心爱的儿子交给了来的人。孩子交出后，她头也不回地跑到自己的屋子里大声地痛哭起来……有谁知道，母子这一别竟是永诀。

1937年春天，庄凤随同李学福带的一部分七军队伍从饶河出发到富锦、同江等地开辟新的游击区。部队从饶河密营出发，过了挠力河，穿过一望无际的漂筏甸子，最后来到了一个叫水林子的地方，就把这里作为了后方基地。水林子周围是水草甸子和漂筏子，中间是高岗，方圆好几里，岗上长满了白桦树。水林子里有野菜，草地上有蘑菇，真是个休息、防御敌人的好地方。经过一段紧张劳动，部队盖起了用桦木杆子竖起来的简易营房。李学福带领队伍以它为根据地，接连出击敌人，取得了一系列胜利。

日伪当局调动大批部队，妄图一举消灭这支抗联队伍。9月的一天，激烈的战斗中庄凤眼瞅着三团张排长胳膊被炸弹给炸飞，大动脉流血，来不及救治牺牲了。那血淋淋的场面，就发生在庄凤的眼前。当时随军远征的女战士有20多人，残酷的战争环境使这些在家看杀鸡都害怕的女人，面对战士们血淋淋的伤口，复仇的怒火在心中燃烧，她们毅然拿起枪打击敌人，向日军射出一颗颗仇恨的子弹。

经历这次血与火的考验，庄凤变得更坚强了。在艰苦抗日斗争环境中，庄凤看到抗联领导和战士们一样吃苦，什么困难都不怕，争着去干最苦最累的活，个个都不怕流血牺牲。这些活生生的事例，使她认识到共产党领导的队伍真正是救国救民的军队，再加上所在部队宋团长经常给她讲共产党领导穷人翻身闹革命的道理，她心中产生了参加中国共产党的愿望。经过党组织考验，她于1937年6月初的一天光荣地加入中国共产党。从此，她以党员的标准更加严格要求自己。

1937年冬天，饶河县下了场大雪，平地没膝盖深，山里的雪更大。庄凤所在部队来到大带河山区，二师师部的一部分队伍住在山南坡的鲁凤祥家，她所在的团住在山北坡孙树家。谁知部队的行动被敌人发现，300多日伪军摸到鲁凤祥门前的林子里，然后兵分两路妄图包抄我军。庄凤夜里出外上厕所，岗哨以手示意她有敌情。机警的她赶忙跑回屋里报告团长，团长出屋看了一下地形，立即命令部队撤到山上占领制高点。部队悄无声息地快速奔向山头，途中庄凤累得一步也跑不动了，同志们连拉带拽把她拖上了阵地。这是庄凤参加抗联后，第一次面对面参加战斗，没有经验，也不知道什么是危险。她想站起来看看来了多少敌人，隐蔽在树后的一位战士一把将她拉了下来，发火说："不要命了？给敌人当靶子打！"

敌人没有料到北山上会有抗联部队，大摇大摆地向他们走来。宋团长告诉大家，别着急，让敌人靠近了再打。当敌人离他们只有几十米远时，宋团长一声令下，战士们一齐开火。庄凤给机枪射手装弹夹，漆黑的夜晚只见机枪不间断地吐出长长的火舌，打得敌人一片片倒下，敌人一下子乱了阵脚，混乱中被打死了30多个人，横躺竖卧一大片。看到消灭这么多敌人，庄凤心里既高兴又解恨。山南边林子里的敌人，听到山北的枪声，误认为是他们抄后路的部队上来了，对着鲁凤祥的家门用机枪猛扫。住在鲁凤祥家的战士掩护鲁家四口从后窗逃出。我军绕到敌人背后占领山头，敌人被压在沟里无处可逃，两边山头战士一齐向敌人开火射击。这次战斗共打死敌人60余人，缴获好多武器弹药和食品。但鲁凤祥妻子领着七八岁的女儿逃出来时被敌人打死在后山坡，女儿冻死在母亲身边。鲁凤祥抱着两岁的小女儿躲进树林里，小女儿连吓带冻死在父亲怀里，鲁凤祥受此沉重打击，不久也郁郁得病而死。这悲惨壮烈的一幕，给庄凤心灵以强烈的震撼，更加坚定了她抗日救国的决心。

七军女战士中有文化的很少，有的甚至连自己的名字都不会写。抗联七军常利用战斗间隙组织战士学文化。庄凤读过几年私塾，粗通文墨的她就担负起识字教员的职责。没有笔和纸张，就用树枝作笔、大地当纸张，利用一切空闲时间学习。经过一段时间的努力，这些女战士认识了很多字，进步非常快。有了一定的文化，女战士们懂得了更多的革命道理，在革命队伍里有了更快的成长进步。艰苦的环境，残酷的战争，也需要文化活动来调节气氛，鼓舞斗志，坚定抗战必胜信心。庄凤和七军妇女团的女战士利用战斗间隙，在密营基地唱革命歌曲、自编自演身边抗日英雄小话剧。周保中将军写的《斗争歌》："泰岱改色，江河血腥，五千年文明倾，倭寇猖狂扩张侵凌，全国人民团结起来，誓死抗战图生存……"经庄凤教女战士排练演唱，感染力很强，特别受战士们的欢迎。

残酷的战争环境考验人的意志，也使七军女战士得到特别的锻炼，促使她们掌握很多利用当地野生自然资源求生存的方法，为后期抗联部队的坚持，立下了功劳。1938年10月，庄凤和团里10多个战士被困在山里。实在没办法，只好杀了一匹老马。马肉吃光了，只剩下马皮和肠子，为了多吃几顿，庄凤领着他们伐倒一棵粗榆树，剥出嫩皮剁成块掺杂在马皮里一起煮。她怕树皮煮不烂，头一天晚上就用大火烧，第二天一看马皮全煮化了，汤里只剩下丝丝缕缕的树皮纤维。为了活命他们还是嚼着苦涩的树皮纤维，伸长脖子往下咽。这种树皮纤维吃下去后不消化，解不出大便，肚子涨疼得受不了。情急中，庄凤领着女战士们到山沟子里扒开雪，挖一种叫冻锉草的植物。锉草有助消化和通便的作用，这一土方法还真灵，用它煮水喝，解决了一时的难题。没有粮食，困在深山里的抗联战士就采集蘑菇充饥，为防止误吃有毒蘑菇，庄凤带领战士们采撷一种山白菜，与蘑菇一起煮，能起到解毒和防毒作用。残酷的战争使庄凤等女战士们一般都会掌握简单的医疗护理和土办法疗伤，如用鸦片给伤员止疼，用树林里生长的一种叫"马粪包"真菌给伤员止血，用獾子油治疗烧伤等。这样艰苦的战争环境中，女战士很容易得月经不调、痛经等妇科病，庄凤和她的战友们摸索出用山芍药煮水喝，起到缓解疼痛作用。别看庄凤年龄小，长得又瘦弱，但战士们特别喜欢她。因为她革命意志坚定，乐观活泼，解决困难的办法多，被大家亲切称为我们的"小花木兰"。

1938年的冬天，庄凤患重感冒，被部队安排在关门嘴子屯一个抗联堡垒户高大爷家。经不起残酷战争环境考验的抗联叛徒王凤举，企图裹胁庄凤一同投降日寇，好去邀功请赏。庄凤与叛徒虚与委蛇，借故拖延时间，等待部队返回。叛徒王凤举也看出破绽，举枪威胁庄凤。庄凤挺起虚弱的身子，义正词严训斥叛徒："你就是打死我，我也不能与你去投降日寇，民族败类都没有好下场。"叛徒王凤举被庄凤的大义凛然气势所震撼，又怕枪响和时间久了暴露身份，便气急败坏地逃走。

1939年，东北的抗日斗争越来越艰难了。日寇对抗联实行军事上"围剿"，经济上封锁，政治上瓦解的毒辣手段，妄图彻底消灭抗联队伍。由于敌人烧毁了抗联密营的被服厂，致使一些指战员到冬天也没有棉衣穿，有些人被冻伤致残，有些年老体弱者被活活冻死。部队整天在林子里钻，衣裳破了补，补了破，到了实在不能穿时还舍不得扔掉。那时哪有鞋穿，脚上穿的是椴树皮捶软了，搓成绳编成的鞋。当时有一首描绘抗联艰苦生活的歌谣：

雪上吃，冰上眠，十冬腊月穿单衫。

抗联战士英雄汉，一团烈火在心间。

桦皮鞋子是国货，自己原料自己做。

野麻搓成绑鞋绳，皮子就在树上剥。

日寇实行野蛮的"归屯并户"法西斯措施后，抗联部队面临最突出的问题是严寒和粮食。山里几乎没了人家，抗联只能常年露宿野外。春秋两季还好过些，白天到处转悠，寻机打击敌人，晚上找个向阳洼兜的地方，搂些树叶子连铺带盖。真是像当时唱的那样：天大的营房，地大的炕，树木毛林支纱帐。夏季最可怕的是林子里各种蚊虫，它咬得你心烦意乱，无处躲藏。最难过的是冬季，大雪封山，零下三十多摄氏度的严寒。白天到处活动还好过些，到了晚上就难熬了。只能点起长方形的大火堆，两边铺上冻树梗子，枕着被包搂着大枪就睡着了。由于衣服单薄，肚子又吃不饱，有些人躺下去就再也起不来了。有时干脆就睡不着，前身烤热乎了，后身又吹冷了，正像《露营之歌》写的那样："冷气侵入夜难眠，火烤胸前暖，风吹背后寒。"

1939年冬，庄凤随抗联部队越过乌苏里江赴苏联进行休整，随后担任教导旅妇女排排长。在这里她和战友们接受了全面系统的正规军事训练，又开始了新的征程。①

20世纪30年代，东三省广袤的白山黑水间，涌现出一群血性姐妹。在民族危亡之际，她们同男人一样承担起抗击日寇，保卫国家的重任。抗联二路军总指挥周保中曾说过："东北妇女参加抗日游击战争的英雄事迹是数不尽的，徐云卿同志就是其中之一。"

徐云卿，女，满族，1917年生于今吉林省辽源市半截河东岸的一个贫苦农家，1929年随父逃荒到黑龙江省林口镇高云村。1934年参加抗日妇女会，1936年7月参加东北抗日联军第五军妇女团，1937年1月参加著名的大盘道伏击战，同年加入中国共产党。1938年7月，抗联五军三师后勤处处长曹炳臣惨遭叛徒杀害，接着叛徒将枪口对准徐云卿，威逼她投靠日寇，徐云卿宁死不屈，与叛徒交手搏斗。多亏金矿工人的帮助，才得以脱险。她在密林中跋涉奔波一个月有余，终于找到抗联部队。

---

① 根据庄凤回忆录《在抗联七军的战斗岁月》和其他资料加工整理。选自《饶河抗日风云》，黑新出图字第027号，1996年6月第1版。

1938年秋，日本关东军展开"三江大讨伐"，东北抗联第四军、第五军向西转移。10月，第五军第一师的一支百余人队伍被乌斯浑河挡住去路。妇女团的冷云、胡秀芝、杨贵珍、郭桂琴、黄桂清、李凤善、王惠民、安顺福8名女战士发现日军，便从背后袭击敌人，吸引日军火力，徐云卿随大队乘机突围脱险。而这8名女战士终因寡不敌众被敌人逼到河边，她们面对后面追来的疯狂敌人，宁死不当俘虏，从容扶起负伤的战友，手挽手毅然跳进冰冷的河水，壮烈地牺牲在波涛汹涌的乌斯浑河中。

1939年秋，徐云卿被派往苏联学习野战特训医务，1940年秋回国后被派往饶河县，任抗联第二路军第二支队军医。行军途中，战士们背着五六十斤的背包，徐云卿比别人还得多背一个药包。到了驻地，战士们可以休息，徐云卿从这个火堆旁跑到另一个火堆旁，她得随时检查战士们的脚是否冻伤，对于冻伤的战士还要紧急处理，等她把这一切都做完了，往往过了后半夜。

这一年的晚秋，王效明支队长交给她一项艰巨的任务，把20多名伤员交给徐云卿负责。她感到就像妈妈要出远门，让她在家照看一帮弟弟和妹妹一样，身上的担子千斤重。这二十多人都是伤员，伤势轻重不等，而饥饿、寒冷和敌人如影随形，一点的闪失，就会导致全队的覆灭。其实，她自己当时也不过就是一个20岁刚出头的姑娘，感到压力特别大。王效明支队长看出了她的心事，就鼓励她说："要勇敢点，支队把杨副官和许长淑几个同志留下协助你。你是共产党员，不管多困难，也要把这个担子挑到底。"徐云卿点头答应。

一天傍晚，王效明支队长派张喜山小队长带着二十几个战士来接应他们，因为日军已经组织大批兵力，开始规模空前的秋季"大讨伐"。

第二天清晨，天蒙蒙亮，敌人的迫击炮、炸弹就四处炸响,飞机一架接一架地在天上嗡嗡叫。敌情十分紧张,队伍马上转移。他们爬了一山又一山,直到天黑也没能找到大部队。晚上,大家爬到山顶一看,远处山里的敌人比昨天更多了,敌人的宿营篝火密密麻麻,把整个山沟都照得明晃晃的。望着敌人的火堆,徐云卿此时像个找不到妈妈的孩子,又着急又难过。她躺在火堆旁,望着天上的星星,心里不停地想:"大部队呀,你在哪里?"

几天的时间又过去了,还是没有找到大部队,"讨伐"的敌人更多了,敌人的飞机贴着树顶飞。天气也越来越凉,同志们都穿着单衣,有些同志病倒了。身患疟疾的指导员拖着虚弱的身子爬起来,握紧她的手,用深情的眼睛看着她说:"别灰心,革命就是斗争啊!共产党员的眼前,没有克服不了的困难,大伙的眼睛都看着你呢!"听了指导员的话,徐云卿含着眼泪说:"指导员,你放心,我是党员,再重的担子我也能担住。"正在这时,就听到不远处机关枪响了起来。病中的指导员踉跄站起来,命令徐云卿带领伤员们赶快撤退,张喜山队长率队掩护,他自己拿起枪狙击敌人。徐云卿怎能把患病的指导员留下呢?她命令两名战士架起指导员随队伍撤退,她拿枪边射击边后撤,不小心被树枝绊倒了。等她爬起来,看见队伍已撤离了好远。徐云卿在弹雨中拼命地向队伍追去,敌人的子弹在她身后嗖嗖地响。跑着、跑着,她觉得后面好像有人跟着她,只听一个同志喊:"徐同志,你快跑!我掩护你。"徐云卿回头一看,四五个日军正朝她奔来,看样子是想捉活的。徐云卿回手打了两枪,两个日军应声倒下,其余的卧倒在地。在战友的掩护下,她终于摆脱了敌人。

一路上由于缺水、缺给养,战士们开始浮肿了,伤病员情况更严重,可大部队还是一点消息都没有。在这种情况下,徐云卿提议召开临时党小组会,她提出避实击虚,即先不找大部队,趁敌人到山里"讨伐"，后方空虚，到双鸭山四、五道岗的大屯子活动一下，袭击几个据点，弄些战利品解燃眉之急。

党小组会采纳了她的意见，大家搀扶受伤的战友，在夜间钻过敌人封锁线，爬过重重叠叠的山峰，经过六七天的行军，这支小部队来到一个日本武装移民的"开拓团"附近。

在侦察清楚情况后，一天晚上，张喜山小队长带领20几个战士进村搞粮食，徐云卿领着二十多名伤员留在原地待命。

这是一个令人焦急的夜晚，徐云卿和伤病员谁都没有合眼，时间一分一秒地过去。天快亮时，张喜山和战士们背着大包裹、小口袋回来了。当时大家那个激动啊，有了粮食，又能和敌人周旋了，又有打日军的本钱了。

不久，进山"围剿"的日本兵得知这里有一支抗联小部队，就派大批人马包围过来。情况危急，需要果断作出决定。徐云卿这时又提出杀回马枪建议，由张喜山带队掩护伤病员回出发地鱼亮子那里去过冬，等有机会再去找大部队。

事实又一次证明，徐云卿这个提议是正确的。这支带着20多名伤员的小部队，绕过敌人的大部队，爬过了许多山冈和沼泽地，经过七八天的行军，终于在一个深夜，回到了鱼亮子。

鱼亮子附近的父老看到抗联战士们回来了，非常亲热，把他们一个个地接到各家的热炕头上。当晚还炖了几大锅鱼，让饥肠辘辘的战士们饱餐一顿。

为了不暴露目标，这支小部队天还未亮就离开了鱼亮子。他们走出了三四十里，在一片大草塘子里住下了。这草塘子周围一片刚刚结冻。为了防寒，就找了一些茅柴堆成一大堆，晚上就钻进草堆里去睡觉。

天气越来越冷，战士们脚上仅有的胶鞋都露了脚趾头。徐云卿通过老乡买来了几条麻袋，自己动手做起了乌拉鞋。

生活稍有点安定，徐云卿算计着给几个身上还带着子弹的同志动手术。她把自己的想法对指导员和队长说后，他们问她："你有把握吗？"徐云卿坚定地回答："有！"嘴里虽然这样说，但心里还是有些慌，因为她在苏联只是学习一般战地医疗救护，没做过这么大的手术。指导员和队长也看出了她的心思，鼓励她要有成功的信心。

就在给伤员做手术的那天，部队借渔民老大爷的一间房子作临时手术室。徐云卿给第一个战士打好麻药后就开始做手术，当从那个战士的肉里往外取子弹时，他颤动了一下。等做完手术，只见这个战士满头的大汗，拳头攥得紧紧的。以后的几例手术，每一个伤员也都表现得异常坚强，一声不叫，像铁人一样。在一旁的老乡都被感动得流泪了，拉着伤员们的手说："好孩子，你们真是铁打的硬汉子啊。"就这样，几个手术顺利地做了下来，徐云卿创造了简陋条件下战地手术奇迹，战士们称她是抗联里的女"华佗"。

又过了些日子，徐云卿和这支特殊小部队历尽艰险，终于在鱼亮子和二支队派来找他们的联络人员接上了关系。徐云卿这位二十刚出头的女军医终于完成了组织上交给她的任务，伤病员回归二支队。

1939年冬至1940年初，七军妇女团的女战士随同抗联各支部队先后进入苏联境内，编入抗联教导旅。她们在新环境中参加营房建设，进行统一学习和军事训练。基础培训结束后，女战士进行专业科目训练，张景淑、李在德、邢德范等10多名同志学习无线电；李敏、庄凤、徐云卿、金成玉、柳庆熙、吴玉清、宋玉亭、宋桂珍等女同志在医疗护士排，学习医务护理；还有一部分体弱多病女战士去了农场。需要说明的是，这些汇集到教导旅的女兵，除了专业培训外，为了以后反攻东北，其中一部分人还要进行跳伞特种训练，这是对女战士革命意志和体能的一种特殊考验。

周保中在1942年10月9日的日记中对这次女兵跳伞训练有如下记述：

"东北游击运动抗日救国斗争中妇女参加诸般战斗工作，普遍表现良好，甚至许多妇女表现革命斗争性特异，不落于男子后。即以学习降落伞而言，去年十月曾派遣十二名妇女学习，在×城机场曾降落两次后，因季节天候限制，中止学习。今次妇女参加学习者二十名，有降落三次者，有二次者四名。男子中尚有因胆怯或无忍受性而放弃学习者，妇女无一人落伍，表现坚毅勇敢，且有纪律性，深受某降落伞专家苏联闻名中校同志及总教官所深赞佩。"

这些女战士是：政治指导员王一知、排长金成玉（朝鲜族）、班长王玉环、李淑贞、队员李明顺（朝鲜族）、金玉顺（朝鲜族）、金伯文（朝鲜族）、庄凤、柳明玉（朝鲜族）、郑万金（朝鲜族）、邢德范、赵素贞、胡秀珍、金玉坤、徐云卿、李桂香（鄂伦春族）、金顺姬（朝鲜族）、张景淑（朝鲜族）、朴景玉（朝鲜族）、李英淑（朝鲜族）。

中国第一代女伞兵的诞生，将永远定格在1941—1942年的抗联教导旅，这些第一代女伞兵的名字也必将像那璀璨的明星，永远闪烁在共和国历史的天空。

1945年8月初，抗联教导旅召开誓师大会，正式决定：教导旅的中国同志随苏军进军东北，朝鲜同志则回到国内实现复国独立的目标。同时，教导旅还规定，回国时，嫁给朝鲜族的汉族女战士都要随丈夫去朝鲜，相反朝鲜族的女战士嫁给了汉族丈夫就要随同回中国。

当时，在北野营结婚的汉族女战士王玉环嫁给了朝鲜族崔石泉（崔庸健）；汉族女战士李淑珍嫁给了朝鲜族金京石；鄂伦春族女战士李桂香嫁给了朝鲜族金勇贤（金大宏）。她们三位都要随丈夫去朝鲜。多年来中朝两个民族的女战士朝夕相处，血流在了一起，汗洒在了一起，寒冷和饥饿时抱在一起，今天就要同生死与共的战友们天各一方了，大家的心情都十分的难过，个个泪流满面，不知何年何月再能相见……

这是一群侠骨丹心，又柔肠百转的伟大女性，当国破家亡之际，她们被迫卷入生与死的大搏斗中。东北抗日斗争是残酷的，在饶河沦陷的12年浴血鏖战中，她们曾经怎样面对使命、杀戮、饥饿、寒冷、血腥以及眼泪和爱情。太多的青春、太多的美丽、太多的生命和太多的残酷，都交织在20世纪那场人类史上最残酷的战争中。那丹大岭和三江原野到处都留下了七军女战士的足迹，她们大多数都血洒疆场，为国捐躯，只有极少数人坚持到抗战最后胜利。而此时，女兵们回国的心情更是迫切，多少年做梦都在想着那黑土地、红高粱和苞米地，那里有她们的父老乡亲，那里有她们的兄弟姐妹，那里有她们太多难以忘怀的往事，太多难以割舍的情怀。

"不经一番彻骨寒，怎得梅花扑鼻香。"坚定的信念，锲而不舍的坚持，历经艰难困苦的勇毅。鲜血染成光辉道，换得江山分外娇，英烈功名千秋颂。因为有了抗联女兵，才有了一部别样风采的东北抗战史和抗联七军史，光荣永远属于抗联女兵们！

第十二节　抗联七军英雄少年连

1936年底抗联七军筹划成立少年连，直属七军军部领导。少年连连长郎占山，指导员金元国，一排长李则明，二排长王明堂，初期少年连战士23人，其中金昌连①等18人是朝鲜族。少年连除连排长外，战士中最小的13岁，最大的18岁。少年连担负着通信联系、取送物资和当向导带路等非战斗性任务，其中主要是交通联络和取运粮食。特别是进入秋季，少年连就要全部出动，一部分战士负责联系粮食，一部分专门搬运粮食。由于敌人的封锁，粮食对抗联队伍是生死攸关的大事，敌人也正是想通过封锁粮食置抗联队伍于死地，所以筹粮的任务既艰难又充满危险。

　　一年的深秋，少年连的李亿松（军长李学福的侄儿）、金在元和刘铁汉奉命到小北沟（今朝阳村）山弯处一个地窖子运粮食。驻小南河屯的伪警察队提前获得了这一情报，当李亿松三人进入地窖子时，被埋伏的敌人包围。交战中，这三名战士都壮烈牺牲（事后他们被派来的抗联战士安葬在当地附近一个不易被敌人发现的山腰上）。

　　残酷的战争环境锻炼了少年连的战士，使他们迅速地成熟起来。在执行筹粮任务时，为了隐蔽行踪，不能在道路上行走，只能靠着记忆在森林、草丛、沼泽地里的漂垡甸子中穿行。逢夏秋两季，山上枝叶繁茂，灌木和野草密集丛生，抬头不见天日，肉眼只能看出去三五步。当地人把这一时期叫作"关门期"。这种季节，惯走山林的成年人在林中穿行都很容易迷失方向，而对年轻的少年连战士们更是一种严峻考验。在冬季，部队在雪地里行走，很容易被敌人发现踪迹，使他们更加小心谨慎。复杂的自然条件，长期的隐蔽行动，锻炼了少年连战士的记忆力、判断力及利用地形地物和日月星辰辨别方向的特殊本领，使他们少年老成、思维缜密。哪里是密营？哪里存储着粮食？哪个村屯在什么方位……一切了然在胸，并能根据山势走向、太阳位置和其他参照物作出准确的判断，他们的这种能力就是在那样复杂残酷环境

---

①金昌连，16岁参加抗联七军少年连，著回忆录《抗联七军少年连》。

中锤炼出来的。

除了具有很强的记忆力和判断力以外，还要具有机智勇敢的应变能力及密切联系群众、搞好军民关系。在这方面，少年连充分利用自己生长在饶河，对饶河情况熟悉的有利条件，经常出现在群众之中，闯入戒备森严的敌人据点，积极为部队筹集粮食，解除部队的后顾之忧。尽管这样，首长对他们每次执行任务还是很费一番心血。军首长根据少年连每个战士亲属居住的地点，每个人的身材形象和言谈举止及专长作出不同的分工。哪些人做联络？哪些人取粮？怎样接头？事前都要作细致的研究和周密的安排。对可能发生的意外情况，该怎样对付，也要进行反复的交代和模拟。临行前，首长总是千叮咛、万嘱咐，生怕这些懵懂少年战士发生意外。

1938年8月初，七军一部策应小南河屯驻扎佛寿宫伪军哗变，一次就缴获2挺轻机枪、53支步枪和四四式马枪13支和1万多发子弹及其他军需品。于是，参谋长崔石泉决定将缴获的这批战利品主要用于武装少年连。这年秋季的一天，举行了发枪仪式，少年连的战士领到了枪，个个笑逐颜开。发枪仪式后，少年连开始了紧张的军事训练。军首长指派军事素质过硬的抗联老战士来作军事教员，机枪射手兼射击教练是不久前从小南河警察队反正参加抗联的王庆奎，他在警察队就是机枪射手，熟练掌握机枪枪械原理。小战士们知道这样的训练机会十分珍贵，所以大家也下了苦功夫，争分夺秒地刻苦操练。

1937年至1939年间，抗联七军同敌人作战频繁，三五天就打一仗。1938年9月28日，七军参谋长崔石泉率军部警卫连和少年连一个排，从暴马顶子密营出发，急行军奔赴40多华里外的西风嘴子，伏击沿挠力河乘汽艇巡视小佳河"集团部落"返回的伪满洲国军政部少将日野武雄，经过几十分钟的战斗，全歼日野武雄少将为首的39名日军，我军无一伤亡，打了一个漂亮的伏击战。参战的少年连小战士听从指挥，作战勇敢机智，受到崔石泉的表扬，大家称赞他们是模范少年连。

少年连参加的较大战斗，是1938年冬歼灭挠力河北伪满军的战斗。这一个连的伪满军有120余人，驻在挠力河北的一个名叫龙山洞的朝鲜族屯子里。他们依仗日本军队的支持，为虎作伥，无恶不作。他们抢吃光了全村的猪、鸡、鸭，打骂百姓，奸淫妇女，还经常全连出动，袭击我抗联部队。为了打击这股敌人的嚣张气焰，七军首长决定消灭这支伪军。经过周密的部署，由军参谋长崔石泉指挥，警卫连、少年连共80多人参加了这次战斗。

那是春节前夕一个风雪弥漫的夜晚，部队从暴马顶子出发，直奔挠力河北的伪军驻地。全体战斗员都是轻装，每人左臂系一条白毛巾作标志。少年连的战士除挎上自己的小马枪外，每人还携带三颗日造手榴弹。天将拂晓的时候，部队按时赶到了敌人驻地，分三路摸进了敌人的据点。尽管行动迅速，悄悄行进，但还是引起了屯里深巷几处农户的狗吠。被惊醒的部分伪满军持枪登上了岗楼。他们依托着围墙，首先向外盲目开枪射击。少年连这一路一边还击，一边按照作战计划，迅速地抢占有利的地形。经过短暂的激战，这部分敌人被消灭了。另两路部队则直捣伪军连部巢穴，屋里的敌人被枪声惊醒，有的被打死打伤，有的夺路逃窜。经过激战，这次战斗共打死敌人23人，俘虏37人，缴获大小枪支50多支，我方仅有3人负伤，大获全胜。打扫完战场，少年连的战士高高兴兴地押着俘虏，转道奔向暴马顶子密营。经过这次战斗，少年连不仅增加了实战经验，而且更坚定了必胜的信念。军首长也说："少年连比较成熟了。"

这次战斗后不久，连长郎占山带领少年连20人去别拉洪河一带取运粮食，准备运往花砬子密营。当他们刚刚翻过别拉洪河畔的一座小山时，突然发现山下黄糊糊的一片，有50多敌人，多数是日军，少数是伪满军。这股日军骑着高头大马，伪军在后步行，大摇大摆地从山脚下向北走去。郎连长立即小声急促地命令："卧倒、隐蔽！"大家盯着敌人，可是敌人并没有发现我军。郎连长说："不能眼睁睁看着敌人从我们的眼皮底下溜走。"又问小战士们："你们有没有胆量把敌人引上山来。"少年连战士都异口同声地赞成和敌人干上一仗。于是，郎连长决定让大家在深雪中的树墩子后和洼地隐蔽好，然后指定几个身体壮实的小战士故意到山顶暴露自己，装作刚上山顶发现敌人而惊慌逃跑的样子，诱骗敌人上山进入伏击圈。郎连长又命令担任伏击的战士，以他的枪响为号，一定要弹无虚发，准确地射击敌人。几个负责吸引敌人上钩的战士，便一齐在山顶直起腰来行走。估计敌人看清了他们的人数，他们又装出惊慌的样子，返回身往山后逃跑。这番表演很奏效，这股敌人开始一阵紧张，稍停一会，就都下了马，把马拴在树上，徒步持枪弯下腰呈扇形迅速地向山上围攻过来。伏击的战士将这一切看得清清楚楚，每个人的枪口都瞄准了敌人，静等郎连长的命令。敌人看这几个战士翻过山去，欺他们人小又数量少，便放开胆子，往山上猛冲。当敌人离伏击阵地二三十米，完全进入有效射程的时候，郎连长猛喊了一声："打！"顿时枪声大作，一下子撂倒了一片敌人。敌人被打得蒙头转向，伤亡惨重。没有中弹的敌人狼嚎似地滚下山去，慌忙骑上马逃窜。这一仗打得十分漂亮，少年连的小战士们高兴得欢呼起来。经过清点战场，打死敌人23名，其中日本兵19人，缴获步枪30支。战士们用缴获来的战马，驮上粮食，顺利地返回了密营。这次战斗，少年连无一伤亡，打了一个漂亮伏击战，这也是少年连独立作战取胜的唯一战例，受到了军部的嘉奖。

1938年底，少年连发展到100多人，转移到虎林独木河西北的三师密营。1939年初，少年连与军部警卫连合并组建七军教导团，郝永贵任教导团团长，金品三任团政委，警卫连为一连，少年连为二连。

第十三节　艰难曲折的1939年，七军经历了严峻考验

日本帝国主义为建立所谓"大东亚共荣圈"，不断加快扩大侵略战争步伐，并妄图以东北为跳板进攻苏联。1939年，日本在东北的兵力由12万人增至40万以上；伪军、伪警察达20万人。为加强对东北殖民统治，维护侵略扩张后方基地的安全，最大限度掠夺战争所需资源，关东军对东北抗联进行更为残酷的镇压，三江一带的抗日斗争面临着更加严峻考验。

一、那丹大岭反"讨伐"，三江原野战日军

1938年11月至1939年1月，日寇调动3 000多兵力在饶河境内向我七军发动局部"讨伐"，妄图利用大雪封山的有利条件，步步紧逼，缩小包围圈，一举全歼抗联武装。

按1938年11月13日在大别拉炕召开的下江党委扩大会议决定。景乐亭率军部和一师一部在饶河、虎林与敌周旋；三师一部和补充团到虎林与五军三师一起活动；崔石泉率步骑兵250人的队伍到抚远开展游击战。在这次敌人冬季大"讨伐"中，七军除一师受到一些损失外，主力部队冲出敌人包围圈。

崔石泉率队伍转战抚远后，袭击大板屯、明山洞、卧虎山几个据点敌人，解决了部队给养和冬装。日本指导官摸本松指挥伪兴安军500多人尾追我军。崔石泉设计引诱敌人进入老等窝伏

击圈，打死打伤敌人百余人，缴获9支步枪、4匹战马和一些军需品。随后部队转移至挠力河的小根菜嘴子，又击毙包括日军军官3人在内的伪靖安军20余人，俘虏18人，缴枪20余支。

三师在虎林活动期间，尽量避免与强敌正面作战，以歼灭小股敌人和筹集给养为主。在虎林土顶山与伪军一个团激战一天，毙敌50余人，我军牺牲2人，取得缴获一批军用物资的重大战果。

景乐亭率军部和一师一团在饶河边坚持打游击，边着手建立密营，同时开荒种地，筹备给养。在臭松顶子伏击战中，打得敌寇狼狈逃窜。[1]臭松顶子位于饶河县西南部，是那丹哈达拉岭的腹部。这里山高林密，地势陡峻，是抗联七军的一个主要密营基地。1939年1月23日，抗联七军军长景乐亭率七军一师和三师各一部及教导团二连的队伍160余人集结在五林洞镇附近的臭松顶子（神顶峰与皮克山一带）密营。这天，大雪伴着西北风，能见度很差，部队派王可安排长带领14名战士去五林洞河南的朝鲜村屯，背运乡亲们支援的粮食。回来的路上，抗联运粮队战士被日伪"讨伐队"发现并跟踪。日伪"讨伐队"大约100人，后面跟着给他们背辎重的民工60多人。抗联运粮队在森林里快速奔跑，敌人循着踪迹紧追不舍。这一情况，被抗联前方岗哨发现后立即报告。景乐亭军长下令将密营一切器物隐藏好，派人迎接运粮小分队，随即将队伍转移到一条大山冈上埋伏起来。当日军的三个士兵走近时，一排子弹射出，三个日本兵即时扑地毙命，几个战士跃出掩体，迅速收缴这三支步枪。顷刻，大队日军随后赶来，枪炮齐鸣，疯狂地向抗我军岗阵地冲来，被居高临下的抗联部队机枪一阵扫射，打得敌人丢盔卸甲败下阵来。战斗到夜幕降临，

---

[1]姚中晋编著《饶河百年拾记》卷四第一章第166页，华文出版社2010年11月第1版。

残敌溃退。

　　第二天清晨，抗联部队开始打扫战场，只见战地上血迹斑斑，日军的帽子、皮带、麻袋包、弹药箱等，弃置得到处都是……敌人埋藏的30草包大米也被我军搜索发现。这场臭松顶子战斗，我抗联七军打死日伪军70多人，缴获武器和粮食辎重若干。此战令日伪十分丧胆，多日畏缩据点不敢出来，壮大了我抗联七军军威。七军三师政治部主任刘廷仲和许多战士牺牲，一师政治部主任何可人负重伤（转苏联治疗）。1939年春，景乐亭率军部教导团二连和一师三团150多人，从独木河出发到同江、抚远一带活动，缴获一批武器和粮食。

　　1939年4月，一师师长王汝起、副师长刘雁来、政治部代理主任彭施鲁（1938年冬奉周保中之命，从四军调入七军，年末到饶河，接何可人任一师代理政治部主任）率领抗联七军一师二团和警卫连100多人由饶河向同江、抚远进军。他们伐木做成木排渡过刚融化的挠力河，在沼泽地艰难行军，途中一个小村屯群众支援3 000斤粮食，部队又购买5头牛食用、3匹马驮粮食，解决了部队一时的困难。部队到了同江八岔等几个赫哲族村屯，受日伪的反面宣传，当地居民躲避起来。王汝起通知部队不准擅动百姓家任何东西，还派人巡查群众纪律执行情况。在此地，他们与赫哲族还存在语言不通障碍，极易被敌人发现包围，于是他们决定向抚远转移。从这里通向抚远没有道路，是一望无际的沼泽地，冰雪融化后极难行走，若不熟悉路径，人很容易迷失方向或陷入泥潭。5月中旬，部队找到一位熟悉道路又愿意做向导的一位赫哲族老大爷，在他的指导下，部队准备了一些麻绳、木棍等工具，由他带领部队拉着绳索探索前行。

　　按照赫哲族老大爷的经验，在沼泽地行走，先要用木棍探路，要选择有草的地方落脚，前后排行的人距离不能太近，也不要踏着前人的脚印，陷入泥潭中不要挣扎，人更不能聚堆，要用木棍或抛绳索拉拽。途中有一片无法绕开的水深齐腰沼泽地，水全是红锈色，人一踏进去就下陷，越挣扎陷得越深，唯一的办法是从远处扔一根绳子，经过众人拉拽才能得救。经过三四天的艰难跋涉，终于走出沼泽地，赫哲族人民以实际行动支援抗日，帮助这支抗联部队脱离险境。

部队在抚远县获得当地群众支援，经过短暂休整，派人侦察得知抚远东部乌苏里江沿岸几个集镇敌人守备力量薄弱情况，王汝起与彭施鲁、刘雁来决定攻打这一带的嵩通镇、国富镇和抓吉镇。6月，王汝起等率100余人攻下抚远县乌苏里江边的嵩通镇警察所，将日伪存储的物资全部缴获，并召开群众大会，宣传抗日救国。紧接着又袭击国富镇，而后又转移到抚远县西部的一块树林子里隐蔽待敌。敌人获悉后，从同江和抚远派伪警察200多人，又调东安镇一个连伪军前来"围剿"。我军不与敌人正面接触，采取敌驻我扰游击战术，待敌人疲惫不堪时，于一个夜晚突袭敌人驻地杨木林子屯，打死伪军10多名，俘虏20多名，缴获步枪几十支，子弹几千发，我军负伤5人。战斗结束后，当地群众主动来帮助打扫战场，杀一口肥猪犒劳抗联将士。被俘的伪军经过宣传教育，有5个人当场参加抗联，其余每人发5元路费释放。7月，我军到达离抚远县抓吉镇30里的一个村庄，抓吉镇东面靠乌苏里江，西、北面是沼泽地，西南方向有一条通向该镇的道路，驻守伪警察30多人，地形为易守难攻。7月25日拂晓，大雾弥漫，我军趁机向该镇奔袭。接近抓吉镇时，大雾顿时消散，奇袭已不可能。王汝起急中生智，立即将一路缴获的一批伪军装派上用场，派刘雁米挑选精干战士40名，乔扮伪满军，设计智取抓吉镇。由警卫连长牟连成带领乔装的20名战士为突击队先行，刘雁来率乔装的20名战士为第二梯队，王汝起率大部队隐蔽随后。

该镇敌人望着远来的一队"伪军",未加注意。警察所的敌人忙称兄道弟打招呼,失去警惕。战斗进行的异常顺利,这一部分留守的15名伪警察被缴械。俘虏交代,另一半伪警察由2名日本警察带领乘船执勤。王汝起命令立即封锁消息,部队埋伏在敌人返回的必经之路的江岸上。中午十一时,这伙敌人乘2只木船返回,待船只距离抓吉镇岸边十几米时,我军突然开火,毫无戒备的敌人顿时惊慌失措,伪警察纷纷举手投降,我军击毙日本警察1名、重伤1名。这次突袭抓吉镇,我军俘虏伪警察30多名,打死日本警察2名,缴获长短枪40余支,弹药多箱及其他军用物资。这次乔装智取战斗,我军大获全胜,战果丰硕。9月,部队将在这三个镇筹集的布匹和棉花,请当地群众帮助缝衣队李淑兰3名女战士制成冬装。10月初,部队接到军部命令,向饶河转移。途中被三支敌人追击,我军避敌锋芒转至大旗杆,再返回饶河密营。

二、七军党特委常委会整顿组织,加强部队战斗力

1937年9月29日,周保中在四道河子主持召开吉东省委常委会,决定成立东北抗联第二路军,成立总指挥部,周保中任总指挥,10月10日发表筹备成立通告。1938年8月,七军根据吉东省委指示,把部队编入第二路军,接受第二路军总指挥部的统一领导。吉东省委为加强对乌苏里江中下游江地区(也称下江)抗日部队的领导,1938年8月下旬由季青(抗联五军政治部主任)、王效明(二路军总指挥部参谋处长)、鲍林组成下江三人团,季青任书记,具体领导下江地区的抗联二路军所辖各部队。1939年初,吉东省委把王效明和彭施鲁等直接派到七军,充实领导力量。

1939年3月5日至6日,由吉东省委下江"三人团"季青书记

主持，在虎林土顶子山召开七军党委特别常委会，参加会议的有：季青、王效明、鲍林、崔石泉、景乐亭、金品三；列席会议的有：郑鲁岩。季青号召与会者敞开思想，坦诚相待，广开言路，不回避矛盾，勇于批评和自我批评，最后达到团结之目的，增强七军领导层的凝聚力。会议上大家开展了批评和自我批评，对个别领导所犯的错误作了严肃批评，对违背组织原则擅自作决定的错误进行检讨，对七军一年来的工作作了总结。最后会议共同认为：1938年11月，由三师师长景乐亭和军政治部主任郑鲁岩发起召开的下江党委扩大会议决议未经上级组织批准，不符合组织原则，必须给予纠正。会议决定重新调整七军党特委和军队的领导机构，由崔石泉担任七军党特委书记，王效明、景乐亭任常委，李一平、何可人、郝永贵任执委，王汝起、金品三任候补执委；景乐亭任代理军长，崔石泉任军参谋长，王效明任代理军政治部主任，金品三任军部秘书长、团总支书记、教导团政委。撤销郑鲁岩七军政治部主任职务，调到二路军总指挥部任宣传科长兼吉东省委秘书处第三出版部主任；撤销云鹤英七军三师师长职务，取消其七军党特委候补委员资格，并给以警告处分。会议还决定，任命王汝起为一师（一、二师仍暂时合并）师长、彭施鲁为一师代理政治部主任（何可人在苏联养伤），隋长青为三师师长、鲍林为三师政治部主任，崔勇进为一师一团团长，郭祥云为二团团长、李呈祥为二团政委，刘中城为三团团长、夏礼亭为三团政委，李一平为补充团团长兼政委。

　　会议还讨论决定了1939年游击活动计划：王效明率三师和补充团到虎林，继续同五军三师联合活动；景乐亭率一师二、三团到抚远、同江一带活动；崔石泉率一师一团和军部在饶河活动。会议强调要继续加强反间细斗争和部队思想教育，加强团结，统一思想认识，加强党对七军的领导。这次会议，为七军迎接最严峻的挑战打下良好基础。

三、更为严酷的1939年冬季反"讨伐"战斗

1939年，七军所种的粮食作物和蔬菜几乎全被敌人毁掉，我军损失玉米2万斤，土豆2万斤，萝卜2万斤。1939年9月起，日伪集中1 600余名日军和2 000余名伪军，在当地伪警察、宪兵队、特务的配合下，向抗联七军进行大"讨伐"。七军分别被包围在阿布沁河、独木河、挠力河、七星河、义顺号等地区。敌人实行拉大网，穿插搜索，分兵合围的战术，使七军失去了全部密营基地，储存的物资也全部丧失，冬季生存隐蔽的条件不复存在。大部队无法行动，七军只能化整为零，在冰天雪地里，穿梭于丛山峻岭中，马不停蹄地与敌人周旋。严寒、饥饿、疲劳困扰这支部队，七军各部战斗伤亡、冻伤每天都在发生，部队严重减员。在这种恶劣的环境下，有的投敌、有的脱离队伍、有的越界进入苏联。10月，代理军长景乐亭冲出敌人包围后，带妻子和20余人去苏联。彭施鲁和一师三团胡连长被敌人包围，断粮三天，带30多人去苏联。在无奈情况下，其他受伤受困人员也多有越界去苏联的。

王效明率部队在虎林与敌周旋，寻机攻打独木河敌人，缴获50多匹（头）马和牛，解决了一时部队给养。

特别是9月份，敌人袭击秃顶子（也称土顶子，今永幸村西北10公里处）密营时，郑鲁岩被捕叛变。随后，在郑鲁岩指引下，七军的密营全部被焚毁，尤其是失去了储藏越冬的2万斤珍贵粮食，七军遭受前所未有的巨大损失。

郑鲁岩，通文墨、善应辩、有才学，早年从军伍。但为人心胸狭隘、好功利，被俘后，经不起敌人的威胁和利诱，遂投降日寇，被秘密释放。1949年12月13日，郑鲁岩被吉林省人民法院判

处死刑。

　　1939年11月8日,七军一师四团和五军九团、二路军总部直属部队二中队600余人,与义顺号的300日军骑兵和200余伪军在虎林大砬子东山激战5小时,击毙日军20余人,伤8人;击毙伪军5人,伤2人。缴获步枪20支,轻机枪3挺和许多弹药。我军牺牲12人,伤10人。傍晚时分,我军利用夜幕掩护,撤出战场。①

　　同年12月,崔石泉、王汝起率七军大部队冲出敌人包围圈,向抚远转移。敌人以骑兵为先锋,利用汽车、马爬犁运载步兵为后续,尾追我军。12月21日,部队到达离抚远新屯20里的二道河子西边小树林,被敌人发现。22日,100多日军和70多伪军开始向我军进攻。激烈的战斗进行一天,我军牺牲2人、击毙击伤日伪军70人。天黑时,我军趁机转移到杨木林子屯西边山沟里。部队在那里摘取夏天挂在树上的几十张牛皮,用清水炖煮,这已是饥肠辘辘战士们的佳肴美餐。在此地,又击退尾追敌人的三次冲锋,打死100多敌人,部队获取了一些食品、服装和枪支弹药。当部队转移到长尾巴林子时,又被1 000多敌人包围。崔石泉果断下令突围,生死之间,两军相遇勇者胜,抗联战士拼死猛冲,敌人胆寒,我军终于杀出一条血路,跳出敌人包围圈。返回饶河路上,为转移敌人目标,一师一团团长崔勇进率70名战士向东挺进,吸引敌人。12月28日,崔石泉率主力部队在返回饶河途中,在西石砬子山东北30里处,与100多名日军骑兵遭遇,经5个多小时拼死冲杀,击退这股敌人,歼敌20人,俘虏4人,缴枪20支和一些军需品。我军死伤11人。

　　崔石泉、王汝起率队伍到别拉洪东山(今八五九农场民主村东山)时,部队已经断粮。朝鲜族村民冒着生命危险将各家筹

---

① 周保中《东北抗日游击日记》,解放军出版社2015年1月第2版,第533页。

集的数十斤大米送来，让抗联部队充饥，并将日本开拓团牛爬犁次日上山运木样的消息报告给七军。部队得知情报后，立即进行战斗部署。次日，俘获日本开拓团黄牛6头，饥饿的战士有了美味的牛肉充饥，士气顿时高涨。部队在这里休整四日后，沿别拉洪河向西撤离，与尾追日军"讨伐"队接火。崔石泉率部队将日军诱入北大林子（今洪河农场界），进行阻击，200多名日军死伤近半。剩余残敌不敢贸然前进，等到天黑，队伍转移至大石砬子山，因记错方位，误入东边的小石砬子山伪满军营地，与伪满军相遇。因放松警戒，遭遇中抗联战士死伤30余名，部队不得不向南撤退，甩掉敌人围追。我军继续不断转移，路上积雪平均2尺，白太生等年轻力壮的战士在前边开路，最后收尾的战士用树枝清扫痕迹。

这一路抗联部队转战途中，不间歇地与纠缠的敌人苦斗，战斗频繁，恶仗不断，又伴随着严寒、饥饿、疲劳折磨。一路上，有的战士迎着刺骨寒风倒毙在雪地里，有的在休息时抱着枪永远睡着了……余下的抗联战士凭着顽强的战斗精神，硬是冲破一道道险关，胜利返回饶河密营。

四、警卫连长吴应龙，用生命为伤病员运输粮食

在这严酷的环境中，伤病员的处境更是险象环生。1939年冬，七军把军部伤病员转移到十八垧地密营养伤，由军部警卫连连长吴应龙负责警卫和给养。

为了打破敌人封锁，摆脱困境，军部交给吴应龙一项艰巨任务：由他率领4名战士，到二百里地外的饶河至抚远的公路上找老交通员，为断炊的伤病员解决粮食问题。吴应龙当即表示：宁可粉身碎骨，也要完成任务！

吴应龙带领战士崔珉哲、金光山等4人，到挠力河北200里

以外的地方找交通员接头。吴应龙奋勇当先，为战士们蹚出一条雪路前进。过了挠力河来到平原地区时，呼啸着的北风不时卷起一股股雪浪，向吴应龙等一行人扑来。有的同志摔倒了，吴应龙立即转身将他扶起来继续前进；饿了，嚼几口炒豆充饥；渴了，抓几把雪团止渴。沿途，他不断以简短的语言鼓励大家克服困难前进。经过两昼夜的急行军，终于到达了目的地。在离公路不远的一座小山上隐蔽起来，等待老交通员的到来。他们在饥饿、寒冷、忧虑、焦急中，等啊、盼啊，一直等过了两天两夜。

第三天一早，天色微明，吴应龙翘首遥望前方，突然，前方出现了一个蠕动的黑点，渐近，可以判定是一辆马爬犁向他们隐蔽的这座小山奔来。"这是不是老交通员呢？"吴应龙和其他4个战士都在警惕地审视着、判断着。爬犁越来越近，依稀可见爬犁上坐着一个人，不时地甩着鞭子催马飞奔。吴应龙凭多年战斗积累的经验断定：这就是老交通员！于是，他命令3人原地待命掩护，他与另一战士立即下山迎接。老交通员将白面、棉布以及八十多个馒头和一瓶白酒交给吴应龙，办好交接后，立即挥鞭返回。于是，吴应龙率4名战士背起这些救命物资，急切地向十八垧地密营返回。

一路上，他们谁也没有吃一口馒头、喝一口酒。只有一个念头：尽快把物品交到密营伤病员手中。

经过两天一夜，走过了饶河四道沟，通过了一片密林。当他们由森林进入一块小平原时，突然，发现两侧埋伏着百十个日伪军，所有雪亮的刺刀和乌黑的枪口都对着吴应龙等一行人。敌人吼叫着："举起手来！赶快投降！""冲上去！抓活的！"吴应龙立即举枪向敌人开火，同时，指挥战士们退回森林。吴应龙向逼近的敌人扔出一颗手榴弹，几个敌人被炸倒。突然，后面的一位战士负了伤，吴应龙立即回身冲出树林去援救。当他背着伤员进入树林时，不料却扑通一声栽倒在地，怎么也爬不起来。原来，吴应龙的大腿被子弹击中。这时，他果断命令另外3个战士背起粮食撤退，他留下掩护。崔珉哲和另两名战士洒泪与他告别，在吴应龙的掩护下，迅速地撤离阵地，绕道返回十八垧地密营。

看到战友安全转移，他忍着伤痛，爬到一棵树后，瞄准敌人射击，又有几个敌人被撂倒。吴应龙在击毙几名敌人后，把几个手榴弹捆在一起，拧开了手榴弹盖，等待蜂拥上来的敌人。一声巨响，敌人尸体一片狼藉，吴应龙与另一个战士壮烈牺牲，时年23岁。

吴应龙[①]，原籍朝鲜平安北道熙川郡。1921年由于生活所迫，吴应龙的父亲率全家搬迁到中国黑龙江省饶河县东安镇居住。1924年，八岁的吴应龙有幸进入四平山大成小学，接受启蒙教育。1928年夏，吴应龙初小毕业。同年秋，他升入新兴洞高小学习，1930年夏高小毕业。

"九一八"事变后，吴应龙毫不犹豫地献身于抗日救国运动。他动员群众起来抗日，组织游行示威，并热情地到当地保卫团士兵中进行抗日宣传。1933年8月，吴应龙在大叶子沟参加李学福等领导的抗日游击队。自此，吴应龙投身于武装抗日洪流之中，奋勇打击日本侵略者。1935年初，吴应龙由于战斗勇敢，被任命为饶河抗日游击大队第一中队的小队长。1936年11月，东北抗日联军第七军成立时，吴应龙被任命为第七军二师某团二连连长。1937年，吴应龙在抚远小南河战斗中，不幸腿部中弹受伤。战斗结束后，吴应龙奉命在大板屯密林里养伤。由于伤口化脓，又无药物治疗，所以，伤势越来越重。当时，吴应龙十分着急，心想："像这样下去不仅伤口疼痛难忍，伤势日渐恶化，大腿有截肢的危险，还怎么打日本侵略者呢？"一天，吴应龙找来一根铁棍，用火烧红

[①]根据中共饶河县委党史研究室《简记东北抗日联军第七军战斗历程》之《冲锋陷阵，英灵永存——抗联英雄吴应龙》等有关资料整理。

他用这烧红的铁棍,猛地刺进自己的伤口。他那刚毅果敢的动作和火烙伤口的吱吱声音,使身旁的一些同志目不忍视,耳不忍闻。而吴应龙却以顽强的意志,忍受着这撕肝裂肺般的疼痛,咬紧牙关坚持住了。此后,他的伤口竟奇迹般日渐好转起来。

1938年初,吴应龙的伤口尚未完全愈合,就急切地要求归队。归队之后,他被任命为抗联第七军军部警卫连连长。

五、不屈的七军将士,在抗日史上留下惨烈一篇

1939年冬季从抚远、同江、富锦撤回到饶河暴马顶子密营的8名抗联战士,因受伤安排在一个密营地窖子里休养,被日军"讨伐"队包围,在弹尽粮绝情况下,为不被敌人俘虏,他们集体自缢殉国。

也是这一年的冬季,崔石泉和王汝起率队伍在小石砬子山与敌遭遇受挫后转移,战士们衣单鞋破,很多人冻伤了脚,失去战斗力。七军二师二团一连班长李玉宝和一个王姓战士的脚趾头冻伤后变黑,王汝起派二师交通员郑三锁和一个绰号蔡麻子的护送他俩到暴马顶子密营。姓王的战士失去了行走能力,由郑三锁和蔡麻子轮流背着,李玉宝拄着棍子,迎着刺骨的西北风,在白茫茫的雪地里艰难行走。两天后,姓王的战士于途中牺牲。接近挠力河小根菜嘴子时,蔡麻子乘机逃跑。这时,饥饿和冻伤使李玉宝也失去了行走能力,郑三锁搀扶着他,跟跟跄跄朝着密营方向走去,最后是背着他走。李玉宝为避免两人同时倒毙路上,几次挣扎下来,都被郑三锁拒绝。走到一个山坡,郑三锁已是大汗淋漓,再也走不动了,他俩在一个山坳处生火取暖,咀嚼仅有的一点炒豆充饥。叛徒蔡麻子带着日军顺着踪迹追来,李玉宝一枪击中蔡麻子,郑三锁甩出一颗手榴弹炸死最前边的几个日军。激战中郑三锁被击中胸部,鲜血染红地上一片白雪。郑三锁知道自己

不行了，果断地命令李玉宝撤退，他把剩余的2颗手榴弹捆在腰间，静候敌人围上来。只听"轰"的一声巨响，年仅23岁的郑三锁与扑上来的敌人同归于尽。李玉宝怀着悲痛又拖着冻伤的脚，艰难行走三昼夜才回到密营。

在饥寒交迫的恶劣环境中，密营里的伤员因无粮被活活饿死的情况，也屡有发生。为解决部队给养，明知危险也要虎口去夺粮。1939年11月，朱洪甲连长，自暴马顶子东二道沟子率16人去关门嘴子背粮，未至目的地，即与日伪军遭遇，且战且退，奔走40余里，才将伪军甩掉。因餐风饮雪，过度饥渴，露宿三日夜，未及归至密营地，猝死于二道沟源（今宝马山林场），部下就地将其掩埋于雪谷中，时年47岁。

1939年冬至1940年春，七军指战员是在失去基地依托、给养和药品断绝的饥寒交迫险恶环境中顽强战斗，用数量极少的豆粒、玉米粒、冻土豆、干野菜、橡子、树皮充饥，维持生命所需最低热量。由于长期吃不到食盐，指战员们全身浮肿，浑身无力。衣服破烂不能遮身，就补上麻袋；鞋子破了，就用椴树皮搓成麻绳捆绑起来穿；没有皮帽子，就用破布条把长头发捆起来御寒。多少个冰天雪地夜晚，都是围着胸前暖、背后挂冰霜的篝火度过。负伤、冻伤、疾病的人，只有简单的野草药。一个冬季过来，非战斗减员远远高于战斗牺牲的数字。抗联七军最小的女战士王铁环，1927年出生于黑龙江省密山市，她的父亲王贵祥是抗联七军的一名团长，在1938年的一次战斗中牺牲。王铁环在父亲的影响下于1935年6月参加党领导的饶河抗日队伍，当时年仅8岁，是坚持到抗战胜利后仅存的少数抗联女战士之一。她回忆说：1939年开始，抗联七军的生存环境极其险恶，战斗频仍。由于日伪的严密封锁，群众无法接济抗联七军，队伍只能在深山老林里不停地转移，粮食、食盐、严寒、药品成为威胁抗联七军生存的首要敌人，我们经常是几个月见不到一粒粮食和食盐。导致战士们全身浮肿，经常出现视觉虚幻。当时，抗联七军最重要的需求是粮食和食盐。为了生存下去，部队想尽各种办法补充食物。一次，部队领导让王铁环看守泡泽里的两根钓鱼网线。由于饥饿和疲劳不断地折磨着她的瞌睡神经，为了安全，她把网线的一端拴在脚踝上。未久，她就睡着了。梦睡中她的脚踝被网线勒得生疼而惊醒。她揉了揉眼睛，只见泡泽的水面上忽上忽下翻腾着浪花并伴随扑腾扑腾的响声，溅起的水花很大。惊恐中她大声呼喊起来，闻声赶来的战士们一阵忙活，一起把一条重达五六十斤的大鲶鱼拽上岸。这条大鲶鱼给饥肠辘辘的战士们带来了久违的美味佳肴，营地上空飘荡着鱼香和战士们的欢乐声。他们就是凭着对日寇的仇恨、对祖国和人民的热爱，凭着革命者的钢铁般意志坚持下来。然而，经不起严峻考验的一师三团刘中城团长带其所率的一个连投敌。云鹤英、王湘波、金世铎等12人被日特收买，并企图从内部瓦解七军。然而，这些叛徒、变节分子与英勇无畏的广大七军指战员相比，是极其卑劣渺小的。

六、适应险恶环境，七军整顿缩编

1939年11月14日，吉东省委执行主席、二路军总指挥周保中给七军领导一封指示信。其主要内容：一是七军冲破敌人包围后的新战略定位；二是部队整顿缩编；三是七军领导人员变动；四是七军党特委改组；五是撤销吉东省委下江三人团，七军党特别委员会直接受吉东省委执行部领导。

这封指示信，是在周保中不掌握七军1939年底以前出现的新情况下，根据总的形势判断作出的指示。

1940年1月，七军一师和三师会合。因景乐亭代理军长退入苏联，为加强部队领导，1月8日，在大别拉炕由王效明、崔石泉、王汝起主持召开七军党特委会议，决定由崔石泉暂任代理军长，同时根据吉东省委指示整编部队：把补充团并入教导团，归军部直接领导；把一师缩编为第一团，原师长和政治部主任任团长和团政委；把三师缩编为第四团，原师长和政治部主任任四团团长和团政委；强化干部战士的民族气节和革命信念，教育他们在重重困境中坚信光明必将到来，抱定誓死为民族解放流尽最后一滴血的决心。

1940年1月19日，王效明代表七军给周保中回信，汇报了七军一年来的情况和本次七军党特委会议决定，并提出景乐亭脱离部队进入苏联，给七军带来的影响问题。①

1940年3月4日，抗联二路军总指挥周保中给七军发出关于干部调动任免等问题的命令。主要内容如下：

1.崔石泉任二路军总参谋长，暂留七军军部领导工作；

2.免去王效明的二路军总指挥部参谋处长职务，任七军代理政治委员，军政治委员对七军的军事、政治及人事有最后决定权；

3.景乐亭派回原任，继续担任代理军长工作，同时因身体行动困难，自3月4日至20日，病假17天，住军部随军休养；

4.免除七军一师师长王汝起的军事纪律处罚；

5.七军一师政治部主任彭施鲁调到二路军总指挥部工作，新主任到来之前，暂留原任代理工作；

6.七军教导团新编第二连和新编特务班由崔石泉从苏联返回后交付七军；

---

①1940年1月末，崔石泉到苏联见到周保中，汇报了七军情况和景乐亭问题。2月6日，崔石泉和周保中讨论了七军整顿和装备补充问题。在此前的1939年12月29日，周保中在苏联听取了景乐亭关于在抚远和同江作战情况的报告。

7.王效明把二路军参谋处的工作移交给崔石泉，七军要尊重和接受崔石泉的领导；

8.七军要迅速完成缩编整顿计划；

9.对最近总部所接受的七军各级人员的控告上诉，在未经总部审核前，不得有任何分歧和异议；

10.七军目前军事行动，要按照总部历次指示和最近授予崔石泉、景乐亭的方针来执行。

1940年3月4日，二路军总指挥周保中又接着发出关于没有最高级指示或特别指令不得擅离职守的命令。同时他还以吉东省委执委会主席名义给七军党特委并转全体同志的信，信的主要内容是："崔石泉因需要，工作调转。七军党特委书记由省委指定王效明同志暂时代理。七军党特委于最近召开会议，改选军党特委。崔石泉同志在最近时期按省委指示，代表上级党援助和领导七军党的工作。景乐亭同志在1939年11月期间，在严重紧迫环境中，轻于放弃军队的掌握，隐瞒大旺砬子时候的逃兵企图，这是明显的动摇表示。可是省委同志估计到七军全盘工作的必要和便利，责成景乐亭同志回七军担负工作。"周保中在指示信中强调，要健全党组织，加强组织生活，克服一切不良倾向，要保证党内有铁的纪律，党组织要保证党的政治路线和战斗任务的实施，党组织和党员要起模范带头作用。他希望全体党员继续坚持斗争，冲破一切困难，勇往直前。

1940年3月初，崔石泉和景乐亭带领新编部队60多人，从苏联返回饶河，来到七军部队驻地，见到了王效明和王汝起所率领的百余人的七军部队。

在七军代理军长景乐亭由苏联休整后返回虎林小木河（也称小木克河、小穆河）密营基地期间，王效明以总部代表的身份审讯李德山。他交代景乐亭曾组织李德山等8人小团体，企图叛降日寇。3月26日，在未弄清事实的情况下，仅凭被捕敌特一面之词，仓促间作出"景乐亭困难时期动摇，'图谋投日'"的罪名。景乐亭被内部误杀，①这一错误的决定，违背了在崔石泉由苏联返回饶河时周保中的嘱咐：景乐亭的问题，待二路军总部返回饶河时，由总部审理的指示。给七军造成不应有的影响和损失。

第十四节　抗联七军进入最困难时期转隶第二路军第二支队

时间进入1940年，随着世界反法西斯统一阵线的形成，战争的天平已向正义一边倾斜，日本帝国主义妄图作最后垂死挣扎。为保住东北这一战略后方基地，将大批日军精锐调驻东北，关东军猛增兵70余万，号称百万，更加疯狂地"围剿"抗日联军，对东北人民实施更残酷的法西斯统治。1939年1月至1941年是东北抗日联军陷入敌人重重包围的极艰难苦斗时期，我抗联部队与群众联系隔断，粮食断绝，没有弹药和药品补充，严寒的冬季大雪纷飞、朔风凛冽，气温骤降至零下40摄氏度，寒冻断指裂肤，饥饿困扰着部队，甚至几个月吃不到粮食，全靠山野菜、木耳、蘑菇、橡子等充饥。生存环境极其险恶并常与多于自己几倍乃至几十倍的强敌作战，伤亡损失惨重，抗日斗争形式急转直下，少数抗联人员思想发生动摇而脱离队伍，甚至沦为叛徒。

到1940年3月，七军减员至不足350人，至1941年1月七军仅

---

①1993年10月26日，中共黑龙江省委党史研究室和东北烈士纪念馆在《关于景乐亭同志历史问题的考察意见》中说："经查档案资料，当时的罪名是不存在的，系因未弄清事实，仓促决定造成的，属于内部误杀。"

剩200余人，缩编为3个团。①1942年初，东北抗联主力部队只剩1 000多人，东北抗日联军只能在边境地带开展小型游击战。在东北抗战进入最艰苦最残酷阶段，抗联七军仍顽强地坚持在虎林、饶河、宝清、抚远一带开展游击战。抗日联军消耗了大量日军资源，拖住大批日本关东军不能全力进入关内，对国际太平洋战场和交战正酣的欧洲苏德战场给予有力支持。在这种中外战争史上亘古未有的惨烈环境中，东北抗联能坚持战斗，关键是中国共产党的领导，党的各级组织发挥了战斗堡垒和中流砥柱的作用。

  1934年上海中央局遭到破坏后，东北党组织与中共中央失去了直接联系，但抗联部队仍然坚持党对军队的领导，按照党中央以往的指示和从苏联方面获得的党中央的一些方针政策来领导部队。周保中说：在那段日子里想延安就像孩子想娘一样。1938年的一个夜晚，部队已经露营，周保中同志在篝火前召集了本战斗队的全体指战员，他手中拿着两张旧报纸，②如获至宝一般兴致勃勃地说："同志们，有毛主席的《论持久战》……"他的话还没说完，全场就响起了："党中央来了，毛主席来了，斗争更有办法了！"那种激动人心的场面，是难以用文字形容的。尽管那两张报纸已残缺不全，但每到露营或休息时，他就和同志们一起坐在篝火前或宿营地进行学习讨论，并把持久战的精神贯彻到实际战斗中去。1939年1月

---

①周保中《东北抗日游击日记》附录二，解放军出版社2015年1月第2版，第1075页。
②指《救国时报》，在共产国际、苏共和法国共产党的支持下，于1935年12月9日创办于巴黎，主要负责人为吴玉章和陈云。在党中央和主力红军长征情况下，《救国时报》起到了中央党报的作用。当时，《救国时报》通过由杨松支持创建、杨春山（即石大纲、斯达丁诺夫）具体负责的国际交通线经苏联远东传入东北抗联，也是东北抗联了解党中央路线方针政策和国际国内形势的重要渠道来源。

至2月间，王效明根据二路军总指挥周保中的指示，为了同党中央取得联系，接受党中央具体领导，带三四个警卫员去苏联，未有结果。但王效明从苏联带回了一些《新华日报》和毛泽东著作的有关文章，这对抗联开展游击战给予很大帮助。

  中共中央对东北的抗日斗争始终十分重视，1935年初，中共北方局在北平组建中共东北特别支部（简称"东特支"），1936年5月，在"东特支"基础上，于北平成立了中共东北工作特别委员会（简称"东特"），1936年7月至8月间，"东特"改由中共中央直接领导，由周恩来负责。[1]1939年1月26日，中央书记处召开抗联工作会议，在延安成立了东北工作委员会（简称"东工委"），王明任主任，委员有王若飞、杨松（又名吴平）、刘澜波、李延禄（后补为副主任）、李范五（又名张松）、钟子云等，李范五任秘书长。其任务是研究总结东北地方党的工作经验，派人寻找东北地下党组织和抗联队伍，恢复党中央与东北党组织和抗联的组织联系。1939年6月10日，受"东工委"派遣，作为党中央联络员的王鹏[2]奉命来到东北，1940年9月来到大旗杆，在那里找到东北抗联第二支队一大队。王效明将王鹏送往抗联第二路军总指挥部，周保中决定择机派其回延安汇报东北抗联情况并获得党中央指示，后来王鹏在抗联教导旅参加小分队活动时

---

[1]《中国东北史》第六卷第十二章第三节《东北抗日联军的斗争与抗日救亡运动》第646页，吉林文史出版社2006年1月第2版。

[2]王鹏，原名彭申年，抗联七军战士，1936年到莫斯科受训，1937年底随王明、陈云、康生回延安。根据党中央决定，1939年6月10日由延安经王明、杨松的派遣，到东北找七军，并要七军派一名代表到延安参加中共六届七中全会。1981年，原吉林省长于克说：王鹏是他在山东省负责社会工作时，经他手派往东北找抗日联军的。见元仁山编著《东北抗日联军第七军》第六章第二节第164页，黑龙江人民出版社2005年5月第2版。

不幸牺牲。1939年至1940年"东工委"又陆续派东北籍的干部到哈尔滨、牡丹江和密山一带建立交通站。但因叛徒出卖，均遭到破坏。这两年的时间里，"东工委"仍未与东北抗联取得联系。1942年2月18日，中共中央致电季米特洛夫："我们三次派人到吉东，但还是未能找到那里的游击队，如果你们同他们有什么联系，请转告他们，让他们派人到晋察冀边区中央分局来，这样我们就可以在我们和他们之间建立联系。"[①]1942年2月，中共中央为加强对东北的工作，给晋察冀边区中央分局发出指示：补派工作人员到东北组织我们的工作，在延安集中以韩光[②]为首的14名东北籍工作人员。他们到达晋察冀边区后，成立了晋察冀中央分局领导下的满洲工作委员会，然后逐步潜入东北，但均未找到那里的抗联部队。从1942年到1945年，"东工委"先后向东北地区派遣近百名地下工作干部，建立联络站，发展党员……总之，党中央一刻也没有忘记奋战在白山黑水的东北党组织和抗联队伍，虽然为严酷的环境所限制，但这种努力一直在以各种方式进行。

一、七军改编为抗联第二路军第二支队

自1939年春开始，抗联七军主要以解决给养为主要任务，同时积极开展游击活动。一方面抓住敌人薄弱环节打击敌人，另一方面派部分人员建立多处临时密营，在山林中开荒种粮食、蔬菜，以准备冬季给养。但被敌人破坏严重，收获甚微。由于日伪的频繁重兵"围剿"，最残酷的法西斯殖民统治，抗联七军在冰

[①]见中共中央党史研究室第一研究部编译《共产国际、联共（布）与中国革命档案资料丛书（19）共产国际、联共（布）与中国革命文献资料选辑（1938—1943）》第258页，中共党史出版社2012年版。
[②]韩光，齐齐哈尔人，1930年加入中国共产党，1933年至1935年在满洲省委和东北人民革命军工作，1935年赴苏联学习，1939年回延安，1942年在晋察冀根据地主持中共中央东北工作委员会。

天雪地的严寒中孤立无援，已是疲惫之师。

1940年3月27日，抗联第二路军总指挥周保中带警卫队由苏联返回虎林小木河屯西北20里的七军驻地。4月2日，召开七军党代表大会，参加会议的有王效明、王汝起、崔石泉、彭施鲁、李永镐、金品三、鲍林等48名同志。周保中作政治报告和宣布七军改编为二路军第二支队方案。大会通过了这个报告和方案，并做出如下决定：

1.接受并拥护东北抗日游击运动新的工作提纲。

2.同意省委代表工作报告……

3.第七军改为第二路军第二支队，下辖第一、第二大队和教导大队，每个大队下辖三个中队。

4.任命王效明为吉东省委代表兼第二支队政治委员，王汝起为第二支队队长兼第一大队队长，刘雁来任副支队长；夏礼亭为第一大队政治委员，李呈祥为第一大队副大队长；隋长青为第二大队队长，李永镐[①]为第二大队政治委员，孙玉洁为第二大队副大队长；[②]崔勇进为教导大队大队长，金品三为教导大队政治委员，赵荣久为教导大队副大队长。刘凤阳为军事教官，彭施鲁暂留第二支队工作（后任教导大队政委）。

5.批准追认景乐亭死刑案，并宣布开出其党籍。

6.选举周保中、崔石泉、陈翰章、黄玉清、季青、王光宇等为吉东省委候选人，推选周保中为吉东省委书记。

[①]李永镐，朝鲜族，1915年移居饶河县，李学福侄子，北京大学学生。1936年任饶河中心县委交通员、宣传部长，1936年3月至1937年3月任饶河县委书记，1957年至1962年任朝鲜驻华大使。

[②]1940年4月10日，二路军总指挥周保中、副总指挥赵尚志命令：孙玉洁暂时代理第二大队长（隋长青养伤）；4月17日，委任鲍林为二路军总指挥部虎、饶、宝、密边区特派员。

7.1940年第二支队活动任务及区域。

七军党代表大会结束的第二天，又召开了中国共产党东北抗日联军第二支队第一次代表大会。会议从4月3日至9日开了7天，大会主席是王效明，记录彭施鲁。出席会议的有：周保中、赵尚志、王效明、崔石泉、彭施鲁、金品三、鲍林、王汝起、李永镐、崔勇进等40名同志。大会议程是：1.省委代表作工作报告；2.省委代表宣布新的工作纲领；3.七军党委做工作报告；4.关于景乐亭事件的经过及审查；5.关于彭施鲁①处分问题和王汝起违反生活纪律处分问题及二支队的支队长选举问题；6.吉东省委执行委员的改选问题；7.选举第二支队党的执行委员和组织新的党委员会。②

大会通过了17条《决议案》。会议强调，在当前极端艰苦的条件下，要求部队中占百分之三十五的共产党员必须紧密团结在党组织周围，坚定不移地坚持抗战，争取最后胜利。会议要求保存现有的武装力量，从各方面积极解决粮食困难。

通过这次七军党的代表大会和二支队党的第一次代表大会，党组织认真总结了过去一年来的工作，明确了今后斗争任务，整顿了部队，统一了认识，坚定了全军指战员的革命意志，为度过险关和争取最后胜利奠定了基础。

4月10日，周保中、崔石泉、王汝起、王效明等研究制定了二支队游击活动计划，决定以分散游击的方法展开斗争。王汝起

---

①1939年冬，因彭施鲁畏避困难，带队转入苏联，受党内严重警告处分，调任二路军总指挥部巡视员。元仁山编著《东北抗日联军第七军》第六章第一节七军党代表大会《决议案》12条，第156页，黑龙江人民出版社2005年5月第2版。

②元仁山编著《东北抗日联军第七军》第六章第一节，黑龙江人民出版社2005年5月第2版。

率一大队到大旗杆、同江、富锦活动；王效明率二大队的一中队和教导大队向密山、勃利方向试探敌情，相机开展游击战；孙玉洁率二大队二中队在虎饶地区活动，并担负部队联络任务；周保中率二路军总部转移到密山东北部，取得给养再西进。

二、抗日斗争最艰难时期诞生的二支队，首次开展同江、富锦、虎林、宝清等地游击战

按照指定的计划，王汝起率一大队奔赴大旗杆。位于饶河、宝清、富锦三县交界处的大旗杆，是一大片水湿沼泽地，中间是一块高岗地，生长着灌木和杨、桦、柞树，散落着躲避日本人私种大烟的四五十户居民。1940年4月中旬，王汝起先派刘雁来、彭施鲁率一大队的一个中队先期到达大旗杆，通过当地群众筹集给养、日用品，耕种300亩地玉米。当年秋季他们击退由富锦来清剿的一连伪军，初步稳住了阵脚。

王汝起率一大队按预定计划准备开赴大旗杆，为解决部队急缺的弹药和给养，1940年4月28日，王汝起率队袭击大顶子山佛寿宫，缴获一批枪支弹药和军衣。

第二支队二大队一部和教导大队40余人，由支队政治委员王效明、崔石泉带领，前往虎林大木河一带的乌苏里江沿岸活动。1940年5月9日，他们截击一支从乌苏里江上游过来给独木河日本驻军运送给养的辎重船队，全歼由警尉杨荫亭率领的14名押运伪森林警察，打死伪警察7人，俘虏伪警察7人，缴获步枪10支，手枪1支，弹药多箱，白面180袋，大米130多包（每包90斤），食品若干，全部运入乌苏里江中心岛，将俘虏押解苏联，部队随后转移至大叶子沟和义顺号一带。

这个时期，在日伪的重兵"围剿"和严密封锁下，要坚持抗战，就要保存抗联基本力量；要生存，就要解决粮食这个制

约二支队生存的关键问题。当年5月，为解决部队给养，教导大队长崔勇进和政治委员金品三率30多名战士到虎林独木河。在独木河北山被敌人包围，突围时，金品三负伤，被敌人的军犬扯倒撕咬牺牲。

敌人为了"讨伐"虎饶一带的抗联七军，从宝清和富锦调兵助剿。从1940年5月16日起，敌人将伪军十八团、二十八团、三十团和宝清、虎林、饶河伪警察队约1 200人兵力及300多名日军，在东起乌苏里江，西南至虎林土顶山、马鞍山、独木河、饶河花砬子，北至三江原野，向二支队发起新一轮更疯狂的"讨伐"。

王效明率领部队避开敌人的正面进攻，率主力部队跳到圈外寻机打击敌人。6月，王效明率教导大队和二大队一中队转移到一大队活动的大旗杆；隋长青率二大队第二中队在虎饶牵制敌人；崔石泉带小部队去宝清二路军总部；孙玉洁担任二支队虎饶临时后方管理处主任；鲍林带领四五个人留在虎饶搜集情报。8月间，王效明率在大旗杆的队伍攻打驻有20多个伪警察的富锦第四区所在地柳大林子。他们利用夜幕掩护快速接近警戒线，敌人凭借伪警察所四周坚固的围墙和四个墙角的炮台进行抵抗，至清晨，战斗仍呈胶着状态。这时，王效明改变战斗部署，以少数兵力牵制伪警察所敌人，大部分兵力转到屯里征集粮食和地主的牛马，将征集的粮食和40多头（匹）牛和马转移后，部队撤出战斗。

同时，当年根据二路军总指挥周保中指示，抽调二支队若干小队与二路军其他部队配合执行特定任务。如8月15日，周保中指示二路军警卫大队政委姜健和二支队二人队政委李永镐组织西北派遣队，对图佳铁路进行侦察、袭击敌人列车。

三、秃头山伏击战，将军血洒那丹岭

饶河有个日本人西尾开设的承包建筑的"天正社"株式会社，利用中国劳工在饶河小木营采伐珍贵红松木材。为了保护采伐、运输和监督中国人劳动，日伪派40多名伪警察驻扎大带河屯。大带河屯到秃头山14华里，伪警察队每天都要路过秃头山到小木营采伐点巡逻一次。

1940年5月21日（周保中日记为6月初），抗联第二路军第二支队长王汝起率领30余名战士，埋伏在大带河金家店附近的秃头山东南2华里的树林里，这里距离大带河屯只有七八华里，是伪警察队每天巡逻的必经之地。上午9时，30名伪警察进入我军伏击圈，王汝起一声令下，战士们射出一排密集的子弹，当时就击毙几个敌人。伪警察班长赵振江等忙举手投降，王汝起站起来向敌人喊话："只要缴枪，中国人不打中国人。"战士们正待前去缴枪，顽固狡猾的伪警察班长赵振江趁机钻入树林子逃跑，向大带河屯的敌人报告。场面候乱，伪警察机枪射手架起机枪扫射，伪警察开始反扑。在20米外一个暗处躲藏着2名伪警察，其中一名叫李殿祥的伪警察向王汝起支队长瞄准开枪，击中胸部。经过一个小时的鏖战，打死敌人5名，击伤3名，我军缴获轻机枪1挺、步枪17支、子弹700余发。我军也损失严重，支队长王汝起、中队长牟长泰、班长宫起双、魏长发及一名战士5人牺牲，8人负伤。为防止附近敌人增援，陷入重围，我抗联队伍在一大队副大队长李呈祥带领下迅速与敌摆脱纠缠，向托窑山撤去。

尾追的伪军在托窑山发现了王汝起掩埋地，将王汝起遗体运至大带河村门外（今垒山），派民工看守一夜。第二天早晨，大带河伪警察队长高吉照派4名民工将王汝起遗体运送到县城伪警察队拍照，向日本主子邀功请赏。驻饶河日军为慎重起见，又从

虎林派飞机接来了抗联七军原政治部主任郑鲁岩前去辨认，日军得到郑鲁岩确定是王汝起支队长遗体无疑后，奖赏"有功"伪警察人员。日寇借机大事宣扬所谓战果，另一方面为收买人心，又为王汝起支队长举行追悼仪式，葬于饶河县城西门外墓地。这是抗联七军第一任军长陈永久牺牲后的第三位军级将领为国捐躯。

这位苦大仇深、对党忠诚又智勇双全的抗战将领的牺牲，是东北抗战进入最艰苦后期的重大损失，也是七军抗战史上的一重大事件。

四、震撼日伪统治的伪满军三十团机枪连起义

七星河镇（今宝清县七星河乡）是宝清县的北大门，是通往富锦和佳木斯的交通咽喉之地。因此，日伪在这里驻扎重兵。当时驻有伪军三十团的三个连兵力，即步兵连、迫击炮连和机枪连。机枪连驻扎七星河镇北，另外还驻有伪警察分所和"自卫团"。

驻宝清七星河镇伪满军三十团机枪连，是伪满洲国的一支重装备精锐连队。广大士兵面对日寇肆意蹂躏我东北大地、血腥屠杀我同胞和野蛮殖民统治，看到四处燃烧的反抗怒火、简陋装备的抗联七军与日寇的殊死拼杀，民族自尊心在觉醒，反抗的情绪在这个伪军连队中滋生蔓延。在党抗日宣传的影响下，经过抗联七军派遣地下党同志的工作，起义的条件接近成熟。机枪连的班长杨清海（东北光复后又叛变）、高海山和士兵胡景全、杨振华等骨干秘密在士兵中发展力量，俟机举旗起义。这次二支队王效明率队伍转战宝清，接见了他们派来的代表，赞扬了他们的爱国义举，与他们研究了起义的时间、行动、接应等详细具体方案。起义时间定为1940年9月12日晚，起义行动方案为：事前杨清海、高海山将值班站岗和炮台人员换上可靠的士兵，重点

刺杀日本军事教官和伪营长、伪连长，这是起义成功的关键。接应方案为：一路由王效明率领进入七星河镇内，配合杨清海等起义；二路由赵荣久带队进攻伪步兵连和迫击炮连，牵制这两部敌人；三路由崔勇进带队埋伏在七星河镇通往富锦公路之间，阻击富锦方向援敌。

　　1940年9月12日晚，王效明率队与杨清海等取得联系，在起义人员策应指引下，营房大门打开，我军直插伪军连部，击毙日本军事教官和伪连长，伪营长逃脱，当地伪军和伪警察120多人被缴械，机枪连77名士兵当即参加我军，并携带出重机枪4挺，轻机枪3挺，步枪121支，手枪4支，子弹4万余发和其他大量军需品。赵荣久率队攻击另两个伪军连队也进展顺利，缴获了几十支步枪和军用物资。我军用十几辆大车满载这些战利品，向预定地点转移，起义按预定方案获得圆满成功。这次七星河镇伪军机枪连起义，是对日伪全面疯狂"围剿"东北抗日联军，叫嚣取得全面胜利，鼓噪"满洲国"迎来"治安肃正"辉煌战果的绝妙讽刺和沉重一击，引起了日伪的胆怯恐慌，惊动了伪满洲国；也是对东北进入最艰难困苦抗战阶段全体坚持抗战的抗联指战员和当地被奴役的人民以巨大的鼓舞。

　　为了给起义人员解除后顾之忧，第二路军首长决定由二路军二支队二大队副大队长孙玉洁任队长、单立志任指导员的15人组成护送队，将起义人员家属中的老人、孩子和妇女30多人护送到苏联。首长交代：就是牺牲个人，也要绝对保证这些人毫发无损地到达目的地，这是关系到能否巩固起义成果的政治任务，也是一次极具艰险而且又必须保证万无一失的特殊任务。由宝清到饶河乌苏里江边，穿山越岭近300公里，要穿过十几道封锁线，躲避日伪军巡逻队和山中的敌特侦探。在这样的险恶环境中，要保证这支老弱幼妇群体在行军和宿营时既不能惊动敌人，还要保持一定的行军速度，途中还要保证给养，可谓困难重重。但是再大的艰难险阻，也难不倒共产党领导的抗联战士。为了安全，有时要涉水、有时要爬山。有时为躲避日伪军巡逻队，要昼伏夜行，患病的还要负责给采集山药。山路崎岖陡峻，护送队负责背小孩、扶老人、扛辎重……辗转30多天。

10月末，这支临时组成的特殊"远征军"于一个天黑前来到饶河大别拉炕乌苏里江边草丛中待命，老人孩子都悄无声息。这支奇特的队伍，历经一个月的穿山越岭、江河跋涉，除了护送战士的关怀照顾，也与处于生死一线而绝处求生的人都能将耐力发挥到极限有关，才创造这一奇迹。待敌人的沿江巡逻队远离后，与苏联对岸接上联系，隐蔽在附近的4只木船飞速驶来。队长一声令下，匍匐在灌木林和草丛中的人群一字横排冲向船只，利用两次巡逻的间隙时间，整个队伍顺利到达苏联境内。这次奇特而又险象环生的特殊护送，创造了东北抗战史上的一个奇迹，其政治意义远远大于护送行动的本身。

1940年9月，王效明接到李永镐带来的周保中两封指示信（即9月11日当天前后发出的指示信和补充指示信）：对二支队下一步的工作作出指示，并代表吉东省委任命王效明为二支队队长，并可酌情对彭施鲁等人任命。

王效明根据二支队具体情况，又调整几名领导干部职务并报吉东省委批准：彭施鲁接替已牺牲的金品三任教导大队政委，刘雁来兼任第一大队大队长，杨清海（七星河镇起义的伪军）任第一大队副大队长，高海山（七星河镇起义的伪军）任二支队副官。

10月份，为在封冻之前再筹措一些粮食，王效明决定二支队一部由宝清县向密山县开拔，袭击那里的日本开拓团。五六天行军300多里，到达密山县东二道岗的日本移民开拓团南北两个屯子。部队利用夜间突然袭击取得成功，缴获了一批服装、粮食和牛马。返回途中，为迷惑敌人，避免敌人跟踪至饶河密营，王效明指示彭施鲁、崔勇进率教导大队在密山与宝清的公路上袭击日伪运输队。

1940年的冬季，二支队是在日伪军的重围中，在完达山脉那丹大岭的林海雪原中不断转战，不断与敌人发生遭遇战，不断冲破一道道包围圈。二支队的密营被叛徒引领敌人几乎破坏殆尽，贮存的粮食、蔬菜悉数被焚毁。此时，在寒冷的冬季，这支队伍没有停歇休整的落脚点，没有粮食，缺少御寒服装，还要随时与敌人战斗。战士们有时几天，甚至一个星期见不到粮食，能捡到被敌人毁坏扔掉的少量破碎冻萝卜充饥，都是幸运。部队处于营养极端缺乏、体力极度疲惫状态，掉队、战死、冻死、饿死的日益增多，如11月14日从虎林大砬子山转移途中，就有非战斗减员9人牺牲。个别意志不坚定的动摇分子脱离队伍甚至携枪投敌，如伪军机枪连起义的曹炳义、董占山、孙发、孔庆元等多人先后携枪逃跑。11月末，在强敌的重围中，根据第二路军总指挥部命令，除留刘雁来率10多人继续在饶河、虎林开展搜集敌人情报活动外，二支队由王效明率领，陆续越过乌苏里江到苏联境内休整。

第十五节 在苏联远东野营中诞生的抗联教导旅

时间进入1940年，日伪梳篦拉网式的反复持续疯狂"围剿"扫荡，东北抗联的活动区域由原先的70个县缩小到不足10个县。抗联党组织已经和党中央失去了联系，在这种涉及到抗联存亡的险恶形势下，不能迟疑不决，必须独自决定行动方针。东北抗联领导人经过商议，决定保存抗联火种，将剩余部队转入苏联远东地区休整，同时通过苏联与党中央取得联系。东北抗联第二路军总指挥周保中表示："尽管暂时还不能与党中央接上关系，但是中国共产党的宗旨、信仰和奋斗目标，主宰着我们的灵魂！既然对于越界过江统一了思想，我们就立即行动。"于是，中共吉东和北满省委转而寻求同情支持中国抗战的苏联共产党的帮助。

一、为保存实力，抗联各部队筹划去苏联整训

1939年9月，中共北满省委常委冯仲云受省委书记金策委托，代表北满省委前往苏联哈巴罗夫斯克（伯力），请求苏联远东边疆区党、军组织帮助联系中共中央及对抗联的支持等问题，取得苏联远东方面的同意。

1939年9月，苏联远东军区内务部长瓦西里（化名王新林）给抗联各军主要领导人写信，通知将于12月在苏远东境内召开东北党和游击队的领导干部会议，即关于"解决党组织和目前游击队运动的一切问题"会议。接到此通知后，吉东和北满省委及抗联第一、二路军主要领导干部周保中、冯仲云和赵尚志于1939年11月至12月相继进入苏联哈巴罗夫斯克，遗憾的是南满省委和第一路军总司令杨靖宇未能联系上。双方就当前抗联所面临的重大问题交换意见，为下一次的联席会议召开创造了条件。1940年1月24日，中共吉东、北满省委联席会议，亦称第一次伯力会议，在苏联哈巴罗夫斯克召开，参加会议的有周保中、冯仲云、赵尚志、王新林[①]等。会议分两个阶段，第一阶段，与会人员学习党的六届六中全会精神和毛泽东的《论持久战》等文件，总结东北抗日游击运动经验教训，分析形势，确定今后的斗争策略，形成

[①]王新林，系苏联远东方面军派出的负责与东北抗日联军进行联络的主要负责人。最初为瓦西里，瓦西里汉译谐音"王新林"。以后苏方多次更换联络负责人，但沿袭仍用"王新林"这个称号。

了《关于吉东、北满党内斗争问题的讨论总结提纲》和《关于东北抗日救国运动的新提纲草案》等重要文件。会议经协商，决定赵尚志①调到二路军任副总指挥。

会议第二阶段于1940年3月19日开始，参加会议的有中方人员周保中、冯仲云、赵尚志等，苏方人员有远东边疆区党委书记伊万诺夫、远东方面军代理总司令诺尔马斯基、远东方面军内务部长王新林及哈巴罗夫斯克、双城子驻军负责人。会议研究了东北党组织、抗联部队与苏联远东边疆党组织和军队建立临时指导关系问题，最后确定苏方在不干涉中共党内事务的原则下，建立对抗联的临时指导与援助关系。同时，苏方指定苏军少将王新林具体负责、一名校官海路为苏军与东北抗联固定联络人。会上，公布了苏方代表与东北抗联的关于《对东北抗日联军第二路军总指挥周保中、副总指挥赵尚志和第三路军总指挥张寿篯（即李兆麟）、北满省委代表冯仲云的指示纲领》。会议期间，中苏双方还达成一项协议，即抗联各部队在战斗失利或其他原因需要临时转移到苏境时，苏方应予接纳并提供方便。此次会议于当日结束后，周保中、冯仲云代表吉东、北满省委通过苏方致信党中央，向党中央报告本次会议情况。 这次会议成果对保存抗联部队实

---

①赵尚志，1936年任抗联第三军军长，是东北抗日三杰之一，但思想和执行政策上"左倾"，错杀抗联十一军军长祁致中等人，对东北党内和抗联内部纷争负有重要责任。1939年6月末，叛徒尚连生等诬告赵尚志要捕杀北满省委领导人。北满省委未作调查核实和听取赵尚志本人申辩，于1940年1月省委常委会作出开出赵尚志党籍的草率决定。时值赵尚志在苏联哈巴罗夫斯克与周保中、冯仲云参加会议。经周保中与冯中云和北满省委协调，任命赵尚志为第二路军副总指挥。见周保中《东北抗日游击日记》第1084页；《中共黑龙江历史》第二卷第十五章第454页，中共党史出版社2013年10月第1版。

力、取得苏联对抗日联军的援助、坚持开展东北抗日游击战具有重要意义。

1940年冬,东北抗联部队已锐减到不足1 000人,其中二路军二支队约180余人。根据第一次伯力会议中苏双方达成的协议,从11月起,东北抗联部队各部陆续跨越黑龙江和乌苏里江进入苏联境内,转移到苏联远东边疆区,建立南、北两个野营,进行集中整训。

1940年冬涉江去苏整训的抗联部队集中在新建立的两个战略性和阶段性休整基地。一个是苏联哈巴罗夫斯克东北75公里的阿穆尔河畔费雅茨克村附近山地密林军营中。这里依山环水,森林茂密,具有天然的滑雪场和游泳区,是军事训练的最佳场所。因位于黑龙江边,与外界联系方便,又非常隐蔽,这里是建立东北野营的最佳地点。黑龙江的俄文是"阿穆尔",俄文字头为"A",所以,这里被简称A野营。先期过境整训的第二路军总部直属部队、第三路军三支队约有300余人驻扎于此,也称北野营。另一个是位于符拉迪沃斯托克(海参崴)与乌苏里斯克(双城子)之间山区的一个小火车站附近(沃罗什诺夫镇),一个被当地人称为蛤蟆塘的小地方。因其靠近沃罗斯诺夫镇,沃罗斯诺夫的俄文字头为"B",故也被称为B野营。抗联第一路军警卫旅和二、三路军的约500名将士驻扎B野营,又称南野营。抗联将士自己动手伐木盖房、开荒种地,建立临时休整基地,进行政治、文化学习和军事训练。野营的建立,为中共东北党组织统一领导和东北抗日联军建立统一的军事指挥机关提供了条件。

1940年12月下旬至1941年1月上旬,在苏联哈巴罗夫斯克召开中苏双方第二次伯力会议,中方北满代表金策、张寿篯、冯仲云,吉东代表周保中、季青、王效明、崔石泉、柴世荣,南满代表金日成、徐哲、安吉参加会议。在这次会议上，苏军代表王新林以国际主义、世界反法西斯的共同性和苏中对日作战的一致性为由，提出把中共东北党组织和东北抗日联军按地区分到苏联远东边防军的各军去统一指挥，不再保存自己的组织系统。这个建议的实质是以统一指挥为名控制东北抗联，变东北抗联为苏联远东军区附属部队。对这种传袭沙俄大国沙文主义的霸权论调，周保中义正词严地指出："这严重违反共产国际规定的不干涉各国共产党内部事务的原则，不仅会给日寇和国民党反动派以口实，更不利于共同反对日本法西斯。王新林同志的意见，我们是绝对不能同意的！"

双方争执不下，苏联远东边疆区区委书记兼军区政委伊万诺夫表示，可以把东北抗联的意见汇报给共产国际执委会。

1941年3月中旬，共产国际执委会和苏共中央同意东北抗联的意见，并撤销了王新林的职务。苏军联络官海路领来另一位苏军负责人索尔金少将（也称王新林），与周保中等抗联将领见面晤谈。这次双方会谈气氛融洽，苏军负责人索尔金基本同意周保中所代表的东北党组织和抗联意见，同时，索尔金提出为最后打败日寇，需要在抗联队伍中抽调一部分人为苏军情报系统工作，请抗联给予支持。周保中说：打败日本帝国主义是我们共同的目标，我们将全力支持，但条件是被抽调的这些人完成任务后，要随即返回抗联。

这次双方会谈后，周保中和十多位抗联将领召开只有抗联领导人参加的会议，这次会议一致同意第一次伯力会议所提出的《关于东北抗日救国运动的新提纲草案》和所确定的抗日联军与苏联远东地区党、军之间关系的几条原则，同意周保中和张寿篯联名于1940年12月20日向苏方代表递交的郑重声明。会议决定：1.此次会议的性质是中国共产党东北地区代表会议；2.为实现东北地区党组织统一集中领导，由各省代表选举东北地区中国共产党临时委员会，暂以3人为限，由委员直接选举书记1人；3.请苏联帮助抗联去延安寻找党中央；4.建立代表抗联统一总司令部，推选周保中为总司令、李兆麟为副总司令、魏拯民为政治委员，此项有待报党中央批准。

这次会议由于周保中等抗联领导人据理力争，保持了中国共产党东北党组织的独立性，建立了中共东北党组织统一领导机关和军事指挥机构，使东北抗日联军始终置于中国共产党的绝对领导之下，从而保证了这支人民军队的性质。

二、东安镇伪军毅然起义，加入东北抗联教导旅

饶河县东安镇位于乌苏里江下游，与苏联一江之隔，是一个战略重镇。1942年春，伪满洲国靖安军第二团第二营第六连驻防此地。伪靖安军连以上军官基本都是日本人，他们骄横凶残，经常体罚虐待士兵，还动辄以"思想犯"等罪名，横加迫害，甚至株连家属。士兵们目睹日寇对我同胞残害和百姓悲惨生境，饱尝亡国奴滋味，对他们恨之入骨，又受抗联战士奋勇杀敌事迹的感染，在我党抗日宣传影响下，班长祁连生、周岩峰、国如阜等暗中发展志同道合士兵，拟谋脱离日伪阵营。

1942年7月6日夜晚，驻防东安镇伪满洲国靖安军第二团第二营第六连在祁连生、周岩峰、国如阜率领下，打开武器库，取出枪械子弹，击毙1名日本值日电务员、1名伪排长和2名班长，率全连起义。7日凌晨，他们中的71人携带轻重武器分乘几条小木船越江投奔抗联教导旅。这是东北抗战后期，对日伪统治者的沉重一击。

7月19日，周保中主持召开全野营大会，欢迎起义人员参加抗日联军。从此，祁连生等起义人员在抗日联军教导旅队伍里开

启了新的战斗征程。①

三、抗日联军教导旅暨苏联远东军区红旗军独立步兵

第88旅诞生 1942年5月，伊万诺夫约见东北抗联全体党政领导。伊万诺夫说："为了加强反法西斯斗争的力量，苏联赞同中国同志关于抗联部队整编的意见。我们的建议是：把抗联部队列入苏军序列，这样就有了合理、可靠的后勤供应渠道；不公开使用东北抗联的名称，而授予苏军番号，这就有了合法依据，日本政府抓不到口实。我们派军官到部队担任各级副职，负责军事训练、翻译联络和后勤供应，部队领导权由抗联党委独立行使。"在保持中共东北党组织的独立性和对部队拥有指挥权的情况下，抗联党政领导同意了伊万诺夫的建议。

为进一步适应抗日斗争形势和国际反法西斯战场的变化需要，1942年7月16日，中苏双方形成抗联部队统一整编意见，并将抗联部队列入苏军序列。7月20日东北抗联教导旅筹建工作开始，将在苏联整训的南、北野营抗联部队及派回东北活动的小分队和在东北坚持斗争的小部队编入苏联远东军区红旗军独立步兵第88旅序列编制，即东北抗日联军教导旅。

1942年7月24日，周保中在北野营宣布苏联远东方面军总司令部关于组建教导旅及各级军事指挥员和政治工作人员的任命。7月25日，南野营全体指战员迁入北野营，东北抗联教导旅正式成立。周保中任旅长，李兆麟（曾用名：张寿篯）任政治副旅长，副旅长什林斯基，参谋长杨林（沙马尔钦克），副参谋长崔石泉，冯仲云任旅司令部机关情报科科长兼政治教官。旅下设四个步兵营，每营设2个连（一个中国连，一个苏联连），每连3个排。每营装备重机枪6挺，每连装备轻机枪9挺，每排装备

---

①见周保中《东北抗日游击日记》第852页，解放军出版社2015年第2版。

冲锋枪15支。另设1个无线电连和1个迫击炮直属教导连，1944年又增设自动枪教导营（全部是苏联军人）。旅、营、连正职军官由抗联干部担任，副职由苏军军官担任。一营营长金日成，政治副营长安吉；二营（二支队为基干）营长王效明，政治副营长姜信泰（姜健）；三营营长许亨植（牺牲后由王明贵继任），政治副营长金策；四营营长柴世荣（后由姜信泰接任），政治副营长季青。崔贤、朴得山、金京石、崔勇进、彭施鲁、朴吉松、张光迪、隋长青、陶雨峰、金光侠等为各连连长，并配以一批相应苏军军官担任88旅领导职务。教导旅内设有中共党委，崔石泉任书记；管理苏共党员的苏共党委，配备少校级书记。但在苏军制度中，党委书记是在旅长领导下工作，而且只做党务工作。

1942年8月1日，抗联教导旅官兵共1 500余人，其中抗联官兵近700人（朝鲜族占五分之二），其余人员是苏联籍的亚洲人和连以上的苏军副职军官（苏联军官近70名）。在苏远东费雅茨克军营，由苏远东军区司令员阿巴那申克大将宣布举行整编和授衔仪式。

1942年9月13日，经共产国际批准，抗联教导旅召开了全体中共党员大会，正式将原东北的南满省委、吉东省委、北满省委合并组建为独立步兵旅中共东北党组织特别支部局——中国共产党东北地区委员会（简称中共东北委员会）。大会通过了周保中作的《关于留苏中共东北党组织总结状况及改组的报告》，选举周保中、李兆麟、崔石泉、金日成、金京石、彭施鲁、王明贵、金策、王效明、安吉、季青为特别支部局第一届执行委员。候补委员有：王一知、沈泰山。东北党委员会既是旅党委，又是东北党组织在同中共中央失去联系的情况下全东北党组织的临时最高领导机关。

9月14日召开东北党组织特别支部局（中共东北委员会）第

一次委员会议，选举崔石泉为书记，副书记为金日成、金京石。王明贵、王一知负责组织工作，彭施鲁、沈泰山负责宣传工作。中共东北委员会具有特殊的双重身份，一是负责教导旅的党务工作，在平时保证旅长和政治副旅长搞好军事训练和思想政治教育；战时领导和组织全体党员完成旅长和政治副旅长下达的作战任务。二是在东北党组织同中央失去联系的特殊情况下，承担东北党组织临时最高领导机关的职责。中共东北委员会的成立，使得东北各地的党组织又重新统一起来，增强了凝聚力和战斗力，保证了抗联部队有效地进行整训和正规化建设，为配合苏军反攻东北，建立巩固的东北根据地都具有十分重大意义。

中共东北委员会成立后，抗联教导旅结合形式需要，全旅干部有计划地每周集中一天进行政治理论学习。后期从延安来的刘亚楼、卢东升等领导也经常来指导大家的学习和送来学习资料。学习内容有：毛泽东在党的六届六中全会上的报告《论新阶段》以及《论持久战》《反对自由主义》《整顿党的作风》《改造我们的学习》《新民主主义论》《中国革命战争的战略问题》《改造我们的学习》《反对党八股》，中共中央重要文件《关于增强党性的决定》，周恩来《论苏德战争及反法西斯斗争》、朱德《建立东方民族反法西斯统一战线》和有关的马恩列斯著作等等。通过这些文件和党的领袖著作学习，使教导旅指战员不仅了解了整个抗日战争的形势，增强了抗战胜利的信心，也提高了思想理论水平，改进了作风，增强了团结，树立为中国和世界反法西斯事业而奋斗的坚定信念。

教导旅成立后，在苏军的协助下，军事训练的常规项目有：队列、刺杀、搏斗、投弹、铺设铁丝网、匍匐和翻越障碍、游泳、实弹射击、滑雪训练、野外拉练。还开展了汽车驾驶、无线电通信、空降跳伞、滑雪、开摩托、识图绘图、收发电报、爆破、战地拍照等特种训练，提高了抗联广大指战员的战术技术水平和作战能力。随着苏联出兵中国东北的临近，苏联远东边防军还对教导旅进行了特殊训练，如空降跳伞等。抗联教导旅在三年多的异国正规训练中不断成长、不断壮大，由一支只会打游击的队伍，发展成为一支具有高度政治觉悟和严格纪律并掌握先进武器装备的高素质作战部队。

从此，东北抗联部队融入世界反法西斯战争的洪流中，东北抗日联军勇敢地担负起了新时期新的战斗任务和解放东北的历史使命。

四、抗联小部队的敌后坚持和教导旅小分队的派遣活动

1940年的冬天，塞外的天气出奇的寒冷，东北的抗日斗争形势越加险恶。抗联第二路军第二支队长王效明率支队大部人员转移到苏联远东境内整训，但抗日联军在饶河地区的活动从未停止过，第二支队副支队长刘雁来奉命率18人的小分队继续留在饶河大叶子沟执行潜伏任务。这只小分队以饶河暴马顶子为基地，活动于宝清、虎林、饶河三县，坚持武装斗争。他们的主要任务是在人迹罕至的林间空地生产粮食，为在苏整训的部队返回时提供给养，同时进行侦察敌情、通讯联络、破坏敌人公路桥梁、军事设施等活动，还做一些群众工作。1941年秋季，在当地人民群众支持下，刘雁来小分队在饶河3个地方开垦了100多亩地，收获玉米近万斤、马铃薯4万多斤、萝卜1.2万斤。他们将收获的粮食、蔬菜分散存贮在几个密营点，作为小分队给养，同时也接济过往抗联人员之需。

为加强刘雁来小分队与远东抗联大本营之间的通讯联络，1941年2月，抗联优秀女电报员、共产党员陈玉华携带电台随一

支派遣小队返回饶河。

这年冬季的一天早晨，队伍迎着空中薄薄雪松，踏着没膝盖深积雪走出森林，刚行进至西通（今饶河农场13队）附近的小山坡时与100多日军发生遭遇。激烈的交战中，小队长、指导员、副小队长牺牲。她从怀中掏出一颗手雷甩向敌人，就在手雷爆炸的一瞬间，敌人的一颗子弹击中了她的胸部。在爆炸的冲击波和溅起的飞雪硝烟中，她试图站起来，但因伤势过重，没有成功。生命的最后时刻，她从怀里掏出密码本扯碎后吞入腹中，又拼尽最后一点力气，用枪托砸毁电台，随之倒在鲜血染红的雪地上。

1942年，欧洲苏德战场激战正酣，为配合世界反法西斯战争，旅长周保中给刘雁来下达搜集乌苏里江沿线日军情报命令。刘雁来率小分队以饶河为中心，北到抚远、南到虎林、西到宝清县，侦察日伪兵力部署、武器配置、交通运输等军事情报，尤其是北起东安镇，南至虎头要塞边境线的日军部队番号、军官姓名及军衔、兵力、兵种、重型武器、军事要塞、军需储备、部队士气、社会动态等情报，并及时传递到抗联教导旅，为苏军远东防御和欧洲战场决策提供了重要依据。

刘雁来的留守小分队就是在当时日寇不断强化边境治安，连续不断派出大批形形色色日伪特务进山跟踪侦察，日伪"讨伐队"连续跟进"围剿"的险恶形势下，凭着坚定的信仰和顽强的革命意志，克服种种困难，越战越勇，在复杂险恶的环境中，圆满地完成总部交给的各项任务，队伍也发展到50余人。

1943年3月，抗联教导旅派以李永镐为队长、李忠彦为副队长的7人小部队遣回饶河，与刘雁来小分队汇合。8月27日，刘雁来、李永镐接到周保中指示，要求他们做好准备，入冬时节越境回归教导旅建制。此期间，在苏整训的部队还曾派回于保和、王一知（周保中爱人）等携电台到暴马顶子密营配合刘雁来潜伏小部队的活动。在苏整训的原二支队长王效明、政委姜信泰也曾率小分队潜回饶河地区活动。这些潜伏的小分队和派回的侦察小部队，直到1943年底才全部过江去苏联野营整训，并于1945年8月随苏军出兵对日作战时返回东北。

据统计，抗联从1941年至1945年派回东北开展游击战、破坏交通等任务的共有26支小部队，约计240人次。派回东北专门执行军事侦察任务的有25支小部队，约计1 260人次。派回东北寻找党组织关系、收容和寻找部队的有6支小部队，约计160余人。据不完全统计，抗联派回执行任务的小部队中牺牲、失踪的人员不下200人。这些小部队和小分队在配合苏军对日作战中发挥了特殊作用，抗联勇士高举抗日救国旗帜，英勇顽强，不屈不挠地坚持到抗日战争的最后胜利。

五、十四年鏖战苦斗，迎来胜利的曙光

1945年，世界反法西斯战争接近尾声，日本帝国主义的覆亡丧钟已经敲响。

根据新的形势，7月中旬，中共东北党委员会举行全体会议，决定改组党的领导机关，组成新的中共东北党委员会，党委成员有周保中、李兆麟、冯仲云、卢冬生、王一知、姜信泰、金光侠（朝鲜籍）、王效明、彭施鲁、刘雁来、王明贵、王钧、张光迪等13人，周保中任书记。并分别在长春、哈尔滨、齐齐哈尔、北安、海伦、绥化、佳木斯、牡丹江、延吉、吉林、沈阳、大连等12个地区设立地区委员会。部队做好一切准备，随时准备与苏军一道解放东北，消灭日军。

为了这一天，抗联将士历尽艰难，矢志不渝，无数抗联将士马革裹尸，血洒北疆。还需要着重指出的是，东北抗联女兵绝大部分牺牲在抗日战场，少数转入苏联的女战士中，只有三四十

人随苏军反攻回到祖国。她们为国家、为民族献出了花季般的少年、风华正茂的青春、赤诚的热血和宝贵的生命。

至此，东北抗日联军终于完成了它的全部历史使命，和挺进东北的八路军、新四军合编为东北人民自治军、东北人民解放军，为建立稳固的东北根据地，打败国民党反动派，迎接全国解放立下了不可磨灭的功勋。1949年5月14日，在为中共中央起草的给东北局的电文中，毛泽东亲笔手书："抗联干部领导抗联斗争及近年参加东北的斗争是光荣的，此种光荣历史应当受到党的承认和尊重。"

抗联教导旅是中国抗日战争史上的一支特殊的部队，他们以抗联成员为主，全部使用苏式装备，她还有一个苏军序列中的编号：苏联红军远东红旗军第88独立步兵旅。她的每一名官兵都是身经百战、历经严酷战争环境考验的忠诚战士，有着顽强的战斗精神，每个人都具有爆破、发报、武装泅渡、驾驶乃至空降等综合作战技能。这是一支意志坚定、忠于祖国、崇尚荣誉、千锤百炼的英雄部队。在组建后的几年征战中，竟然没有一名叛徒。这是一支在特殊年代特殊环境中浴火锻造的一支特种英雄部队，他们就是——举世闻名的东北抗日联军教导旅。

第十六节　苏联对日宣战，饶河大地光复

第二次世界大战爆发初期，日本法西斯拟定配合德国法西斯东西夹击苏联。此时，日本关东军齐装满员，号称百万。1941年春，日本关东军第一方面军第五军124师团山崎大队1 200人进入饶河，分驻饶河县城、东安镇和垒山（老大带屯）、关门嘴子、四排屯，大队部设在垒山。将原居民驱逐，此地变为军事要塞，

并建有SVK500千瓦发电厂一座，配置载重汽车四辆、轻重机枪、掷弹筒、迫击炮、重野山炮等武器，开始大规模构筑野战工事。1943年日本在太平洋战争中吃紧，将驻饶河的山崎大队调走。至1945年，驻守本县日军守备队兵力不足200人，装备配置为轻武器，队长是木村一男上尉。

一、苏军进攻饶河

1945年8月8日，苏联政府发出了《对日作战宣言》。上午，苏军数十架战机进入饶河上空，向县城小南山日军观察哨所进行机枪扫射并投下两枚炸弹。随后，大批苏联战机向县内纵深飞去。当天夜里，饶河伪县公署重要官员及城内日本驻军守备队、伪警察、宪兵、特务等人员奉命撤退，一些日本军政人员家属及开拓团人员乘马、牛车跟随撤退。

8月9日上午7时，苏联战机再次在饶河上空盘旋，用机枪扫射重点目标，随后便是震耳欲聋的轰炸声，县城内硝烟弥漫。城里的老百姓扶老携幼，四处向野外逃散。苏军炮火轰击一个多小时，伪饶河街长李相宸，见日本人已撤走，拿出一块白褥单打算挂在振兴泉澡堂的旗杆上，不料却与日本委派留守的朝鲜族特务楚基周相遇，楚用手枪威胁李不准悬挂。这时，炮声再次响起来，两个多小时方才平息。9时30分，苏军远东方面军第81红旗摩托化步兵师（今俄远东军区第35集团军第81摩步旅）先头部队从县郊王家店滩头开始登陆，随后坦克、装甲车、军车相继挺进饶河县城。县城江边振兴街（今临江街与中央大街中间）伪公所木楼被苏军榴弹炸毁。伪饶河县公署（今县政府招待所后院处）及日本守备队后勤部木楼，也被苏军榴弹炸毁。一时间，城里火光冲天，150多名城内百姓死于炮火，伤残40多人，县城五分之三的住宅被炮火击中炸毁。储有1 000

余吨米面的日军需仓库等被苏军击毁，大火连烧3天尚未全熄，城内数百户居民一时无家可归。

二、成立饶河县治安维持委员会

苏军进城后，为稳定事态，立即成立饶河县治安维持委员会。8月10日，召集城内百姓各班组长及伪县公署、街公所人员开会，宣传苏联出兵饶河目的，对城内百姓进行安抚。原抗联七军副官杨德山等人，出面推举饶河街长李相宸为饶河县治安维持会会长，原伪饶河街副街长李绍山为维持会副会长，选原伪县警备队长孟广林为治安队长，伪关门嘴子警察队长刘亚圣为治安副队长。同时在伪县公署及事、企业文职官员中物色一定人员组成维持会各机构人选。

饶河治安维持会成立后，立即发布公告，规定城内百姓一律不准抢取日伪遗留物资，违者与汉奸同罪。城内百姓已抢取的军毯、粮食等物资，限5日内交维持会。多数百姓交回抢取的物品，也有少数人少交和全部隐藏不交的。

苏军进入县城后，开始整顿治安，通令缉捕叛徒、特务。大特务于义海等作恶多端的伪警察和特务共计20多人，被押解苏联。

三、追捕歼灭日伪残余

在苏军进入饶河当日，驻守大带河的日军守备队上尉木村一男下令立即将重要军备仓库、发电厂等设施全部摧毁。

8月9日，日伪军调集牛、马车30余辆，民夫60多人，运送撤退的弹药、粮食、被服等，剩余物资全部焚毁。

8月10日，日军马匹辎重队逃至石场至永乐屯（今猎人岭前）中间，被苏军先头部队追上，展开激烈战斗。日军将辎重抛弃，只带上部分武器撤到山林中隐蔽。日伪军150余人绕到永乐屯饶宝路旁狙击苏军，击毁苏汽车2辆，坦克1辆，苏军死伤约30多人。这些日军经过七里沁河，又与苏军遭遇，这时日伪军只剩有90多人。

日伪军在二道河子林间休整时，伪协和会事务长三宅一（日本人）提出向苏军投诚，木村一男上尉怒斥三宅一为怕死鬼，当即指令一士兵将三宅一刺死于河边。随后，率残部东去潜入密林中，等到夜间截击苏军。到8月20日，日军所剩不过60人。

8月22日，木村一男率部在石场以西截击苏军马队时战死，残部死伤大半。日军小林中士行至参泉河边（里七里沁河支流）一个小土岗上休息，6名士兵向东方本土及天皇遥拜，将仅有一匹战马杀死、煮食，饱餐一顿。小林中士与众军士言语一阵，用半通中国话对壮丁王树本说："我的祖父打上海战死，父亲死于满洲里……我们日本完蛋了，我们的家回不去了。"小林指派王树本去河边提水，等提水回来，这些日军全部剖腹自杀。

驻在小佳河的日本警察队长大阪一郎警佐得到撤退命令，率所部日本警察、特务及家属小孩共11人，乘2辆二轮牛车，向西风沟（今西丰镇）方向撤退。西风沟屯长贾绍堂得知苏军占领了饶河，日本大势已去，就与副屯长萧世友提前设下埋伏，以吃饭留宿为名，将大阪一郎一行枪杀（一名出去小便的漏掉）。

伪县长新井清（日本人）偕同伪县公署机关人员、日本职员家属50多人，加上伪警察30多人，乘马车撤退。逃到石场时，被苏联军队赶上，于是，抛下车马，钻入深山，穿林而行。在宝清县大和镇吃饭时，同行的伪警察将新井清等数十日本人全部打死，带着缴获的枪械直奔宝清苏军司令部投诚。

伪县警察队集聚县内各村警察80多人，撤到里七里沁村，被苏军截住，未等抵抗就全部缴械。苏军押解县城途中，有3名警察逃跑，当即被打死2人，另外有未逃跑被打死者20多人，其余

50余人，用汽车押往苏联监押。

8月8日夜，伪县协和会组织青年"勤劳奉仕队"60余名（包括带队人员），由大带河朝石场方向逃窜，在大带河屯南岔路口被苏军截获，除1人被苏军开枪打死，其余全部用船解送苏联比金附近农场监督劳动，5个月后释放。

8月9日早晨，东安镇的日伪军全部撤离，苏军从水路将东安镇包围，没等开炮，伪警察分队电话线务员王景玉就将自家一条白褥单悬起，并将三支长枪倒插警察队门外，苏军顺利进入东安镇，免除一场战火。

第十七节　十大抗日英烈

饶河县是中国共产党领导的东北抗日联军第七军诞生地和主战场，是一类革命老区。近2 000名抗联七军勇士或敌前或敌后，与日伪军展开了十二年之久的殊死搏斗。这是一场孤悬敌后，自然条件严酷，没有根据地，缺少兵员、弹药、药品和给养补充、装备简陋的军队，同装备精良的日本关东军及其走狗进行的一场力量对比悬殊的持久苦斗。他们凭着一腔忠义的爱国心，不甘当亡国奴的中国人血性，共产党人视死如归的无畏精神，仅以血肉之躯挥长缨、舞干戈，鏖战日寇，4名军级将领为国捐躯，几千名中华儿女的碧血遍洒那丹大岭和三江原野。而不甘当亡国奴的饶河人民，虽处于日寇法西斯残酷野蛮统治下，仍冒死荷锄负薪，箪食壶浆援助七军者数不胜数。他们在饶河大地上谱写出了可歌可泣的英雄篇章，感天地，泣鬼神。"苦斗不怕饥寒逼，持节坚贞意气高。亿万人将拳脚踢，蕞尔丑虏瀛海抛。"周保中将军的诗句，让我们看到虽已远逝，却至今仍然活在我们心中的无数民族英雄，看到了信仰坚定、意志如磐的众多革命者形象，看到了思想丰厚、感情充沛的无数共产党人的崇高精神境界。

伟大的抗联精神薪火相传，更是我们今天为把我国建设成为富强民主文明和谐美丽的社会主义现代化强国、实现中华民族伟大复兴中国梦的精神力量源泉。

陈荣久（1904—1937年），祖籍山东，原名刘长发，曾用名陈永久、王福东。1904年出生于黑龙江省宁安县东京城三家子村一个雇农家庭，东北抗联七军第一任军长。陈荣久少年时期家境贫穷，十岁而孤，仅念过两三年书，自幼禀赋坚毅，刚直不阿，不甘躬身田亩，遂弃农从军。1927年加入东北军，至"九一八"事变前，一直在吉林省防军第二十一旅骑兵二营七连任班长。

"九一八"事变后的1932年2月，日本关东军清水支队沿吉敦铁路线进攻，陈荣久所在的七连连长欲率队投降日军，他立即和一些爱国士兵当夜缴了连长的枪，宣布七连举旗抗日，随即带队投奔刚成立的王德林领导的中国国民救国军，任新编第五连连长，率队在宁安、海林、穆棱等地多次与日军交战。在日军准备进攻吉东，并用政治瓦解阴谋使救国军、自卫军、护路军内部出现摩擦内讧时，陈荣久深明大义、爱憎分明，极力维护内部团结。

陈荣久
（饶河县电子政务中心提供）

当救国军副司令孔宪荣令他协助刘万奎去梨树镇缴自卫军马宪章旅时，遭到他严词拒绝，他说："国难当头，我们应该一致对外，要以团结为重。在自己内部互相残杀，就给敌人造成各个击破的机会。"从此他在救国军士兵中的威望愈来愈高。后来救国军、自卫军等在日军大举进攻面前失败溃散，他在士兵中疾呼："我们决不投降,也不过界,就是剩一个人也要坚决抗日到底。"

1933年2月,他率队参加李延禄的东北抗日游击军,担任军部副官,成为李延禄军长的得力助手,协助李延禄指挥攻打八道河子、马家大屯、马连河、密山等多次战斗。每次战斗他都身先士卒,冲锋陷阵,被军中称为"岳武将军"。3月1日的八道河子战斗中,四五百名日伪军携6门山炮来袭击。激战4个小时,我军伤亡很大,弹药告罄,不得不退守后山,日伪军占领了村庄。日军进村后烧毁民房,奸淫掠夺,惨不忍睹,跑上山来的群众纷纷哭诉日军暴行。战士们义愤填膺,坚决要求下山报仇雪恨。军长李延禄决定组织敢死队,陈荣久挺身而出,他率领敢死队以勇猛快速的行动,出其不意地冲入敌人正在放火烧房的村屯中,一名日本军官当场被他一刀劈死,把日伪军打得晕头转向,毙伤数十人,敌人被迫仓皇撤走。5月3日晚,在夜色掩护下他率队急行军奔袭穆棱县陈家岭车站,全歼守敌。7月中旬,陈荣久同王毓峰、朱鸿恩等游击军骨干加入了中国共产党。7月下旬,游击军改编为东北人民抗日革命军,他仍任军部副官。

1934年春节前夕,军长李延禄进关寻求各界援助,部队交由陈荣久和一团团长杨太和共同指挥。两人率部在密山平阳镇、向阳镇等地击溃日伪军的进攻,缴获一批武器,装备了部队。上半年,与日军作战50余次,毙敌百余人,伪军、伪警纷纷哗变。7月,李延禄经海参崴回到密山,见队伍纪律严明,士气高涨,在战斗中发展扩大,嘉赏其忠勇才智,经军党委会议研究决定,送他赴莫斯科东方大学深造。同年秋,陈荣久被派往苏联莫斯科东方大学学习。

1936年7月,陈荣久完成学业回国。中共驻共产国际代表团海参崴交通局吴平（又名杨松）指示他为联络员去饶河，改组下江特委，同时以活动在饶河的抗联第四军二师为基础组建抗联第七军。他由交通员于吉东引路，日夜兼程翻越完达山，9月15日在大佳河屯西沟召开会议，改组特委。11月15日，在关门嘴子和文登岗之间石头窝子岭后，将抗联第四军二师700多人正式编成东北抗日联军第七军，陈荣久任军长兼第一师师长。

抗联七军的成立，引起了虎饶地区敌人的恐惧，他们派遣奸细混入七军内部，制造汉、朝民族矛盾，破坏军部领导团结，离间抗联和山林队的关系，妄图削弱七军的武装力量。1937年2月28日，陈荣久在给上级的信中指出："我们以前结成统一战线的山林队伍，到现在与我军完全有对立起来的现象""我们抗日联军处在极端孤立和危险的状态"。据此，他果断地清除了队伍内的奸细分子，稳妥解决了内部存在的问题，巩固了七军内部的团结，部队战斗力得到提高。在强敌面前，他注重发挥统战威力，进一步重申我党统一战线政策，号召一切反日力量团结一致、共同对敌。经过努力，虎饶一带的反日山林队纷纷投靠七军，有300多人被收编，全军兵力扩大到1000余人。

1937年3月初，他在暴马顶子密营召开会议，决定拔掉对第七军危害甚大的驻西林子的日特机关——伪"饶河地方治安工作组"，也称"工作班"，并拟在大顶子山小南河屯附近的天津班召开各山林队首领会议。早已投敌的军部秘书罗英主动要求给各山林队送信，暗中将我军计划泄露给日军。3月4日夜，军参谋长崔石泉率队并联合红枪会包围了西林子，但部队行动已为敌人探悉。战斗打响后，敌人防守甚严，火力很猛。这是一伙由长春过来，受日本关东军特高科特殊训练，专门负责收集情报、招降纳叛对付我抗日联军的一股危害极大的特务机构，共有46人，装备精良。崔石泉考虑到不能强攻，命令部队撤出战斗，向小南河天津班转移。陈荣久得知后，决定率领150多人在天津班附近山包设伏歼敌。

3月6日下午，饶河伪县公署日本参事官大穗久雄率100余日军并配以伪军共200余人，乘马爬犁进入我军伏击圈。我军居高临下，打得日伪人仰马翻。激烈的战斗持续了3个多小时，敌人开始溃退。正当我军准备组织冲锋反击时，饶河伪警察大队长苑福堂带200多伪军从我军背后偷袭。战场形势骤变，我军在腹背受敌、众寡悬殊的情况下顽强战斗到下午6点。当军长陈荣久亲冒弹雨率领战士去夺取敌机枪时，不料，被卧伏在爬犁底下的受伤日军暗枪击中胸部，当场壮烈牺牲，时年33岁，他实践了"为中华民族解放事业奋斗到底"的誓言。此战我军击毙日本参事官大穗久雄以下30余人，打伤10余人，打死打伤伪军数十人。

陈荣久是抗联七军的创始人，是东北抗联队伍中智勇双全的著名将领。他忠诚宽厚，威信极高，备受部下和当地人民爱戴，为抗联七军的建设和发展作出了卓著的贡献。在陈荣久将军身上，集中体现了中国共产党人和东北抗联将士坚定的信仰、高尚的爱国情操和大无畏的奉献牺牲精神，这种弥足珍贵的精神具有穿越时空的永恒价值。

李学福（1901—1938年），本名李学万，曾用名李葆满，朝鲜族，祖籍朝鲜咸镜北道，出生于吉林省延吉县山菜沟老虎山屯，1931年加入了中国共产党，历任饶河抗日游击大队大队长、东北抗日同盟军四军四团团长、东北抗日同盟军第四军第二师副师长、抗日联军第七军第二师师长、抗联七军第二任军长等职。他6岁随父亲迁居饶河县三义屯，十二岁父殁，初就学二年，母亲病

李学福
（饶河县电子政务中心提供）

逝后辍学，与长兄务农为业。他为人勤劳朴实，性情豁达，仗义疏财，常到县衙门替群众办事，借粮、借钱给困难群众，解他人燃眉之急，当地民望甚高，公推为三义屯屯长（百家长）。他当屯长后，秉持公道，肯于为穷苦人办事，很受群众拥护。他痛恨日寇，不忘国破家亡之辱，关心时事政治，是一个有理想抱负青年。

1929年，中共满洲省委派崔石泉等到饶河开展革命活动，李学福耳濡目染，受到启发和教育。"九一八"事变后，其在北京大学读书的侄子李永镐归乡省亲时说："日人野心很大，如不抵抗，中国难免朝鲜亡国覆辙。"李学福思想受到很大震动，决心投身革命斗争。1932年，为了创立党领导下的抗日武装，李学福协助崔石泉等在三义屯学校举办军政训练班，40多名青年秘密参加了训练班的培训，为党组织培养了一批骨干和优秀军事人才。1933年中共满洲省委派崔石泉等人在饶河建立抗日武装，李学福义无反顾变卖全部家产，捐给党组织，用于购买枪支、弹药和活动经费之需。

他还利用自己的政治影响和社会关系，组织民众参加反日会，动员各村屯长和山林队支持抗日。受党组织派遣，他参加到独木河与高玉山领导的东北国民救国军进行谈判，并积极促进达成协议，在保证游击队相对独立的前提下，饶河抗日游击队改编为救国军第一旅特务营。人数由60人很快增加到100多人，成为虎饶地区战斗力较强的一支抗日队伍。

1933年12月27日，特务营参加救国军攻打虎林县城的战斗，特务营以牺牲30多名队员的代价，取得了打死百余名敌人的重大战绩，特务营在人民群众中树立了很高的威信。

1934年2月，日本侵略军攻占饶河，交战中救国军失败溃散。特务营正式定名为饶河抗日游击大队。同年8月，李学福接任牺牲的张文偕任大队长。他率领饶河抗日游击队四处出击,打击各据点日伪军,游击队在战斗中有了更大的发展,群众都亲切地称饶河抗日游击大队为"葆满队"。"葆满队"名震哈达那丹岭和三江原野地区,吓得日伪军坐卧不宁,惶恐不安。

入冬后,为了防备敌人再次对游击队进行大"讨伐",李学福充分利用山区积雪深厚的优势,扬己之长,挑选出80名年轻力壮队员进行滑雪技术训练。他本着不打无把握之仗的原则,采取"敌人集中,我军分散;敌人分散,我军集中"的游击战术,率领游击大队在暴马顶子、大叶沟、大佳河、十八垧地、关门嘴子等地与敌人进行两个多月的游击战,打得日伪军魂飞魄散。饶河抗日游击大队在多次战斗中拉得出去,打得响,威望越来越高,当地群众都称"葆满队"是个神兵队。1935年1月29日,李学福指挥滑雪队员出其不备打击来犯的日伪军,歼敌百余名。2月10日,李学福又率80多名队员夜袭了暴马顶子伪军驻地,击毙伪军连长以下10余人,俘敌40人,缴枪50多支。5月,率队将马鞍山伪军驻地的23名敌人全部缴械,同时还缴了小佳河伪自卫团18支步枪。

1935年9月18日,根据吉东特委的指示,饶河抗日游击大队正式改编为东北抗日同盟军第四军第四团,李学福被任命为团长。当日,在团长李学福带领下,全团召开了东北沦陷四周年雪耻大会。全体指战员同仇敌忾,一致表示,坚决为彻底消灭日寇、光复祖国战斗到底。20日,李学福率150名战士向小南河附近的小西山伪大排队和伪自卫团发起进攻,很快将两处敌人击溃,缴获步枪20多支和粮食若干。随后,部队又向西通新兴洞屯进发。

1935年9月26日,李学福决定以三个连的兵力埋伏在新兴洞山冈上伏击敌人。27日清晨,在新兴洞与日寇高木司令指挥的80多名日军交火，战斗打得非常激烈，四团以密集的火力猛烈射击敌人的前导队。经过两个小时激战，击毙日军高木司令以下日军多人。就在四团将要取得胜利时，突然伪军三十五团300多人赶来增援。四团腹背受敌，处境十分危险。由于敌众我寡，李学福沉着指挥部队分散突围。在这次战斗中，打死打伤日军高木司令以下日军40余人，伪军30多人，取得了重大胜利。但我四团政委李斗文、副团长朴振宇、排长赵清和等30余人壮烈牺牲。这次战斗被称为著名的"新兴洞大战"，在当时震动很大，《救国时报》载文悼念为国捐躯的烈士，连日伪机关报《盛京时报》也作了报道，并惊呼："饶河抗日力量不可低估！"这次战斗首创了我党领导的抗日军队以劣势装备与多于我军几倍的强敌作战，并重创装备精良的日本关东军的战例，使日伪在一段时间里龟缩在饶河县城不敢轻举妄动，打击了敌人的嚣张气焰，进一步提高了我军的士气。11月7日，四团收编了"九省""庄稼人"等山林队为独立营，四团力量进一步壮大。

1936年4月，第四团扩编为东北人民革命军第四军第二师，李学福任副师长。同年11月间，四军二师改编为东北抗日联军第七军，李学福任七军第二师师长。

1937年3月6日，军长陈荣久在小南河天津班战斗中英勇牺牲后，抗联七军党委决定将一师、二师合并成第一师，李学福任第一师师长。

1937年5月15日，李学福、景乐亭率七军一师、三师700多人远征富锦、同江一带。将伪军"讨伐"队长张大胡子、土豪左殿生枪毙，为民除了两大害。一路征战，往来冲杀，痛歼日伪。6月30日，李学福率700多名战士在二道林子狙击日军小滨部队及伪军千余人，取得歼敌150多人战果，令三江日伪闻风丧胆。

李学福不仅作战中身先士卒，亲冒矢石，而且关爱战士如兄弟，爱护百姓如亲人，执行纪律是模范。一次，一位屯长看到李学福的皮帽已破旧不堪，赠他一顶狐狸皮帽，他硬是全价付款，又随即将这顶狐狸皮帽转送给一位没有皮帽的战士。行军中他看到战士的鞋破了，就拿出自己的备用鞋给战士，他自己则常穿露脚趾的鞋。每到村屯宿营，李学福亲自带领战士为百姓铲地、推磨、挑水、劈柴……战士和群众都把他视作亲人。

李学福全身心投入反日革命事业，顾不上亲人和家庭，他唯一的女儿未满月就寄养在大佳河屯一位姓冯农户家。女儿三岁时，由党组织安排送到李学福延吉亲戚家抚养。"无情未必真豪杰，怜子如何不丈夫"，这位铁打的汉子为此暗地里不知流过多少次泪，但以身许国，视救亡图存为己任的他，只得把儿女情长深深埋在心中。

1938年1月，中共下江特委召开扩大会议，决定由李学福任第七军军长和七军党委执行委员会常委。李学福军长因长期战斗在山林野莽之中，积劳成疾，身患重病，但他仍然率领七军坚持抗日斗争。不久，李学福病情加重，严重的半身不遂使他无法再和战士们驰骋疆场共同杀敌。李学福服从党组织的决定，去苏联治病。1938年8月8日，这位为中华民族解放事业浴血奋战的优秀共产党员，终因病情恶化，病逝异国他乡，年仅38岁。

李学福英年早逝，是抗联七军的又一重大损失。他亲民爱民，吃苦耐劳，体恤部属。他灵活运用游击战略战术，消灭了当地日伪大量有生力量。同时，他正确运用党的统一战线策略，团结山林队和各方力量形成最广泛的抗日阵营，他领导的部队纪律严明，与群众结下了鱼水深情，人民亲切地称这支队伍为"葆满队"。

王汝起（1905—1940年），原名王声清，曾用名王坚，山东省黄县王家茧坡人。祖父为晚清秀才，耕读持家，及至父辈，社会动荡，家道中落。王汝起少年聪颖，虽没读几年书，但十三岁便能大段背诵《三国演义》，犹被书中的英雄人物所感染，从小就有争做英雄的理想。1923年家乡发大水，随父逃荒到黑龙江省宁安县长岭子定居务农。1932年秋，他组织"红枪会"，缴夺本村自卫团枪支，武装"红枪会"。1933年他率红枪会会众500余人加入王德林领导的中国国民救国军第三旅，任第八团副团长，率部在宁安、敦化、额木等地对日作战。救国军被敌人击散后，他于1934年2月率队加入中国共产党领导的绥宁反日同盟军，1935年任东北反日联合军第五军第一师第三团团长，同年加入中国共产党。1937年他任东北抗日联军第五军第二师副师长，1938年任抗联第七军第一师师长。1939年3月，他被选为七军党委候补委员。后率一师主力挺进抚远、同江，沿途攻击敌警察所、交通船、据点等，歼敌100余人，缴获甚多。1940年3月任东北抗联第二路军第二支队队长。同年5月21日，率30余名战士在饶河大带河秃头山伏击伪警察巡逻队时牺牲，时年35岁。

王汝起
（饶河县电子政务中心提供）

1931年，日本发动"九一八"事变，东北沦陷。在民族危亡之际，王汝起牢记祖训："国难当头，汝当奋起"，以民族大义为重，将原名王声清改为王汝起。誓志抗日救亡，意志坚定不移，立场绝不动摇，故又名王坚。王汝起借助当时民间兴起的"红枪会"为组织形式，在东京城南的大屯子上马莲河一带，广泛发动群众。1932年秋，"红枪会"拉起了一支500多人的抗日队伍，成为东北最早的自发民众抗日武装之一。有了人马，缺少武器，王汝起请来能工巧匠，打造长矛、大刀，自制土枪、土炮，不断袭击日军铁路，从日军手里夺取枪支弹药，开始了轰轰烈烈的抗日游击战。

1934年2月，救国军失利后，周保中联合救国军旧部王汝起等建立了绥宁反日同盟军。从此，在党的直接领导下，王汝起走上了新的抗日救国道路。

1935年2月，反日联合军第五军成立，王汝起任一师三团团长。当年冬天，经政委尹俊山介绍，王汝起加入中国共产党，更黾勉敬业，全身心投入到抗日救亡洪流之中。王汝起三弟王汝珍年少，1935年夏季被日寇俘虏，不卜生死；1935年冬，二弟在沙兰车站以北地区作战牺牲；王汝起妻子带幼子返回山东，音信杳无。王汝起矢志抗日救国，从未以家为念。在一次战斗中，少年连战士被20余日军围困，王汝起发现后，拔出大刀，转身冲入敌群，连续砍杀十几名日寇，虎口中救出了少年连战士。

在频繁的战斗中，王汝起深感文化的重要，他决心摆脱文盲帽子。在抗联的密营里，仅用两个冬季的时间，就学习掌握了三千多常用汉字，并能熟练起草军事命令报告，大家称他是"奇异的天才"。

1937年4月，在抗日血与火的战场锤炼中，王汝起升任东北反日联合军第五军二师副师长。他同师长王光宇一起，率领五军二师在依兰、桦川、富锦、宝清、同江等县，与日伪军展开了一场场殊死的战斗。

1938年1月，下江特委扩大会议决定，王汝起调任抗联第七军，任第一师师长。第七军原本成分就比较复杂，这时，在日伪特务的调拨离间下，一师第二团部分人产生了思想动摇。第二师师长邹其昌也勾结日本特务企图带10余名警卫人员叛变投敌。这年秋季，王汝起与其他领导一起迅速果断处理了这一事件。邹其昌被剪除后，第一、二师会合，王汝起经过调查研究，马上着手整顿部队。在思想上，他帮助干部战士树立抗日信心，消除部队中的畏敌情绪；在组织上，他团结有志青年，努力清除队伍中的不安定分子；在军事上，他抓紧一切空隙时间，带领干部战士苦练杀敌本领；在生活上，他吃苦在前，处处关心战士。在他的努力下，全师士气大振，从而加强了抗联第七军这支抗日武装力量。

王汝起胆大又心细，能未雨绸缪超前考虑问题。在夏季他就考虑到部队冬季给养问题，他先派几十名步兵和部分骑兵到饶河沟里、半截林子等地，积极筹备粮食并储存在山里密营。7月，他又率队攻打几处"集团部落"，解决了部队急需的给养和服装等物品，从而使这支抗联队伍度过了1938年漫长而严寒的冬天。

1939年2月，日军加紧进行归屯并户和经济封锁，断绝抗联同人民群众的联系和经济来源，企图把抗联消灭在他们的包围圈中。抗日联军陷入时常断饮、食不果腹的艰苦境地。为了改变被动局面，王汝起毅然决定冲出敌人的包围圈，亲自率领第一师队伍，向抚远、同江等地挺进。

王汝起与副师长刘雁来等率部在同江青龙山设伏，一举击溃伪兴安省靖安军蒙古骑兵，缴获大量枪支弹药和马匹。青龙山大捷，沉重地打击了敌人的嚣张气焰，创造了抗联史上以少胜多的辉煌战例。随即队伍转战到抚远蒿通镇，首先打下蒿通警察所，接着攻取国富镇，尔后又袭击了敌人的交通船。这接连不断的胜利，使敌人大为惊恐，马上派出大批兵力前来"围剿"。这些伪军驻扎在杨木林子屯，距王汝起所带的部队仅有十来华里。王汝起根据自己兵力不到敌人一半的情况，决定夜袭敌营。一天夜里，麻痹大意的敌军高枕无忧地睡大觉，当我军接近敌营时，他们还做着美梦。突然枪声大作,敌人惊慌失措,乱作一团。王汝起指挥战士们勇猛冲杀,这股伪军被击溃,缴获一批军用物资。

　　杨木林子这一漂亮的奇袭战结束后,王汝起趁热打铁,又带队攻打抚远县的抓吉镇。抓吉镇三面环水,只有一条路能通镇里,镇内敌人兵力又较集中。再加上我军对敌人兵力部署和地理情况不熟,硬攻是很难成功。王汝起先把队伍带到离镇30多里地的一个村子里住下,边向群众了解情况,边研究作战方案。当他听说抓吉镇因为周围水大,经常出现大雾时,眼前突然一亮,计上心头:古有草船借箭,我今何不来个借雾攻城?一天早晨,大雾弥漫,远山近树都被笼罩在雾气中。王汝起兴奋不已地告诉大家:"我们有雾朋友来了。"不料,天不作美,队伍刚走到半路上,大雾却消散了。这时队伍离城只有10多里,很容易被敌人发现。情况紧急,是进还是退?不能犹豫,大家都把目光集中在王汝起身上。王汝起思考片刻,当机立断,选出40多个小伙子换上伪军服装,高举着"满洲国"的旗子,从容地向抓吉镇走去。王汝起带领队伍进了城,直奔警察所。愚蠢的敌人丝毫没料到抗联部队已经走到身边,直到他们被缴了械,才如梦初醒。这次战斗,击毙日本警察1名、重伤1名,击毙伪警察16名,30多名警察全被缴械,还缴获枪械40余支、3 000多发子弹和一批军衣。王汝起用乔装智取抓吉镇,我军没伤一兵一卒,成为当地群众一时美谈。

　　1940年春,根据形势发展需要,抗联第七军改编为东北抗联第二路军第二支队,王汝起以善于指挥敢打硬仗被一致推举为支队长。王汝起率领二支队突破敌人严密的封锁线,克服军需供应几乎断绝的困难,奔波于乌苏里江沿岸,穿梭在完达山脉之间,与日伪周旋苦斗。5月21日,王汝起率部前往大带河袭击伪警察巡逻队。在秃头山与敌人展开激烈战斗,王汝起不幸中弹牺牲,年仅35岁。

青山埋忠骨，热血照千秋。抗联第二路军总指挥周保中曾这样评价王汝起："吾党最有进步之布尔什维克、民族英雄。"周保中《东北抗日游击日记》中写道："我之伤感，非特十年患难相依，一旦斩丧手足，实以久经锻炼忠贞不拔，最堪寄莫大希望之布尔什维克有力干部，其损折实深足追想。汝起同志，不独为我第二支队全体同志所爱戴，凡吉东党同志，凡吉东抗日军民，无不知其人、敬其人。"

景乐亭 （1903—1940年），山东章邱人。自幼家境贫困，为生活所迫，12岁到铁匠铺学徒，迁徙东北后参加东北军。"九一八"事变后，他任东北国民救国军营长，率部英勇抗日。1934年初他参加中共饶河中心县委领导的农工义勇军。景乐亭性格骁勇刚烈，每战必亲冒矢石，冲锋在前，指挥大小战斗多次，所向披靡，威震敌军。

1934年1月28日，东北国民救国军强攻虎林县城，他所领导的一旅一营曾突破日军防线，与特务营一起深入县城中心，苦战一天，消灭大量日伪军。后因众寡悬殊，奉命撤出战斗。一营剩下几十人在景乐亭带领下杀出重围，投奔东北抗日救国军第五军周保中麾下，并任团长。

景乐亭
（饶河县电子政务中心提供）

1936年4月，景乐亭任东北抗日同盟军四军二师副官。11月经吉东特委批准，成立抗日联军第七军，陈荣久为军长，景乐亭任三师师长。

1937年春季，景乐亭和李学福率一师和二师到同江、富锦一带开展游击活动，争取了当地山林队，建立反日联合指挥部，共同在大旗杆、卧虎里山等地开展游击战。他带部队发动教育群众，筹集给养，镇压日寇帮凶伪军大队长张大胡子和铁杆汉奸地主左殿生，打击了日伪嚣张气焰，鼓舞了当地群众抗日热情。5月，景乐亭和李学福率200名战士到二龙山第三牌接应伪军哗变，与500多日伪军遭遇，激战五六个小时，毙敌50余名，20余名伪军在我军接应下，携带40余支枪投入我军。6月，他们率领700余名战士，从富锦到二道井子途中，与日寇小宾司令所带近千名日伪军相遇，景乐亭利用我军阵地四周都是沼泽地，敌人骑兵、坦克战车无法施展，猛烈反击敌军，激战一天，我军仅牺牲10余人，负伤14名，取得打死150余名敌人，打伤敌人多人，缴获枪支80余支和一批弹药的战果。晚7时，我军主动撤出阵地转移，摆脱了强敌围攻。当年冬季，队伍胜利返回饶河。

1938年6月17日，景乐亭率七军三师与五军三师在宝清县东南部会师，联合袭击中兴堡伪警察署，缴获30多支枪及全部装备。他们乘势又转战到宝清第三、第四区，破坏敌人集团部落，解决了部队给养。8月，景乐亭率三师转战至雁窝岛修整，筹集冬季部队给养。

抗联七军军长陈荣久牺牲后，1938年11月13日，抗联七军在大别拉炕召开七军党委扩大会议，决定景乐亭担任七军军长。

1939年1月下旬，七军军长景乐亭率160余兵力在臭松顶子岭北伏击日伪军"讨伐"队。战斗持续了多个小时，取得了打死日伪军70余人，缴获粮米30余包的辉煌战绩。

1939年3月6日，吉东省委下江"三人团"党团书记季青一行，在虎林召开七军党特委常委会，"认为1938年11月七军党委扩大会议不符合组织原则"，重新调整七军党委和军队的领导机构。决定由崔石泉担任七军党特委书记兼参谋长，景乐亭担任代理军长，王效明任军政治部主任。

1939年10月，景乐亭冲出敌人包围后，带妻子王玉洁和20余人去苏联。1939年底，景乐亭准备由苏联返回部队，王玉洁因怀孕行军打仗不方便，仍留在苏联。

1940年3月初，景乐亭回国。此时部队在抚远、同江、富锦三县活动，虽然给日伪军以沉重打击，但也遭到日伪军多次重创，死伤几百人，因而怨声载道，士气低落。加上日伪封锁、"讨伐"，抗联部队陷入极度困境之中。景乐亭归来时，部队就是在这种气氛下由王效明带领转到虎林小木河休整。七军个别领导仅凭审讯潜伏在七军内部的日伪特务李德山一人口供，在无旁证和确凿事实的情况下，3月26日，竟以"困难时期动摇企图投敌，在内部结成反革命小团体"的罪名撤销景乐亭代理军长职务、开除党籍、立即处死，时年37岁。这是七军个别领导的一个仓促草率决定，也与当时抗联部队独立分散艰险的游击环境中，交通不便，信息联络不畅有一定关系。但不可否认，误杀七军高级干部，是东北抗战困难时期，抗联七军的一个重大失误，令人十分遗憾痛惜。

1993年10月，中共黑龙江省委党史研究室和东北烈士馆受中共黑龙江省委委托，联合调查取证，结论为："原东北抗日联军第七军（代理）军长景乐亭在1940年3月26日被抗联第二路军个别领导冠以'企图判降罪'的罪名是不成立的。二路军个别主要领导当时轻信敌特诬告，在未能弄清事实情况下，仓促决定将景乐亭处死，造成这起严重的误杀，应予平反，并追认革命烈士。"景乐亭九泉之下可以安息了。

于化南 （1904—1945年），原名于诗勋，化名李文生，山东省文登市宋村镇孔格庄人，出身农民家庭。父亲于树兰，早年因生活所迫来到东北谋生，1930年曾在饶河县公署当差，"九一八"事变后隐退乌苏里江边务农。于化南在山东高小毕业后来到饶河投奔父亲，曾被聘为饶河小学教师，他在校教学时就表现出爱国志向，后来受到李学福等人的启发，参加了饶河抗日游击队。

于化南忠贞爱国，为人正直，忠于职守，不徇私情，又具有一定文化，因此受到游击队领导的信赖，初期负责游击队宣传工作。他1933年加入中国共产党，翌年任中共饶河县委委员，后任二师政治部副主任。其间，多次参加战斗，担负募集粮秣任务，奔走于崇山峻岭间，风餐露宿，不以为苦，矢志抗日救国。

于化南
（饶河县电子政务中心提供）

1936年任中共中央驻满洲代表联络员和中共中央驻共产国际代表团派出的驻满洲省委巡视员吴平的联络员，代号"诵"，化名李文生。在饶河、虎林、抚远、同江、富锦、宝清、密山、牡丹江、穆棱、勃利、依兰和林口等地与抗联第四、五、七军和地方党组织联络，并积极收集日伪军事情报。12月25日，由于叛徒出卖，他寄宿在林口县城内石印局地下联络站被敌人发现。紧急时刻，他临危不惧，首先安排吉东特委机关人员从钟表铺、石印局和鲜货床子等处撤走，然后自己才从容撤离。他在危急关头保护了党组织，使战友们免遭日伪杀害。

1937年3月10日，在林口县三道通的四道河子沟里，由周保中将军主持召开了改组吉东特委为吉东省委的重要会议，于化南当选省委常委。同年4月，他赴莫斯科向中共驻共产国际代表团汇报工作，撰写《吉东特委关于一九三六年工作报告》，如实反映了中国共产党在东北的东北部地区的斗争情况，认真总结了经验和教训，随后党组织安排他入莫斯科东方大学学习。1938年秋回国后，他在延安担任党中央保卫工作。

1945年日本投降后，于化南调到北满任勃、密、虎、饶地委书记兼人民自卫军司令员，驻防勃利县城，组织建政建军。同年12月13日，抗联中的叛徒组织暴乱，他组织部队进行反击，由于敌强我弱，经过激战，只带十几人撤到城外山林中。简单休整后，他带领部队向牡丹江转移，部队到达林口时，已经断炊两天。在林口龙爪乡寻找粮食时，被匪徒抓获。匪团副梅双吉是抗联叛徒，知道于化南的真实身份，对他进行严刑拷打。于化南宁死不屈，怒斥叛徒，于12月20日被匪徒杀害，时年41岁。

于化南离乡二十四载，投身革命，驰骋疆场，报效国家。二次路经山东家门而不入，将一生贡献给民族解放事业，与日寇苦战十余年，九死一生，在革命即将胜利之时，竟死于土匪枪下，真可谓：铁血丹心战敌寇，英雄血沃慰三江。

姜克智 （1910—1938年），山东省牟平县东兰村人，早年参加军伍，1926年迁徙黑龙江省虎林县杨岗屯落户务农。1933年春，日军占领虎林，姜克智与一些志同道合的乡亲30余人揭竿而起，反抗侵略者。

1934年夏，姜克智参加中共饶河中心县委领导下的饶河抗日游击队。1935年9月，饶河抗日游击队改编为东北抗日同盟军四军四团，姜克智在四团担任排长。1936年4月，四团再次扩编为东北抗日联军第四军第二师，姜克智任师部政治保安连连长，并加入了中国共产党。

姜克智
（饶河县电子政务中心提供）

1936年，姜克智率政治保安连随师部到虎林地区活动，先后在黑嘴子、倒木河、大荒山等地，多次重创日伪军，共消灭敌人百余名，缴枪30余支，打坏轻重机枪3挺。同年11月，抗联七军成立，姜克智率政治保安连随军部活动。1937年3月，姜克智跟随陈荣久军长参加天津班战斗，与敌鏖战，英勇顽强。未几，擢升七军一师一团团长。

1937年5月，七军一师一团奉命和三师一起到富锦开辟新游击区。在富锦的白家大院，敌我双方展开了交战，姜克智临危不惧，沉着冷静指挥战斗。经过半天战斗，打退了敌人的进攻，歼敌几十名，我方仅伤亡5人。此次战斗之后，七军较顺利开辟了富锦游击区。

1938年1月，姜克智被任命为抗联七军一师副师长。同年8月15日，他带领一、三团共计200多人驻扎在同江、富锦交界的卧虎里山西唐家油坊，后被敌特探知，日伪军400多人前来"讨伐"，姜克智为避免群众受损失，将队伍带到附近五顶山据守。五顶山山势比较陡峭，南与卧虎里山相连，西面是草原，敌人将五顶山团团包围，战斗从上午10点到下午5点，他们击退敌人多次冲锋。为节省弹药，姜克智利用山顶石块，带领战士们居高临下抛石头，凌空而起的石块仿佛从天而降的流星雨，轰隆隆砸得敌人血肉横飞、鬼哭狼嚎。与敌发生激战近8个小时，打死敌百余人。天黑时，在暮色的掩护下，姜克智带领部队安然撤离。撤退途中，姜克智正忙于照顾伤员，不幸被飞来的流弹击中牺牲，时年28岁。姜克智为中华民族解放事业出生入死，英勇奋战一生，他的牺牲是抗联七军的一大损失。

张文偕（1907—1934年），山东省掖县人，原名王修穆，幼读私塾，后入学校学习。青年时期，他就加入中国工人阶级行列，在中国大革命高潮中，他积极参加反帝反封建斗争，接受革命思想的熏陶，很快加入了中国共产党，被党组织选送到苏联海参崴列宁学校学习。

1933年6月，他由苏联回国，被吉东局派到李延禄领导的东北抗日救国游击军任政委。当年7月，东北抗日救国游击军改为

| 第一编　饶河革命老区斗争时期 |

东北人民抗日革命军，张文偕仍任政委。他同广大抗日战士转战在吉东地区，打击日伪侵略者。

1934年初，救国军特务营在攻打虎林县城战斗中遭到重大损失。为了加强游击队的领导，党组织派张文偕到饶河抗日游击队工作，任饶河抗日游击大队队长。他分析了饶河抗日游击队面临的形势和任务，认为建立巩固的统一战线、加强党对各种抗日武装的领导，是壮大饶河抗日游击队，开展抗日斗争的重要任务。他和游击队的其他领导同志，总结了游击队同救国军联合中的经验教训，制定了积极宣传和稳妥联合的方针。他一方面积极宣传党的反日民族统一战线政策，扩大党的抗日方针政策在救国军和山林队中的影响，另一方面又主动联合积极抗日的队伍，吸收坚决抗日的武装力量加入游击队。同时，他带领游击队积极打击敌人，用不断取得军事上的胜利来扩大游击队的影响，提高游击队的威望。救国军残余部队和一些山林队，在游击队的宣传工作和战斗胜利的影响下，再加上他们面临日伪军的"讨伐"，活动日趋困难，便积极向游击队靠近。张文偕同志根据这个形势，于1934年7月15日在义顺号召开了救国军残余部队和各山林队140多人的反日大会。会上，制定了共同打击日本侵略者、没收敌人财产按人头平均分配、不抢夺群众财产等联合抗日的方针和政策。通过这次大会，使党的抗日主张广泛传播，得到了一些救国军和山林队的拥护，有的还主动要求接受游击队的改编和领导。仅在这次会上，就收编了200余人，使饶河抗日游击队的武装力量有了很大的发展，为进一步扩大党领导的抗日武装奠定了坚实的基础。

1934年2月25日，张文偕率领队伍行至十八垧地，突然与200

张文偕
（饶河县电子政务中心提供）

多敌人相遇。在敌众我寡的形势下，张文偕指挥战士们奋勇杀敌，经过5个多小时的战斗，打死打伤敌人30多人，游击队取得了以少胜多的战绩。同年6月，张文偕又率领游击队在暴马顶子击溃了汉奸苑福堂70多人伪警察队。

1934年7月20日，张文偕率领游击队和山林队攻打虎林县三人班。因大雨阻延，半途宿营，又由于配合行动的山林队行动迟缓被敌人发觉。21日夜半时分，大批敌人把游击队团团包围。队伍如不立即撤走，就有全军覆灭的危险。为了保全这支队伍，张文偕当机下令："我在这里用枪顶住，你们快撤！"他顽强进行着阻击，当队伍安全撤出敌人的包围圈时，张文偕同志壮烈牺牲，年仅27岁。张文偕同志牺牲后，为了纪念这位抗日烈士，饶河抗日总会印发悼文："我们队员个个都非常爱护我们的大队长，他牺牲的时候，我们全体都放声大哭，但同时更坚定了我们抗日救国的意志，全体宣誓反日到底，收复东北失地来纪念我们的张文偕同志。"

张文偕有勇有谋，有军中"神枪手"之称，是我党三江地区早期的组织者，为革命事业贡献颇多。张文偕被列入民政部公布的第二批600名著名抗日英烈和英雄群体名录。

李斗文（1905—1935年），汉族，山东掖县人。1930年在北京宏达学校读书时，加入了中国共产党。"九一八"事变后，党组织派他到哈尔滨从事地下工作，不久被捕入狱。他在狱中严守党的机密，敌人得不到任何证据，一年后无奈将他释放。李斗文出狱后，组织派他去上海工作，后又派去苏联东方大学学习。在苏联学习期间，取俄文名字皮得罗夫斯基。[①]

1934年秋，李斗文回国，到饶河抗日游击大队做政治工作，

[①] 姚中晋编著：《饶河县志》卷十四《人物传》第四集，第760—761页，黑龙江人民出版社1992年版。

并被选为中共饶河中心县委委员。

当时，虎林、饶河一带，朝鲜族群众聚居的村屯较多，因此，游击队组建初期时，朝鲜族同志占多数。李斗文同志来到游击队后，十分注意抓汉、朝民族之间的团结。他常讲："朝鲜同志遭受亡国痛苦，他们革命很坚决，在抗日斗争中起到了很大作用。""团结起来力量大！"每逢部队驻扎在鲜族村屯，他都一再提醒战士们尊重民族习俗。经过李斗文同志的细致工作，汉、朝民族关系融洽，亲如兄弟，从而也提高了部队战斗力。

李斗文擅长文艺和演讲，很善于做思想政治工作。当他发现战士有缺点错误时，他不是简单地批评，而是耐心地启发，从提高他们的思想认识入手。他经常自己编歌曲，教给战士们唱，其中《军队纪律歌》《中华民族联合起来》等歌曲，战士最爱唱，这些生动活泼有效政治宣传鼓动形式，感染战士们的情绪，鼓舞斗志，起到提升部队战斗力的效果。

李斗文善于用自编诗歌的形式宣传教育瓦解伪军、伪警察，曾创作出令日伪当局胆寒的《告满军兄弟书》诗歌，广为传唱，起到唤醒伪职人员的民族良知，瓦解敌军心，甚至在伪军倒戈哗变上起了重要促动作用。

他擅长演说，讲起话来有声有色，有理有据，很有说服力和感染力。1935年1月，饶河抗日游击大队与伪军35团在关门嘴子遭遇，双方各占据一个山头相峙。李斗文利用夜深人静时向对方喊话，他从国内外形势讲到党的抗日统一战线主张；从日本侵略者吞并全中国的野心讲到蒋介石卖国不抵抗政策。当他一一陈述日军的野蛮暴行时，伪军中一片唏嘘声；当他讲到中国人要联合起来打日本，血洗国耻家仇时，伪军中有人情不自禁地附和说："对呀！对呀！"还高声呼喊说："请你再讲一点！"最后，伪军士兵们说："我们明白了，我们都是中国人，不能再和你们打了。"此后，伪军35团再和游击队相遇时，总是"枪口抬高一寸"，还经常有意地在阵地上留下一些子弹，送给游击队。2月，游击队在暴马顶子遭到另一支伪军包围，李斗文冒着枪林弹雨在阵前喊话，宣传党的抗日统一战线主张，号召有良知的中国人以实际行动救亡图存，感动了伪军，包围圈出现了松动，我军趁机安全突围。

李斗文虽是政治工作干部，但打起仗来有勇有谋。1934年11月初，敌人开始对饶河游击队进行冬季大"讨伐"。他们分几路直入游击区中心地暴马顶子，李斗文率30余名队员到十八垧地阻击敌人。他和战士们选择有利地形埋伏，待敌人靠近，迅猛出击，干净利索地全歼了25名敌军，缴获全部武器装备。这次战斗，在粉碎敌人"讨伐"计划中起了重要作用。1935年3月，在大叶子沟，李斗文同志率20余名战士，出其不意缴了18名伪自卫团的械。

1935年9月18日，饶河抗日游击大队改编为东北抗日同盟军第四军第四团，李斗文任四团政治部主任。9月27日上午，李学福和李斗文等率150多名战士，在乌苏里江边的新兴洞北屯西北小山冈，与日军"讨伐"队指挥官高木司令带领的80名日军激战，击毙敌高木司令以下敌人等多名。此时，伪军35团赶到，从后面将四团包围。李斗文不顾个人安危，来到伪军第35团阵地前的山坡上喊话："满军兄弟们，中国人不打中国人，调回枪头打日本……"伪军士兵听到宣传后，知道遇上了"老相识"，枪口朝天放，李学福趁机率领四团主力，从伪35团阵地前安全突围。正当李斗文同志喊话时，一颗炮弹在李斗文身边爆炸，当场牺牲，时年30岁。

血洒新兴洞，名震东三省。李斗文是抗联七军一位文武兼备的优秀指挥员，正值青春大好年华，献身民族解放事业，用生命践行了他抗日救国的理想。

朴振宇 （1908—1935年），朝鲜族，原名金山海，生于朝鲜咸镜北道明川郡。日本吞并朝鲜后，幼年的朴振宇随父母举家迁到黑龙江省密山县。1927年，朴振宇入吉林省延吉龙井大成中学读书，受进步思想影响，加入反日青年同盟。毕业后到黑龙江省密山县二道岗小学任教，以教书为掩护进行革命活动。1931年秋，组织派他到宝清、抚远等地开展革命工作，同年加入中国共产党。

朴振宇
（饶河县电子政务中心提供）

1933年2月，在饶河县三义屯召开的中共饶河中心县委扩大会议上，朴振宇被选为中心县委书记。1934年2月，他担任饶河抗日游击大队政治指导员。

1934年6月，游击队攻打暴马顶子伪警察所，朴振宇冲在队伍最前面，以土墙为掩护向敌猛烈射击，摧毁了敌火力点，将苑福堂70余名伪警察队击溃，占领了暴马顶子。这是一处山高林密地形险要的战略要地，夺取了它，即可控制周边地区，也是以后饶河抗日游击大队的重要密营基地。

1935年6月中旬，朴振宇率四连到关门嘴子宿营。深夜，100多名日军突然包围了游击队驻地。危急关头，朴振宇沉着指挥，利用黑夜，与敌人展开白刃格斗，杀死七八名敌人后，冲出包围圈，带队伍安全转移。

1935年夏，饶河抗日游击大队经过两年的战斗洗礼，部队已由初建时的100多人，发展到200多人，粉碎了敌人春、秋、冬季大"讨伐"。9月18日，根据中共吉东特委指示，饶河中心县委将游击队改编为东北抗日同盟军第四军第四团，朴振宇担任四团副团长,带队活动于虎林、饶河、宝清、抚远等地。

同年9月20日,朴振宇和团长李学福、政治部主任李斗文等一起,带领150名战士攻打饶河县小南河屯的伪大排队,拔掉了小西山的伪村政权,缴获步枪20多支,并把缴获来的面粉分给了周围的贫苦群众。

1935年9月27日,朴振宇率领的四团在新兴洞与日、伪军发生激战,抗联部队击毙击伤日军指挥官高木司令及富泉顾问等日军多人,伪军30多人。朴振宇在战斗中身先士卒,不幸中弹牺牲,时年27岁。

朴振宇幼年就目睹祖国被日寇吞并,民族被奴役,遍地荒芜,饿殍盈野的惨境,心中就种下复仇的种子,没齿不忘亡国之痛。在中国共产党的指引下,练就了意志坚定、不畏艰难险阻、勇于牺牲的革命品格。朴振宇集家仇国恨于一身,作战勇猛顽强,被同志们称为军中"小老虎",是饶河地区党的早期组织者和党领导的抗日武装的重要领导者,是一位功勋卓著的抗日英雄。

李一平 (1910—1939年)朝鲜族,原名李雄善,别名李哲秀、李昌海,1910年9月出生于朝鲜咸镜南道洪源郡。父亲是一个忠厚老实农民,因不堪忍受日本奴役和高压重税,1920年8月举家迁来中国吉林省汪清县北蛤蟆塘落户。他目睹国亡家破、背井离乡的流浪生活,在他幼小的心灵中埋下了仇恨的种子,立下了与日寇血战到底,光复祖国的志向。

李一平
(饶河县电子政务中心提供)

1926年,李一平就读于吉林省延吉龙井大成中学。在学校一些进步教师的影响下,他很快参加了学校的革命活动，成为活跃分子。由于当局对学校进步师生进行监视和迫害，1928年春，李一平被迫辍学。回乡后，李一平和好友金在凤（又名金相和，后任中共吉林省汪清县委书记，1931年被捕牺牲）一起，秘密组织青年，在家乡开展革命活动。他们经常利用帮忙铲地、串亲办事等作掩护，进行反日宣传，先后除掉了汪清县一个亲日反动地主和北蛤蟆塘警察署一个作恶多端的警官。

1928年秋，在党组织安排下，18岁的李一平和两个好友一道离开家乡，先后在宁安、密山、宝清一带，以当教员作掩护，进行革命活动。

1931年，李一平加入中国共产党，被派到抚远县做青年团工作。"九一八"事变后，党派李一平到饶河、虎林一带组织群众开展反日活动。1932年初秋，中共饶河中心县委成立，李一平任中心县委委员，后化名李哲秀，在小佳河一带做反日会工作。

1933年6月，为建立抗日武装，县委指示崔石泉和李一平共同负责组建三义屯军政培训班，他从小佳河一带选拔了一批进步青年，输送到学校。这些青年中的绝大部分，后来都成为饶河抗日游击队的骨干力量。

1934年4月，李一平任虎林区委书记。1935年1月，李一平转移到虎林县马鞍山一带工作。同年7月，被选为中共饶河中心县委委员。1936年7月，李一平任首届虎林县委书记。

1937年5月，李一平从地方党组织调入七军工作。1937年11月，他主动要求到一师工作，担任一师二团政治委员。1938年10月，他又被任命七军补充团团长，带领部队在虎林境内活动。

1938年以后，敌人对抗日联军加紧封锁，部队给养极端匮乏。当年春，抗联五军三师九团奉命到虎饶地区和七军一起活动，在筹集粮饷过程中，两军时有矛盾。李一平在处理兄弟部队关系上，不仅自己发扬风格，而且教育全团干部战士，注意和兄弟部队搞好团结，热情帮助五军三师九团解决各种困难。补充团每次搞到粮食，无论多少，都要分一半给五军三师九团。有时断粮，和大家一起吃野菜，谁也没有怨言。

  1939年春，下江三人团书记季青来到虎林，他向李一平建议部队自己种地，以解决冬季给养问题，并且介绍了五军军部在周保中同志带领下开展自耕生产的经验。李一平听了十分赞成，并主动承担了两个团开展自耕的筹备工作。由于当时部队处于游击活动中，周围群众又都被迫归入大屯，敌人实行严密封锁，因此，筹备工作困难重重。尽管如此，李一平还是千方百计地去落实自耕的各项筹备工作。他带领战士在虎林老秃顶子、马鞍山一带的深山老林里勘察适宜地段，掌握了几十块既隐蔽又适于耕种的小片荒地。为解决农用工具和种子，他通过各屯抗日群众，利用往地里送粪的机会，把部队需要的农具、种子藏在粪底下，逐步运出屯外，转移进山。同年5月，两个团都建立了自己的自耕基地。这年秋，在敌人的疯狂"讨伐"中，虽然这些基地大部分被破坏，但仍有一些分散、隐蔽的地块保留了下来，为这年冬季在这一带坚持斗争的部队解了燃眉之急。

  1939年8月，敌人从关内抓来很多劳工，在虎林县黑嘴子一带修筑地下军火库和营房。劳工遭受非人待遇，稍有反抗，轻者遭毒打，重者被扔进狼狗圈喂狼狗，不少人累死、病死。许多人试图逃跑，但敌人防守严密，很难成功。吉东省委三人团书记季青和补充团团长李一平、九团团长刘学悦、政委姜信泰反复研究后制订作战方案，决定攻打敌人守备力量薄弱的清水嘴子工地。他们派人侦察，把敌人的兵力部署、工棚位置、柜房、仓库等情况摸得清清楚楚，制订了详细作战计划。他们从五军三师九团和补充团挑选了30余名精干战士，在头一天晚上悄悄潜入清水嘴子敌人工地附近的庄稼地，利用庄稼作掩护埋伏下来。第二天，李一平率两连兵力于午夜前赶到清水嘴子接应，指挥大部队里应外合，接应出清水嘴子工地180多名劳工，打开了仓库，让每人扛一袋面粉撤离。等到黑嘴子的敌人闻讯赶来时，遭到埋伏在半路上的补充团战士们的迎头痛击。这次战斗，消灭伪军伪警察48人，打死日军指挥官1人和10余名日军，缴获不少面粉，接应出劳工有110余名参加了七军补充团。此次战斗引起了日军的惊恐和恼怒，日本关东军总部抽调驻守国境一线守备队的重兵，深入虎林山区进行一个多月的"讨伐""围剿"。

在敌人围追堵截下，部队断粮，只好分散行动。这年秋天，李一平病倒了，10月，部队派曹连长护送李一平到阿布沁河口猎户老李头窝棚处养病。一天被巡逻的敌人包围，李一平和曹连长英勇抵抗，打死敌人12名，但终因寡不敌众而光荣牺牲。

李一平是我党领导的东北抗联军队中一位智勇双全、文武兼备的优秀指挥员，他牺牲时年仅29岁，把青春热血洒在乌苏里江畔，为中国人民的独立自由献出了宝贵生命。

第十八节　抗日英雄谱

周保中（1902—1964年），原名奚李元，白族，1902年2月7日出生于云南省大理县湾桥村一户贫苦农家。1915年，周保中以优异成绩考入省立大理县第三中学初中部。初中二年级后由于家乡遭兵匪抢劫，中途辍学回家务农。1922年冬，周保中被选送云南陆军讲武学校工兵科学习。1924年，周保中从云南讲武学校毕业，曾在滇军和国民革命军中服役。1926年参加北伐战争，率部英勇作战,屡建战功,历任国民革命军营长、团长[1]等职。在大革命失败的腥风血雨中,周保中毅然抛弃高官厚禄,走上革命道路,于1927年7月加入中国共产党,1928年受中共中央派遣赴苏联,先后进入莫斯科中国共产主义劳动大学(中山大学)预备班、国际列宁学院及伏龙芝军事学院学习,改名周保中。

1931年"九一八"事变后,周保中回国,在中央军委工作。1932年2月,党中央派周保中到哈尔滨,任中共满洲省委军委书记,组织领导东北抗日武装斗争。1932年4月,满洲省委派周保中到宁安县开展武装工作。5月起,任中国国民救国军总参议,指

周保中
(饶河县电子政务中心提供)

挥三打宁安县城等战斗。1934年2月,周保中领导组建东宁反日同盟军,任军事委员会主席,率部在宁安地区开展游击战。1935年后,周保中历任东北反日联合军第五军军长、东北抗日联军第五军军长,领导创建东宁抗日游击根据地,指挥大盘道、前刁翎、依兰城等战斗。1937年10月起先后任东北抗日联军第二路军总指挥兼政治委员。1938年初,为打破日伪军6万余人对三江地区抗日联军的"讨伐",组织指挥第二路军主力从依兰地区向五常地区西征,亲率留守部队多次挫败日伪军的"讨伐"。1938年冬,任中共吉东省委执行部主席,后为中共吉东省委书记。

1939年春,针对日伪军事"讨伐"、经济封锁和政治诱降的严峻形势,主持召开中共吉东省委扩大会议,他坚定地说:"临到革命者牺牲的关头,就应该慷慨就义。我们决心用自己的鲜血来浇灌被压迫民族解放之花。"随即整顿部队,调整部署,指挥

---

[1] 周保中在苏联学习期间,于1929年填写的2份工作履历表。

各军分路突出重围。在抗联部队遭受严重挫折、与中共中央失去联系的情况下，1939年11月末，周保中、冯仲云和赵尚志三人在苏联哈巴罗夫斯克远东边防军司令部，与远东边疆区党委和远东军区讨论抗联部队越界过江整训问题。不久，按照统一部署，各支抗联部队战略转移开始，第一、二、三路军陆续越过中苏边界进入苏联方面指定区域，组建南北野营，由苏军提供后勤供应和军事训练。1942年8月1日，周保中任东北抗联教导旅旅长，坚定原则不妥协，保持这支队伍始终处于中国共产党的绝对领导之下。1945年8月，他率部配合苏联红军进军东北和接应八路军、新四军开赴东北的部队，曾获苏联授予的"红旗"勋章。1945年9月中旬，东北抗日联军教导旅扩建为东北人民自卫军，他任总司令兼政治委员，积极开展"建军、建党、建政"工作。解放战争时期他任东北民主联军副总司令兼东满军区司令员、吉林省人民政府主席、东北军区副司令员兼吉林军区司令员，参与领导东北解放战争，为共和国的诞生立下赫赫战功。

历史不会忘记英雄。周保中是东北著名抗日三杰之一，日寇悬赏他的首级赏金由5万元增加至10万元，后加码为一两黄金买周保中一两肉。1932年10月17日，周保中作为指挥官率部攻打宁安县城的军火库，他亲冒矢石，冲锋在最前面，被敌人一颗子弹打在左腿上，卡在两个骨头中，他简单包扎后强忍疼痛继续指挥战斗。战斗后，部队转移蓝棒子山密营，在没有麻药的情况下，他又让人用刀子把大腿伤口周围那些腐烂肉刮下来，用刮骨疗法挖出了子弹头，被誉为当代"关云长"。1934年9月20日，在宁安平安镇战斗中，周保中肠子被打出，后用鸡皮糊上，担架抬着他继续指挥战斗，直到取得这场战斗最后胜利。1937年，周保中指挥攻打依兰城的战斗中，下达8项作战命令，分兵四路攻击并配以迫击炮队，攻入依兰县城，破坏了敌人的中央银行，几乎占领了依兰城。撤离之时又伏击追出的日伪，取得以少胜多战果。1941年，抗联形势严峻，杨靖宇、赵尚志等抗联领导人相继牺牲，周保中独撑危局，在两次"伯力会议"精神的指导下，领导抗联部队在苏联建立了南北野营，并随后建立了闻名于世的抗联教导旅。

周保中是东北抗日联军的主要创始人和东北地区抗日游击战争的主要领导人之一，毛泽东主席评价："保中同志在东北十四年抗日救国斗争中写下了可歌可泣的诗篇。"中华人民共和国成立后，周保中曾任云南省人民政府副主席、西南军政委员会政法委员会主任兼民政部长等职。1955年，被授予一级八一勋章、一级独立自由勋章和一级解放勋章。周保中先后回忆、撰写了《东北的抗日游击运动和东北抗日联军》《东北人民抗日游击战争概况》《忆东北抗日游击战争》《东北抗日游击日记》等重要史料以及回忆杨靖宇、赵一曼、陈翰章等抗日英烈的文章，为历史留下了一份弥足珍贵的精神财富。

"为什么我的眼里常含泪水？因为我对这土地爱得深沉……"为民族解放事业殚精竭虑，贡献全部力量的周保中将军，因身体过度透支，于1964年2月22日在北京病逝。

崔庸健（1900—1976年），朝鲜族，又名崔石泉、金治刚、金全玉、崔秋海等，原籍朝鲜平安北道龙川郡。在宣川五山中学读书时的崔庸健就关心国事，积极参加反日运动。他在学校里组织同学驱除校内的亲日派，创办《改革公报》，宣传反日爱国思想，受到校方停学处分。崔庸健遂去首都汉城，继续参加反日斗争，不幸被日本军警逮捕入狱。在狱中，他更坚定了推翻日本殖民统治和解放祖国的决心。1922年，崔庸健出狱，他感到在朝鲜难以开展活动，决心离开祖国到中国寻找抗日救国的道路。同年9月，崔庸健和24名青年一起到达上海，进入上海南华大学学习军事，后因上海发生一起爆炸事件，无辜受牵连，被当局逮捕下狱。出狱后于1923年去云南讲武堂，一面学习军事知识，一面和其他革命者一起研究马克思主义。这时他已深刻地认识到，朝鲜的民族解放和中国革命的成功是分不开的，为了打倒共同的凶恶敌人——日本帝国主义，解放自己的祖国，应该积极投身中国革命。1925年4月，崔庸健以优异的成绩毕业于云南讲武堂十七期步兵科。而后他奔赴当时中国革命的中心广州，投入孙中山先生领导的护法军政府，被任命黄埔军官学校教官和第五期第六区队长等职。1926年，崔庸健光荣地加入了中国共产党。同年，他和黄埔军校的师生参加北伐战争，1927年12月，他参加广州武装起义，担任黄埔军校特务营第二连连长。起义失败后，他率部撤退到花县，参加保卫海陆丰战斗。

1928年3月，崔庸健受党组织的派遣，到东北松花江和乌苏里江沿岸组建党的地方组织和进行革命活动。崔庸健在哈尔滨与中共满洲省委接上关系后，党组织派他到通河县和汤原县朝鲜族村屯农民中进行革命活动。他化名金治刚，以教员身份深入到农民中耐心细致宣传抗日道理。他在通河县朝鲜族西北河村，以教员身份作掩护，积极开展建党和筹建游击队工作。在当地农民群众积极配合下，他组建东北最早的中共通河县第一个党支部和"松花江青年同盟"等组织，同时还选拔一批青年骨干进行军事训练，积极筹备组建一支反日武装队伍。在敌强我弱的情况下，崔庸健组织的通河暴动失败了，崔庸健奉命转移至汤原县。

1929年春，崔庸健在汤原县建立福兴屯农村基层党支部。随后，他又在汤原县的梧桐河、太平川、七马架、格节河及萝北县、富锦县等地陆续组建党支部和党小组。在汤原县崔庸健还举办两期军事训练班，培训140多名学员，为后来汤原县游击队创建培养了骨干力量。

1929年秋，崔庸健与黄哲云等来到宝清、饶河等地继续进行革命活动。1932年8月，根据饶河中心县委的决定，崔庸健在宝清小城子沟里秘密创办了军政讲习所，培训抗日人才。同年10月，中共饶河中心县委决定由他任队长和5名共产党员组成特务队，专门负责筹集枪支，招募人员。经过几个月的工作，特务队由6人发展到40人。1933年春季，崔庸健在李学福等人协助下，又在三义屯小学举办了军政训练班。当时，来自全县各村屯40多名学员参加了秘密训练，崔庸健任主任，培训结束后，大部分学员参加了游击队。1933年4月，饶河农工义勇军正式成立，崔庸健任队长。6月，饶河农工义勇军改编成东北国民救国军第一旅特务营，崔庸健任参谋长。

1934年1月28日，救国军攻打虎林失败后，特务营改为饶河民众反日游击大队、饶河抗日游击大队，崔庸健先后担任参谋长、代理大队长、政治部主任。在以后的一年多时间里，游击大队在大队长张文偕、参谋长崔庸健等领导下，活跃在饶河、虎林一带。他们充分利用山区地形优势，采取灵活的游击战术，在当地群众的大力支援下，克服重重困难，粉碎了敌人一次次"围剿"和大"讨伐"，队伍逐步发展到200多人。一次，崔庸健带领50多名游击队员，夜袭了大别拉炕屯，击溃了李喜山的伪警察队并缴获了10支步枪和20匹马。

1935年9月18日，饶河抗日游击大队改编为东北抗日同盟军第四军第四团，崔庸健任参谋长。9月27日，四团在新兴洞与日军高木司令率领的80多名日军相遇，激烈战斗持续了一天，四团击退了敌人多次进攻。正当敌人溃退时，伪军35团从背后包抄过来，四团前后受敌，处境十分危险，崔庸健利用夜幕掩护，指挥部队突围转移。此战击毙了高木司令以下日军12人、击伤17人，击毙击伤伪军30多人。这次战斗被称为名震东三省的"新兴洞大战"。

1936年3月25日，根据中共吉东特委指示，四团改编为东北抗日同盟军第四军第二师，4月又改为东北抗日联军第四军第二师，崔庸健任师参谋长。随后，崔庸健率一部分队伍到同江、富锦开辟新游击区。一次，崔庸健积极组织策动了二龙山伪军哗变，有20多名伪军携带40多支枪投奔到二师。6月份，崔庸健率150名战士，在开往同江头道林子途中，与360多名日伪军发生遭遇战，经过一天激烈战斗，我军击毙日伪军50多人。新游击区的开辟，大大鼓舞了部队的士气，从而激发游击区广大人民群众的抗日斗争热情，60余青年踊跃参加抗联队伍，人民群众主动给抗联队伍送粮、捐衣物，抗联在新游击区的威信大增。

1936年11月，根据1935年"八一宣言"和"东北抗日联军统一军队建制宣言"精神，二师正式改编为东北抗日联军第七军，崔庸健任军参谋长。

1937年3月6日，军长陈荣久在饶河天津班战斗中牺牲，抗联七军党委决定崔庸健代理军长。为加强七军力量，崔庸健积极争取饶河各山林队加入七军队伍，形成联合抗日强大阵容，七军人数增加到800多人，年末达到1 500多人，并建立了暴马顶子、四合顶子等多处密营基地，为开展长期游击战争打下基础。

1938年初，日寇进行大扫荡，极力破坏抗日根据地，七军采取分散活动。崔庸健率领一部分队伍避开与敌人正面冲突，到敌人统治力量薄弱的地方积极开展游击战。当年7月，崔庸健派军部警卫连吴应龙连长负责接应小南河屯伪警察队哗变。在伪警察队机枪班长张玉华等协助下，突袭该处伪警察队，缴获机枪两挺，60多支步枪和马枪，子弹几千发，七军用这批武器装备了少年连。

1938年9月26日，崔庸健率领军部警卫连和少年连一个排40

人，在挠力河畔西风嘴子伏击了伪满洲国少将日野武雄的汽艇。由于这次情报及时准确，战斗部署严密，战机抓得准，战斗只用几十分钟就结束了，当场击毙了伪满洲国日野武雄少将以下39名日军，缴获了机枪1挺，步枪27支，短枪10支，子弹4 000多发。

挠力河畔西风嘴子伏击战的重大胜利，沉重打击了日寇的嚣张气焰。为保存有生力量，长期开展游击战，七军一部分部队转移到深山密营开荒种地，一部分部队由崔庸健率领转战于花砬子、四合顶、老鹰沟、臭松顶子与敌人进行游击战。

1939年3月，吉东省委任命崔庸健为七军党特委书记兼参谋长。10月，七军代理军长景乐亭突围后带领20余人并偕同妻子王玉洁赴苏联。崔庸健临危之际又第二次代理七军军长职务，使七军在险境中始终保持统一的指挥。

1940年3月，崔庸健调任二路军参谋长。1940年冬季，东北各地抗联部队人员陆续进入苏联境内进行整训，崔庸健任抗联教导旅（即苏联远东军区红旗军独立88步兵旅）副参谋长。1942年9月13日，教导旅召开全体党员大会，正式将原东北的南满省委、吉东省委、北满省委合并组建为教导旅中共东北党组织特别支部局，即中国共产党东北地区委员会，选举崔庸健为书记。同年冬，特别支部局进行改组，崔庸健当选为中共抗联教导旅党委书记。1945年8月8日，苏联政府对日宣战，抗联教导旅接受任务随苏军参战反攻东北。8月15日，日本宣布无条件投降。8月24日，教导旅内朝鲜籍中共党员和干部，除少数留下返回东北继续工作外，其余人员组成朝鲜工作团随苏军返回朝鲜。旅党委书记崔庸健负责向中共中央移交了东北党组织关系，汇报了东北抗联斗争历史后，随工作团返回朝鲜。

崔庸健回到朝鲜，曾任国家保安局长、保卫相、共和国次帅、劳动党中央委员会常务委员、副委员长、最高人民会议常任委员会委员长、党中央委员会书记局书记、朝鲜民主主义人民共和国副主席等职。

归国后的崔庸健仍念念不忘哺育他成长、战斗的中国这块土地，他更忘不了为驱除日寇与中国战友共同战斗在饶河的十多个春秋。1963年，崔庸健访问中国期间，向中国领导人询问了东北的现状，他还表示有机会一定要到他战斗过的松花江、乌苏里江沿岸的县城走一走，看一看。1965年，崔庸健再次访问中国时又向中国政府提出，要在他亲自抗日战斗过的饶河小南山建立一座中朝抗日纪念塔，周恩来总理为该工程亲自拨款70万元，一座象征中朝战友携手共同抗日的英雄纪念碑巍然屹立在乌苏里江畔。

1976年9月19日，朝鲜劳动党和人民军的主要领导人、杰出的国际共产主义战士，中国人民的亲密战友，饶河抗日游击队、东北抗日联军第七军主要创始人，崔庸健因病与世长辞，享年76岁。

崔庸健作为中共早期党员，不仅参加了著名的广州起义，而且在黑龙江省三江地区最早进行建党、建军活动，领导抗日武装斗争长达14年之久。艰危屡善谋略，曲折愈显忠贞；勇武而儒雅，刚直而显柔肠；扬名于那丹大岭，显赫三千里江山。他为中朝两国人民的民族独立和人民解放事业作出了卓越贡献。

王效明（1909—1991年），学名王聪，原名王冠英，出生于辽宁省昌图县一个普通农民家庭。1935年8月加入中国共产党，曾任抗联五军参谋、教导队长、三师政治部主任，抗联二路军总指挥部参谋处长，抗联七军政治部主任、政委，抗联二路军二支队队长兼政委，抗联教导旅二营营长。1955年被授予少将军衔，是中国人民政治协商会议第五届全国委员会委员。

王效明10岁起在叔父和表兄的资助下，读了一年私塾和四年小学，1924年考入公费的沈阳兵工学校机械科，在校学习三年半。1927年12月，王效明又考入沈阳陆军教导队，翌年转入东北陆军讲武堂。1930年王效明在讲武堂毕业，分配到驻哈尔滨地区的东北军18旅76团任准尉见习军官。王效明从军不到一年，抗日战争爆发。他参加了一些军官组织的反日救国组织，开展反日救国活动。不久，他被选到伪满洲国首都长春禁卫步兵团三营任营副。

1932年5月，王效明与中共满洲省委取得了联系，并参加白云亭组织的反日救国军，任参谋长兼支队长。由于内奸告密，当年11月，王、白二人被日本宪兵队逮捕。在

王效明
（饶河县电子政务中心提供）

狱中他参加了难友——共青团山东省委书记崔吉昌等组织的学习小组，学习了《马克思主义哲学大纲》《唯物史观》等马克思主义著作。残酷的狱中生活和对敌斗争，使王效明受到了深刻的教育，加深了对马克思主义和共产党的认识，进一步坚定了抗日的决心和革命的信念。经亲友多方营救，伪满洲国法院于1934年10月23日允许他"取保释放"。1935年2月，王效明到宁安县南三家子，见到了东北抗日联合军第五军二师参谋长陈翰章、五军军长周保中，被任命为五军军部参谋。当年8月，在宁安县北湖头五军密营，经周保中、高凤化（五军二团政委）介绍，王效明加入中国共产党。从此，他在党的领导下同日寇展开了殊死的斗争。

1940年4月，七军改编为二路军第二支队，王效明任政委兼任吉东省委代表。与队长王汝起率领二支队，转战饶河、虎林、富锦、同江、宝清、勃利等地。支队长王汝起牺牲后，王效明接任支队长。

1940年5月9日，抗联二支队40余人在支队长王效明、副支

队长刘雁来的率领下，前往虎林县大、小木河活动，截击敌汽船一艘，打死伪警察7人，俘虏7人，缴枪10余支，弹药多箱，白面180袋、大米130多包及其他食品，全部运到乌苏里江江心岛，俘虏押解苏联。而后转战到宝清、勃利一带活动，袭击伪警察所2处，毙日伪军20余人，使敌人闻王效明之名而丧胆。在东北抗战处于最艰难时期，王效明率领的这支40多人部队发展到70多人。

东北抗战后期，由于日伪的清剿和封锁，抗联的整体生存环境十分艰难。按照抗联的统一部署，1943年3月，王效明率留守小分队过江去苏联整训。在东北抗联教导旅，王效明任二营营长兼旅党委委员。

1945年8月28日，王效明随教导旅重返东北。解放战争时期，他先后任吉林市警备区司令、吉林警务处处长、吉长护路司令员、永吉军分区司令员、吉南军区司令员兼第24旅旅长。1948年任东北野战独立第11师师长，1949年任东北军区第164师师长、长春卫戍区司令员兼第164师师长、炮兵第6师师长。中华人民共和国成立后，他先后任海军炮兵学院校长、海军炮兵部副部长、岸防兵部部长、武装力量监察室主任、旅顺基地副司令员、中共中央监委驻第五机械工业部监察组长、第五机械工业部顾问、兵工学会副理事长。1955年授少将军衔，中国人民政治协商会议第五届委员，1991年11月30日于北京逝世，享年82岁。

王效明战功显赫，身居高位，但从不用手中的权力谋私利，他严于律己，为官清廉，始终保持党的艰苦朴素作风，表现了一个老抗联战士的高贵品质。

刘雁来（1902—1967年），山东平阴人，出身于一个工人家庭。刘雁来小时家庭贫困，17岁随同亲属闯荡哈尔滨，在一家轮船公司当劳工。27岁到依兰、富锦作装卸工，后来到饶河谋生。

"九一八"事变后，东北沦陷为日本殖民地，受友人的影响，1932年5月他与李广山、李国清、赵发河、王玉福等人组织"北海"抗日山林队，王玉福为队长，刘雁来任副队长。

1933年初，他投奔高玉山领导的救国军麾下，在第一旅二连当战士。救国军溃散后，刘雁来回到三义屯，见到游击大队长李学福，他提出要参加游击队。李学福说："你暂时不要参加队伍，发挥你社会联系广泛的特长，在三义屯开个小商店，作为游击队的联络点。"刘雁来愉快接受了任务，从此各种情报、物资源源不断地及时送到游击队手中，被称为游击队的"红店"。

一天，驻饶河县城的一连伪军来商店附近驻扎，准备第二天"围剿"游击队。刘雁来马上把这一重要情报传递给游击队，李学福接到情报后，把队伍埋伏在敌人必经之路的分水岭。第二天，伪连长领着伪军在前边走，日军跟在后边。当敌人进入分水岭伏击圈，游击队一阵猛打，前边倒下一片敌人，后边的敌人狼狈逃窜。此后，小商店受到敌人怀疑。

刘雁来
（饶河县电子政务中心提供）

1934年，李学福派李国清等4名战士夜半来找刘雁来，布置夺枪任务。刘雁来侦察得知小南河屯十家长——雷献诚有7支长短枪。刘雁来以借玉米为由，带李国清等4名战士进入雷献诚家，收缴了这7支枪。事后雷献诚大呼上了刘雁来的当，刘雁来身份暴露。随后，刘雁来上山参加游击队，先后在七军任连长、副团长、团长、副师长，二路军二支队副支队长。

1938年7月，二师十三团团长姜尚平在青龙山被叛变的部下祁成月、孙宪武、刘云江缴械后枪杀，又阴谋要挟全团投降日寇。刘雁来奉命只身深入虎穴，设苦肉计骗取叛徒信任，巧计除掉叛徒，将全团安全带回，被称为"孤胆英雄"，因此名噪一时。同年10月他加入中国共产党，不久升任团长。刘雁来战斗在饶河、抚远、同江、富锦一带的完达山脉丛山峻岭和三江原野，曾凭个人影响力，协助七军收编多股杂牌山林队，身经数十次战斗，锄奸安民，足智多谋，勇猛过人，令日伪胆寒，名震四方。

1939年7月25日，刘雁来协助王汝起巧取抚远抓吉镇，利用缴获的伪军军服，挑选青壮年40名，乔扮伪满军，设计智取抓吉镇，击毙日本警察1名，重伤1名，俘虏伪警察30多名，缴获枪械近40支，弹药多箱。这次乔装智取战斗，我军大获全胜，战果丰硕。

王汝起牺牲后，吉东省委任命刘雁来为二支队副支队长兼第一大队大队长。1940年5月9日，第二支队40余人，在支队长王效明、副支队长刘雁来的领导下，在小木河一带江边活动，截击敌一辎重船队，打死伪警察7名，俘虏伪警察7名，缴获的粮食及食品等辎重全部运入界江中心岛，俘虏押解苏联。

日伪统治后期，刘雁来作为留守饶河的抗联将领，以大旗杆（在饶、富、宝三县交界处）为中心，同日伪军周旋，坚持游击战。还曾经率队与土匪尤德荣多次交战，将尤德荣击退。他的妻子包玉卿，能双手使枪，人称双枪女豪杰。当时部队有人想叛变，被她识破，用计除掉。后来，包玉卿为日寇俘获，监押5年之久，直到东北光复获释。

1940年冬季，抗联大部队越江去苏联整训后，刘雁来奉命率小部队仍坚守在虎、饶、宝一带坚持游击战，至1943年完成任务，是最后一批渡江去苏联整训的抗联部队。东北光复时，他随苏军进入富锦县。苏军撤退后，任富锦卫戍司令部副司令员。1946年，在佳木斯军政大学短期训练班学习，后出任合江省轮船公司经理、佳木斯裕东公司经理。中华人民共和国成立后，先后任松江省轮船公司经理、东北内河航务局副局长、黑龙江省航务局副局长等职。

  历经抗日战火考验的刘雁来,秉承抗联精神,在江河航务领导岗位上十多年间,殚精竭虑尽职守,不曾稍有疏忽,凡事亲力亲为,业绩颇为突出。1967年5月14日病逝,享年65岁。

第十九节　英雄夫妻,慷慨赴义[①]

  饶河县是著名革命老区,在这块热土上,无数革命前辈为民族独立和人民解放与穷凶极恶的日伪军鏖战那丹大岭,血洒挠力河畔。林龙叶、金英淑夫妻的抗日英雄事迹就是饶河红色历史上无数英雄和革命家庭的缩影,值得人们永远铭记传唱。

  林龙叶、金英淑夫妻二人都是朝鲜族,祖籍朝鲜。日本帝国主义吞并朝鲜后,他们不愿作亡国奴,全家流落到中国,随后又迁徙到饶河县境内暴马顶子谋生。"九一八"事变后,他们一家搬迁到今天的小佳河镇西南山一带推磨山居住。1934年,日本军国主义铁蹄践踏了这偏僻的山村。

  日寇、伪军武力野蛮并屯,不从者即放火烧屋、开枪杀戮;特务宪兵明查暗探,动辄以反满罪名随便抓人,一片刀光血影。这种残暴的法西斯统治,激起了林龙叶、金英淑夫妇的反抗怒火。饱尝亡国之痛的林龙叶对妻子说:"咱们还能走前辈的老路,迁到另一个国家去吗?唯一的活路就是拿起枪同日本侵略者干到底,把侵略者赶出中国去,赶出朝鲜去!"温顺善良的金英淑,自懂事时起,就因日寇燃起的战火而颠沛流离,在无休止的灾难面前也逐渐坚强起来,她完全同意丈夫看法。

[①] 根据2010年中共饶河县委党史研究室《抗联七军的战斗历程》等资料加工整理。

暴马顶子和推磨山一带群山逶迤、山高林密，是完达山和三江平原之间的战略要地。这里早在中共饶河中心县委成立之时就辟建为游击区，也是之后抗联七军的重要密营基地。党组织和抗联七军经常到这一带村子里开展活动，宣传抗日救国的道理，建立了党的地下组织和抗日救国会、妇女会等群众抗日团体。面对日寇暴行和汉奸的狐假虎威，无止境的苛捐杂税，反抗的怒火在人们心中燃烧，许多人都以各种形式支援抗联七军，林龙叶就在小佳河村担任了反日救国会的小组长。

为了不再受日本人奴役，为了下一代能呼吸自由的空气，林龙叶、金英淑决定弃家赴国难，投奔抗联七军。夫妻二人经过反复考虑，决定林龙叶带着大女儿投奔抗联，金英淑留家抚养两个年幼的儿子，搜集敌人的情报，做抗日地下联络工作。

林龙叶携大女儿走后，沉重的生活担子压在了金英淑一个人肩上。一年四季，她凭着钢铁般的意志和勤劳的双手，在无人帮助，没有畜力的情况下，手牵一个孩子，背着一个孩子，迭坝埂、播种、薅草、收割、打场……顶酷暑、冒严寒，备尝艰辛，以羸弱的身躯，超负荷劳动，完成一个壮劳动力都难以胜任的劳动量，取得稻谷丰收。闲余时间她还走东家、串西家，帮衬村里的穷苦人，与他们搓草绳、打草袋，给孤寡老人缝缝补补，把抗日的道理融于实际行动中，一点一滴地灌输到人们的心里。

她坚强地挑起家庭生活重担，不但年年夺得了农业好收成，也以自身的行动感染百姓，赢得了周围群众的赞扬与尊敬。她机智灵活，善于从敌人日常的一言一行中分析整理，形成材料后，及时传递给抗联队伍，取得了不小的成绩，首长称她是抗联的"千里眼"。她利用在群众中建立的崇高威信，在日伪密探的眼皮底下发动妇女做军鞋、积攒粮食，借着挖野菜、打柴等机会送给山里的抗联队伍。那时，小佳河村是抗联七军暴马顶子密营的一条重要的情报交通线和物资补给渠道。

1938年，日伪加强了对边远地区的殖民统治，在军事上抽调了大量兵力，采取梳篦式反复"围剿"抗联七军；在经济上对人民实行最低限额配给制，严密封锁物资流通渠道；在政治上宣传"日满亲善"，加大诱降力度；在社会上强化归屯并户、保甲连坐等法西斯措施，制造阴森恐怖气氛。这一年12月的一天，肆虐的西北风刮起了"大烟炮"，漫天风雪，天昏地暗，推磨山下的小村笼罩在风雪之中。傍晚，一身白雪的林龙叶悄悄地回到了自己的家。他是奉命执行任务返回山里时，路经推磨山，领导让他趁着漫天风雪回家探望和交接情报。林龙叶的突然回家，给金英淑带来了惊愕、带来了欢喜。小小煤油灯下，微弱的火苗在闪烁，夫妻互诉离情，交流情报。林龙叶看着炕上睡熟的两个孩子稚嫩的脸庞，望着妻子消瘦的双肩和晒黑的脸庞，唯有一双大眼还是那么炯炯有神，心里充满了怜爱和敬意。他知道这些年来妻子既要支撑这个家又要做群众工作，还要承担风险搜集情报并节衣缩食支援抗联部队粮食和衣物，其艰难风险不是一般常人能承受的，全凭坚定的革命意志。

林龙叶的这次行动可谓十分机密，又有恶劣的天气作掩护，但还是被内部的叛徒获悉后告密。天亮前日军、伪警察包围了他们的小茅屋，夫妇俩被捕了。面对着明晃晃的刺刀，黑洞洞的枪口，因惊吓而啼哭不止的两个儿子，他们没有在残暴的敌人面前露出儿女私情，坦然自若挺胸傲视这伙敌人，因为国仇家恨使他们早已把生死置之度外。敌人把他们押到小佳河伪警察队，日军队长亲自审讯。任凭敌人威逼利诱，他们夫妇不为所动。气急败坏的敌人把他们倒吊双臂、坐老虎凳、用皮鞭和钢丝抽、灌辣椒水、烙铁烫……用尽了各种残酷的刑法折磨他们。夫妻二人多次昏死过去，又被敌人用凉水泼醒过来。日军折腾了两天两夜，也没有从他们夫妻身上得到抗联的半点情况。面对这样的钢铁战士，敌人绝望了。他们被捕的第三天，一无所获的日军对他们夫妻下了毒手。

那一天，天气出奇的冷，日军和伪警察硬是用武力把小佳河村子里的老百姓驱赶到了一个空旷操场的土台前。土台上站着反绑着双手、遍体鳞伤的林龙叶和金英淑，他们昂起不屈的头颅，怒视敌人。日军队长冲着林龙叶、金英淑狂吠："你们自己的说话，你们犯了什么罪？"金英淑声音沙哑但掷地有声地说："我们没有罪，是你们这帮日本强盗杀人放火，罪恶滔天。"随即，她转过身来面向群众高呼："团结起来，打倒日本强盗！"林龙叶也呼喊："打倒日本帝国主义，把日本强盗赶出中国去！"日军队长一看会场失控，便恼羞成怒，拔出战刀跳着双脚嘶喊着："枪毙！枪毙！死了死了的。"一群日军冲上土台，像饿狼一样扑向林龙叶和金英淑，拳打脚踢地把他们押向村西小佳气河边。夫妻俩挺胸怒视这群凶神恶煞的敌人，迎着冷冽的西北风，一路怒骂敌人，在场群众清晰地听到林龙叶、金英淑夫妇高喊："打倒日本帝国主义！""中国共产党万岁！"的口号声。一阵枪响过后，夫妻俩血洒挠力河畔。那慷慨悲壮的场面，虽有日寇淫威高压，汉奸伪军狂吠叫嚣，在场的乡亲们无不眼含着泪水，几个年长者竟放声哭了起来。

这时，小河沿一带死一般寂静，只有寒风卷着林涛发出的吼声，仿佛是在向凶恶至极的日寇声讨罪行。日伪的残暴没有吓倒人民，而是唤起了更多的人投入到民族解放斗争的洪流中去。

当年林龙叶、金英淑夫妇英勇就义时，他们的大儿子林永深年仅8岁，小儿子林永善年方5岁。这两个烈士的遗孤又经历了百般的磨难。林永深为地主崔星焕放牛、种地，林永善被饶河首恶大汉奸苑福堂的女婿——伪警察署长赵家佩弄去做童工，改名赵凤岐。他们兄弟俩干的是牛马活，吃的是粗劣饭，还经常挨打受骂，过着非人的生活。赵家佩还不准哥俩见面，也不准和朝鲜族乡亲说话。东北光复后，哥哥林永深于1946年参加了我军剿匪部队王景坤部炮兵连，在辽沈战役中荣立一等功，1950年提升为副团长，后在朝鲜上甘岭战役中壮烈牺牲。弟弟林永善13岁给土改工作团长俞时模当警卫员，随部队转战南北，以后在沈阳军区政治部办公室任副秘书长（现名林凤岐）。林龙叶、金英淑的大女儿于1940年随抗联部队去了苏联，以后下落不明。

岁月的沧桑会改变一个人的容颜，但是却无法抹去历史上那一页的惨痛记忆。

一寸山河一寸血，一抔黑土一缕魂。在春寒料峭的早春，寥落单调的山冈尚覆盖着皑皑白雪，在那片烈士血染的土地上，顷刻间俄尔就会有一簇簇金色淡黄的冰雪莲破雪而出，点缀着空旷的原野。她冰清玉洁，冷凝如脂，宛如披着纱巾的仙女，冲天香气满山崖，报与春天一处开。回想过去的抗日烽火岁月，无数个像林龙叶、金英淑夫妇那样的英雄饶河人民以大无畏的牺牲精神，为中国人民的抗日战争和世界反法西斯战争的胜利立下了彪炳史册的功勋。逝者如风，英灵永存。今天，喜看稻菽千重浪，中华复兴正腾飞。林龙叶、金英淑烈士九泉之下回眸应笑慰，共和国历史上为国捐躯的英烈们，国家和人民永远不会忘记你们。在他们浴血战斗的地方，在他们用鲜血和生命浇灌的土地上，一代新人正沿着先烈的足迹奋勇前进。

中国共产党领导的东北抗日联军，是在极端艰难困苦条件下，同强大的日本关东军及其走狗展开了长达十四年苦斗鏖战，歼灭了大量日伪军，消耗了日伪大量资源，牵制日伪军近100万的兵力，这是一场艰苦卓绝、气壮山河的伟大民族解放战争。抗联英雄在辽阔的黑山白水间谱写了一曲曲可歌可泣、惊天动地的英雄篇章，涌现出的英雄灿若群星，为国捐躯的烈士数不尽数。为篇幅所限，本书不能一一列举，但正是这个庞大的英雄群体，铸就了光耀千秋、彪炳人类史册的抗联精神，历史将永远铭记他们为东北和全国抗日战争的胜利，乃至世界反法西斯战争的胜利所做出的不可磨灭的重要贡献。

第二十节　抗战时期饶河县人口伤亡和财产损失

据《饶河县志》和《饶河县公安史志》记载，饶河县在1934年日本占领以前有各类商铺30多家，饭店20家，各类加工厂5家，照相馆、旅店、妓院、洗浴等服务业10余家，共计有60多家，常住人口39 106人。

当时饶河主要生产的产品有木材、山珍、鸦片、水产品。沿乌苏里江居住的人们有"跑私江"习惯，即自行到江东与俄方进行以物换物的贸易活动。特别是种植鸦片的人们，春、夏、秋季在饶河生产，冬季前往内地销售或外地商贩来饶河收购，一时间饶河出现了人来熙往，市场繁荣，人民生活殷实的局面。

1934年初至1945年8月15日，日军侵占饶河的12年中，实施野蛮殖民统治，烧杀奸淫无恶不作，血腥镇压抗日武装，压榨盘剥百姓如敲骨吸髓，本县人民处在日本法西斯的水深火热统治之中。其生命财产损失概略统计为：

一、抗战时期人口伤亡情况

日本殖民统治饶河12年，饶河县人口从1934年的39 106人，到1945年8月15日锐减至仅有12 137人。全县直接死于战火近5 000人，伤千余人，失踪千人；间接伤亡8 700多人，其中被捕近千人，清乡并屯近3 000人，灾民2 700余人，瘟疫千余人，劳工1 000多人，合计因战争死亡近14 000人。

（一）抗日军人伤亡

抗战时期战斗在饶河的抗日部队有：高玉山领导的抗日救国军，共产党领导的抗日武装，还有民间的山林队等抗日武装。他们在极端艰苦的条件下，在冰天雪地中转战深山老林，在力量悬殊的情况下与日寇进行殊死搏斗，歼灭日伪军2 500多人，按1:1.5比例，抗日军队战死近4 000人。据1992年版《饶河县志》和东北抗日联军第七军的有关资料及《抗日人物传》《抗日烽火》《佳木斯组织史》《饶河县公安史志》等资料记载粗略统计几次较大伤亡：抗联七军在鼎盛时期1 500多人，到1943年过江去苏后仅剩近200人。据粗略统计，仅抗联七军就有千余名将士牺牲在抗日战场，有200多人与部队失去联系，有100多人因冻饿疾病而死，有200多人失散不知去向。其他抗日武装和反抗群众牺牲的也有千人之多。

（二）群众在清乡并屯中伤亡情况

1937年春，伪三江省守备队发布"靖安训令"，限期在一年内，将山沟里之散民全部驱赶下山，归集团部落，加强城防警戒，切断抗联与群众联系，断其粮源，达到全歼之目的（《满洲国史》第204页）。饶河日伪警察、宪兵，将大叶子沟、十八垧地、西风沟、暖泉子、大带河、关门嘴子、暴马顶子、七里沁子一带约3 600多户10 000多人在"讨伐"队的威逼驱赶下山，被枪杀、自尽、烧死近1 000多人，在暴马顶子一次清沟时就有100多名群众被屠杀。日伪在关门嘴子及岭西一带清沟时，一次杀死近200人；大叶子沟50多户200多人，逃出活命者无几人……在日伪清乡并屯中，伤亡群众粗略统计近3 000人。

（三）劳工死亡情况

全县被征集修县乡公路及军事工事、替日伪军"讨伐"队背给养2 000多人，死亡近千人。

（四）捕抓反日伪人士情况

据不完全统计，被日伪以政治犯、通苏犯、思想犯、经济犯等各种名目拘捕近千人，鲜有能活着出狱者。

据《饶河县公安史志》记载，1936年5月，日伪逮捕救国会干部于世贵、吕世湖、倪云德，农民王包臣、王开国、刘玉昌、杨喜思、宋荣等8人，将于世贵、吕世湖杀害。1938年日伪将所谓"思想不良"者200人投入江中。同年鲁昌富、郭瑞典、高宝、周学先遭日伪逮捕，后处死3人。据周学先说，他在狱中三个月就见有被处死者60多人。1939年9月日伪逮捕董义超、曲景发、李东泉、孙明门，有2人被处死。1943年，伪东安省警务厅组织饶河、宝清、密山、鸡西、虎林等地特务在饶河进行大搜捕，被捕100多人，送到牡丹江监狱，只有少数人侥幸活着回来。1944年春，饶河伪警察局逮捕了大带屯救国会会长张华和农民张宝贵、刘安青、赵明天、邹云月、刘万奎等10人，送牡丹江监狱，9人死亡，只有张宝贵生还。

饶河县人民法院刑事审判记载，特务张世昇于1940年到镇江村任特务中队警长，1942年在镇江村将抗联地下工作人员刘玉林和永幸村碗青山抓捕（饶法1956年刑字第10号）。伪国境警察队特务金铜熙（原名金东熙，朝鲜族）直接受特务主任村漱（日本人）领导；1941年冬，金铜熙向特务机关检举三义屯宋福顺通抗联，宋及妻子和二哥等3人被捕，金铜熙获奖伪币20元；1942年6

月，他侦知由苏联返回饶河的崔一山①行踪，报告给特务机关头子原田（朝鲜族）将其抓捕，移送特务本队，金铜熙获奖赏伪币30元（饶河法院1959年刑字第22号）。

1942年，马奎山加入特务组织，给日特张文肖当"腿子"；1943年，马奎山举报徐继简等11人准备起义过江被捕，日特奖励马奎山伪币200元（饶法1959年刑字第118号）。

1942年，林克青任饶河日本宪兵分遣队川山崎手下特务组长，四处侦查抓捕抗联人员（饶法1956年刑字第8号）。

另据查阅"七三一"纪念馆不完整的档案记载，就有饶河日本宪兵分遣队移送哈尔滨日本关东军"七三一"细菌部队做人体试验的反满抗日志士10多人。

（五）瘟疫死亡情况

据《饶河县志》记载，在日伪统治时期，饶河发生了两次瘟疫死亡近千人。在1938年清乡并屯后发生的传染病主要为伤寒、虎痢拉，死亡近200人。

1943年春发生霍乱，染病者近千人，死亡700多人，最为严重的是县城和西林子屯。

（六）其他情况

除瘟疫外的其他原因灾民死亡2 700余人。

二、抗战时期财产损失情况

在日伪统治时期，由于法西斯式的野蛮统治，饶河县经济及社会生活受到极大破坏，百业凋敝，民不聊生。人口锐减，生产

---

①1930年3月，经北满特委批准，建立了中共饶河县委，县委书记为崔一山（又名崔石峰、崔玉峰、崔应哲）。1936年12月13日，日伪军袭击抗联七军石头窝子密营，交战中崔荣华、高明远等7人牺牲，崔一山被捕后叛变。之后又混入抗联，过江去苏联。

力下降，耕地荒废，购买力低下，县城百余店主失去顾主，断绝财源，国民收入减少80%，普通群众一贫如洗，导致大部分商号被迫歇业或倒闭。各行业损失情况如下：

1.1937年日伪"清乡并屯"时烧毁民房2 000间。

2.1938年日伪"清乡并屯"时，烟民损失鸦片150万两，折伪国币250万元。

3.日伪统治饶河12年期间，农民损失牲畜1 500头，其中牛300头、马200匹、羊1 000只。

4.1942年日伪成立"兴农合作社"，将生产的粮食60%～70%交纳"出荷粮"。全县出荷粮987吨，每吨按157元计算，折合伪国币15万多元。

5.1945年8月9日苏军对日宣战，在战火中饶河县的两所学校被炸毁，50%的民房烧毁，1938年建的SKV500千瓦发电厂被炸毁。烧毁的军用物品有：军毯1 600条、缝纫机12台、罐头50吨、大米100吨、马车30辆。

6.苏军对日宣战后将停泊在饶河码头的"永业号"托船两艘和载有3 000吨煤炭、1 500立方米红松作为战利品收缴。

日军对饶河实施残酷殖民统治和压迫，疯狂地屠杀饶河人民和抗联将士，给饶河县造成了直接和间接巨大的伤害和严重损失，罪恶滔天，罄竹难书，犯下了不可饶恕的反人类罪行。

第二十一节　饶河地区革命史大事记（1927—1945年）

1927年10月，中共满洲临时省委成立，陈为人任书记。

1928年9月下旬，中共满洲临时省委改为中共满洲省委员会，陈为人任书记。

1929年6月18日，刘少奇任中共满洲省委书记。

1929年，满洲省委派崔石泉等中共党员来饶河开展活动。

1930年3月，建立了中共饶河县委，县委书记崔一山。

1930年8月上旬，满洲省委决定成立中共北满特委（兼哈尔滨市委）。

1931年3月，中共北满特委为适应新斗争形势需要，以中共饶河县委为基础，建立辐射领导周边各县的中共饶河中心县委，下辖12个支部。饶河中心县委书记朴元彬，委员徐凤山、崔石泉、李一平、朴振宇等七人。

1932年3月和8月，前东北军依兰镇守使、吉林省抗日自卫军总司令李杜将军，两度来饶河县谋划抗日救国方案。

1932年8月间，崔石泉在宝清县小城子沟秘密创办了"军政讲习所"，由饶河、虎林、抚远、宝清等县党组织推荐的30多名青年参加训练。10月，饶河中心县委决定由崔石泉、金文亨、金东天、崔龙锡、许成在、朴英根6名党员，利用仅有的一支手枪成立自己的武装"特务队"，队长为崔石泉。

1933年1月9日，抗日自卫军在与日军交战中溃散，李杜率余部千余人从虎林市虎头镇涉江逸去苏联。

1933年1月26日，中共驻共产国际代表团以中共中央名义发表《中共给满洲各级党部及全体党员的信》，简称"一·二六"指示信。

1933年3月，饶河县长刘鸿谟应日本关东军先遣司令官尹祚乾公函之邀，赴宝清开受降会，准备迎接日本接收大员。

1933年4月，高玉山在虎林举义旗成立抗日救国军，函请饶河县响应，遭拒，遂率2 000人进军饶河，并屯军在三义屯。

1933年5月26日，高玉山的救国军与黑河镇守使马占山属下十二团臧景芝部联合,两军2 600余众合力再次进攻饶河县城,县长刘鸿谟率领上层媚日分子乘船逃去抚远县。

1933年5月上旬,中共满洲省委吉东局成立,领导饶河中心县委、绥宁中心县委、东满特委。

1933年6月,中共饶河中心县委在三义屯创办军政训练班,受训的40余名青壮年结业后全部参加抗日队伍,该队伍初定名为"朝鲜独立军",随即又改为"饶河农工义勇军""饶河反日游击大队""饶河抗日游击大队"。

1933年6月,饶河中心县委与高玉山协商,在保持我党领导的前提下,将共产党领导的抗日游击队70人编入救国军序列,成立特务营。

1933年8月19日,日本驻富锦江防舰队4艘军舰炮轰饶河,救国军临时撤出县城。

1933年,饶河县反日救国总会成立。先后担任总会负责人的有徐凤山、郑鲁岩等,高潮时拥有会员1 000余人(核心会员300余人)。在县域内活动之大小抗日山林队14股,总数近300人。

1934年1月28日,高玉山率救国军主力1 500人攻打虎头镇和黑嘴子(今虎林县城)失利,当日率部分救国军涉江逸去苏联。

1934年1月30日,救国军将欲投降日本的七里沁(今五林洞镇)、腰房子(今永幸村)一带的保安队长王德邦等6人斩首示众。2月3日深夜,救国军四旅旅长臧景芝率留守各部千余人分路逸去苏联。

1934年2月1日,日军饭塚支队今田部队700余人攻占饶河县城。

1934年2月3日,特务营在大带河召开会议,会议决定将救国军特务营改编为饶河民众反日游击大队(也称饶河抗日游击大队),李学福任大队长,崔石泉任参谋长,朴振宇任政治指导员。

1934年2月，饶河区委改县委，县委书记为徐凤山，委员有于化南、梁义凤、朴振宇、崔石泉。

1934年6月，中共满洲省委决定撤销吉东局，原吉东局领导下的各中心县委及县委，在吉东特委成立前，由满洲省委代管。

1934年7月21日，饶河抗日游击大队大队长张文偕在虎林与饶河交界处，与日伪作战中壮烈牺牲。

1935年1月，苏联一架战斗机迷失方向，在里七里沁东北十八垧地迫降着陆，我抗日游击队协助苏联飞行员卸下2挺机关枪，然后将战机烧毁。李学福大队长又派8名游击队员护送苏联飞行员，穿山越岭4昼夜安全到达苏境。

1935年2月，成立中共吉东特委，杨松任书记，李范五任组织部长，各县委书记为委员，领导饶河中心县委、宁安、穆棱、密山及东宁区委，特委隶属中共满洲省委和共产国际代表团共同领导。9月，李范五任吉东特委代理书记。

1935年4月，饶河日伪特务机关在佳木斯开办汉、朝特务训练班，结业后派往本县80人，对饶河抗日斗争造成极大危害。

1935年8月1日，中共驻共产国际代表团，代表中共中央发表《为抗日救国告全体同胞书》即《八一宣言》。

1935年9月，中共驻国际代表团作出撤销满洲省委决定（1936年初中共满洲省委正式撤销）。

1935年9月18日，根据中共吉东特委指示，饶河抗日游击大队改编为东北抗日同盟军第四军第四团。

1935年9月27日，新兴洞小北山战斗，击毙日军高木司令及富泉顾问以下日军12人、击伤17人，打死打伤伪军30多人。东北抗日同盟军四军四团政治部主任李斗文、副团长朴振宇以下牺牲16人、受伤10余人。

1936年3月20日，根据共产国际中共代表团指示，饶河中心县委改为下江特委。下江特委书记为朴元彬，刘总成任组织部长，金昌海任宣传部长。

1936年3月25日，根据上级党组织指示，在下江特委的领导下，东北抗日同盟军第四军第四团在关门嘴子首先改编为东北抗日同盟军第四军第二师。同年4月，又改为东北抗日联军第四军第二师。郑鲁岩任师长，李学福任副师长兼四团团长，崔石泉任参谋长，崔荣华任政治部主任。第二师下辖一个团，即第四团。不久，又将收编的邹其昌部编为第五团，邹其昌为团长。这样，二师为两个团，共500余人。

1936年4月7日，饶河县伪警察局长马元勋在暴马顶子被抗日联军击毙。

1936年9月18日，成立中共北满临时省委，冯仲云当选为临时省委书记。1937年6月28日，选举张兰生为北满临时省委书记。

1936年11月15日，根据上级党组织指示，中共下江特委在关门嘴子和文登岗之间（今饶河三义村的石头窝子山岭后）召开二师党委委员、党员军事领导干部及地方党组织负责人会议，决定以二师为基础成立东北抗日联军第七军，军长陈荣久，下领三个师，一师长陈荣久兼，二师长李学福，三师长景乐亭，崔石泉任参谋长。

1937年3月6日，七军军长陈荣久率领150多人，在大顶子山北部天津班处狙击来犯日伪军，击毙伪县署大穗久雄参事官以下日军30余人、打伤10余人，打死打伤伪军几十人。我军陈荣久军长以下24人壮烈牺牲，多人负伤。

1937年3月10日，在林口县三道通，原吉东特委改组为吉东省委，宋一夫为省委书记，周保中为常委（宋一夫在1938年7月叛变投敌。同年冬，吉东省委改为执行部，周保中任执行主席。

1940年4月，吉东省委执行部又改组为吉东省委，周保中任书记）。

1937年7月1日，日伪决定在伪三江省实行"特别治安肃正工作"，组织"特别治安维持会"。

1937年10月10日，东北抗联第二路军成立，周保中任总指挥。同年秋，因国共二次合作，中共驻共产国际代表团撤回国内。

1938年1月，李学福任七军军长，下江特委书记朴元彬调吉东省委，由郑鲁岩代理特委书记兼七军政治部主任。

1938年春，中共虎林县委委员毕玉民任七军独立团团长。9月，郑鲁岩以搞派别不服从领导为借口擅自处死毕玉民。10月，七军独立团改为补充团，李一平任团长。

1938年6月下旬，吉东省委指示下江特委成立七军党的特别委员会。9月22日召开下江临时工委扩大会议，决定成立七军党的特别委员会。

1938年晚春，抗联五军三师与七军三师在宝清东部会师，组成五、七军联合部队，在虎林、饶河、富锦、宝清、同江一带筹集给养，建设密营，坚持游击战。

1938年7月，抗联一师四团团长姜尚平率领139人去同江青龙山开辟游击区，被部下叛徒祁成月、孙宪武、刘云江缴械后枪杀。刘雁来奉命只身奔赴该地，巧计将叛逆缉拿缴械，就地处死。

1938年7月，崔石泉派警卫连吴应龙连长率部去大顶子山佛寿宫，在伪军机枪班长张玉华等协助下，突袭该处伪军，缴获机枪2挺，60多支步枪和马枪及弹药军需若干。

1938年8月，七军军长李学福，患半身不遂，由虎林小木河一带渡江去苏联比金治病，8月8日病逝于比金医院。

1938年8月15日，姜克智在同江、富锦交界的卧虎里山西唐家油坊附近五顶山突围时牺牲。

1938年8月下旬，吉东省委决定成立下江临时党团，由季青担任书记，负责四、五、七军及地方党的工作。

七军二师师长邹其昌之妻刘玉梅被日本特务收买，又遂服邹其昌降日。1938年8月27日，七军三师师长景乐亭和五军三师师长李文彬率队伍来到大旗杆，景乐亭、李文彬与鲍林、王汝起、何可人等紧急磋商。决定由鲍林带教导队到小雁窝枪毙刘玉梅，李文彬带部队将邹其昌及警卫连缴械，邹其昌被押至大叶子沟军部审判后枪毙。

1938年9月26日，七军代理军长兼参谋长崔石泉率军部警卫连和少年连一个排40多人，在挠力河畔的西风嘴子伏击了由抚远乘船到小佳河视察的伪满洲国要员——日野武雄，击毙日野武雄少将以下39名日军，获机枪1挺，步枪27支，短枪10支，子弹4 000余发，望远镜1架。

1938年11月13日，景乐亭和郑鲁岩在饶河大别拉炕主持召开下江党委扩大会议，决定：景乐亭担任七军军长，组建七军党特别委员会；由金品三担任七军党特委书记，郑鲁岩、崔石泉任党委委员。

1939年1月，七军军长景乐亭率160余兵力在臭松顶子岭北伏击日伪军"讨伐"队，打死日伪军70余人，缴获粮米30余包。

1939年1月，在延安成立东北工作委员会（简称东工委），王明任主任，李延禄任副主任，李范五任秘书长。

1939年初，伪三江省佳木斯第七军管区参谋长兼伪独立二旅少将旅长姜鹏飞率2 500伪军进剿饶河。

1939年3月初，由吉东省委书记周保中带领的下江"三人团"党团书记季青一行，在虎林土顶子山召开七军党特委常委会，决定由崔石泉担任七军党特委书记兼参谋长，景乐亭任代理军长，王效明任军政治部主任。撤销郑鲁岩七军政治部主任职务及云鹤英七军三师师长职务，并给以警告处分。

1939年4月，中共北满临时省委改为中共北满省委，金策任书记。

1939年6月，王汝起、刘雁来率抗联七军100多人攻占抚远县蒿通镇伪警察所，7月，再智取抓吉镇，战果辉煌。

1939年6月，伪满洲国成立伪东安省，改密山县城为省会东安市，下辖密山、鸡宁（伪东安省在鸡西地区设置鸡宁县）、林口、勃利、虎林、宝清、饶河七县。本县原区村制改为村屯制。

1939年8月5日，李一平率七军补充团与五军三师九团联合攻打了虎林黑嘴子一带的清水嘴子日伪军兵营，打死日军10人及指挥官1人，消灭伪军和伪警察48人，解救出劳工180多名，其中110人参加我军。

1939年9月，原七军政治部主任郑鲁岩在永幸村西北秃顶子密营被日本"讨伐"队偷袭俘获，后变节投降日寇。

1939年10月，七军补充团团长李一平同曹连长在阿布沁河口猎户老李头窝棚处养病，被敌人包围，交战中英勇牺牲。同年10月，代理七军军长景乐亭率部队突围时，部队被打散，景乐亭偕同妻子王玉洁及20多人去苏联哈巴罗夫斯克市。同月，彭施鲁和一师三团胡连长被敌人包围，断粮三天，带30多人去苏联。

1939年11月14日，吉东省委执行主席、二路军总指挥周保中作出决定，撤销吉东省委下江三人团，七军党特别委员会直接受吉东省委执行部领导。

1940年1月24日，中共吉东、北满省委联席会议在苏联哈巴罗夫斯克召开，任命赵尚志为东北抗联第二路军副总指挥。

1940年3月，崔石泉调二路军任参谋长，吉东省委指定由王效明任七军党特委书记。

1940年3月初,七军代理军长景乐亭自苏联返回虎林县小木河抗联驻地。26日,在未弄清事实的情况下,仅凭被捕敌特一面之词,个别领导仓促间作出：景乐亭困难时期动摇,"图谋投日",景乐亭被内部误杀。

1940年4月2日,周保中主持召开了七军党的代表会议,会议决定把不足350人的抗联七军改编为东北抗日联军第二路军第二支队,任命王汝起为支队长兼第一大队队长,王效明为支队政治委员兼吉东省委代表,刘雁来任副支队长。

1940年5月21日,王汝起率30余名抗联战士埋伏于饶河大带河金家店附近的秃山头东南2里左右的树林里,袭击巡逻的伪警察队时牺牲。

1940年7月中旬,3名苏联军人越界登上南通五、七号两岛埋设标桩,被日伪守备警察逮捕。苏出动2艘军舰百余兵力与日伪警察及伪满洲军展开战斗,历2小时,日伪军警因无舰艇配合,不能迂回,死伤30余人,史称"南通事件"。

1940年9月,饶河县日本特务机关组建"北边公司",以经营木炭、石灰、狩猎诸业为名,培训特务,搜集抗联情报。

1940年9月12日晚,我抗联第二路军第二支队在王效明、刘雁来策划下,驻宝清县七星河镇伪军第二十团机枪连官兵举行起义,当即有机枪连77名士兵参加我军,并携带出重机枪4挺,轻机枪3挺,步枪121支,手枪4支,子弹4万余发和其0他大量军需品。

1940年9月11日,中共吉东省委任命王效明为二支队队长,姜信泰（姜健）为政治委员,刘雁来兼一大队队长,彭施鲁为第二支队教导大队政委。

1941年1月初至3月中旬,召开东北抗日联军领导干部会议,即全满党代表大会在苏联伯力举行，会议就东北党组织和东北抗日联军等有关重大问题交换了意见。按照统一部署，抗联各部队实施向苏联远东境内战略转移。

1941年2月，抗联优秀女电报员、共产党员陈玉华，在随小分队返回饶河侦察时牺牲。

1941年5月，驻扎本县伪满军独立二旅换防，伪东安省第十一军管区麻成（人名）部一个团调本县驻守。

1941年6月，日本关东军第一方面军第五军124师团属下川崎大队1 200余兵力开赴本县，分驻在饶河、老大带河（今垒山村）、东安镇、关门嘴子和四排屯等地。

1941年6月22日，苏德战争爆发，日本拟乘势东进，至9月间，本县日本关东军兵力骤增至3 000多人。

1941年12月8日，日本海军偷袭美国珍珠港，驻本县日军大部调走，留守部队约200余人。

1942年3月，日伪当局成立饶河县兴农合作社，粮食一律实行"出荷"与"配给"制。

1942年7月6日，驻东安镇伪满洲国靖安军第二团第二营六连起义，击毙1名日本值日电务员、1名伪排长和2名班长。7日凌晨，他们中的71人携带轻重武器分乘几条小木船越江投奔抗联教导旅。

1942年8月，随着太平洋战争爆发，日伪对经济资源的控制空前强化，在饶河成立了"三泰公司"，专门控制粮食（包括配给居民的粗糙粮食和代食品）、食盐及煤炭等，烟、酒类除军需外，市面已绝迹。

1942年8月1日，抗联教导旅官兵共1 000余人，在苏远东费雅茨克军营，由苏远东军区司令员阿巴纳申克大将宣布举行整编和授衔仪式。

1942年9月13日，教导旅召开全体党员大会，正式将原东北的南满省委、吉东省委、北满省委合并组建为独立步兵旅中共东北党组织特别支部局——中国共产党东北地区委员会。选举产生执行委员有：周保中、李兆麟、崔石泉、金日成、金京石、彭施鲁、王明贵、金策、干效明、安吉、季青。候补委员：干一知、沈泰山。9月14日召开东北党组织特别支部局第一次委员会议，选举崔石泉为书记，副书记为金日成、金京石。王明贵、王一知负责组织工作，彭施鲁、沈泰山负责宣传工作。

1943年3月，日伪当局自南满调来"勤劳奉仕队"1 500余人，分别在大带河屯四周山地、石场西大牙克东山、迎门山、五加山、托窑山、仙人台等处穿凿山洞，挖掘战壕，修筑水泥野战工事。

1943年4月，全县霍乱传染病流行，染病者千人，死亡700余人。

1943年5月，日本北海道、冲绳两地进入本县之第二批开拓团男青年200余人分派在三义、大别拉炕、小别拉炕、西林子、四排等村屯，建立日人殖民开拓点。

1943年11月25日，第二支队副支队长刘雁来率14人小分队撤回苏联远东教导旅。同期，李永镐也率9名战士撤回苏联教导旅。

1944年8月，日伪当局抽调200民工在县城郊区一棵树附近修建军用飞机场，至10月末完工；同期亦于东安镇诺罗山后修建简易飞机场一处。

1944年12月19日，日伪饶河县马架子警备队哨所警长韩德章二人将日本指导官山口康弘打死，携枪械潜入苏境，加入抗联教导旅。

1945年4月5日，苏联宣布废除《苏日中立条约》。

1945年4月23日，中国共产党第七次全国代表大会在延安召开，东北抗联教导旅在远东野营驻地通过无线电集体收听大会的实况和报告。

1945年4月27日，饶河日本宪兵分遣队驻花砬子金场山特务训练班24名青年哗变，打死日本教官武仲、翻译金顺天（朝鲜人）、副主任刘延兴等，行至苇子沟江边渡江时，有16人搭乘苏联救援军艇投奔苏联。

1945年8月8日，苏联对日宣战。当日上午，苏远东方面军第81红旗摩步师和比金筑垒地域部队在空军掩护下，向饶河县城及东安镇日伪军进攻。当夜，日伪军警向纵深地带撤退。9日，饶河日伪统治宣告垮台，饶河光复。

1945年8月10日，饶河县治安维持委员会成立，同时苏军驻饶河红军司令部也宣告成立。同日，败退日军与苏军在距离县城百余里的石场以西交火，苏军死伤40余人。

1945年8月14日，日本天皇发布无条件投降诏书。

1945年8月18日，日本关东军司令官山田已三下达关东军停止战斗命令。

1945年9月上旬，东北抗联教导旅主力330人，自苏联伯力乘飞机回到东北，接管长春、哈尔滨、沈阳、吉林、齐齐哈尔、佳木斯、牡丹江、延吉、北安、绥化、海伦等57个大中城市和县城，发动群众，摧毁敌伪势力，建立人民武装和政府。

1945年11月3日，中共中央决定：将由抗联教导旅发展而来的东北人民自卫军和挺进东北的八路军、新四军一起组成东北人民自治军，周保中任副司令员。至此，东北抗日联军终于完成了她的全部历史使命，投入到人民解放战争的洪流中。

第二十二节　小结

在日寇铁蹄践踏我中华大地，民族存亡危急关头，中国共产党饶河中心县委在中国共产党满洲省委领导下，唤起民众，组织抗日游击队，在各族人民的积极支持下，队伍迅速壮大，由最早6人组成仅一支手枪的特务队，到饶河农工义勇军、饶河抗日游击大队、抗日联军四军四团，进而为二师、为七军。前后3 000余名抗联战士，或阵前，或敌后，与日寇展开殊死搏斗，前赴后继，足迹遍及那丹之岭，碧血溅洒三江原野，苦斗鏖战12年之久，使敌寇闻风丧胆，在国际反法西斯阵线及国内各抗日战场的配合下，终于取得最后胜利。

饶河12年的被奴役的岁月，生灵涂炭，血染边陲。据不完全统计，死于战火、屠杀、繁重的劳役、瘟疫和饥馑等，共有1万多人。到日本投降之时，饶河人口由3万多人下降到1万余人。在饶河战场上有近5千名中华民族的优秀儿女为国捐躯，抗联七军鼎盛时期1 500多人，至抗战胜利时仅剩百余人，其中七军妇女团300多人，至抗战胜利时仅剩10余人。饶河各族人民在党的领导下，以抗联七军为核心，不畏强暴，毁家纾难，舍身忘我，挥长缨、舞干戚、缚倭奴，猛志固常在，前仆后继，在敌我力量对比悬殊的情况下，与日伪军展开殊死搏斗，共进行大小战斗200多次，其中较大的战斗30余次，消灭包括日军日野武雄少将、高木司令官、大穗久雄参事官等日伪军2 500多人，缴获了大批武器弹药和军需物资，沉重地打击了日本侵略者的嚣张气焰，致使日寇始终对饶河地区未能进行有效统治。

党领导的饶河地区长达12年抗战，是在没有根据地，孤悬敌后、缺少补给，物资极端匮乏，气候条件恶劣，敌人重兵"围剿"的险恶环境下，以劣势装备与日伪强敌展开的一场人类战争史上绝无仅有的殊死苦斗拼杀，为中华民族解放事业付出了巨大牺牲，可谓惊天地泣鬼神。在这场最残酷惨烈的战争中，那丹之岭、三江原野这片热土曾处处烽火不息，英雄灿若星辰。涌现出了陈荣久、崔石泉、李学福、王汝起、张文偕、李斗文、朴振宇等一大批优秀党员、抗日将领和爱国志士，他们用鲜血和生命谱写出民族解放事业的壮丽诗篇。一个个平凡而伟大的英雄背后，无不凝结着一桩桩、一件件英勇而悲壮的感人故事。正是由于这些英雄们、前辈们的忘我牺牲以及全体中国军民的浴血奋战，才最终打败了疯狂野蛮至极的日本侵略者，洗去了百年屈辱，第一次以胜利者的姿态昂首挺立于世界民族之林，并为世界反法西斯战争的彻底胜利做出了不可磨灭的历史贡献。中华民族不仅是一个英雄辈出的民族，而且也是一个崇尚英雄的民族。千千万万个抗战英雄，熔铸成中华民族的铜墙铁壁，使中华民族历经日寇血腥浩劫而巍然屹立不倒。他们所表现出来的战斗意志、民族气节、浩然正气和崇高人格，就是中华民族几千年来长期锤炼传承的爱国主义精神写照，将与日月同辉，也是我们今后前进道路上战胜困难、克敌制胜的法宝。抚今追昔，那段惨烈悲壮的历史给我们以深刻的启示：

第一，日本帝国主义侵略中国，给中国各族人民生命和财产造成巨大损失，荼毒中国人民的滔天罪行罄竹难书，这是不能否认和抹杀的历史事实，将永远警醒着爱好和平的人们。第二，中国战场是第二次世界大战反法西斯战争的主战场，中国共产党领导的八路军、新四军和东北抗日联军始终战斗在抗日的最前线，是抗击日本侵略者并争取最后胜利的中流砥柱。第三，14年抗战历史证明，中华民族有着强大的凝聚力、向心力和战斗力，用爱国主义精神凝聚起来的中华各族人民是任何力量也战胜不了的。我们任何时候、任何情况下都要持之以恒地宣传抗战英雄、尊崇抗战英雄、学习抗战英雄，下大气力抓好以爱国主义、革命英雄主义为重要内容的社会主义核心价值观教育，不忘初心，牢记使命，传递正能量，让英雄精神在一代代人的心中生根、开花、结果，为实现"两个一百年"宏伟目标提供强大精神力量。第四，铭记历史，就要牢记贫弱必然受欺，落后就要挨打的道理，坚持"发展是硬道理"，振兴中华，为建设具有中国特色的富强民主文明和谐美丽的社会主义强国而不懈努力。第五，勿忘历史，就不能忘记饶河革命老区人民，包括朝鲜族、赫哲族人民对抗战胜利所做出的牺牲和重大贡献，更倍加重视民族团结，携手与各族人民一道承担起建设美丽、富庶、生态、和谐、文明饶河的历史责任。

抗联业绩千年颂，那丹雪莲香万代。东北抗日联军这支中国共产党领导下的人民武装，在漫长艰苦的战争岁月里以劣势装备抵御强大的日本关东军精锐之师的侵略，用鲜血和生命顽强地捍卫着中华民族的独立与尊严。在艰苦的14年斗争中，牵制了大量日军有生力量和资源，有力地配合了全国抗战。以中国共产党领导的东北抗联为主要力量开辟的中国东北抗日战场，与中国国内其他战场一样，有着同样重要的历史地位，其光辉业绩将永远彪炳史册。东北抗联英雄们所展示出的天下兴亡、匹夫有责的爱国情怀；视死如归、宁死不屈的民族气节；不畏强暴，血战到底的英雄气概；百折不挠，坚忍不拔的必胜信念，贯穿着整个抗日战争的历史进程，折射出中华民族的优秀品格。抗联精神同井冈山精神、长征精神、延安精神一样，是中国共产党和中华民族宝贵的精神财富，是培育和践行社会主义核心价值观、进行爱国主义教育的重要精神资源。

书青史，述民魂，传承抗联精神，为实现中华民族伟大复兴的中国梦而不懈奋斗。

第三章 解放战争

（1945—1948年）

第一节 抗战胜利初期的复杂环境

东北地区战略地位十分重要，它北靠苏联，西接蒙古，东临朝鲜，南联华北。东北拥有当时中国最大工业基地、最大粮仓及煤矿和森林。东北当时的钢产量占全国的93%，发电量占72%，水泥产量占66%，煤炭产量占近50%，木材蓄积量占33%，铁路总里程占50%以上，粮食年产量2 000万吨。日本帝国主义战败及伪满洲国覆灭后，东北在政治、军事、经济等方面的重要战略地位凸显，国共两党谁能占领东北，谁就能在今后的战略决战中取得明显的优势，因此东北成为国共两党争夺的重点。抗联教导旅随苏军返回东北后，先机抢占57个战略要点城市，协助苏军肃清日伪残余，维护社会治安，恢复和建立党的组织，查封国民党在各地设立的"维持会"，在齐齐哈尔、牡丹江、佳木斯等地建立民主大同盟等群团组织，先行管理城市。1945年9月至10月，抗联领导人周保中、李兆麟决定将东北抗日联军更名为东北人民自卫军，周保中任总司令，司令部设在长春。1945年10月下旬，东北人民自卫军扩军至4万多人。东北抗联返回东北后，抢先占领了东北各个战略要点，并进行了卓有成效的建党、建军和建政的"三建"工作，扩大了党在群众中的影响，为确保我党在与国民党争夺东北中处于战略优势地位奠定了基础。

1945年9月15日，中共中央决定成立东北局，彭真任东北局书记，陈云、程子华、林枫、伍修权为委员。同时，先后派遣第七届中央委员会44名中央委员中的10名（政治局委员4名），33名候补中央委员中的11名，随同10余万大军和2万干部进军东北。10月20日，中共东北委员会（88旅中共东北党组织特别支部局）与中共中央东北局取得联系，周保中、崔石泉赴沈阳，向东北局汇报东北抗联斗争历程并转交东北党组织关系。至此，中共东北委员会完成了它的历史使命。

1945年10月31日，中共中央和中央军委决定将关内进入东北的各部队和由东北抗日联军改编的东北人民自卫军（1946年1月改编为东北民主联军），统一整编为东北人民自治军，林彪任司令员，彭真任第一政治委员，罗荣桓任第二政治委员，周保中任第三副司令员……11月4日，东北人民自治军总部在沈阳正式成立，东北大地又开始演绎一场波澜壮阔的宏伟历史画卷。

1945年8月15日，日本正式投降后，饱受十二年血腥殖民统治的饶河人民，又重新回到了祖国的怀抱。当时，虽有苏占领军指导下的饶河"治安维持委员会"暂时维持地方秩序，负责日常行政管理事务，但社会治安仍然处于无序状态。

饶河西南岔日本驻军军营30余所房舍，在一个月之内被长期遭受日本殖民统治搜刮的民众拆光。大带河屯日军守备队驻地所残留的面粉、大米几日内也被饥饿的群众充作口粮，50余栋木板结构的营房陆续被拆光，县城小南山旁的日本军营木板墙及房盖的铁瓦被拆除一空。小南山日军封护十余年的林木，未及入冬便砍伐成秃山……县内虽有苏军卫戍震慑和"治安维持委员会"的约束,但贫困至极的百姓抢取日本遗留物资的现象及盗窃、抢劫等仍频频发生,难以禁绝。

日本残留的各种武器设备,储存在码头及县城中心的3 000余吨煤炭,苏军全部派民工装船运往苏联。百姓拾取的日军军用物资(军毯、被服、鸦片等)约千余件,全部为苏军收缴。停泊在饶河码头的"永业"号轮船及三只大驳船装有的1 500余立方米红松原木,正待起航运往佳木斯市,全部变成苏军战利品。只有一库存500余吨食盐,在维持会恳求下,留作全县居民食用,其余物资尽数为苏军运走。

9月初,苏军由东北内地撤军,9月下旬基本撤完,饶河由苏军留守少量士兵协助维持会管理地方治安工作。由于苏军驻军减少,约束不严,以致纪律松弛,少数苏军人员相聚到偏僻地方奸淫妇女。另有一些苏联士兵,三五一伙到城外打劫行人,或到居户少的地方抢劫财物,而后拿到市面交易换酒喝。虽是少数苏军人员个别现象,但给饶河民众造成恶劣影响。此时,饶河人民的生命财产还是没有安全保障,饶河的治安环境令人甚忧。10月中旬,苏军驻县司令部最后撤走。

1945年9月,佳木斯的一个左翼政治团体"中华民族解放委员会"成立。在共产党的影响下,10月,改组为"东北人民民主大同盟佳木斯委员会"。1945年10月,"东北人民民主大同盟佳木斯委员会"派李志彬(也称李智斌、李文武,中共党员)等人来饶河组建"东北人民民主大同盟饶河分会"。"东北人民民主大同盟"[①]是由随苏军反攻回东北各地的抗联人员和由于各

---

① 《中共黑龙江历史》第一卷下册第三编第十八章第532页,中共党史出版社2013年10月第1版。见彭施鲁《我的回顾》中《"八一五"之后的佳木斯地区》之《佳木斯的政治情况》,第403-405页;《国共两党的斗争逐步激化》第412页,黑龙江人民出版社2018年1月第1版。

种原因同党组织失去联系的中共地下党员及进步群众等组成（后期鱼龙混杂，成分发生变化，失去进步作用），是在党的指导下开展工作的具有统一战线性质和临时政权职能的民众团体。民主大同盟的主要活动是：宣传共产党的政治主张和民族政策，维护社会秩序，打击日伪残余，起到了联系党和群众的桥梁作用。它在还没有正式建立党的组织和民主政权的地方，承担起了民政事务、组织生产、兴办教育、救济灾民、建立武装等工作。在东北光复后，共产党组织和军队尚未到达的东北边远地区，由党指派他们做先行工作，宣传共产党主张，教唱八路军歌曲，开展组织青年、妇女、武装等工作，并在饶河县城成立"同乐处"，每夜锣鼓琴弦不绝于耳。该组织后期渗入国民党特务，并被国民党利用，1946年1月，中共合江省委决定解散该组织。

　　1945年12月，虎林的三八支队与党组织和抗联领导取得联系，派侯煜赫等5人来到饶河县。虎林三八支队是指：1940年1月，日军扫荡太行山区中俘获的八路军三四千人及以后一二〇师三八支队被俘的连长范明忠、指导员武玉贵等人及三五八旅武廷山和1944年新四军被俘人员500多人集中被日军押送虎林修建军事工事。日本投降后，三八支队原任连长的范明忠、指导员武玉贵、三五八旅武廷山等将这支劫后余生战俘组织起来，命名为一二零师三八支队虎林大队，范明忠任大队长。共产党建政后，这支队伍改编为东北人民自治军合江军区虎林独立团，常永年、武廷山分别任团长和副团长。[①]他们是受党组织指派，先行到饶河开展工作，建立人民武装，打击日伪残余势力和清剿土匪。当时正值县小学寒假之际，侯煜赫向师生和民众宣讲国内形势，大意是："日本投降后，蒋介石国民党政府想独占胜利果实，我共

───────
① 《虎林抗日烽火》载《虎林伪满劳工略记》第200页、第207页，黑新出图内字23G2000-4号。

产党八路军、新四军为收复东北，调集二万余名干部，由关内前来东北开展工作，我们是先行到来的先头部队。"

三八支队来饶河首先抓武装建设。以虎林来的三八支队成员为骨干，在当地招募200余名汉、朝鲜族青年及原县维持会属下治安大队60余人，共编为两个营。一营长姜鸿山，二营长韩效海，这二人是属于虎林三八支队。下设三个连，九连（朝鲜人组成）指导员李革、连长许命，驻守县城伪满协和会红楼；七连由维持会治安大队改编人员组成，连长孟广林、副连长卢亚圣，驻守县城西南门木楼（今县武装部）；十连指导员及连长均为当地人，副指导员金成、副连长韩功，驻守里七里沁子，共110余人。当时除七连每人都有枪械外，九、十连只有十余支枪。

同年12月，以侯煜赫为主导组建饶河县地方民主政府。经县城内上层人士推选，"天生福"中药店掌柜赵瀛洲为县政府主席，侯煜赫任副主席，同时撤销地方维持委员会，解散东北民主大同盟饶河分会，维持会人员部分留用。

侯煜赫奉命率虎林三八支队在饶河建立民主政权，当时，群众尚未普遍发动，组建的武装队伍成分复杂、装备不足，又未认真组织训练，不具备作战能力，而饶河社会暗中仍为原伪政权的官吏、军警、特务、兵痞匪霸控制，政权的基础很不牢固。这种时候本应稳健行事，等待共产党的上级党组织的正式命令和党领导的人民军队进入。但侯煜赫执行政策偏激过急，不待条件成熟就将伪警察队长苑福堂等7人拘捕。伪西风沟屯屯长贾绍堂（绰号贾破烂）为人凶狠残忍，是危害一方的害群之马。苑福堂等罪犯被拘捕，物伤其类，贾绍堂等类人员惊恐不安，又因对侯煜赫各村屯分配食盐方案不满，乘机煽动不明真相的群众，组织地痞、土匪、家理教徒、旧军警20多人于1946年2月22日暴乱。保安屯长尤德荣资助叛匪6支步枪，子弹数百发。在时任公安局长孟广林（伪警官）等里应外合支持配合下，很快击溃了侯煜赫仓促组建的武装，被拘捕的苑福堂等人被解救，侯煜赫（副县长）、姜鸿山（营长）等人牺牲，刚组建的民主新政权被扼杀在血泊中。各路各色伪职官吏、警察、特务、惯匪、兵痞等群魔乱舞，弹冠相庆，论功行赏加封：赵瀛洲仍为县长，苑福堂为副县长，孟广林为警察局长，其余叛匪人员按功等次有差。本次叛乱匪首贾绍堂，在交战中被枪击致残，被苑福堂等作为"大功臣"格外优待供养。史称这次惨案为西风沟"二·二二"叛乱事件。①

  这一时期，国共争夺东北正炽，国民党在东北的力量处于真空。于是，国民党先遣大员不分良莠，将伪满军、伪警察、山林土匪等沉渣余孽，通过封官许愿组成先遣军，对抗先期由东北抗联建立的政权和进入东北的民主联军，扰乱中国共产党后方，配合国民党军的正面进攻。饶河的叛乱分子很快与国民党东北接收大员勾结上。1945年10月中旬，国民党长春办事处派尹智发等来同江县活动，先与维持会的韩绍先接洽，成立同江国民党党部。同江国民党党部书记赵秉镛、总务科长韩绍先、富锦二龙山匪首刘洪山等拼凑兵痞土匪等社会余孽，组建合江"东北光复军"。1946年3月初赵秉镛、韩绍先、刘洪山等到饶河县七里沁屯（保安屯），威逼利诱尤德荣，并委任尤德荣为"东北光复军"第二营少校营长（其实这张委任状是他们用大萝卜刻制的假印章）。

  七里沁屯是当时饶河县赫哲族聚居地，1938年日伪当局实施"集团部落"后，第四区的大和镇（义顺号）划归宝清县，原附近挠力河沿岸赫哲族聚居地乌尔根德的居民，在部落头人尤德荣聚拢下迁至里七里沁河与挠力河交汇处东岸，

---

① 姚中晋《饶河县志》卷四《历史沿革》（上）第十三章第二节，第218—221页，黑龙江人民出版社1992版。

又有自富锦、同江一带图斯克和下吉利等地召集来到20多户赫哲族居民，建立一个居民点名叫七里沁子屯，也称保安屯（今饶河县红旗岭农场12队），约30余户，150多人，百分之九十为赫哲人。

尤德荣[①]上当受骗后，不顾族内多数人的反对，又威胁诱骗该村60余名赫哲青年加入所谓的"东北光复军"，汇合大特务李凤魁匪部，拼凑300多人武装，饶河临时县政府为其供应粮秣辎重。刚从日寇铁蹄下解脱的万余穷困潦倒的饶河人民又要负重各种苛捐杂税，灾难又一次降临在不幸的饶河人民身上。这支匪徒武装，按国民党接收大员指令，袭击富锦、同江等四周刚组建的民主政权，残杀共产党人和进步人士，犯下了累累罪行。

第二节　共产党领导锄奸剿匪平叛斗争

这一时期的东北，国民党除了从海陆空调集精锐部队发动正面进攻外，还分别派遣接受东北各地的大员积极网罗土匪、日伪残余势力、恶霸、地主等社会残渣余孽，组织和发展所谓的"先遣军""光复军"等反动武装，同国民党军队向东北解放区的正面战场进攻相呼应，对解放区的后方大肆进行骚扰破坏，严重地威胁着我战略后方的巩固和建设。

消除匪患，成为当时东北我党头等的政治任务。1945年12月18日，方强任合江省军区司令员，李范五兼政委（1946年8月，贺晋年任司令员、方强任政委）。针对匪患严重，四

[①] 尤德荣，又名尤振东，赫哲族，原籍同江县图斯克村，后迁至饶河县保安屯。

大匪首李华堂、谢文东、张雨新、孙荣久等集中活动的合江省，合江省军区贯彻东北民主联军总部制定的"穷追猛打、钉楔堵击、彻底消灭"的十二字方针，将主力部队三五九旅①全部投入剿匪斗争，对这几股匪徒采取集中兵力穷追猛打、反复清剿、彻底消灭。1946年5月11日，张闻天到达佳木斯，改中共合江省工委为合江省委，张闻天任省委书记。合江省委、省军区在张闻天领导下，提出"穷追猛打、根绝匪患"的正确方针。至1946年8月，合江剿匪部队转战3 000余里，进行大小战斗达200余次，消灭匪徒7 600余人，缴获步枪9 000余支、轻重机枪30余挺、山野炮40门、汽车20余辆、战马200匹、电台1部、子弹10余万发，陆续解放了依兰、勃利、饶河、密山、宝清、抚远等主要县城，初步稳定了合江局势。②

1946年春，王景坤的警卫团二营自密山、虎林一路追歼土匪至饶河那丹哈达拉岭西部，在现饶河红旗岭农场场部插上了一面红旗，从此，这里有了一个红色的名字——红旗岭。

1946年8月，牡丹江军区三支队警卫团团长王景坤③率千余人由虎林前来饶河剿匪。王景坤原籍东北，日本关东军占领东三省时，他正在中学读书。他不甘心做亡国奴，跟随一批流亡学生冒

---

①1945年9月21日，根据中央军委命令三五九旅南下的第二支队中途转向东北挺进，10月部队恢复三五九旅番号，下辖717、718、719团和骑兵、山炮营，刘转连任旅长、晏福生任政治委员，12月奉命开赴合江剿匪。
②《中共黑龙江省历史》第一卷（1921—1949）下册第三编第十九章第580页，中共党史出版社，2013年11月版。
③1946年6月，三支队警卫团归三五九旅统一指挥，不久，牡丹江军区三支队奉命划归合江军区第二军分区，即东安（今密山市）军分区，司令部设在东安，下设警卫团和17团。

着危险到了关内，寻找救国的革命道路。他转徙到江南后，参加了新四军，在一次战斗中失去了一只胳膊。日本投降后，他随部队转战至东北牡丹江市，任三支队警卫团团长，在剿匪斗争中屡立战功。

东北剿匪部队攻势凌厉，捷报频传，各路土匪纷纷土崩瓦解。驻守饶河县内的大小叛匪头目闻听王景坤的警卫团即将开赴饶河剿匪，预感大难临头，齐聚饶河县城召开紧急会议，决定除贾绍堂需在县城治伤外，苑福堂、尤德荣及西风沟暴乱头目，各自潜伏回家。伪县治安大队260人，大多遣返回乡，只留60人由孟广林、卢亚圣二人率领，撤至关门嘴子隐蔽，待机而动。县城内只留县长赵瀛洲应付局面，回归的枪械，全入县政府仓库封存。

8月6日，王景坤率警卫团1 200余人，未遇任何抵抗，顺利进驻县城。随后，部队四处张贴标语，召集百姓开会，宣传共产党政策。并派当地绅士——吴炳彩（原伪满北边公司副经理）前往关门嘴子劝降。迫于我军强大威势，孟广林、卢亚圣率领叛匪60人众交出武器投降。在保安屯，匪首尤德荣迫于我军军威和我党民族政策感召，一时表示愿意率众弃恶从良，接受人民政府领导。王景坤团长根据党的民族政策，对他给予宽恕，并拨给40支步枪和部分弹药，让赫哲人用于狩猎和自卫。部队在县城驻扎半个月后，留三营岳营长和教导员李迈率一个营驻守，王景坤率其余部队前往挠力河北抚远县地面追剿残匪。

10月，警卫团剿匪凯旋。旋即赵瀛洲辞县长职，回虎林县城落户为民，县小学校长孙锦良出任县长。王景坤的警卫团离开饶河后，留下一个连约110人驻守县城，以公安队名义，维持县内治安。

11月，合江军区剿匪战斗节节胜利，李景生、刘洪山、喻殿昌、李延辉等10余伙残匪逃出老巢，陆续窜到饶河。本性难改的社会余孽又乘机蠢蠢欲动，尤德荣本已向王景坤团长悔过自新，因他参加攻打同江和富锦县城的叛乱，心有余悸，在众匪徒的撺掇下，禁不住蛊惑利诱，又聚起60多人进山当土匪。

此时，饶河县政府只有100多人的武装，众寡悬殊，部队随即撤到小别拉炕屯，留下县长孙锦良斡旋土匪，以减轻这股穷凶极恶残匪对百姓迫害。匪徒进城仅四天，迫于民主联军逼近，将百姓所存的面粉、大米、猪肉等物资搜刮抢掠后逃遁。不久，匪群在宝清被王景坤的警卫团和富锦县老五团南北夹击，大部被歼。

1947年元月，王景坤的警卫团又一次进驻饶河，李延辉等10多名残匪余孽全部被擒获。当年春季，在东北民主联军强大的军事攻势和政策感召下，很多被裹挟的赫哲人开始觉醒，其中19人毅然脱离匪部回家，40多人向剿匪部队投诚。觉悟了的赫哲人民主动将侦察到的匪徒踪迹报告剿匪部队，葛德胜等赫哲族猎人还将猎物犒劳剿匪部队。顽冥不化的尤德荣陷入孤立无援绝地，惊恐中率仅剩下的几人与刘洪山部余匪流窜至同江一带，后又折回饶河县那丹哈达拉岭山林间，已是穷途末路，等待人民的最后正义审判。

第三节　清算斗争与土地改革运动

1947年3月，王景坤团副参谋长徐新彬奉命率队伍前来饶河建政，暂任代理县长。将土匪进占县城时态度暧昧并给土匪以资助的孙锦良，解除县长职务予以审查。不久，又把在伪满洲国时期任重要职务或现时表现不好的县政府公职人员一律清除。

这一年，种植鸦片之风又死灰复燃，鸦片地几乎遍及全县。中共合江省委为照顾久历兵燹匪患的边境人民休养生息，经刘雁来部署，县城建立"裕东公司"门市部，为民众供应食盐、火柴、布匹及日杂商品，并限令收购鸦片，禁止走私贩运，给当地生产恢复及人民生活以很大扶持，居民食不果腹，衣不遮体的现状方始改观。

1947年5月，中共东安（密山）地委筹建派往饶河民运土改工作团。同年7月中共合江省委派俞时模为团长兼政委的民运土改工作团来饶河开展工作，又以工作团为核心成立中共饶河县工作委员会，俞时模任工委书记，委员徐新彬、张玉山（土改工作团组长）、秘书赵维恩。工作团第一批46人，由鸡西出发（当时密山至饶河陆路不通），绕经佳木斯乘船，十天后到达饶河县。经几日休整，徒步奔第三区的小佳河、西风沟开展清算斗争。一个月后，由密山又调来第二批18人加强力量。恶贯满盈的伪副县长苑福堂，自知双手沾满抗联烈士和人民鲜血，罪责难逃，听说共产党工作团进村，在雨夜背着一个包袱，揣上几块干粮，手提匣枪，领着佣工冯小秃，仓皇从村西南土城豁口逃走。直奔西南山老鹰沟方向，在事先秘密挖掘的地窖子里藏匿起来。

工作团进驻后，宣传、发动群众，开展清算斗争。当时共分二个大组。第一大组组长王道义，副组长赵维恩，在小佳河村开展清算斗争。小佳河经过一段时间发动酝酿，将村内恶贯满盈的伪警察董成新及伪配给店经理吕德宽等十余人缉捕归案，随后将董、吕等8人枪决。第二大组在西风沟村开展清算斗争，将参加"二·二二"叛乱集团的首要分子中的葛长江父子及地主于守增等全部缉拿归案枪决。

小佳河开展清算工作20余天后，冯小秃受苑福堂指派，回村探听消息并取些米面，被站岗民兵捉住。经过教育，冯小秃有所觉悟，为警卫排和民兵带路，前去捉拿苑福堂。不料，苑福堂见冯小秃走后数日不归，情知有变，只身逃走。

秋季，刘洪山匪徒30多人，见小佳河一带开展清算斗争，人民已经觉悟起来，毫无容身之地，不敢靠近，逃往挠力河北一带活动。

9月，小佳河民兵10多人去挠力河北的大板屯缴枪，不料误入匪巢，与其展开激烈战斗。土改工作团成员姜栋林大腿负重伤，工作团小组长张秀印将他背起抢救，民兵掩护撤退。

12月，县长徐新彬率县大队及小佳河区中队剿匪，在大佳河东南的郑家大山将匪首刘洪山及部下苑连进等3人击毙。匪首尤德荣已是惶惶不可终日，带仅剩的10多人残匪流窜在林海雪原间与我剿匪队伍周旋。经月余追捕，1948年春，由赫哲族老猎人、七里沁村村长吴仲喜①做向导，尤德荣等残匪在堪达岭南红石砬子山后被我"围剿"部队擒获。因尤德荣率匪徒攻打富锦时，给当地人民生命造成重大伤亡，民愤极大，经富锦民众请求，二月中旬将尤德荣押解富锦公审枪毙。苑福堂在走投无路的情况下，于大叶子沟地窖子中自杀身亡。

至此，县域为害百年匪患，方始平息。饶河的天空晴朗了，广大人民群众真正摆脱了匪害之苦，从水深火热之中被解救出来。他们纷纷组织起来，闹翻身，求解放，进行土地改革，参与组建人民政权，全力支援全国解放战争。

1948年1月，饶河开始土地改革，一场从根本上触动旧社会基础的社会革命在饶河大地全面展开。首先，在工作队领导下，各村成立农会，丈量土地，根据土地和其他财产每户占有量，划分地主、富农、中农、贫农等阶级成分。其次，没收地主、富农

---

①赫哲族资料主要见《赫哲族简史》第八章第148页，民族出版社2009年版。

的土地和浮财，按耕者有其田平均分配土地；地主、富农的房产、大牲畜、农机具和浮财分给无房和缺衣少粮的贫雇农；镇压罪大恶极分子。土改工作团在石场处决了杀害抗联第二支队长王汝起的伪警察赵振江及伪村长乔玉书、狩猎特务考福林。永幸村工作队枪决了伪村长邢明堂，镇江工作队处决了伪警察许耀东、小佳河朝鲜学校校长咸周荣及日本开拓团看水员林文京等。

2月，根据牡丹江省委指示，饶河工委改为饶河县委，俞时模任县委书记，委员徐新彬（县长）、张玉山（三区书记、组织部长）、李国元（县粮财科长）、秘书赵维恩。县委下属3个区委，15个支部，党员119名。

春节过后，全体工作团员进行查思想、立场、阶级、作风的"四查"整风。小佳河区委书记孙殿阁，当过伪满职员，关云亭系国民党三青团员，二人被同时查出，撤职后一起解回鸡西。另对四区及城区外围各村土改工作进行了全面总结，纠正清算斗争打击面过宽，行动偏激过左现象，为下一步全面完成土地改革做准备。

经过整风，工作团队伍更加纯洁，素质明显提高。在下一步工作中都能以党的政策为准绳，实事求是开展土地改革，运动中根据群众揭发，逐一甄别，只将罪行昭著、民愤大的予以镇压。小南河村村长冯本举及新开屯地主孟昭林为躲避清算斗争，早在秋收前，就在天津班西北的狐仙堂山里挖有一处地窖子，藏储十余袋米面及饮食起居器具。特务顾乃君曾领匪徒到各村敲诈勒索，个人从中取利，民愤极大。以上三人均履行程序，被人民法庭处以死刑。

5月，全县32 056亩耕地，由1 820户、8 771人分配，人均分得土地3.65亩，全县土地改革顺利结束。实行土地改革后，农村普遍达到耕者有其田，大批雇农、贫农分得房屋、土地、耕畜，生产积极性空前高涨，掀起全县农业生产建设高潮。这一年正值解放战争反攻阶段，为支援解放战争，农村掀起父送子、妻送郎的参军高潮，全县参军青年120多人。自此，全县进入新的历史时期。

第四节　土改后的政权建设、互助合作与生产大发展

1948年5月，县内土地改革工作结束，饶河县民运土改工作团团长俞时模任中共饶河县委书记兼县大队政委，徐新彬仍任县长兼公安局长和县大队队长。新组建的地方政权，经过政审筛选，前旧职人员留用不过10人，其余大部为土改工作团成员，也有从各村屯优秀农会干部及贫雇农中选拔上来的。

中共饶河县委员会下设秘书、文书、通讯员各一人，交通员六人。县委秘书由土改工作团秘书赵维恩担任。

县政府下设科室：秘书室、民政科、财政科（兼管大众油坊及汽船）、公安局、司法科、建设科（主管农林）、水产公司、新华书店。王道义任县政府秘书。至5月末，饶河县、区两级党政建设全部完成。

1948年春季，全县农村互助合作高潮兴起。各村民众在自愿两利基础上自愿结合，开展插犋换工，全县共组织季节性互助组227个，90%农户参加互助组。当时的互助组，有的二三户、有的五六户、最多的八九户编在一起。大多是春季插犋耕种或合力开荒，夏锄、秋收则一般独立管理，是合作化的初始阶段。这种取长补短，集合耕种，解决了小农生产者劳力、耕畜或农机具不足困难，促进全县农业生产大发展。

这种初级生产合作形式，又为大面积开垦荒地提供了条件。县政府适时作出奖励开荒政策，规定新开荒地三年内不缴公粮。受政策的鼓励，全县迅速掀起开荒高潮。这一年，全县耕地面积扩大5 253亩，粮食生产较土改前一年提高20%以上，粮食获得大丰收。

同年夏，为总结"土改"工作经验教训，贯彻中央《土地法大纲》所规定的坚决依靠贫雇农，巩固团结中农，不侵犯中农利益政策精神。开展自查"纠偏"工作，即纠正"土改"运动中出现的过左偏激情况，对县内错斗富裕中农及侵害工商业者的情况进行全面清查总结。对错斗错划富农人员，一律实行抚慰；对所征收没收的耕畜、蜜蜂、衣物、钱财等凡是没有分配的，原则上一律退还；已分掉的给予道歉，政治上恢复名誉。实际落实中，因征没的财物全部都分配完毕，退还本人已经不可能，但大多数错斗错划户及被侵害的工商业户，通过思想政治工作，基本能正确对待。对于少数个别错杀的人员，恢复其名誉。县委创办《饶河大众报》周刊，积极宣传党的方针政策，登载县内农事发展、新闻等。全县上下人心思进，形成各尽其能发展生产、建设新饶河的氛围。

1949年1月，合江省召开全省第一次农业劳动模范大会，由中共饶河县委秘书赵维恩率领，前往合江省政府所在地佳木斯市参加会议。饶河共选出男女劳动模范20名，其中成绩显著的有第三区小佳河村李忠喜，镇江村朝鲜族妇女主任金海山等。2月，县政府召开饶河县第一次劳动模范大会，共出席劳动模范63人。会议中，县领导与参加大会劳动模范代表一起对进一步加强互助合作及发展农业生产进行了充分的讨论，并制订全县及各区村1949年农业生产发展计划。

在县委的领导组织下，翻身当家做主的劳苦大众，阶级觉悟高、行动快，当年全县各村多次掀起捐粮、捐钱、捐物支援前线活动高潮，呈现干部群众团结一致，努力医治战争创伤，大力发展生产，人人都在为迎接全国解放而努力工作的火热景象。

第五节 做好各项工作迎接中华人民共和国成立

随着辽沈、淮海、平津战役的相继胜利，解放战争取得最后胜利的形势已成定局，迫切需要大批干部到新解放区参加土改及建立新政权工作。

1949年3月，县委书记俞时模调任合江省共青团书记。

俞时模在饶河任职时间不长，但他对党忠诚，不惧风险，勤政为民，体恤部属，夙夜在公，克己勤俭，作风民主，善于团结，政绩卓著，深受百姓拥戴。俞时模告别饶河时，城内百姓冒雪结队相送，大家依依不舍，很多人流下眼泪，成为一时佳话。

随后调出的还有县长徐新彬及一批干部，转入新解放区工作。

合江省委对饶河县委、县政府领导重新调整，集贤县财粮科长亓克英同志继任饶河县委书记兼县大队政委，原县委组织部部长张玉山任县长，其下属部门一些岗位也进行了适当调整。当时县委机关设有秘书室、组织部、宣传部、妇联、县委小报社等共计11人，另有交通员8人，总计19人；县政府机关设有秘书室4人、民教科3人、建设科3人、农林科3人、财粮科5人、公安局8人、法院3人，共计29人。

1949年4月，按照合江省政府要求，将原县大队改为公安队。同年4月，合江省政府颁布《反动党团登记条例》，对伪满、国民党时期流散各地的军、警、宪、特人员及行政官员，进行自首登记。凡是没有罪恶和民愤的，一经登记，不予追究刑事责任。

为发展农业生产，加强示范作用，饶河县政府在西南岔东岗建立县属国营农场。小佳河村劳动模范李忠喜任场长，配备一名管理员、一名马车夫和一名放牧员，其余20名劳动力都是劳改犯人。农场有马8匹，绵羊60只。当年共开垦旱田180亩，水田150亩。

因县内交通不便，粮食价低，不能外运，县委着力于水田开发。饶河县城的四个村及三义、岭南、镇江、西林子、小佳河、大佳河等村，水田面积激增，全县由前一年6 900亩，增至8 700亩。全县有半数农民靠种植水稻、采集山货及渔猎为生。无水田的村屯农民，以种旱田、养猪作为收入来源。

鸦片种植在饶河由来已久，1947年又形成新的高潮。1948年土地改革结束以后，县政府再次下令禁止种植。但在边远山区，仍有人暗地偷偷种植。1949年，县北部山区关门嘴子摘星岭以西、武士山南的老永乐屯，南部虎饶两县相接的大王砬子以及挠力河北岸与富锦县接壤的大林子、宋家大林子、长尾巴林子一带（今红卫农场），私种鸦片人员大增，大多为富锦、同江、抚远一带的流民。在县政府的领导下，以公安队为主力，吸收各区村基干民兵参加，共计150余名武装。分成两组，前往各山区清查烟民，清除鸦片幼苗。1949年7月，共搜捕烟民50多人，经关押教育后释放（逃跑被击毙1人）。

1949年，饶河县除水稻稍歉收外，大田均获丰收。全县有10%的互助组，发展为长年性互助组，即春耕夏锄秋收，以至冬季狩猎、运输搞副业都在一起，但大多数仍是季节性互助组。县委召开党团员、妇女、村干部训练班，宣传互助合作是农村未来的方向，整顿与加强对合作化的领导力量。

中共饶河县委带领全县各族人民努力医治战争创伤，恢复和发展地方经济，建立各级党组织，巩固人民政权。全县面貌焕然一新，饶河人民正以崭新的精神风貌，迎接中华人民共和国的诞生。

第四章　饶河历史人物传记

方世立　字向郎，浙江人，清同治二年（1863年）生。他资质聪颖，学业拔萃，年21中举人第，京师候缺二年。清光绪十四年（1888年），调任吉林巡抚衙门及建设厅任事，凡十有八年。为人公允，每事必尽瘁悉力，淳朴节俭，下体民情，同僚多所崇誉。

宣统元年（1909年6月2日）为屯垦戍边，警防俄患扰边蚕食，经吉林巡抚衙门奏请，清廷议准吉林三江原野一带增设临江（同江）、饶河、绥远、虎林等府、州、厅、县。于是，密山府东北境挠力河之南设置饶河县，列入缓设名单。同年11月，"乃复准设"。同年12月30日，吉林行省民政司使委派试用知州方世立为饶河县设治员（县长）。1910年1月10日，设治委员启用"饶河县设治委员之关防"。

方世立任职前曾多次至乌苏里江沿岸各地巡视，通晓这一带边情。当时，这一代属于边塞荒芜苦寒之地，莅任此地官职，无异于惩罚充军之苦役。尤以饶河濒临俄界，地处更僻远，空旷寂寥，鲜有人烟，道路不通，烟毒肆虐，匪患猖獗，谈起令人色变。非有以国家为重，志坚勇义者不能肩此任。天将降大任于斯人，方世立乃最佳人选，遂选派正五品候补知州方世立任本县设治委员。已逾不惑之年的方世立，不惧险恶，欣然受命。他跋山涉水，或乘车，或骑马，或步行，一路备尝艰辛，远涉至此地。宣统二年（1910年2月1日），几经周折方驰抵饶河县境，择定小佳气河地方（今小佳河镇小佳河村西），暂租赁民房三间，选任知县衙门文书、财税、内务、承审等文职及差役8人。草创伊始，即着手办理公务。

建政之初，一张空白，百废待兴，诸多事物，纷繁复杂。方世立不愧为谙熟东北边疆之干才。他善于抓重点关键，夙兴夜寐，不知疲倦地忘我劳作，当年6月，于县治所地小佳气河召开绅民代表会议，遂将县域共划分为四区。各设区长一人，文秘及司计二人，实施分区管理。针对匪患猖獗，为靖安保民，1911年，增设县警察事务所，招募警察8名。设立邮政业务，邮政委以商号代办，解决书信往来之便。颁令招垦优厚政策，饬知各区村招徕垦荒户，移民实边，发展农业，卫戍边疆。

当时县城无一公里路，交通往来，春夏秋悉依摇棹小木船或小帆船上溯挠力河及乌苏里江至义顺号或团山子，冬季骑马或雪橇。即便如此，每一移民点，每一垦荒处，他必亲躬前往。每至拓荒点，讲解饬令免征奖垦等安民方策，鼓励垦荒，发展农业。以前，县无设置，有民众伐红松原木运抵俄境（伯力）销售，资源流失，无有禁者。建县后，方知县颁令每输出境一根红松原木，收缴木捐税100文，偷伐盗运之事乃止，宝贵资源得以控制。

1910年起颁布垦荒令，至1912年三年间，共开垦荒地1 100余垧，合16 500亩。由此，人口渐增，农商各业经济肇兴。

1912年3月，吉林省行政公署委派陈垣接任知县，方世立乃卸职，仍留居于小佳气河待命。后将委以黑龙江省境（松花江以北）任差事，奈因淡漠仕途，未就差缺。1916年，第五任县知事陆迈，以边境清苦，体病不支，电请另调它处。当地绅民代表恒允升、侯万林，上书奏请将方世立仍复原职，以服民望，吉林省行政公署不允。越明年，方世立乃携家眷返乡南归。

县民有谚赞曰："方知事，草创维艰，劳绩卓著，体恤民情，众望是厚"。

邹兆云 （1879—1962年），山东省海阳市中雨林庄人，三岁失去父亲，赖祖上遗20亩田产，寡母携姊弟三人聊以维生。他8岁入私塾，天资聪颖，学习勤奋。学堂五载，遍读《四书》《五经》，更尤书法算学。因自幼深蒙母亲言传身教，幼小年纪就深谙社会人情世故，为人处事明礼诚信，奉母尤孝。看到母亲辛勤劳作不已，幼小心灵就立下为母分忧之志。

他少小离家，13岁就随同乡赴黑龙江省东宁县二叔处帮工。15岁时与他人结伴经东宁县三岔口镇入俄境至海参崴、伯力、九站等地打工。那时，有俄人经西伯利亚大铁路，将欧洲黑蜂运至远东一带采撷椴树蜜。他看当地居民饲养的小蜜蜂效益可观，十分倾慕，从此与小蜜蜂结下了不解之缘。16岁时他转到双城子（乌苏里斯克），给一俄庄园主当养蜂员。他有着亲近大自然的淳朴情怀，钟情小蜜蜂，劳动中勤快细心，经年有余，凡放养、分群、除雄、收蜜及窖藏越冬等技术和工艺流程了然于胸。自他来到庄园，蜂场内的事情，件件料理得井井有条，效益逐渐上升，深得庄主信赖喜欢。一次，时值春夏之交，邹兆云在木棚内燃火熬蜂蜡，蜂场贵重物资，皆存积于棚内，奈火旺蜡汁沸腾四溅，眼看将有燃起大火之灾。情急时邹兆云不顾自身安全，冒火险移蜡锅于地下，虽手烫伤而免去一场灾难，为庄主保住了财产。俄庄主得知，大为感动，连竖大拇指，称中国小伙好样的，并以100卢布赐赏之。

邹兆云经三年苦心劳作钻研，乃能见蜂飞即察辨蜂群势之强弱；观树木展花期之状，能辨蜜量之多寡，测收获之丰歉，同行业称之曰："预卜先知师傅。"清光绪二十二年（1896年），夏季椴蜜已获得大丰收，生产进入尾声，各养蜂户，悉依常规，等待将蜂群冬藏。唯有邹兆云独具慧眼，观察蜂群仍频频飞翔，采撷不停，预知仍有蜜源尚涌，乃主张将蜂箱内所储蜜继续摇出灌装，再续接纳新蜂蜜。俄庄主以为冒险，邹兆云说："据我观察，至少还能收100桶蜜（每桶100斤）。"俄主言："果如你所说，将以30桶蜜酬谢你。"一星期后，果然多收蜂蜜110桶，依约定，邹兆云得之33桶奖赏。他小有积蓄后，是年返山东海阳故里，娶妻赵氏。后每至年终，必归乡省亲一次，借以慰藉老母。很快，邹兆云卓尔不群的养蜂技艺声闻遐迩。

1921年，邹兆云于俄庄主处购得15箱黑蜂运至饶河县大通河乡镇江村南乌苏里江西岸苇子沟放养，开饶河县养蜂业之先河。回国后，他改俄式十挂方形蜂箱，创可放18~24张蜂脾长形卧式蜂箱。此种大箱，优点在保暖、壮群，增加酿蜜量。后饶河县养蜂人，皆采纳邹兆云长方形大蜂箱，受益颇多。1926年，邹兆云引入的黑蜂群扩展至300余箱，被后人誉其为"黑蜂王"。与此同时，尚有东安镇大泡子的刘蒙古、小别拉炕河口的彭振芳、西南岔沟的刘凤皋等人也有少量蜜蜂引入饶河县。

1935年，闻讯母病笃，事母至孝的他只得放弃与他朝夕相伴的小蜜蜂，返乡奉侍老母七载，直待母寿终始返，时妻赵氏已逝，有一女早夭。他悲伤之余，打起精神，又返回饶河，重续他钟爱的养蜂业，又续娶妻室。1945年，继室吕氏病亡，遗二嫫蛉幼女。为抚养二女，邹兆云独去大鼎子山北新开屯养蜂。1948年，饶河进行"土改"时，邹兆云因有20余箱蜜蜂，被错划富农，当年9月政策纠偏时，因邹兆云为自食其力劳动者，改为中农。解放后，被新开屯聘用为集体养蜂员，他的一技之长又有了新的用武之地。

邹兆云在本县历时38年，将最初从俄境带回的15群欧洲黑蜂，用一生的时间专心致志选育、扩群，使这一物种在饶河这一相对封闭地域，椴树和毛水苏等优质蜜源茂盛的环境中不断进化，最后形成表现型优异且基因型稳定的新蜂种。他培育的新蜂种，后人命名为东北黑蜂，他总结的养蜂技术和研究的养蜂工艺，创造了中国养蜂业奇迹。他胸襟坦荡，学而不厌，推陈出新，经验技艺炉火纯青。他致力民族蜂业发展，传授知识不遗余力，诲人不倦，倾尽所能传道授业解惑。所收弟子十余人，如义子刘良德，养蜂专家王文川、冷文斋、罗占山等，以其数十年所获之养蜂真谛技法尽授之，如对蜂场之选择、布局、收蜜时间、蜜源分析、越冬、防治病虫害等，他们皆得其真传，后成为业绩之卓著者。1956年，两个女儿已婚嫁，且其年事渐高，难免留恋故土，遂决意返原籍。时逢三年自然灾害，他年老体迈不抵饥馑，于1962年病终，时年84岁。

东北黑蜂是20世纪初，邹兆云先生从俄罗斯远东地区引进的欧洲黑蜂品种，百余年来，在饶河林区独特优越的封闭自然环境里，经过以邹兆云为首的几代养蜂人精心驯化培育，形成集中了世界四大著名蜂种的主要优良性状，是我国宝贵的蜜蜂育种优良品系和优良的蜜蜂基因库。据此，1997年经国务院批准建立黑龙江省饶河东北黑蜂国家级自然保护区，这是中国养蜂业的一个具有划时代意义的里程碑，是中国保护地域性优良蜂种的重要国家行动。东北黑蜂种群在保护区现已繁衍5万余群，形成了养蜂、生产加工、产品销售产业群，产品曾获得世界金奖，是饶河最大的地方特色产业。小蜜蜂提升边疆小城的知名度，造福了一方人民。

饮水当思源，我们不能忘记东北黑蜂的开拓者、奠基人邹兆云老前辈。

葛德胜 （1911—1996年），男，祖籍富克锦（今富锦市）城东三里的下吉林屯。有兄妹四人，长兄葛德胜，弟葛长胜，大妹葛淑清，小妹葛淑珍，一家人以渔猎为业，生计艰难，相依为命，艰苦度日。父葛双印，族名关布鲁；祖姓葛依克勒氏，后简化汉姓葛。葛依克勒哈喇部落是赫哲族中比较单一的古老氏族，居住在乌苏里江口的德新，隶属东海女真呼尔哈部，为黑龙江下游的最早土著渔猎居民。明万历年间，其始祖尼亚胡图担任本部落哈拉达。曾祖葛依克勒·全亮，富克锦第六任协领，戍边抗俄，多立功勋，是著名的爱国民族英雄。

葛德胜降生后，取名"莫托"。"莫托"为赫哲语，乃女婴之意，寓意是保其不夭而永年。他八岁入富克锦东庙私塾，从师杨白华学习《三字经》《百家姓》等传统启蒙读物。11岁家境渐窘，不得已告别学堂，辍学从父狩猎。16岁母亡，22岁父殁。一连串的不幸遭遇，生活的重荷，没有压倒他，秉承祖父辈的渔猎技艺，承袭赫哲人的担当精神，毅然担负起家庭的重担，履行长兄的责任，使一弟两妹免除冻馁之虞，虽度日维艰，却得以正常成长。葛德胜自少年跟随长辈进山狩猎，早年曲折坎坷的生活磨砺，使他少年便知人间冷暖，他尊老敬长，勤学苦练，大家都格外关照他，喜欢传授他各种狩猎技巧和经验，很快他就练就一身过硬本领，成为远近一带小有名气的赫哲青年猎手。狩猎之余他还特别喜爱民族传统文化，尤其是民族说唱艺术。他的妹夫付吉利，善唱"伊玛堪"，讲述"尤当格力令"（笑话），还有嘎尔当的古托力、苏苏屯的高力玛发和毕方古等人在这方面都有专长，并热情传道授业，他是边听边学，有时甚至达到如醉如痴的程度。对民族文化的热爱，来源于家庭的熏陶。葛德胜和弟弟妹妹，都自幼耳濡目染，从说唱故事里的英雄莫日根的形象，受到鼓舞和教育，增强了自己同困难作斗争信心和勇气。

葛德胜带领弟弟妹妹在艰苦中度日，伴随着时光，17岁那年，他与穷苦的同族人家女儿何淑清结婚。父亲过世后的第二年，他帮助弟弟葛长胜成了亲，择居单过。经族人介绍大妹嫁给了霍吞吉林（大屯）同族老人韩凤岐的长子韩连第，给小妹选了一户人家作童养媳。

1931年，日本帝国主义侵占了东三省，赫哲族人民也同全国各族劳苦大众一样，陷入了国破家亡的境地，生活更加艰难了，弱小的赫哲族人民更是濒临灭绝境地。葛德胜夫妻二人为了活命，夏季就在江河泡泽临水沿岸搭个"撮罗子"捕鱼度日。入冬就进山狩猎，不假时日，成年累月住在山上、水上，即便如此，也是衣不蔽体，食不果腹，生存环境极其恶劣，随时都有因病倒毙的危险。更有甚者，日伪警察和特务敲骨吸髓式的层层盘剥，对赫哲人的各种限制防备措施，加之皮货商的克扣，赫哲人的生活如同水深火热般，家境破败，大人小孩形如枯槁，真是度日如年，在死亡线上苦苦挣扎。

在日本法西斯式的残酷暴政统治下，使赫哲人处于民不聊生状态中。即使度日如此维艰，但葛德胜也没有忘记心爱的民族说唱艺术，他把它视作生命的灵魂，已融入进他的血液中。从1940年开始，每到打红围（最佳狩猎季节）的季节，他就到嘎尔当、大屯参加韩连成的狩猎队进山打猎。白天狩猎，晚上就听他人讲"伊玛堪"或"特伦固"。通过民族说唱艺术，使他从民族英雄那里获得精神力量源泉，抒发和遣派内心的忧闷，坚韧忍耐等待日伪的覆灭，赫哲人新生的到来。

祖国光复后的1946年正月，葛德胜弟兄二人携全家随同嘎尔当、大屯的部分赫哲乡亲一同迁徙至饶河县里七里沁（保安屯），1948年11月又搬迁到饶河县四排村。他的妻子先后生了10个孩子，由于天灾人祸，最后只有5个幸存下来。1949年进行了土地改革，翻身解放的葛德胜一家也分得了土地和房屋。时年葛德胜38岁，知道感恩图报的葛德胜，浑身有使不完的劲，人们看到他整天忙碌的身影总是带着微笑。他常说：日本侵略者把赫哲人由人变成鬼，共产党把赫哲人从地狱中解放出来，让赫哲人获得新生，成为国家主人，这恩情比乌苏里江水长，比大顶子山高。跟着共产党走，热爱社会主义，是我一生的信念。党号召成立互助组，他就积极办起了全县第一个互助组，团结起来的穷苦人，互助互帮，形成合力，解决了生产中的各种困难，喜迎土地改革后的第一个丰收年。初尝合作化带来的甜头，群众热情高涨，他因势利导，积极带领四排村赫哲和汉族群众在合作化道路上赛跑，接着又在四排村成立了饶河县第一个初级社——黎明农业生产合作社，有着极高群众威望的葛德胜被推选为合作社副主任。

1952年10月1日，葛德胜以少数民族优秀代表的身份，到北京参加了国庆观礼，幸福地见到了伟大领袖毛主席，并与敬爱的周总理碰杯饮酒，合影留念。这是他一生难以忘怀的时刻，每提及此，他都激动不已。当年那一幕幸福的时刻，已成为他的永恒珍贵纪念，也是鼓励他以后战胜各种人生风险和道路坎坷的精神动力，及在民族说唱艺术道路上探索的力量源泉。

葛德胜1953年参加革命工作，任四排村长。业绩突出的他于1956年就荣任西林子乡副乡长。1958年任八五九农场二分场副场长。当年中央领导人王震同志来东北边疆视察时，听到他的不平凡的事迹，亲自赠送给他一支半自动步枪，以作为对他所作出成绩的特殊褒奖。1959年，党组织为培养少数民族优秀干部，送他到呼兰县干校学习两年。学习结业后的1962年，他任西林子公社副社长。他先后被选为乡、县人民代表，出席黑龙江省第一届人民代表大会代表，多次被评为县劳动模范，曾任黑龙江省民族事务委员会委员。十年动乱期间，葛德胜与其他领导一样被打成"走资派"而靠边站，即便如此，他对党的信念从未动摇分毫，坚信清者自清，真相终会大白于天下。1969年末，他从"靠边站"中解放出来，重新回到工作岗位。十年动乱也殃及四排村，集体经济下滑，群众生产生活困难，大家盼望当年带领他们走向合作化道路的葛德胜，能重新回来领导他们发展生产，振兴民族经济。

1971年党组织应群众的意愿和要求，动员他到四排村兼任大队党支部书记。他明知这是一场硬仗，艰难曲折在所难免，但他在困难面前没有犹豫，坚决服从组织调动，更没有辜负乡亲们的期望。为厘清运动后的群众思想，凝聚力量发展生产，改善群众生活，他力克时艰，贡献颇多，建树一方。后因年龄及身患疾病离职休养，1975年退休。

赋闲在家的葛德胜，也没有彻底休息，为了让只有语言而没有文字的赫哲族说唱艺术传承并发扬光大，他把晚年的时间用在整理赫哲族民间文学。1980年9月中旬，他参加了中国社会科学院文学研究所和中国民间文艺研究会黑龙江分会组织的民间文学调查工作。他整理加工演唱的《香叟莫日根》《满斗莫日根》《阿哥弟莫日根》《木都力莫日根》《希尔达鲁莫日根》《乌呼萨莫日根》《沙伦莫日根》等七部作品，成为一时民族佳话，犹如乌苏里江上的一朵浪花，给祖国的文艺百花园增添了一朵绚丽奇葩，其艺术感染力影响辐射至今不衰。

1984年4月21日，中国文艺研究会黑龙江分会于省文联"创作之家"民间文学获奖作品授奖大会上，授予葛德胜民间说唱家称号。他演唱的作品《满斗莫日根》获1979—1981年全国民间文学作品三等奖，《香叟莫日根》《阿哥弟莫日根》获黑龙江省1983年优秀民间文学作品奖。正是：天道酬勤，业道酬精，学道酬苦，艺道酬心。一生钟爱民族说唱艺术的葛德胜荣获中国民间文艺家协会会员和黑龙江省民间文艺家协会顾问及黑龙江省赫哲族研究会顾问荣誉称号，他的事迹收入《中国民间文艺家传集》一书，2007年入选《黑龙江文学艺术名人》录。

葛德胜为赫哲族争得了荣誉，是当之无愧的饶河赫哲族的优秀代表。1996年10月13日，葛德胜病逝于饶河，享年85岁。

第二编 ★ 饶河县革命老区经济恢复、改造和建设时期

（1948—1976年）

第一章 国民经济恢复、改造和建设时期

第一节 饶河县经济、社会恢复和改造时期（1948—1956年）

中国共产党领导的土地改革是中国历史上第一次真正意义上实现了耕者有其田，彻底废除了两千多年来的封建剥削制度。饶河经过土地改革，消灭了剥削阶级、土匪、反动会道门等赖以生存滋生的土壤，迅速涤荡百余年来的烟毒、匪患，社会政治清明，人民安居乐业，为迅速医治战争创伤和进行社会主义改造及社会主义建设创造了前提。

一、饶河县党政机构建立

1948年5月，饶河县土地改革工作结束，饶河县民运土改工作团团长俞时模任中共饶河县委书记兼县大队政委，徐新彬任县长兼公安局长和县大队长，县委、县政府各职能科室及各区委、区政府相继建立，至此，饶河县党委和政府及基层党政机构建设全部完成。

县委、县政府根据饶河县村屯布局特点，将全县划分为三个

区，分别为第一区——县城区，第二区——小南河，第三区——小佳河。第一区下辖区直支部、饶河街（一、二、三、四、五、六）支部、三义村（包括岭南村）支部、永幸村支部、镇江村支部，共有党员29名，区委书记张福裕、区长李岐山。第二区下辖区直支部、小南河村支部（包括新开屯）、西林子村支部、关门嘴子村支部，共有党员18名，区委书记郭士达、区长刘福田。第三区下辖区直支部、小佳河村支部、大佳河村支部、西风沟村支部，共有党员17名，区委书记张玉山、区长王本贵。

随着饶河县委、县人民政府的建立及全县党组织建设与发展，全县党支部的各项活动也从秘密走向公开，饶河社会面貌焕然一新。

二、抗美援朝和镇压反革命及开展"三反""五反"运动

1950年6月25日，朝鲜战争爆发。6月27日，美国总统杜鲁门武装干涉朝鲜内政，扩大朝鲜战争。同时美国与台湾当局签订所谓"中美互助同盟条约"，美国驻太平洋第七舰队开赴台湾。美国假借联合国名义，派遣陆海空军直接参加朝鲜战争，战火燃烧至中国东北边境，中国国家安全受到威胁，刚诞生的新中国又面临一次严峻考验。

10月19日，中国人民志愿军跨过鸭绿江，与朝鲜人民军携手并肩作战，打击以美国为首的所谓联合国军，朝鲜战场形势得到扭转。

东北光复后，居住在饶河县的朝鲜族居民大部分迁往内地，县内朝鲜族不足1 500人。当他们得知朝鲜战争爆发后，群情激奋，纷纷要求回国参战。饶河县公安队第三排由朝鲜族战士组成，以排长张甲述为代表的36名朝鲜族战士为援助朝鲜人民抵抗

美帝国主义武装侵略，一致请缨赴朝参战。经县政府请示省政府同意，批准他们赴朝参战请求。1950年10月12日，排长张甲述率领36名朝鲜族战士从丹东市进入朝鲜，参加抗美援朝战争。在党的号召下，饶河县各族人民纷纷慷慨解囊捐款捐物，青年踊跃报名参军，一时间全县上下形成保家卫国、支援抗美援朝的火热爱国运动场面。

新中国成立伊始，社会经济得到迅速恢复。然而，党内的官僚主义和铺张浪费现象也开始滋生，经济领域的贪污盗窃亦时有发生，少数被剥夺了权利的剥削阶级分子和旧势力人员也借朝鲜战争蠢蠢欲动，伺机兴风作浪。1951年冬季，党中央发出镇压反革命和反贪污、反浪费、反官僚主义的指示，各地相继展开"三反五反"运动。

饶河县根据上级指示，发动全县各级党组织和干部学习中央文件，结合饶河实际情况对伪官吏和旧军警宪特及反动会道门[①]人员，进行全面登记审查，将有罪行及现行破坏者缉捕归案，依法判决惩治。如西风沟"二·二二"叛乱事件魁首贾绍堂被依法处决，其余犯罪分子根据罪行轻重分别量刑定罪。

1951年冬季至1952年，饶河县在党政机关工作人员中开展"反贪污、反浪费、反官僚主义"的"三反"运动同时，对私营工商业者开展"反行贿、反偷税漏税、反盗窃国家财产、反偷工减料、反盗窃国家经济情报"的"五反"运动。当时，饶河县经济不发达，工商业总量小且不成规模，机关干部和工商业者基本能做到奉公守法，因此，全县"三反"和"五反"运动期间，县委仅从提高认识角度，从加强思想教育方面着手开展工作。截止

[①] 会道门是"会门"和"道门"的合称，会道门形成于明朝中晚期，是各类会、道、教、社等混合形式的民间秘密结社宗教组织，后将其统称为会道门。中华人民共和国成立后将其作为非法宗教组织予以取缔。

到1952年10月25日，全国"三反五反"运动结束，全县并无重大案件发生。

三、饶河县人民代表大会制度的建立

1953年党中央颁布了《选举法》，全国普遍实行人民代表大会制度，公民以无记名投票方式，选举出县、区、村人民代表。7月，全国开始普选，饶河县进行了第一次人口普查和选民登记。县委、县政府根据工作需要成立了饶河县普查选举工作队，全县分成2个组，深入区、村做普查选举工作。到9月末，全县普选人口数9 901人，登记符合条件的选民5 420名，[1]采取无记名投票方式，选举出县、区、村人民代表。10月，召开全县第一次人民代表大会，大会选举窦忠为饶河县县长，选举宋连壁、刘纯德为副县长，饶河县人民政府更名为饶河县人民委员会。

四、农业生产合作化运动

农业合作化是在党的领导下，通过各种互助合作形式，把以生产资料私有制为基础的个体小农经济，改造为以生产资料集体所有制为基础的农业合作经济的过程，是对几千年来的传统家庭个体农业经济的一次变革。

1952年，四排村在全县率先成立了第一个初级生产合作社——黎明农业生产合作社，入社群众20户、72口人，以仅有的3匹马、13头牛，当年耕种水旱田近600亩。凭赫哲人代代承袭的吃苦耐劳精神，畜力不足就用镢头刨地，用人拉犁耕地，当年新增水田100多亩，让这部分沉睡的荒原变成米粮川。建社第一年生产粮食近12万斤，县政府特别奖励该合作社铲趟机、除草机械

---

[1] 姚中晋编著《饶河县志》卷五历史沿革（下），黑龙江人民出版社1992年版，第238页。

各一台。黎明农业生产合作社的成立和所取得的成绩，为全县发展农业合作社树立了榜样。

1955年7月30日，毛主席发表《农业合作化问题》报告，从此，全国农村走集体化道路，已成为人心所向，大势所趋。至1956年1月，全县农村初级合作社实现率达92%，随即又晋升为高级合作社。

第二节 饶河县经济、社会建设时期
（1956—1966年）

一、人民公社化运动

人民公社化运动是我党在建设社会主义道路中的一次探索。1958年5月，中国共产党召开八届二中全会，大会通过了毛主席提出的"鼓足干劲、力争上游、多快好省地建设社会主义"的总路线。全国自上而下，在落实各项生产计划指标时层层加码，忽视了经济发展的客观规律。

1958年8月17日，中共中央政治局召开北戴河会议，做出《关于在农村建立人民公社问题的决议》。于是全国各地开始组建人民公社并掀起全民大炼钢铁的高潮。

饶河县24个高级合作社归并为4个人民公社——饶河镇、西林子、小佳河、东安镇人民公社，原高级社改为人民公社所属大队或小队。

此期间，全县人民为响应毛主席全民大炼钢铁号召，抽出300多人分别在大顶子山前一带建民房、修砌高炉，冶炼钢铁，在永幸村东孔雀岭老牛圈地方，凿石开采铜矿。

这两项工程因违背客观规律，耗损资金和人力物力又毫无成效，很快于当年宣告停工。

二、移民戍边，开发边疆

饶河县自古地旷人稀，屡遭沙俄蚕食侵扰。1953年普选人口数才近万人，富饶资源未得到有效开发。1955年，党中央、国务院发出了《关于垦荒移民增产粮食的指示》。1956年6月，中央民政部提出将山东省部分农民移居黑龙江，在荒原较多的县份建立移民新村。黑龙江省委、省政府非常重视移民工作，专门召开了全省垦荒移民工作会议，派出干部前往山东、河南等地做移民动员、审查、运输工作。

1956年，河南省确定在春耕前从沿黄河村落及连年受灾地区、卫河滞洪区和三门峡水库淹没区等地村民移往黑龙江、青海、甘肃等地5万余人。就如何做好移民工作，河南省与黑龙江省签订了安置协议。1956年，河南省濮阳县沿黄河村屯是移往饶河县的重点对象。当年全县接收国家移民226户、964人。其中，佳木斯移民76户、280人；河南省濮阳县移民150户、684人。河南濮阳移民到达饶河后被分散安置在西林子、小佳河、哈蟆河子、西丰等村，由各区负责安排好生产生活。国家为这部分移民分发贷款101 400元，用于生产生活补助。移民的到来，为饶河社会经济发展增添了新的生机，当年饶河新增垦荒6 975亩。由于饶河地处偏远，生产生活环境条件差，河南濮阳县移民大多思恋故土，陆续有一半移民又迁回原籍。

1958年8月，又有2 698名山东乳山和海阳县支边青年来饶河八五九农场，参加边疆开发建设，为地处东北边疆的饶河繁荣发展增添了新的生力军。

三、十万官兵开垦北大荒

20世纪50年代中后期，我国十万转业官兵在东北三江原野的亘古荒原上发起了"向地球开战，向荒原要粮"的伟大壮举。参加饶河开发建设的有三千余人，他们在那丹哈达拉岭脚下、乌苏里江畔和挠力河两岸，在当年抗联战士浴血奋战的地方，布场建点，垦荒种田，建起了一个又一个分场，吹响了向千古荒原进军的号角，实现了几代人变荒原为粮仓的理想和愿望。

1955年3月，中国人民志愿军铁道兵8509（铁九师）部队完成了抗美援朝的光荣历史使命，集体转业进驻黑龙江省汤原县。1956年3月，铁道兵8509部队集体转隶军垦事业，当年6月开赴虎林市虎头镇。由于虎头镇周围地势洼涝，沼泽连片，垦荒难度大，粮食产量低，不适宜大规模开荒建场。

1956年6月中旬，农垦部长王震由佳木斯乘轮船经富锦、同江、抚远专程来到饶河视察。饶河县委书记张福裕、县长窦忠就饶河县荒原分布及土质等情况向王震部长作了详细汇报。王震部长认为：饶河县荒原广布，土质肥沃，易排水，具有很大开发潜力，特别是挠力河以北是垦荒发展农业的重点区域，适合建立国营农场。同年9月，驻虎头镇八五〇九农场派姜兴权、王其超二人前来饶河县调查荒原分布情况。他们在饶河县乡干部的配合下，对挠力河以北的东安、二龙、民主一带村屯的荒原进行了详细踏查。经过分析论证，认为这一带地势较高且平坦、黑土层较厚、土壤有机质含量高、易开垦荒原面积大、利于机械化作业，八五〇九农场遂决定在饶河建立国营农场，开垦这一带的荒原。11月初，八五〇九农场派孙培军、张鸣山带领垦荒先头部队200名官兵从虎头镇开往饶河，进驻饶河县挠力河北岸的和平、民主、胜利、二龙、四平等村。

经过先期的筹划准备，1957年1月，牡丹江农垦局国营八五九农场在饶河正式成立，下设3个分场，14个农业队，5个基建队。农场取名八五九，是来自于她的前身八五〇九农场的简称，这支来自于朝鲜战场的英雄部队成为这个农场的奠基者。全体官兵发扬人民军队光荣传统，自力更生、艰苦奋斗，向条件恶劣的大自然挑战，用人拉肩扛的原始方式，披荆斩棘，因陋就简，边建设、边生产。

1957年5月，数百平方公里的原野上燃起了第一把垦荒之火，随后百台拖拉机在一片轰鸣声中翻出垦荒的第一犁。当年开垦荒地20余万亩，播种10余万亩，由此拉开了开发建设北大荒的序幕。

1958年1月24日，中央军委发出《关于动员十万转业复员官兵参加生产建设的指示》，全国各大军区抽调10万转业官兵开赴东北、西北各地开垦荒原。3月12日到5月上旬，北京、苏州、广州、武汉等军区以及装甲兵、炮兵、海军和南京军事学院等复员转业官兵3 475人被派遣到八五九总场。大批复转军人到来后，本着以场建场的原则，扩场建队。总场增至9个分场，农场生产规模迅速扩大。5月中旬，驻福州的中国人民解放军第五十二预备医院全体官兵及500张床位和全套医疗设备转入饶河。饶河县委为支援军垦事业，将隋家小山（后改一棵树）县属国营农场移交给八五九农场管理。大批转业官兵的到来，唤醒了这块沉睡亿万年的亘古土地，吹响了奋战荒原的号角，偏僻一隅的饶河顿时呈现万象更新、朝气蓬勃的繁荣景象。到1959年末，在军垦官兵的努力下，饶河县耕地面积由1948年的3.2万亩扩大至近80万亩。

当年的八五九农场，一个承载着人民解放军铁道兵英雄番号的军垦农场，他们用铸剑之犁翻开了沉睡亿万年的亘古荒原。从此，荒凉寂寥的原野上机声隆隆、人声鼎沸，昔日千里沃野的北大荒，靓丽转身为米粮仓。

1963年11月，经上级批准，牡丹江农垦局撤销，成立东北农垦总局。撤销八五九总场，更名为东北农垦总局饶河农垦分局。

1964年1月，饶河农垦分局决定，在原有格局基础上调整组建新八五九农场和饶河农场、胜利农场。3月，新八五九农场正式成立，场部由饶河镇迁至原五分场场部。

"为有牺牲多壮志，敢教日月换新天。"八五九农场存续时间7年，圆满地完成了国家赋予她的建场垦荒使命，成就了一段辉煌的历史。她将一个素有"棒打狍子瓢舀鱼，野鸡飞到饭锅里"的荆棘丛生、人迹罕至的荒原，经开拓者七个春秋苦战，终于建成一个初具规模的半机械化的农场。至1963年，他们累计开荒近百万亩，7年累计播种近200万亩，生产商品粮6.5万多吨及其他副产品，为屯垦戍边、振兴繁荣边疆事业做出了重要贡献，也为饶河以后的发展奠定了坚实的基础。

在那激情燃烧的岁月里，一代垦荒人用青春与汗水、鲜血和生命，在特定历史条件和极其艰苦的环境下培育和锤炼出：不畏艰险、顽强拼搏的艰苦奋斗精神；解放思想、敢为人先、敢闯新路的勇于开拓精神；胸怀全局、戍边富国的顾全大局精神。这是北大荒精神的核心内涵，是那个时代英雄的饶河北大荒人政治觉悟、精神境界、道德情操、意志品格、行为规范和工作作风的集中体现。北大荒精神是那丹大岭、挠力河流域、乌苏里江畔一面永远熠熠闪光的旗帜，也是社会主义核心价值观的重要内容，感染并鼓舞着一代又一代饶河人为建设大美饶河奉献智慧和力量。

四、在饶河县革命老区盛开的一株"白兰花"

1955年8月，奉急令调防至福建前线，执行预备渡海登陆作战医务救护任务。根据形势的变化需要，1958年1月24日，中央军委发出《关于动员十万转业复员官兵参加生产建设的指示》，驻福州的中国人民解放军第五十二预备医院集体成建制转业到北大荒——饶河。这支诞生于江南抗日烽火，历经解放战争洗礼，从戎人民军队17个春秋，承载着一系列所获殊荣的野战医院画上圆满军旅生涯句号，开启了新的征程。

这是一所有着光荣革命历史的野战医，先后培育出了一系列英雄模范人物，他们的名字同这所医院一起被载入史册。如为掩护伤员转移而牺牲战场的刘院长；由一个白衣战士到医学教育奠基人，离休时任国家卫生部科技教育司司长的朱潮院长；从医院领导擢升为南京军区后勤部卫生部部长的李振湘；医院转隶时任院长的翟雪桥；烈士后代，不满12岁时于1938年参加新四军的姚政副院长；李兰丁、何永福两位荣获全军模范医务工作者称号，其中医技精湛的李兰丁，1947年赴匈牙利参加国际妇女大会，还出席了全国政协第一次会议和十二次党代会等，被毛主席誉为"中国的南丁格尔"，电影《白衣战士》就是以她为原型拍摄的，离休前她任解放军总院医务部顾问；秦玉秀荣获华东军区授予的"白求恩式医生"荣誉称号；陈时舜于1956年授予全军后勤战线社会主义建设积极分子称号……他们的名字像一团燃烧的火焰，又像一朵芳香洁白的白兰花，给那时的青年、妇女、医务工作者树立了人生标杆和追求美好人生境界的楷模。

随转业官兵来到饶河的第五十二预备医隶属铁道兵农垦局。这所医院最初转业改编为铁道兵农垦局第四职工医院，组成人员主要有荣获德技双馨红十字团队称号的第五十二预备医院的210人，其中退役军人占83%（退役军人中，中校2人，少校1人，大尉14人，上尉9人，中尉20人，少尉40人）；抗日时期参军的36人；共产党员81人；技术人员占60%（军医35人，护士72人，医技20人）；技术人员中有学历的占14%（本科7人。专科13人，中专9人）。医院装备500张床位、配套的医疗器械、药品材料、被服、厨具及救护车1辆、卡车2辆、发电、通讯、广播设施各一套等卫生资源。在面临军转地、军转民180度大转变的考验面前，他们虽然难以割舍这身象征军人荣誉的军装，但为了祖国边疆建设的需要，他们转业不转向、退役不褪色，谱写新华章。1958年12月24日，这所转隶的野战医院同饶河县人民医院合并，1962年3月又分设，1964年10月再度合并。

饶河地处东北边陲，那时交通不便，经济社会十分落后，当地多发病、常见病的诊断、手术、急救尤其是重症和难症，需要到几百公里的城市医院就诊，有时急重症病人需涉江送到苏联比金市治疗。这所医院，传承红色革命基因，坚持走勤俭办院之路，科技兴院之道，开创集预防、医疗、保健、康复、急救、计划生育、中西医结合、城乡（农场）结合及教学、科研为一体的多功能的县级医疗卫生中心，及大地改善了饶河落后的医疗条件，为饶河革命老区人民免除疾病痛苦，保证边疆人民健康，福泽了这一方土地的人民。

原本诞生于南方革命老区的这株"白兰花"野战医院，又奉献北大荒，七年垦荒艰辛岁月，尽革命军人之义，展白衣战士风范，将青春、睿智、豪迈、苦战、奉献一同播撒在这片黑土地上，他们付出的代价与数不清的感人事迹，载入了中垦戍边与饶河革命老区建设史志篇章。

（资料来源：原中国人民解放军第五十二预备医院医务工作者吴良）

五、三年困难时期

三年困难时期正是饶河、虎林及国营农场合并时期。八五九农场与饶河县合并后，经过两年艰苦创业，饶河的道路交通、生产生活条件有所好转。但在"左"的思潮影响下，饶河遵照局、县指示，"割除资本主义尾巴"，不允许职工种自留菜地和搞家庭副业，建立所谓纯国营化农场。随后全场以共产主义生活方式实行大食堂，家禽一律由集体饲养，居民房前屋后的零星土地全部收回归公。

1960年春，饶河区域出现偏涝，但并无大的自然灾害。中央粮食工作会议后，将全国粮食严重紧急短缺这一情况通知全国，各地粮食供应量一再减少。从1960年9月开始，饶河职工粮食供应量由每月36斤，压缩到26斤，家属由24斤减至22斤。到了12月，职工粮食月供应量再减到24斤，家属压缩到18斤。人们普遍吃不饱，凡是能充饥的天然植物如榆树皮、椴树叶和谷瘪子、豆秸、荞麦秸等，都直接磨成粉再掺杂少量粮食做成混合食品。由于人们吃的食物营养成分很少，面庞都带有菜色，60%以上职工和家属发生浮肿。

1961年3月，农垦部王震部长来虎饶垦区视察工作，当他了解这一情况后，特拨出一批大豆，按人口数供应职工家属做豆浆、豆腐，加上天气转暖，野菜萌生，情况稍有好转。

为缓解粮荒，牡丹江农垦局根据邓子恢副总理视察垦区提出的"混一色"经济，制定了牡丹江垦区国营农（牧）场工作条例（草案）40条：允许职工家属种园田地，搞家庭副业……"混一色"经济政策，大大调动了职工生产自救的积极性。仅八五九农场五分场当年就种园田地1 300多亩，加上土豆、倭瓜、小豆等经济作物，有的职工家庭收入瓜菜上千斤。仅一年时间，饶河经济形势大为好转，居民吃不饱的现象得到改变。

六、场县合并与饶河恢复县建制

时间进入1958年，正是边疆农垦事业蓬勃发展时期。农业机械化生产之优越性，引起了广大地方干部和农村社员群众的关注和向往，纷纷表达加入农场的愿望要求。1958年11月，根据当地干部群众意愿要求和王震部长指示及省政府意见，国务院同意进行管理体制改革试点，即撤销虎林县、饶河县建制，合并成立虎饶县，县址设在虎林镇，将原虎林、饶河二县的行政区域归为虎饶县行政区域。合并成立的虎饶县又与牡丹江农垦局合一，形成政企合一的局县管理体制。饶河境内四个人民公社全部并入八五九农场，原饶河县行政区降为区一级行政单位，归八五九农场辖制。1960年1月7日，国务院全体会议第93次会议通过了《关于设立虎饶县的决定》。

场社合并与局县统一后，1959年1月八五九农场总场场部迁至饶河镇。从1959年1月至5月8日，称为虎饶县饶河（八五九农场）人民公社，一套人马，两块牌子。5月9日经上级批准，更名为八五九农场。总场时期，下设7个农业分场，80个农业生产队；1个渔业分场；1个农机修配厂；3个砖瓦厂；8个米面加工厂。生产作业队达到117个，全场人口1.9万多人，这是场县合并后的八五九农场发展最鼎盛时期。

1961年国务院副总理邓子恢视察虎饶垦区指出，此地盲目将农村生产队并入国营农场，限制农民生产积极性，妨碍生产发展，指示虎饶垦区合并到农场的农村生产队应一律退出，恢复村集体所有制。

1962年2月，虎饶县与牡丹江农垦局成立分家办公室并制订方案。原则为：第一，原人民公社生产队合并到农场的土地，原则上带回，对于合并农场后开垦的土地，为经营方便，可按居住情况，进行串换。第二，合并到农场的牲畜，一律按原数退回，死亡者，由农场补齐；如无牲畜可补，从农场其他生产队调配补齐或用机械弥补。第三，车辆农具，按原固定资产账目如数退还。第四，对于人民公社的干部，原则上地方干部回地方，尔后再考虑工作需要，应由局县党委及场党委进行调整搭配，一切立足于不伤害农民利益，有利于生产，有利于团结。

当年2月17日，饶河区召开农场三级干部会议，制定了分家方案。挠力河以南的原饶河镇、西林子、小佳河等人民公社基本退回；挠力河北9个村屯，由于与农场交织在一起单独分出不利于生产，仍归农场管理。同年3月，分别恢复饶河镇、西林子、小佳河、西丰4个人民公社。与此同时，经虎饶县报请省委及省人委批准，成立饶河区委及区公所，直接管理饶河境内4个人民公社。原八五九农场机构不变，行政单独为一个区，以分场为单位分设胜利、和平、东安、西通、翠林（五林洞）五乡，行政事务属虎饶县管辖。

随着生产发展的需要，虎林与饶河合并成为一个县的弊端也显现出来：饶河地区具有农、林、牧、副、渔多方面发展的特点，而虎林地区则以农业为主，两者不相一致。加上饶河与虎林受地理和交通条件的限制，饶河归虎饶县领导有许多不便。根据当时边防斗争的需要和加强边境建设要求，1963年11月28日，中共合江地委、合江专员公署向黑龙江省委、省人委呈报《关于恢复饶河县的请示》。1964年2月26日，黑龙江省人民委员会向国务院呈报《关于恢复虎林、饶河两县撤销虎饶县的请示》。当年6月5日，国务院全体会议第145次会议决定批准撤销虎饶县建制，分别恢复虎林、饶河二县建制。

1964年10月4日，虎林县与饶河县正式分开，饶河县建制又正式恢复，张国芳任县委书记兼饶河农垦分局书记。从此，饶河作为独立的县级政权单位在本辖区内行使政治、经济、社会等管理权，饶河县的发展也步入正常轨道。

| 第二编 饶河县革命老区经济恢复、改造和建设时期 |

第二章 经历曲折后的经济、社会恢复时期

（1976–1978年）

第一节 饶河县委职能的恢复

饶河县革委根据省、地指示精神，为加强党的领导，于1968年11月26日，成立了中共饶河县革命委员会核心小组。

1970年9月17日至22日，在县工人俱乐部召开中国共产党饶河县第六次代表大会，应出席代表254人，实际出席247人。大会选举产生了中国共产党饶河县第六届委员会委员25名。9月23日，中共饶河县第六届委员会举行第一次全体委员会议，选举产生了中共饶河县第六届常务委员会委员7人，刘文斌当选为县委书记，王兰先、刘景生当选为副书记。至此，原中共饶河县革委会党的核心领导小组撤销，中共饶河县委正式恢复。

第二节 饶河县乌苏里江段反干涉斗争

自20世纪60年代中期起，苏联边防军在中苏界江乌苏里江沿

线开始有预谋、有组织、有计划地对我国边民生产、生活进行武装干涉。冬季的封冻江面上，苏军阻挠我国居民正常通行，通航季节，苏军舰艇干扰中方正常渔业生产，撞击我国渔船，割破渔网，殴打绑架我渔民，气焰十分嚣张。饶河人民为捍卫祖国尊严和领土完整，遵照毛泽东主席"有理、有利、有节"的指示，采取"以民对军"的方式，针锋相对，寸土必争，以不畏强暴和敢于斗争的大无畏精神，在乌苏里江面上同苏军展开了针锋相对的反干涉斗争。

1967年2月，饶河岛附近反干涉斗争前后共经历了42小时45分钟，苏联出动武装军人220人次，动用各种车辆21辆，直升机2架及其他各种器械。苏军的暴行，遭到饶河人民强烈声讨，自此拉开了饶河人民反干涉斗争序幕。

1967年冬季，反干涉斗争地点转移到饶河县与虎林市交界处的乌苏里江与七里沁河交汇处的七里沁岛，阻拦我国渔民正常渔业生产，6天时间连续遭到苏军7次武装干涉。

1967年12月5日至1968年元月，位于乌苏里江我国苇子沟地段对岸的苏联库列比亚克依内边防小队与珍宝岛对岸的下米海洛夫卡小队，连续出动汽车、装甲车冲向饶河县辖区内的七里沁岛，武力驱赶我国渔民。我国渔民坚守国土，寸步不让。苏军在与中国渔民争辩后，无理的苏军恼羞成怒，竟由推搡、拳打、棍击发展到鸣枪射击，我国群众被打伤100多人。

1968年1月5日，我国27名渔民前往七里沁岛捕鱼作业，苏军30多名武装士兵在2辆装甲车掩护下，对在我国七里沁岛附近破冰捕鱼作业的渔民实施野蛮冲撞和暴打，造成重伤10人（后1人救治无效死亡），轻伤20人，制造了中苏边界纠纷中的第一起严重流血伤亡事件。

1968年秋季的整个鲑鱼生产期，苏军又屡次加大对我国渔民正常生产作业干涉力度,总计对我国采取非法干涉活动达36次之多。至1969年3月2日打响珍宝岛自卫反击战,饶河人民反干涉斗争宣告结束。

饶河自近代以来,各民族人民为捍卫祖国领土,同沙俄侵略者进行了长期不屈不挠的反抗斗争,有着光荣的革命斗争传统。饶河人民勤劳质朴、勇敢智慧、不畏强权,在保卫祖国领土主权的反干涉斗争中,以伟大的爱国主义精神和大无畏的英雄主义气概,采取以民对军形式,同全副武装的苏军进行了不妥协的有理有节斗争,用鲜血和生命捍卫了祖国的尊严和领土完整。

第三节 珍宝岛自卫反击战

珍宝岛摄影

亚洲东部有一条美丽的乌苏里江,她汇入黑龙江后注入鄂霍次克海。她上游的江面上镶嵌着一个璀璨明珠——珍宝岛,珍宝岛（满语："古斯库瓦郎"，是军队"营盘"的意思）位于乌苏里江主航道西中国一侧的岛屿，距中方江岸约100米，离苏岸约300多米，属黑龙江省虎林市与饶河县交界地区，距饶河县城南偏西40公里，行政区划虽属于虎林县，但在军事辖区上却属于驻饶河县中心边防站管辖。珍宝岛面积0.74平方公里，因状如元宝而得名。该岛因1915年江水冲刷我国江岸而形成岛屿，又因1969年3月发生中苏边界武装冲突事件而闻名中外，这就是被西方称为差点引发世界核大战的一个小岛。

自20世纪60年代初中苏两党论战，导致两国关系紧张并逐步演化到边境地区严重军事对峙，平缓如镜的乌苏里江就不时地掀起惊涛骇浪。广义地讲，珍宝岛自卫反击战的时间阶段分为：反干涉斗争阶段、自卫反击战斗阶段和防御完备阶段。乌苏里江反干涉斗争初期以民对军形式为主，至后期升级为以军对军，火药味逐渐浓烈。仅1967年11月到1969年3月，苏军入侵珍宝岛达16次之多。

首次中苏双方军队反干涉斗争发生于1967年11月23日上午，饶河中心边防站下属的公司边防站助理军医杨喜忱带领2名战士组成巡逻组，在珍宝岛上方的乌苏里江主航道中方一侧执行正常巡逻任务，行进到卡脖子岛（珍宝岛上方）时遭到苏军下米海洛夫卡边防小队一名苏军中尉带领的6名武装士兵越界干涉。随即杨喜忱代表中方与苏军展开针锋相对的说理斗争，他以有力的手势和雪地画图表明这里是中国领土，明确告诉苏军中尉中国军队是在中国领土上正常巡逻。当日，公司边防站副指导员孙玉国带领骑兵巡逻组到珍宝岛下方的七里沁岛巡逻，保护中国渔民正常生产作业。

1969年3月1日，中国军队一部在珍宝岛上设伏，预防不测事件发生。

3月2日上午9时17分，苏军不顾中方第一巡逻组发出的警告，欲入侵珍宝岛，中方第一巡逻组在孙玉国指挥下被迫自卫还击。至上午10点多钟，经过一个多小时的激战，中方赢得珍宝岛自卫反击战第一次胜利。

苏军第一次入侵珍宝岛惨遭失败后，并不甘心失败，加紧向珍宝岛区域调动坦克、装甲车、火炮等重型装备部队，寻机报复。

3月15日凌晨，苏军在飞机掩护下，出动10余辆坦克、装甲车和百多名士兵向珍宝岛发动第二次进攻。经过2个多小时浴血奋战，中方军队打退了苏军第二次进攻。

当日13时35分，苏军出动飞机向珍宝岛连续发动攻击。中方军队采取几个战斗小组围打一辆坦克或装甲车的作战手段，予以反击。苏军的步兵和坦克、装甲车协同作战秩序被打乱，战斗力锐减。中方军队先后与苏军的30余辆坦克、装甲车和几百名步兵激战近9个小时，共击毁苏军坦克1辆、装甲车2辆，击伤装甲车4辆，击毙苏军60余人，击伤80余人，以劣势装备、拼死卫国的精神取得了3月15日反击战的完全胜利，也为珍宝岛自卫反击战的结束奠定了基础。

3月15日之后，经过边境会晤，中方允许苏军打着国际红十字会会旗，来珍宝岛战场清理运回战士遗体和被击毁的战车，但是，不允许将被炸毁履带的T-62型坦克运回。

3月17日凌晨，苏军炮击中方珍宝岛前沿阵地，出动坦克、装甲车和步兵入侵珍宝岛，并在岛上埋设地雷1 000余枚，企图将被炸坏履带的T-62型坦克拖回。在中方军队炮火的反击下，苏军这次入侵很快败退。之后，围绕这辆坦克双方展开接连不断的激烈争夺战。苏方派部队抢夺、爆破等措施均失败后，不惜调重炮轰击，企图将其击毁。但这辆坦克的外部设计为流弹弧形，装甲的合成材料坚硬，炮弹每次击中都只落下一个白点后飞溅，随后这辆坦克周围的冰面被苏军炮弹炸开，坦克沉入江底。1969年5月2日，中方冒着苏军炮火将这辆坦克打捞上岸（中方排雷英雄孙征民，在整个反击战中先后6次登岛排雷200多枚，于3月20日牺牲在排雷阵地上，他为珍宝岛反击战的胜利和缴获这辆苏军坦克做出了重要贡献）。这辆编号为545号的T-62型坦克，作为战利品陈列在中国军事博物馆，为这场反击战画上了圆满句号。

经过3月2日、15日、17日三次反击战，中国参战部队以誓死保卫祖国的坚定信念和视死如归的精神及顽强的战斗意志，以常规武器与以坦克、装甲车为装备的现代化苏军进行殊死搏斗，共击毁击伤苏军坦克、装甲车17辆，击毁汽车、指挥车各1辆，打死打伤苏军250余人，缴获当时最先进的T-62型坦克1辆和各种枪支以及大批弹药和军用物资。

在整个珍宝岛自卫反击战中（至后期防御战结束），中方牺牲71人（宝清县珍宝岛烈士陵园安葬68位烈士）、负伤88人。共有37个单位、376人荣立战功，孙玉国等10人被中央军委授予"战斗英雄"称号。

饶河县是一类革命老区，饶河老区人民具有抵御外来侵略、捍卫国家主权的光荣传统。在反干涉斗争和珍宝岛自卫反击战中，饶河老区人民面对全副武装的入侵者毫无惧色，敢于冒着被撞、被抓、被杀的危险在乌苏里江上坚持生产，敢于在苏军的炮火下为子弟兵送弹药、救伤员、修工事。军民团结，同仇敌忾，取得了这场自卫反击战的全面胜利，捍卫了伟大祖国的神圣领土。

"战争的伟力之最深厚的根源，存在于民众之中。"珍宝岛自卫反击战打响后，全国上下群情激奋，纷纷以不同方式踊跃支前。黑龙江省合江地区和附近生产建设兵团出动2万多民工抢修道路，调配600多辆汽车运输作战物资，其中，临战最近的饶河县以"一切为了前线，一切为了胜利"为当时饶河老区人民的一致行动目标，从儿童团员到白发老人，从武装民兵到普通群众，从机关干部到农村社员，都竭尽所能支援前线。在当时物质条件尚不发达的情况下，全县各行各业为支援前线倾其所有，为胜利做出了无私的奉献和巨大的牺牲。军民站岗放哨、运送弹药、抢救伤员、修路，顶风冒雪运输物资……军民并肩战斗的感人事迹层出不穷。饶河县医院组织的战地医疗队第一时间出现在前线，为抢救伤员昼夜奋战；县医院救护车驾驶员王金友在3月15日的反击战中连续往返前线和后方医院6次，凭借机智勇敢和娴熟的驾驶技术穿梭在炮火中，保证伤员得到及时救助；五林洞林场小学儿童团团长鲁志霞，带领儿童团将小学校改成战地医院，承担了伤员的日常管护，顶着寒风拉柴火，烧火炉，为部队御寒，还将自己家的热炕腾出来让给解放军住，等等。鲁志霞和她的儿童团员们凭着一腔爱国热血，用稚嫩羸弱的身躯做出了一件件超乎他们年龄的壮举。鲁志霞作为儿童团小英雄出席了1969年国庆观礼，受到毛主席和周总理的亲切接见。

1969年9月11日，中苏两国领导人在北京机场会晤，达成口头协议，确定双方维持边境现状，暂以主航道为界线，凡有争议的地带，双方均不得登临，以待日后通过谈判解决争端。直到苏联解体后的1990年，中俄两国政府才达成一致意见，俄罗斯政府于1991年承认珍宝岛属于中国。

第四节　开荒建村

1971年，饶河县6 765平方公里的县域内，只有5个人民公社，25个村屯，16 000多人，丰富的资源没能得到很好的开发与利用。因县内劳动力严重不足，当时想修一条公路都很困难。县内村与村之间的距离一般为30、40华里，群众嬉称为30里地前后院，80里地是邻居。如何解决饶河人力不足问题，将饶河丰富的自然资源转化为物质财富，成为当时饶河县委、县革委的重要工作。经过多次酝酿，县委、县革委领导一致通过开荒建村来建设边疆繁荣饶河的方案。为做好开荒建村工作，县革委成立了开荒建点办公室，对全县荒原作了详细调查，制定了新建村屯发展规划。1972年饶河县革命委员会以饶革委字〔1972〕34号文件向合江地区革命委员会呈报了《关于垦荒建村工作的请示》，得到合江地区革命委员会的批准。在开荒建村工作中饶河县根据饶河自身条件采取边建村边开荒，开荒和建村相结合的办法整体推进这项工作。

饶河开荒建村吸引了全省各地的群众，其中大部分是来自合江地区各个县的农民。在县直各部门的大力支持下，饶河开荒建村工作进展较为顺利。1972年建立了北山、富裕、杏树、银河、富饶、长河、永胜、永富、永前、永发、桦林、光明、三道岗、二道岗、山河、双丰、长山、富丰、联合、乐山、幸福21个村。1973年建立了靠山、兰桥、西川河、东河、平原、龙山、富河、宾丰、奋斗、联丰、青山、永明、永合、永利、兴隆、莲花、镇山、石门峪、齐心19个村。1974年建立了东南沟、白土沟、龙泉、通河、昌盛、森川、曙光、沙河子、新开9个村。1975年建立川北村。1976年建立了五道桥、东林、东盛3个村。1977年建立了东鲜、佳平、二林子3个村。1978年建立了创业、双胜、新丰3个村。1979年建立了望江台、鹿山2个村。

这些新建村屯刚成立时，生产生活遇到了很多困难，县直各部门给予了大力支持。县金融部门多次拨农贷资金用于开荒建村工作，县农机部门把国家投放给新建村的农机具及时送下去，对新建村的机务人员进行专门培训，对供不应求的机械零件，设法购置，保证各村开荒需要。电业部门免费为新建村架设低压线路，解决照明问题。县粮食部门为新建村解决口粮、种子、饲料。教育部门为新建村培训民办教师，建学校，使适龄儿童入学率达95%以上。县卫生部门组织县医院医生定期去各新建村巡回医疗，培训村级医生，设置简单的卫生室，实现小病不出村。从1972年到1976年，全县共新开垦荒地15万余亩，新增村屯61个，人民公社由原来的5个，增加为10个，开通公路130余公里，农业机械动力增加1.5倍。

　　新村屯的建立也为饶河县农业、工业、财贸等各行各业发展创造了条件，带来了生机。饶河县财贸经营量迅速增加，不仅粮食能够自给有余，养猪数量也逐年增多，县内肉食品达到了自给。由于全县劳动力增加，饶河县城到西丰公社、西丰公社到饶宝公路的循环公路迅速修通，达到了公社之间通客车。村屯距离进一步缩短，由过去的30、40里一个村屯，变成了10里、8里一个村庄。但开荒建村中，全县缺少统一规划，生态保护意识不强，致使许多原始森林被砍伐成次生林或残次林，林地被毁，森林后退，自然生态功能减弱。

第三编 ★ 饶河县革命老区经济社会发展时期

第一章 改革开放

1978年12月，中共中央十一届三中全会召开。十一届三中全会是新中国成立以来党的历史上具有深远意义的重要会议，它从根本上冲破了长期"左倾"错误的严重束缚，重新确立了党的实事求是的思想路线，开启了解放思想、拨乱反正、正本清源、改革开放，以经济建设为中心的伟大历程。通过落实党的各项政策，平反冤假错案，解决历史遗留问题，调整各方面社会关系等一系列工作，不断改善党和人民群众的关系，加强和改善了党的领导。从此，中华人民共和国的历史和中国共产党的历史翻开了新的一页，饶河也进入了新的历史发展时期。

第一节 农村各项政策的落实

全县在人民公社体制下，以生产队为基础的集体所有制进一步稳定与落实。在管理方式上，重点强调生产责任制，农村经济政策进一步开放。在农村允许社员在所分的自留地上种植自己所需要种植的作物，允许社员将劳动产品自行出售。全县各地普遍开辟了自由市场，农民生产的剩余产品可以拿到集市上自由出售。农村经济的放开，促进农贸市场的活跃。过去凭票供应的鸡蛋、猪肉、鱼类、蔬菜、山特产品等生活必需品充盈自由市场，生活必需品短缺现象得到缓解，满足了人民的生活需要。

第二节 农村家庭联产承包责任制

1978年12月，党的十一届三中全会在北京召开，确定了邓小平同志提出的："解放思想、开动脑筋、实事求是、团结一致向前看"的指导方针。提出到20世纪末把我国建设成为具有现代工业、现代农业、现代国防、现代科学文化的社会主义强国的口号，实现国民经济翻一番；同时在农业上肃清"左倾"错误，强调恢复和扩大农村社队的自主权，恢复自留地、家庭副业、集体副业和集市贸易，逐步实行各种形式的联产计酬生产责任制，提高粮食和其他部分农产品的收购价格，使农业生产面貌很快发生了显著变化。

饶河农村实行家庭联产承包前，全县农业生产实行"大帮哄"，群众的智慧和劳动积极性没有很好地调动起来。全县农村剩余劳动力大量闲置，物力、财力浪费严重。至1979年全县新建的生产队，有50%的队吃返销粮。1980年以来，饶河县农村开始逐步实行家庭联产承包责任制，在农业生产上极大地调动了农民劳动积极性，农村粮食生产迅速增加，成效显著。85%的新建生产队粮食达到自给，老生产队的粮食增产指数也大幅度提高。

1982年春，黑龙江省合江地区委员会认真贯彻落实中央1982年一号文件精神，在合江地区各县分管农业领导座谈会上，研究部署了家庭联产承包责任制工作。饶河县委县政府认真落实上级指示精神，在一些比较贫穷的村屯做了联产承包责任制试点工作。芦源公社第一次对长期吃返销粮的村，实行了分田到户，建立双包责任制。当年芦源乡贫困村农业生产自给有余,副业收入大大增加。当年在合江地区各县联评中,饶河县获得第一名、全省联评第二名荣誉。

根据中央1983年一号文件精神,县委县政府在全县普遍推行家庭联产承包责任制,并开始进行第一轮土地承包工作。围绕解放农村生产力,贯彻了三项改革措施:一是坚持土地等主要农业生产资料集体所有制的前提下,实行土地所有权与经营权分离,把属于集体的土地承包给农民家庭分散经营;二是取消原来不适应农村生产力发展要求的"三级所有,队为基础"的人民公社制度,恢复了乡村政权组织;三是大幅度提高了农产品收购价格。全县126个生产队,有113个队实行了家庭联产承包责任制,占总数的近90%。其余13个队也因地制宜,由群众自己选择认为合适的生产责任制形式。这一年,全县粮食普遍获得大丰收,亩单产平均达到283斤,创历史新高。

1984年的中央一号文件再次申明一些政策性规定。土地承包期应维持15年不变,以利于农民在承包的土地上持续投资,提高土地生产力。全县本着"大稳定小调整"的原则,全面推行土地调整15年合同的签订。县委又提出资源开发性承包举措,将县内8万亩宜林荒山(包括次生林5万亩),宜牧草原5万亩,宜垦荒原6万亩,宜渔水面2万亩,开始实行开发性承包。将这些资源分门别类作出标的额,全部承包到户到责任人,把资源优势变为经济优势。同年3月,全县改人民公社为乡镇人民政府。

第三节 县属企业体制改革

1984年10月,《中共中央关于经济体制改革的决定》出台后，全县地方国有企业陆续开始实行机制和体制创新改革。

一、工交企业改革

1986年，县经委下辖的10户工业企业推行厂长（经理）任期目标责任制，对企业内部进行系统的改革，建立适应新经营机制的内部管理规章制度。

1987年继续深化经营体制改革，通过企业职工代表大会，选举产生以厂长（经理）为主任的企业管理委员会，理顺了厂长（经理）、党支部书记、工会主席三者关系，确立了厂长（经理）的企业法人代表资格及经营活动中的主导地位。

1988年2月，县工交企业实行政企分开，将企业所有权与经营权相分离，推行各种形式的承包经营责任制。除果酒厂、食品厂、造船厂因故不能参加改革外，其余28家工业企业实行为期三年的第一轮承包经营责任制。

1992年，在国家"抓大放小"方针的指导下，县委县政府本着"全面规划，分步实施，先易后难，各个突破，分类指导，稳步推进"的原则，启动了国有工业企业产权制度改革。1994年5月，县政府决定在县人造板厂、县砖厂、县航运公司3家企业进行产权制度改革试点，并随之全面陆续铺开。2003年9月，根据县政府《关于县热电厂产权制度改革实施方案的批复》，对县热电厂进行股份制改革，将企业资产总额扣除负债总额和改制费用后159.4万元的国有资产一次性整体出售给本厂职工，组建饶河县万泰热电有限责任公司。同年12月，根据县政府《关于县自来水公司产权制度改革实施方案的批复》，对县自来水公司进行股份制改革，将企业资产总额扣除负债总额和改制费用，并按黑政办发〔2002〕64号文件规定下浮30%后所余147.66万元国有资产一次性整体出售给本厂职工，组建饶河县泰源供水有限责任公司。

其他已资不抵债的企业，经清产核资后县政府批准，实施破产。

二、商业企业改革

饶河县国营商业先后实行了党政分设和承包租赁改革。1994年2月，县政府制发《饶河县国有企业产权制度改革实施方案》，国营商业企业从商品流通主渠道退出，个体私营商业企业成为商品流通领域的主力军。

2001年2月，县政府制发《关于进一步深化国有商业企业改革实施意见的通知》，对县商属企业进行第二次转制，由企业内部职工一次性买断。至此，饶河县国有商业企业全部退出商品流通领域。

第四节　国家珍贵皮毛养殖基地的建立与发展

饶河县位于乌苏里江中游，西部和南部是完达山那丹哈达拉岭，峰岭连绵，是珍贵野生毛皮动物产地；东有乌苏里江，北有蜿蜒曲折300余里的挠力河和别拉洪河，此三大水域构成三江平原东端与北部一江二十八河之低湿水网区，其支流、港汊、泡沼、湿地星罗棋布，渔业资源富饶，自古这里就是东北先民的重要渔猎之地。党的十一届三中全会以前，饶河狐、貂养殖数量仅有100余只，改革开放以后饶河狐、貂养殖业迅速发展。1982年以来，饶河县城乡广大职工干部和农户利用当地富饶的渔业资源，普遍饲养狐、貂，产生了很多养殖专业大户，形成了专业科技服务队伍，饲养规模及质量和繁育技术水平都位居全国前列。饶河饲养的乌苏里貂以体大健壮、毛色光亮、针毛灵活、毛绒丰满而著称。

1981年特色狐貉养殖公司

1983年，全县狐、貉年存栏达7 000余只。1984年，县畜牧、科委等单位的技术人员开展野生动物养殖技术全程指导，加上养殖户逐步积累的养殖经验，乌苏里貉繁殖率和成活率有较大提高，当年全县貉存栏近万只。1986年，县外贸局从泰康县引进良种貉90对，投放给饶河镇居民饲养，与本地乌苏里貉进行远缘杂交，其杂交后代繁殖率、成活率、体长、体重和毛皮质量与原种有明显提高，当年全县貉存栏2.5万余只。同时，县科委和畜牧局从北欧引进银黑狐，养殖繁育成功，种群规模迅速扩大，为饶河县养殖业增添了一个珍贵毛皮物种。边城饶河因养殖珍贵毛皮动物而享誉全国，四方客商纷至沓来，养貉、狐成为当时全县广大居民快速致富的重要家庭副业。

1994年，经省科委批准，饶河县为省级珍贵毛皮动物养殖示范基地。1999年10月，经国家特产经济开发办批准，饶河县为全国珍贵毛皮动物良种繁育基地。

第五节　国家级东北黑蜂自然保护区

东北黑蜂是饶河最大优势和亮点，饶河因东北黑蜂而闻名于世，可以说东北黑蜂是饶河的名片和窗口。历届县委县政府对发展东北黑蜂特色产业都高度重视，把这一产业看作是扶贫攻坚和富民强县的基础产业、立县产业、福惠一方的益民产业。

1921年，邹兆云于俄远东地区一庄主处购得15箱（群）欧洲黑蜂运至本县大通河乡镇江村南乌苏里江西岸苇子沟放养，开本县养蜂业之先河。邹兆云在本县养蜂历时38年，将最初从俄境带回的15箱（群）欧洲黑蜂，用一生的时间专心致志选育、扩群。饶河这一相对封闭地域环境里的椴树和毛水苏等大宗优质天然蜜粉源植物，为东北黑蜂的形成和繁衍进化提供了雄厚的物质基础。这一优良蜂种就是在这一特定的区域生态环境下，经过半个多世纪的自然选择和人工选育，成为适应当地自然条件的新地方蜂种，并可与世界四大著名西方蜂种相媲美。1978年，这个表现型优异且基因型稳定的新蜂种，经北京蜜蜂研究所认定并命名为饶河"东北黑蜂"。

1997年12月8日，国务院颁发国函〔1997〕109号文件，批准建立黑龙江省饶河东北黑蜂国家级自然保护区。保护区总面积11 365平方公里，其中核心区面积4 965平方公里，缓冲区面积6 400平方公里。保护区森林面积58.37万公顷（合5 837平方公里），其中椴树面积约1.5万公顷；保护区现有森林总蓄积约5 800多万立方米，其中椴树近百万立方米；保护区湿地面积12万多公顷。东北黑蜂自然保护区涉及饶河、虎林、宝清、富锦四县（市），含45个乡（镇），428个村，20个地方农、林、牧、渔场和东方红、迎春2个森工林业局的20个林场及10个大型国营农场。2008年农业部批准东北黑蜂国家级自然保护区为国家级种质遗传资源保护区。

饶河东北黑蜂国家级自然保护区是中国唯一的昆虫类国家级自然保护区，也是亚洲唯一的国家级蜂种自然保护区。饶河东北黑蜂国家级自然保护区的主要任务除保护东北黑蜂物种之外，还包括自然蜜粉源植物群落、人工栽培蜜源植物、自然景观以及相关的资源和生态环境保护。

1999年，省编委批准成立黑龙江省饶河东北黑蜂国家级自然保护区管理局，为正处级事业单位。

2012年，县老促会开展蜜源植物调研，重点开展了优质草本蜜源植物毛水苏野外分布调查，并从众多品种中遴选出流蜜量大且花期长、表现型优异的窄叶毛水苏品种，并进行为期5年的提纯复壮育种。2016年经县湿地局申请，获得国家1 500万元该品种综合性湿地恢复实验项目经费。

2014年初，黑龙江重点国有林区天然林商业性采伐全面停止，实施天然林保护工程，标志着我国重点国有林区从开发利用进入全面保护的转型阶段。这一新机遇，使东北黑蜂自然保护区的蜜粉源植物萎缩状况得到扭转。

饶河县委县政府对发展东北黑蜂特色产业高度重视，在资金运行十分困难的情况下，针对2012年蜜源植物流蜜量不足，蜂农养蜂亏损的实情，筹资150万元用于蜂农补贴，稳住了蜂群总量，体现了政府服务于人民，急人民之所急所需，人民至上的服务理念，首创全国蜂农补贴的先河。2014年，县政府提出：要尽快拿出解决我县蜜源植物不足和分布不均及大宗蜜源植物单一局面的方案，以切实可行的措施，经过5—10年努力，改变这一制约我县东北黑蜂发展的瓶颈。之后，县政府常务会议将培育和发展蜜源植物经费纳入本级财政预算,从2015年起每年投入95万元。

目前东北保护区黑蜂种群5万余箱(群),养蜂场点约700余个,蜂农千余人,年产蜜2~3千吨。保护区内规模蜂产品加工企业10多家和60多个合作社及众多个体生产加工户,年生产加工能力近万吨。形成蜜、粉、浆、胶四大系列120多个品种,取得国家"地理标志"产地保护产品和"地理证明商标"等各种类型蜂产品商标30多个,蜂产品电子商务平台10余家,电商200余家,销售网点遍布全国各地。饶河东北黑蜂系列产品屡获国内国际食品大奖,2017年饶河县被中国蜂产品协会授予"中国椴树蜜之乡"称号。

第二章　经济社会快速发展时期

习近平总书记在阐述新时代中国共产党的历史使命时说，实现中华民族伟大复兴是近代以来中华民族最伟大的梦想。中国共产党一经成立，就把实现共产主义作为党的最高理想和最终目标，义无反顾肩负起实现中华民族伟大复兴的历史使命，团结带领全国各族人民进行了艰苦卓绝的斗争，谱写了气吞山河的壮丽史诗。"世界潮流，浩浩荡荡，顺之则昌，逆之则亡。"中国的伟大复兴就是中国人民站起来、富起来、强起来的中国梦。

第一节　农业生产

东北解放初期，饶河县农业生产方式由个体经营、互助合作社到人民公社。20世纪60年代以后，由于"左"的路线干扰，饶河县农业生产发展比较缓慢。1978年以前，全县农业种植作物主要以小麦、玉米和大豆为主，粮食亩产在200斤左右。党的十一届三中全会以来，党和国家制定了一系列发展农业的路线、方针、政策，实行家庭联产承包责任制，极大调动农民生产积极性，为广大农民走向致富之路创造了新机制环境。在实行农村经济体制改革40年里，饶河县农村面貌发生了巨大变化，农业生产力迅速发展，农民生活水平快速提升，特别是党的十八大以来，各项惠农政策陆续出台，饶河县农业生产由单一追求产量向绿色有机健康和集约规模化转变，农民生活水平再跃上一个新台阶，迎来了城乡一体化发展新阶段，是农业、农村、农民共享改革开放发展成果最多时期。

一、农田水利设施建设进一步完善，低产田得到有效治理

1978年以前，饶河县低洼土地较多，农业生产相对落后，经济效益不高。1986年后，饶河县农田水利工程建设迎来新的发展时期，县水利等部门为改善农业生产条件，紧紧抓住国家重点对大江大河治理和增加农田水利工程建设投入的契机，积极争取上级资金，兴建农田水利骨干工程。

1989年开始，饶河县对低洼耕地进行有效改造，相继建起了大佳河、小佳河、挠力河、珍宝岛、饶河镇等13个农业开发小区，使全县低产田得到有效治理，水稻种植面积迅速增加，农业生产喜获丰收。至1993年，以稻治涝效果显著，全县水田面积达2 389公顷。

1998年，乌苏里江、挠力河被国家列为重点防洪除涝治理项目，乌苏里江堤防工程、挠力河堤防工程、边境江河护岸工程、灌区改造工程、涝区治理工程、人畜饮水工程、水田灌溉机电井工程等全面开工建设。

1999年，饶河县在小佳河镇、大佳河乡及周边农场开发建设挠力河10万亩水稻灌区，原国务委员、全国政协副主席陈俊生为挠力河10万亩灌区题名为"东方第一田"。

2005年以来，全县建成江河堤防125千米，抽水灌溉泵站3处；灌溉井670眼，其中水田灌溉井640眼、菜田井30眼；农村人

畜饮水井92眼，农田灌溉面积达7 134公顷，其中水田灌溉面积7 067公顷；治涝面积2.2万公顷（含水田）；治理水土流失面积15 430公顷。

1991年，饶河县被省政府授予三江平原开发先进县。1999年，黑龙江省政府授予饶河县十年开发先进县称号。饶河县在全省农田水利"黑龙杯"竞赛中，连续4年荣获银杯奖，连续2年荣获金杯奖，先后被黑龙江省政府授予农田水利建设先进县和农田水利建设标兵县称号。

二、农业科学技术全面推广

1978年以前，饶河县粮食产量较低，随着农业优良品种的引进及新式栽培耕作技术的普及，粮食单产和总产量逐年提高。

20世纪80年代，水田主要分布在乌苏里江、挠力河沿岸，水稻栽培方式以漫撒为主，产量较低。20世纪90年代后，改变漫撒粗放栽培方式，普遍推广水稻旱育稀植、标准化栽培技术。育苗逐步从小棚发展到大中棚，水稻产量和质量显著提高，平均每亩产量1 200斤。

1989年，开始推广平衡施肥技术，在稳定氮肥基础上，增施磷肥和钾肥。2005年推广测土施肥，全年采集土样4 000份，测土配方施肥面积6万公顷，增产和减低成本效果明显。大豆"垄三栽培"技术得到普及，平均每公顷增产300~600公斤，比一般栽培增产10%~15%。

农业生产越来越重视科学技术的普及和提高，如今全县农业生产普遍采取平整土地、耕深耙细、测土施肥、选用优良品种，并进行农药拌种或种子包衣、合理密植、实施标准化作业、适时早播，加强管理等综合丰产技术，每公顷增产250公斤以上。

三、农业生产全面实行机械化

1986年，全县拥有大中小型拖拉机1 334台，联合收割机147台，机械耕作面积近2万公顷，占总耕地面积的73%。小麦播种全部实现机械化；大豆机械化播种程度97.6%；水稻机动插秧机和手动插秧机75台，机播面积0.12万公顷，机械化程度39.1%。

1986年，农田中耕作业以东方红-75拖拉机配套七铧犁和12马力小型拖拉机配套中耕犁趟地，机械中耕面积达1.33万公顷，占总中耕面积的88.8%。农作物病虫害防治主要使用手动喷雾器，作业效率低，对人体危害大。农作物机械收获面积1.31万公顷，机械化程度50.8%。场上作业机械有脱粒、清粮、运输、选种等，机械化程度达100%。

1987年后，农业机械处于更新换代阶段，全县大中型拖拉机及配套农机具数量稳中有降，小型拖拉机和配套农具数量增长迅猛，农业机械化程度不断提高。1990年，全县拥有小型拖拉机1 896台，小型配套农具2 984台，分别比1986年增长1.4倍、1.8倍。全县机耕面积2.47万公顷，占总耕地面积的85.2%。

农民使用飞机喷洒农药

现代农业机械收割

1991年，引进大型精量播种机44台，实现分层施肥、开沟、精量点播、起垄、镇压等一体作业，从根本上改变了传统的大豆播种方式。1995年，全县农机总动力达5.5万千瓦，拥有大中小型拖拉机2 844台，机耕面积3.03万公顷，占总耕地面积的97.6%。2001年后，农机具更新资金投入逐年增多，更新换代步伐加快，大中型农业机械和配套农具的数量及科技含量都大幅度提升。

四、新的农业合作经济组织带领农民致富奔小康

饶河县土地资源丰富，人均耕地较多，机械化水平较高，适合连片耕作。1986年以来，县委县政府在稳定、完善家庭联产承

包责任制的基础上，以农业增效、农民增收和农村稳定为中心，不断深化农村各项改革。完善农村合作经济组织，引导农民在自愿互利的基础上，发展多样化的合作与联合经济组合形式，推广土地连片耕作。同时，鼓励有特殊专长的农民脱离土地，发展养殖业、加工业和其他企业，耕地向种田能手集中，使分散的个体生产逐步向专业分工、协作紧密的社会化生产转变，农业生产向区域化、专业化方向发展。20世纪90年代后，各类专业村、专业户及农村合作经济组织、种粮大户数量逐渐增多，农民经纪人从无到有，并逐步发展壮大。

2019年，全县有省级农产品加工产业化龙头企业3个——黑龙江饶峰土特产加工有限公司、饶河县大顶子山粮食集团、饶河县中顺农业开发有限公司，市级1个——饶河县黑蜂园蜂业有限公司。全国中小企业股份转让系统挂牌龙头企业1个——饶河县中顺农业开发有限公司。规模以上农业产业化加工企业5个，年销售收入8亿元，税金500余万元。

第二节　新型工商业蓬勃发展

东北解放初期，饶河县几乎没有工业，只有少量的手工作坊。随着1956年十万转业官兵来饶河开发建设，饶河人口迅速增加，耕地面积不断扩大，工商业逐渐发展起来。20世纪70年代，饶河有发电厂、造船厂、农机修造厂、糕点厂、酱菜厂、印刷厂、白酒厂等小型工商企业。1978年以后，随着改革开放，乡镇企业如雨后春笋般蓬勃发展。

20世纪80年代后期，全县卫生筷企业遍地开花，生产的卫生筷子长期畅销日本、韩国以及东南亚一些国家和地区。1993年，东北黑蜂原种场生产的椴树蜜、王浆蜜分别荣获第33届国际养蜂大会金奖和铜奖。1997年，珍宝岛酿造有限责任公司生产的"珍宝岛"牌白酒被评为黑龙江省地方名优产品金奖。

  为培育发展饶河黑蜂特色产业，形成加工企业龙头带动蜂农发展的产业化格局，1999年12月，县政府批准成立黑龙江省饶河县东北黑蜂责任有限公司。2000年正式形成生产能力，年生产蜂产品千余吨，当年销售收入2 000万元，实现利税110万元，同时，发挥了指导蜂农生产和维护蜂农经济利益的龙头企业作用。当时，该公司投入的设备和工艺流程及研发的产品品种都属于国内一流水平，其中的3条生产加工线是国内先进设备，可以生产各种蜜、蜂胶、花粉、王浆、软胶囊等系列名牌优质产品。公司生产的所有系列产品质量全部达到欧盟食品标准，并当年出口德国有机蜂蜜400吨，填补了黑龙江省蜂蜜出口的空白。2004年，在国有企业并轨转制大潮中，该公司由外来客商经营。

  改革活跃了商品流通市场，生活必需品由短缺到充盈，由卖方市场转向买方市场，市场的活力充分显现。经过了40余年的发展，饶河县新的商贸物流体系逐步形成。共有农贸市场8个；对俄贸易商城3家，经营面积达3万平方米；有"家乐购""远东""乐佰客""大福园"大型超市四家。逐步在我县形成了以城区商店为基础，乡村商店为基点，新兴网络商购为代表的城乡消费格局。

  经过40年的改革与发展，饶河县基本形成了以开发利用本地和俄罗斯两种资源和两个市场为主的木材加工业、粮食加工业、蜂产品加工业、建筑材料业以及为生产生活服务的供电、供热、供水、机械修理等行业为骨干，以非公有制经济为主体的工业经济结构。但企业仍普遍存在着规模小、产品科技含量低、名优产品少、经济效益低等问题。

第三节 通讯、交通、电力

一、通讯事业快步发展

20世纪80年代中期，饶河县邮电事业稳步发展，相继开办邮政快件、特快专递业务，全县市话、农话用户600余户，邮电年业务经营总额40万元。20世纪90年代后，城乡邮电基础设施建设速度加快。1992年后，开通了数字无线寻呼和城市程控电话，市话并入全国电话直拨网，加快了信息传递速度。1994年后，先后建设长途C3网通信电路工程、饶河县城至俄比金市和哈巴罗夫斯克市微波通讯工程，开通模拟移动通信。1998年，全县长途C3网工程建设全部结束，乡（镇）及农林场相继安装光端设施，更新程控电话交换设备，实现传输交换数字化，达到了城乡一体化。

进入21世纪，信息化产业发展提档加速，促使传统邮电行业发生革命性变革。信息技术主要指人们获取、存储、传递、处理信息的各种技术，其中通信技术和计算机技术是整个信息技术的核心。信息时代的到来，客观上起到了推动邮电企业管理体制改革，邮政与通讯业务分开经营已成必然。1999年，移动通信业务与邮电业务分开经营，成立黑龙江移动通信公司饶河分公司。2000年10月，成立黑龙江联通公司双鸭山分公司饶河业务处（后改为分公司），以后又新成立了饶河电信分公司。随着国家管理体制改革的深化，2015年县邮政局转制为中国邮政集团公司黑龙江省饶河县分公司，经营包裹速递、报刊发行、集邮、函件、电子商务、代理金融业务等。近年来随着社会网络商购量的激增，催生物流快递业的发展。如今，包裹快递业务量逐年大幅上升，已成为邮政行业的主要业务。

至2016年，饶河移动分公司拥有客户数6.8万多户，全年营业额4 250万元；饶河联通分公司拥有移动客户数2.7万余户，宽带用户近8千户，全年营业额1 300万元；饶河电信分公司拥有移动客户数1.3万户，全年营业额1 000余万元。

二、交通事业的发展

20世纪80年代中期，饶河县有公路45条，全长576公里，均为等级低的三、四级和等外沙石公路，路面窄、弯路和坡路较多，民谚有"九岭十八坡，三十六拐到饶河"的说法。公路抗灾保通能力差，春秋两季路面翻浆和冬季雪阻不通车的情况时有发生。饶河客运汽车共19辆，客运线路仅有5条，通车里程600余公里，运输车辆较为陈旧。

20世纪90年代，根据县委县政府"打口岸牌，走边贸路"的经济发展战略，制订了全县交通发展中长期规划。1993年，饶河口岸开关后，相继开通中俄国际水陆客货运输。2000年后，饶河县抓住省交通厅帮扶的机遇，确定了"打通两个出口路，提高公路网络整体技术状况和服务功能"的交通发展大方向。通过国家投资、银行贷款等方式筹措建设资金，交通事业实现了持续、快速、健康的发展。到2005年，全县新建公路141公里，改建公路41公里，其中建白色路面112公里。公路总里程达590公里，桥梁87座，长2 176米，涵洞747道。公路等级由原最高三级沙石路提高为二级白色路面，结束了饶河公路无白色路面的历史，公路抗灾保通能力有较大提高。与此同时，营运线路和客运车辆迅速增加，客车等级不断提高，长途客车均为空调车。全县客运线路达42条，其中跨市线路14条，通车里程5 400多公里，形成四通八达的客运网络。

"十三五"期间，饶河公路建设进入发展更快、标准更高时期。连续奋战三年，于2018年建成通车26公里的出境一级公路，即国道饶盖公路——饶河口岸至大岱林场路段，结束了饶河没有高等级公路的历史，也为今后彻底解决制约饶河经济社会发展的交通瓶颈问题开辟新途径。

三、饶河电力事业实现跨越式发展

新中国成立前，边荒之地的饶河尚处于自然经济状态，除了日本占领军兵营有小型柴油发电机，广大城乡居民劳动生产全凭人力和畜力，生活照明煤油灯。人民政权建立后，劳动人民不仅政治上获得解放，生活质量也发生了质的飞跃，电力为饶河经济社会建设提供了动力支撑，从此闭塞的边疆不在沉寂荒凉。

饶河电力经历了从无到有，从部分供电到城乡保障供电，从简陋的柴油发电机组到小型发电厂直至接入国家电网，从单一发电到电热联产，从传统煤电到新能源风力发电的几个发展阶段。以党的十一届三中全会为标志，饶河电力事业进入快速发展时期。

1956年，饶河县在小南山滨江处迎流石坝，建一座小型发电站，安装了50千瓦发电机一组，用柴油机发电，只供应县内部分机关照明使用。

1964年经省政府投资，建厂房400平方米的火力发电厂一座，安装350马力蒸汽机一台，带动200千瓦发电机组，为县城及附近村屯生活用电照明和生产提供动力。

此后，饶河电力事业在国家的关怀下，不断扩建增容和输电线路升级改造。至1987年5月，经省计经委批准饶河电力从八五二农场农垦电网接入国家电网，城乡用上质优稳定、价格更低廉的国电。

1988年春，饶河县发电厂进行热电联产改造，更名为饶河县热电厂。冬季提供集中供热的同时，所生产的电力并入国家电网，饶河电力生产进入热电联产阶段，在节能、环保和提高经济效益同时，满足县城人民生活需求，推动特色小城镇的发展步伐。

2003年9月，根据县政府《关于县热电厂产权制度改革实施方案的批复》，对县热电厂进行股份制改革，组建《饶河县万泰热电有限责任公司》。随后，《饶河县万泰热电有限责任公司》又被外来客商收购重组，成立《饶河晨光热电有限公司》。

2012年，黑龙江中宇饶河风电投资有限公司建设的顶丰风电场并网投入运行。该工程投资2.5亿余元，完成装机容量37.5兆伏安，安装风机25台。顶丰风电场并网后，2018年达到设计标准，年上网电量9 000余万千瓦时，年均上缴税收600多万元，推动了全县新能源产业的发展。以此为标志，饶河电力事业进入了一个全新发展时期。建有66千伏电源点一座，主变容量50兆伏安，供电面积近4 000平方千米，供电用户近4万户，变电总容量50兆伏安，输电线路总长度近230公里。电力作为经济发展的火车头，为建设生态、富庶、幸福、文明大美饶河做出了重要贡献。

大顶子山风力发电

第四节　口岸建设与中俄贸易

一、口岸建设和对俄贸易

20世纪80年代初，中苏两国关系不断改善，逐渐恢复经贸往来。饶河县地处乌苏里江中下游，对应俄罗斯远东哈巴罗夫斯克边疆区和滨海边疆区。县城与苏联远东铁路最大编组站比金市直线距离约17公里，具备建立对应边贸口岸客观条件。1989年4月8日，国务院《关于同意开放黑龙江省六个对苏边贸口岸的批复》，批准饶河县建立对苏边贸口岸。

1990年1月4日饶河县口岸办公室成立。当月上旬饶河县政府代表团一行3人赴苏联哈巴罗夫斯克市，磋商在苏方建立与饶河口岸对应的波克洛夫卡口岸事宜。

1991年9月，俄海关总署决定在哈巴罗夫斯克边疆区比金市政区波克洛夫卡村建立对中国贸易口岸。

2007年，改建后的饶河口岸

1992年3月14日，县政府在粮食局办公楼前举行第一次边境贸易冬季临时过货典礼，主要出口货物有农用物资和大米、面粉等30吨。

1992年，县政府制定《饶河口岸建设方案》，成立口岸建设指挥部。当年，口岸联检大厅及县城至口岸公路、输电线路、通信线路等基础配套设施工程先后开工。

1993年7月3日，省公路管理局为县公路管理站调拨载重为105吨的渡船1艘（饶渡202），以承担饶河——波克洛夫卡口岸水上运输。9月8日，县城至口岸三级沙石路面公路竣工，全长7.8公里。年末，完成口岸设施建筑面积6 363平方米。架设县城至口岸1万千伏输电线路和30门通信线路各9公里。至此，饶河口岸初期基础设施建设基本完成，总投资800多万元。

1993年9月，饶河口岸正式通关。饶河口岸是中俄乌苏里江沿岸唯一的国家一类客货运输口岸，与俄波克洛夫卡口岸隔江相距约760米，当时设计年过货量25万吨，日过客400人。此后，随着中俄贸易量和客流量的增加，饶河口岸又经历了数次改建增容过程。

1996年2月6日，饶河至哈巴罗夫斯克两日游正式开通，饶河口岸迎来第一批俄罗斯游客260人。

1999年5月29日，中俄饶河——波克洛夫卡混合工作委员会成立，建立了双边磋商长效机制。县政府为解决枯水期通航难问题，筹资52万元，委托佳木斯造船厂制造"621"浅水渡船1艘，保证了夏季口岸通关。

2002年12月，县政府制定《饶河口岸经济发展总体规划》，对口岸建设与发展进行一次新的全面规划。

2003年，饶河县委第十三届四次全委（扩大）会议确定"打口岸牌，走边贸路"的经济发展战略，采取招商引资、争取国家政策性资金和地方财政自筹资金等途径，继续加强和完善了口岸基础设施建设。当年投入136万元建设1万平方米口岸停车场，投资850万元建设3 328平方米海关业务综合办公楼。同年省计委投资150万元，由佳木斯东方船舶有限责任公司建造"631"渡船1艘，载重量240吨，用于口岸通商运输。同年，省交通厅投资2 522万元，将口岸公路由三级沙石路面改建为二级水泥路面。

通过饶河口岸来饶河购物旅游的俄罗斯游客

2004年，投资463万元，建饶河口岸码头，长36米，宽100米，占地面积3 600平方米。

至2005年，依托饶河口岸开展对外经贸业务的企业有几十家，进出口货物16类300余个品种。其中出口货物主要有大米、蔬菜、水果、汽车及摩托车配件、小家电、玩具、日用百货、服装、建材、装饰品等，占进出口货物总量的97%以上；进口货物主要有水产品、木材、化工原料、机械、化肥、建筑材料等。饶河口岸全年过货9.2万吨，过客5.73万人（次），贸易总额3.48亿美元，饶河口岸进出口贸易额在全省25个对俄开放的口岸中居县级口岸第四位。

为了适应新形势下饶河口岸发展的需要，2005年7月，国家和省投入资金600多万元，对口岸联检大厅进行升级改造。改造后的口岸联检大厅面积达4 500平方米，由双向两通道改为双向四通道，日过客能力由400人次增至2 000人次，年过货能力也由25万吨提高到100万吨，有效地提升了饶河县口岸通关能力，适应了当时中俄双方日益繁荣的口岸贸易。

2008年，县政府投入180万元建设口岸国门广场工程，并于2010年12月末开通了乌苏里江上第一条口岸浮箱固冰通道。该通道的建成，延长了口岸通关时间，实现了四季通关，带动了口岸客流、物流的大幅增长。

1999年底开通了饶河—比金旅客定期班车，2011年哈尔滨—双鸭山—饶河—比金—哈巴国际旅客定期班车开通。

饶河口岸是边建设边通关，随着时间的推移和形势的发展，有必要进行一次科学全面规划设计。2012年，饶河县委县政府对饶河口岸又进行全方位重新规划设计，规划后的口岸占地面积达30万平方米，分为八大功能区：货检区、客检区、货物检验处理区、基础设施区、边检工作生活区、口岸综合办公区、国门广场开放区、码头工作区。2013年起，连续投资1.2亿元，开工建设八大功能区及其附属设施。通过三年建设，饶河口岸圆满完成新的规划设计目标，即年通关能力由原来的年过货100万吨提升到200万吨，原年过客50万人次提升为100万人次，并通过了国家口岸核心能力建设考核，先后取得了口岸落地签证权、异地办证办理权、冰鲜水产品进口指定口岸、对俄肉类出口等资质。

建设"一带一路"是以习总书记为核心的党中央主动应对全球形势的深刻变化、统筹国内国际两个大局做出的具有前瞻性的重大战略决策，它对推动我国新一轮对外沿边开放并促进边境地区发展带来新机遇。饶河毗邻俄罗斯远东地区的哈巴罗夫斯克边疆区和滨海边疆区,是乌苏里江沿岸对俄沿边两个边疆区开放节点的国家一级重要口岸,发展外向型经济有得天独厚的地缘优势,是饶河县经济发展的外向动力引擎。

今后,在"一带一路"建设的大背景下,中俄共同打造政治互信、经济融合、文化包容的利益共同体、命运共同体和责任共同体,把饶河口岸定位为跨境产业集聚区、边境城市合作示范区、沿边口岸物流和中俄文化交流合作重要基地。汇聚全市之力,持之以恒不懈努力,饶河口岸不远的将来一定会成为中俄边境地区政策最优、机制最活、魅力四射的特色经济开放区。

第五节 城市建设

巍峨的大顶子山下,蓝天白云映衬的乌苏里江畔,因一首《乌苏里船歌》而蜚声大江南北的边境小城——饶河,与共和国一路相伴,走过70年的不平凡岁月历程。从最初的一个小渔村,到一个初具规模的现代化宜居生态靓丽边城。

饶河沿江公园景观

一、城市建设概述

改革开放的春风,为饶河县城的发展带来了新的生机与活力，特别是党的十八大以来，为了满足人民对美好生活的新期待，城市的发展更是日新月异。近年来饶河县大力开展"一创两建"活动，深入推进美丽城镇建设，打造生态、优美、洁净、宜居特色边城取得明显实效。饶河县先后被列入"全省文明城市"提名城市，被评为"中国十佳宜居县"，并荣获"全国创建绿色化示范城市"称号。

一是城镇基础设施日益完善，形成了以通岛街、通江街、向阳街为三横，锦阳路、新阳路、中央路、滨江景观大道为四纵的城市路网框架。完成城市管道天然气、污水处理厂、垃圾填埋场等"三供三治"基础设施建设任务，目前饶河我县自来水管线长度为175.2公里，排水管线53.24公里，供热管线56公里，县城供热总面积173万平方米，供热总量100.33万吉焦。[①]

二是加强城乡环境综合整治力度，深入实施"亮化、绿化、美化、净化"工程。县城内现有各类路灯1 378基杆、3 766盏，楼体亮化118栋，亮化树灯420余株；沿江公园、饶河岛、江心岛亮化率达到95%以上。街道、广场绿化率百分之百，乔木、灌木、草坪及花卉相搭配，呈现层次分明又具有地域特色。

三是加快了保障性安居工程的建设步伐，建成了时代新城、珠江佳苑、明珠家园等棚户区改造项目，棚户区改造投资6亿元，完成4 216套住房；投资7 018万元建设748套廉租房、公租房。

四是提高了城市市容环境质量。根据人流量、垃圾生产量及街道分布等因素，建立清扫、装箱、收集等作业队伍，对县内主干道、次干道、背街巷道保洁工作实施全方位覆盖，实现了垃圾日产日清。

---

①吉焦：用于供热中按流量计费的热量单位，用符号GJ表示。

二、城市定位

饶河县位于黑龙江省双鸭山市东北部，是国家一类口岸，东以乌苏里江航道中心线为界与俄罗斯比金市隔江相望，地形地貌多样，可分为山地丘陵、台地、平原、江河泡沼及洪泛地四种类型，风景秀丽，气候宜人，适宜发展旅游，宜人居住。根据我县的自然环境及气候状况，我县城市建设定位为：将我县建设成为生态环境优美宜居、城乡建设提档升级、人民生活幸福殷实的生态宜居城市、智慧城市、文明城市。

饶河县城楼房建设

三、发展规划

根据国民经济与社会发展规划纲要要求，加快推进城市建设步伐，形成结构合理、配套完善、功能明确、发展协调的县域城镇发展格局，加快城镇化发展，促进人口、资金、资源的聚集，把饶河县城建设成为布局合理、职能分工明确、基础设施配套齐全、生态环境优美的现代化城镇。根据县城总体规划，到2020年，我县城市人口规模将达到6.5万人，城市建设用地将达到780公顷，人均用地控制在120平方米以内，居住、公共设施、对外交通道路、广场、市政公用设施、给排水、绿地等基础设施建设完全满足县城增加人口的需求，城镇化水平达到63%。

按照"以信息化推进城市化、以信息化推进现代化"的智慧城市发展模式，努力打造形成"基础设施畅达易用，城市管理协同高效、公众服务整合创新"的具有饶河地域特色的智慧城市。

第六节　教育　文化　卫生事业

一、教育和体育事业

1949年中华人民共和国成立之初，饶河县共有小学16所。1956年正式成立饶河县初级中学，1959年升为完全中学。1978年党的十一届三中全会以来，饶河县委县政府把教育发展纳入到全县经济、社会发展的总体规划，提出经济发展，教育先行，并在带领全县人民建设美好家园的实践中给予重点倾斜。40年来，饶河县不断加大教育改革力度，加强教师队伍建设，增加投入，改善办学条件，使全县教育教学水平逐年提高，基础教育事业蓬勃发展。

"十二五"期间，县政府积极筹措资金，加强学校基础设施建设。新建第一中学食宿楼、第二中学食宿楼、小佳河镇中学教学楼、西丰镇中学食宿楼等一批城乡教学用房和生活用房，迁址新建第一小学。通过实施《饶河县学前教育三年行动计划》，加大了公办幼儿园的建设力度，确保每个乡镇办好1所公办幼儿园。2014年，完成第一实验幼儿园迁址新建工程。2011—2014年，在中国联通集团公司的援建下，饶河县实施中小学现代化体育基础设施建设工程，为全县各中小学新建塑胶跑道13处、塑胶篮球场36处、塑胶排球场6处、室外乒乓球台189副、健身路径32套，在全省各县市率先实现城乡所有学校现代化体育基础设施全覆盖。2014年起，饶河县在全省率先实现全部免除高中阶段学费和住宿费。

"十三五"以来，县委县政府高位统筹，坚持把推进标准化学校建设和推进义务教育均衡发展作为改善民生、建设幸福美丽饶河的重要内容，摆在优先发展位置。先后实施了第二中学教学楼扩建工程、高级中学教学楼扩建工程等教育重点工程项目。同时，不断加大教育技术装备投入，为城乡所有学校增设理化生实验仪器、音体美器材、计算机、多媒体等现代化教育教学设施。2016年，城乡所有中小学校实现"班班通"全覆盖，有效扩大了优质教育资源供给。2016年，根据城镇化发展趋势，为合理整合教育资源，实施了新一轮中小学布局调整工作。撤销饶河镇小学、五林洞镇中心学校、西林子乡中心学校、大佳河乡中心学校、大通河乡中心学校、四排乡中心学校、西林子乡三人班中心学校和西丰镇芦源中心学校等7所九年一贯制学校的初中部。撤并后，五林洞镇中心学校、西林子乡中心学校、大佳河乡中心学校等3所学校变更为小学；大通河乡中心学校、四排乡中心学校、西林子乡三人班中心学校和西丰镇芦源中心学校等4所学校更变为教学点。调整后，全县中小学校共19所（点），其中普通高中1所，中等职业学校1所（内设普高部），初级中学4所，小学8所，乡镇九年一贯制学校1所，教学点4个。2016年，全县义务教育阶段学校全部通过省级标准化学校验收。2017年，饶河县以优异成绩通过义务教育基本均衡国家级验收。

全面贯彻党的教育方针，坚持立德树人，注重教育实效。为办好人民满意教育，几届县委县政府都举全县之力重点扶持教育事业，使教育设施不断更新完善，教师队伍素质明显提升，缩小了与发达地区的差距。经过持续不断的夯基垒台，全县教学水平呈厚积薄发之势，高考升学率不断刷新历史纪录。

党的十八大以来，饶河县大力发展体育相关产业，加快体育产业与全民健身、休闲旅游的融合发展，不断促进体育产业发展提档升级。先后成功举办2016中、俄、韩乌苏里江橡皮艇拉力赛暨中俄橡皮艇极限穿越活动（饶河站）、2017泛舟龙江中俄皮划艇拉力赛（饶河站）、2018泛舟中国中俄皮划艇拉力赛、2018中国乒乓球协会会员联赛（饶河站）、2018中俄国际篮球邀请赛等大型赛事。积极响应习近平总书记"三亿人上冰雪"的号召，大力开展"赏冰乐雪"系列活动和"百万青少年上冰雪"系列活动，推动县域体育产业蓬勃发展。

饶河县体育广场

二、文化艺术事业迎来了繁荣发展的春天

新中国成立初期，饶河文化活动大多为临时节假日的群众性扭秧歌、歌咏演唱等，没有固定的演职人员。随着十万转业官兵的到来，文化活动较以前有了较大的进步，发展为歌咏、舞蹈、山东快书等，间或演出大型剧目。进入到20世纪80年代，改革开放的春风使饶河县的文化事业逐步繁荣，特别是党的十八大以来，县委县政府不断加大文化投入，文化产业设施建设全面加强，城乡文化活动日益活跃。

（一）文化设施建设和文化艺术大发展

20世纪80年代中后期，饶河县建面积1 000余平方米文化馆，馆内设有创编室、辅导组、美工组、摄影组、文艺工作团，有工作人员27人，其中文艺工作团15人。各乡（镇）相继建立文化站，文化站设有图书阅览室、文化活动室，开展电影、录像放映和小型演出活动。

1999年，建立四排赫哲族发展史馆，收藏赫哲族生产生活器具、服饰、手工艺制品等142件。2001年，四排赫哲族乡风情园建成开园，占地面积万余平方米，博物馆展厅陈列赫哲族各种手工艺制品200余件。

2001年，饶河县博物馆开工建设，建筑面积1 150平方米，2008年10月投入使用。

党的十八大以来，饶河县文化艺术事业进入了大发展大繁荣时期。文化工作紧紧围绕县委县政府"山水为本、文化为魂"的发展理念，继续加大公共文化基础设施建设资金投入，不断完善公共文化服务体系建设，全县文化事业呈现出蓬勃发展的良好态势。

一是公共文化服务基础设施建设稳步推进。县文化馆、博物馆、图书馆全部实现对外免费开放，公共文化服务水平得到有效提升。全县9个乡镇综合文化站、村级文化活动室和79个农家书屋实现全覆盖。投资525万元，完成35个中心村文化广场建设；投资136万元为全县9个乡镇搭建露天舞台，总面积831平方米；投资66.8万元建设各乡镇中心村文化配套设施。2012年以来，全县获得省级优秀乡镇综合文化站1个、优秀农家大院2个、村文化活动室5个。

二是非物质文化遗产保护利用取得新进展。截至目前，成功申报获批了一项非物质文化遗产国家级名录和七项省级名录。

2013年，赫哲族"萨满舞"获首届黑龙江省非遗博览会一等奖。在2014年举行的黑龙江文化产业十大品牌暨群众文化建设"十百千工程"评选中，饶河县"伊玛堪"艺术团荣获全省十大"优秀群众文艺群众群体奖"。2014年，争取国家发改委专项资金443万元，建设完成饶河县"赫哲族桦树皮制作技艺综合展馆"。

三是文物遗址保护和考古发掘工作取得新进展。全面完成了全国第三次不可移动文物普查工作，饶河县共有不可移动文物409处（按第三次全国不可移动文物普查计量标准计算），遗址数量居全省第三位，其中古遗址、古墓葬数量为383处，近现代遗址25个，省级文物保护单位11处（含15个单体），县级保护单位36处。完成了409处文物遗址数据库建设，大板城址被评为黑龙江省第三次全国文物普查十大重要发现之一。2015年7月底，饶河县小南山遗址经国家文物局批准正式进行考古发掘。现已发掘出土了大量新石器时期文物，其文物标本经测年，距今9 150—8 600年左右，是目前我国发现的东北最早玉器。经考古专家综合分析，饶河小南山在距今9 000年左右已经孕育了早期史前文明，在黑龙江流域及东亚、东北亚史前研究中具有重要地位。

四是中俄文化交流跃上新台阶。饶河县对俄文化交流依托得天独厚的口岸地缘优势得到了快速发展，中俄双方先后多次互派文化艺术代表团进行中俄文化艺术交流联谊活动，增进了中俄两国人民的友谊。十八大以来，饶河县人民政府和俄哈巴边区、比金市、波扎尔市等地先后11次互派政府文化代表团，相继参加了俄罗斯比金市市庆、哈巴边区"夏之节，远古的曙光"文化交流活动以及饶河县春节联欢晚会、"同饮一江水"中俄互访演出、"亲诚惠荣，贸会丝路"中俄文化交流文艺晚会等重大活动。

中俄经贸文化展览交流中心项目，是2012年全省重点推进的文化产业项目。该项目2012年7月19日正式动工建设，2015年10

月竣工投入使用。该项目占地26 831平方米，总建筑面积17 157平方米，建筑构架为三层，主要包括经贸展览、商务洽谈、文化馆及文化体育赛事馆三部分。设有中俄文化交流展示大厅、数字影院、体育场馆等多个功能区，是集举办中俄文化艺术展览、商业演出、大型晚会、经贸洽谈推介活动于一体的大型综合性场馆。该建筑采用欧式建筑风格，彰显边境城市特色，是目前饶河县山水生态魅力边城的地标性建筑。

（二）民族地域特色文化艺术蓬勃发展

改革开放带来经济建设快速发展，促进了边疆文化繁荣。地域民族文化，尤其是赫哲族渔猎文化得到抢救性的恢复和发展。饶河县是赫哲族人的家乡，赫哲族在长期的对外御辱抗争和渔猎生产生活实践中，创造了丰富多彩又别具特色的渔猎文化艺术，丰富了祖国文化艺术宝库。因为该民族有语言无文字，民间文学长期以来只能由民族艺人代代口耳相传，以说唱和实践操作的形式，流传后世。

赫哲族流传下来的民间文学艺术作品主要有《伊玛堪》，她是一部规模宏伟、流传甚广的民族英雄史诗，被称为该民族的活化石。《伊玛堪》是以歌颂本民族历史上的民族英雄为主的长篇史诗，叙述了赫哲族的历史、语言、习俗、宗教、文化、政治、经济、生产、生活等方面内容，是一部赫哲族的历史百科全书。

《伊玛堪》是一种说唱相结合，以唱为主，故事情节起伏较大时还伴有手势动作，说唱艺人可以根据听众对象即兴发挥，表达方式灵活自如，也可辅以简单乐器伴奏，其艺术魅力可与希腊荷马创作的《伊利亚特》和《奥德赛》相媲美。当今饶河县的葛玉霞女士就是赫哲族《伊玛堪》的主要传承人，她的说唱艺术和萨满舞蹈来源于她父亲——著名赫哲族《伊玛堪》说唱艺人葛德胜的真传。她现任中国民间文艺家协会会员、黑龙江省民间文艺家协会会员、饶河县赫哲族研究会副会长。享誉北部亚洲原始语言活化石的《伊玛堪》，2011年被联合国教科文组织列入世界级非物质文化遗产；2016年5月20日，又被国务院批准列入第一批国家级非物质文化遗产保护名录（《希尔达鲁莫日根》说唱片段和开场调、请神调、送神调）。

享有当代赫哲族《伊玛堪》传承人称号的葛玉霞，她同时还是《赫哲族萨满舞》的传承人，代表作品有《神鼓舞》《求天赐福》等，其中《赫哲族萨满舞》于2007年入选黑龙江省第一批非物质文化遗产名录。2011年，葛玉霞赴美国表演萨满舞获《多彩中华荣誉证书》；2014年，葛玉霞获得黑龙江省"百十千工程"百名"优秀民间民族文艺带头人"称号；葛玉霞表演的《打鱼的人爱网滩》获2017年黑龙江省第六届少数民族文艺会演三等奖，《美丽家乡》获黑龙江省第六届少数民族会演原生态一等奖等荣誉称号。

葛玉霞获奖照

另外有"说胡力"，讲的是民间故事传说。"特伦固"讲的是民间神话传说，如《莫日根射日》《月亮》《北斗》《彩虹》《山神的传说》《虎的传说》等。"嫁令阔"是赫哲族民歌的总称，意即小调、小曲的意思。如赫哲族民歌《想情郎》和《狩猎的哥哥回来了》的曲调就是《乌苏里船歌》主体部分的曲调原型。20世纪60年代，歌唱家郭颂、曲作家汪云才和词作家胡小石等在饶河采风时，在赫哲族传统民歌曲调基础上改编创作的《乌苏里船歌》，1980年被联合国教科文组织选定为亚太地区音乐教材。它们都具有鲜明的渔猎民族特色，给人以很强的艺术感染力。目前，"嫁令阔"已经入选我国非物质文化遗产名录。

2011年11月17日葛玉霞赴美国索儿斯伯里演出

乌日贡大会是赫哲族人民的传统节日，"乌日贡"赫哲语是"吉祥喜庆"之意。它是集赫哲民间文化、体育项目为一体的赫哲族人民的节日盛会。大会每4年召开一次，时间在农历的5月15日，历时二至三天。饶河县成功举办了第三届、第六届和第十届乌日贡大会。其中第十届乌日贡大会于2017年6月16日，在《乌苏里船歌》诞生地黑龙江省饶河县开幕，来自国内外的13支代表队的500余名赫哲族参赛队员参加了文艺演出和民族传统体育比赛，集中展现了赫哲族的文化和人民勤劳勇敢、与时俱进的精神风貌以及民族团结、社会和谐的时代风尚。证明了只有祖国强大，才有人民幸福、民族团结和盛世欢歌。

赫哲人勤劳聪慧，心灵手巧，模仿大自然的能力强，能将自然中的各种植物材料雕刻绘制成各种工艺美术品，表达对某种美好理想的向往和追求。独特的工艺美术品，已成为赫哲族传统文化大观园中的奇葩。饶河县赫哲族的工艺美术作品具有鲜明的饶河地域文化特色，并已初步形成产业链。在当代艺术创作中涌现出尤连仲、付占祥等知名民族艺人。1982年，尤连仲的作品远涉重洋，到日本、加拿大等国家博物馆展出，国内的北京民族文化宫、北京民族博物馆、黑龙江省博物馆都特邀展出过他制作的渔猎工具和桦树皮工艺品。付占祥制作的工艺品将赫哲人古老工艺技艺融入现代生活元素，使之更加贴近生活，受到人们的喜爱。付占祥的艺术作品远销日本、美国、加拿大等国家和中国台湾、香港、澳门地区。2006年，付占祥用鱼皮制作2008年奥运吉祥物"福娃"艺术品两套，获得行业艺术家们的高度赞扬，具有很高的艺术收藏价值。

三、广播电视丰富边城人民生活，新媒体产业大发展

新中国成立至改革开放时期，饶河县新闻传播报道的工具载体是收音机、广播，以1978年党的十一届三中全会为标志，中国开始进入社会主义现代化建设新时期。

1981年，饶河县建立电视转播台。1985年3月，黑龙江省广播电视厅批准饶河县电视转播台改建为电视台。1986年，建立饶河县微波站，当年建成158米高自立式微波电视综合铁塔1座，解决了饶河电视台靠录像带作为信号源的历史，全县人民可看到当日中央电视台一套电视节目，增强了新闻的时效性。1988年卫星地面接收站建成并投入使用，实现卫星接收中央电视台一套、二套电视节目。1994年4月，饶河县开始筹建有线电视台。当年10月，饶河县有线电视传输网第一期工程完工，用户可收视到中央

及部分省电视台共14套电视节目。1995年1月，饶河有线电视台正式成立。第二年，各乡（镇）及村屯相继进行有线电视网络建设。2003年7月，全县电视节目增至30套，有线电视传输网覆盖全县79个行政村。2008年，网络建设速度加快，全面启动村村通工程。围绕全县一张网，乡村通光纤的发展目标，加大有线电视向农村延伸的力度，经过两年建设，基本实现了有线电视网络光纤化。2015年，国家、省开始建设无线数字电视覆盖工程，无线电视转入了数字化的快车道。到2017年，初步建成了以县城郊区南山电视台、西丰、五林洞镇为基础站点的无线数字覆盖电视网络，实现免费为全县百姓提供12到16套电视节目。

至此，有线电视实现城乡全覆盖，饶河进入了数字电视时代，边城人民的文化生活从此丰富多彩。

饶河县的广播电视宣传事业伴随着改革开放步伐，从小到大，从简陋到日臻先进完善，多层次多渠道多角度不断为边疆人民提供丰富多彩的精神文化食粮，开阔了边塞之地人们的视野，丰富了饶河县人民群众的业余文化生活。

四、卫生健康保障事业推动人民幸福指数不断攀升

饶河县卫生健康事业经历了一个从无到有、从小到大、从简陋到完善的历史过程。1958年1月24日，中央军委发出《关于动员十万转业复员官兵参加生产建设的指示》，驻福州的中国人民解放军第五十二预备医院全体官兵及500张床位和全套医疗设备转入饶河。这支诞生于1942年抗日烽火的新四军一师手术队，在抗日、解放战争中成长壮大，承载着光荣历史转隶北大荒。从此，饶河县有了第一所设施较完善，具备常见病诊断治疗的县级医院，也就是今天县人民医院的前身。

1965年以来，各公社卫生所升格卫生院，县医院也定期组

织医疗队，下乡深入偏僻山村巡回医疗，其后，各村屯旋即培训赤脚医生，农村医疗条件有所改善。20世纪80年代，饶河县卫生工作以农村为重点，预防为主，中西医并重，卫生事业纳入了社会经济统筹发展规划，卫生医疗机构的布局日臻完善，形成县级医院为预防、医疗、保健中心，乡镇卫生院为纽带，村卫生所（室）为基础的卫生医疗网络。建立以公有制为主体，以集体与个体互为补充的模式，发挥卫生资源的综合功能，注重多渠道投入，更新医疗卫生设施，充实和培养卫生技术人员，逐步改善了农村缺医少药的状况，使全县95%以上的行政村实行农村合作医疗。20世纪90年代后，省卫生厅相继为饶河12个乡（镇）卫生院配备了B超、X光机、心电机等医疗设备，乡（镇）卫生院诊疗水平有所提高。

自2007年开始，饶河县在农村范围内实行新型农村合作医疗，个人缴费10元，之后中央、省投部分和个人承担部分逐年增加，到2017年1月1日与城镇居民医保合并，统称为城乡居民医疗保险，收费标准为每年每人210元。乡镇卫生院住院报销比例已由最初的40%增加到90%。随着筹资、管理和保障水平的不断提高，各项报销比例都在逐年增加，最大限度地减轻个人医疗费用负担。

至2018年，全县有各类注册医疗卫生机构98家，其中有县人民医院、县中医院、妇幼保健院、疾病预防控制中心、中心血站、卫生监督所、团山社区卫生服务中心7家承担一般全县医疗健康服务职能单位，9个乡镇卫生院，65个村级卫生所，17个个体诊所。全县共有各类卫生技术人员634人，医院床位近500张。

县人民医院和中医院从治疗常见病、多发病发展到独立开展甲状腺手术、乳腺癌和胃癌根治术等难度较高的手术，对诊断治疗出血热等疾病均有较高治愈率。县人民医院和中医院医疗办公楼扩改建工程及医疗设备均达到或超过同级县级医院水准，全部进入国家"二级甲等医院"行列。

党的十八大以来，全县卫生健康事业发展全面提质加速。各种法定传染病发病率逐年下降，仅为0.258%，儿童计划免疫通过国家两个85%的检查验收。动员全社会力量，采取多渠道、多形式筹措卫生事业发展资金，不断更新购置先进医疗设备，引进应用先进医疗技术，建立完善县、社区和乡（镇）、村三级医疗服务体系，使医疗基础设施建设提档达标。深化县级公立医院综合改革，加大乡镇和社区卫生医院基础设施和医疗设备投入。坚持以政府投入为主导、公有制为主体的同时，适度有序发展个体私营医疗机构，鼓励公平竞争，坚持总量控制和存量调整相结合，优化医疗机构的布局和功能，充分发挥本地卫生资源的整体效益，促进饶河县区域内卫生资源的进一步科学合理配置和有效利用。强化医德医风建设，服务意识和竞争意识建设，加强与省市知名医院合作和现代信息技术在诊断及治疗方面的作用，提高县域就诊率。

卫生健康事业的快速发展，提升了全县人民的幸福指数，为建设美丽幸福义明饶河打下了坚实的健康基础。

第七节　新农村建设

社会主义新农村建设体现了新形势下我国农村政治、经济、文化和社会发展的客观要求，是新时期的重大历史任务，对改变农村面貌，缩小城乡差距，贯彻落实科学发展观，实现经济社会的全面协调可持续发展，保证占人口大多数的农民参与发展进程、共享改革开放发展成果具有重大意义。

饶河县按照上级关于新农村建设的总体要求，采取集中抓发展，重点抓试点，面上抓推进，统筹城乡发展战略，全面推进全县社会主义新农村建设。自2006年以来，紧紧围绕"生产发展、生活富裕、乡村文明、村容整洁、管理民主"的新农村建设二十字方针，扎实开展全县社会主义新农村建设工作。

2006年到2010年，饶河县有蛤蟆河村、富河村、奋斗村等16个村被评为省级试点村。

2011年开始，饶河县按照新农村建设"十有"建设目标，突出抓好全县以星级村建设为重点的新农村建设工作，完成街道硬化、边沟硬化、栅栏改造和绿化、亮化、墙体立面改造、房屋立面改造及村级卫生所、休闲广场等项目。四排村被评为2011年省级五星级村，西林子村、振兴村、北山村等16个村被评为省级三星级村。

2012年，西林子村、小佳河村、朝阳村、西南岔村、兰桥村5个村获得省级四星级村荣誉称号；大佳河村、前唐村、兴隆村、岭南村、光明村、鹿山村、富丰村、三人班村、佳兴村9个村获得省级三星级村荣誉称号。

2013年，朝阳村获得省级五星级村荣誉称号；三人班村获得省级四星级村荣誉称号；西丰村、三义村、永丰村、山里村、东升村、小南河村、大岱村、曙光村、永明村9个村获得省级三星级村荣誉称号。

按照省委、省政府关于"全面实施美丽乡村三年（2015—2017年）行动计划，建设具有龙江特色的美丽乡村"的要求，饶河县因地制宜，以依饶公路、饶建公路两侧沿线村屯为重点，以点带面，逐步推进，实现全覆盖，三年完成26个村（示范村4个、达标村22个）建设任务。其中，饶河镇朝阳村、小佳河镇林海村、五林洞镇西南岔村、大佳河乡富河村、西林子乡兰桥村、四排乡曙光村6个村于2017年建成美丽乡村示范村。饶河县荣获黑龙江省委省政府授予的（2015—2017年）省级美丽乡村建设先进县，饶河县新农村建设领导小组办公室获得省级美丽乡村建设先进单位荣誉称号。

通过大力推进社会主义新农村建设，加快了饶河县农村经济发展，改善了居住条件，缩小了城乡差距，增加农民收入，为全县如期完成脱贫攻坚任务奠定了基础。

第八节　扶贫开发与精准扶贫

扶贫开发是消除农村贫困、实现共同富裕的有效途径，体现了社会主义制度的本质要求。改革开放以来，我国大力推进扶贫开发，特别是随着《国家八七扶贫攻坚计划（1994—2000年）》和《中国农村扶贫开发纲要（2001—2010年）》的实施，扶贫事业取得了巨大成就。总体目标是到2020年，稳定实现扶贫对象生活不愁吃穿，保障其义务教育、基本医疗和住房安全。贫困地区农民人均纯收入增长幅度高于全国平均水平，基本公共服务主要领域指标接近全国平均水平，扭转发展差距扩大趋势。

一、扶贫开发

饶河县传统农业经济占主导地位，经济社会发展相对滞后，属于"老、少、边、穷"县份。改革开放后，饶河县扶贫开发工作速度加快，县委县政府紧紧围绕"六个精准""五个一批"要求，制定了《饶河县脱贫攻坚工作实施方案》，建立了运转高效的作战指挥体系和"1+14"脱贫攻坚政策体系，扎实推进扶贫开发战略。

1994年4月15日，国务院颁发《关于印发国家八七扶贫攻坚计划的通知》，要求到20世纪末七年时间里，基本解决8 000万人的温饱问题。7月中旬，饶河县被列为省级贫困县。当时，全县农村生产生活设施仍处于低水平阶段，表现在：中低产田占相当比例，没有现代水利工程，农业产值低，农民收入低，集体经济薄弱。甚至，县内有8个村未通电，46个村长年不能通车，大部分村不通电话和广播；农村教育、卫生、医疗条件差，有42%的农村学校校舍是危房，有9个村级学校无校舍；村屯缺医少药，30%的村无卫生所，19个村患甲状腺肿大和大骨节等地方病的问题尚未解决，52个村饮用水不达标。

  1998—1999年，全县争取扶贫资金870余万元，实施扶贫开发项目174个。经过初步努力，至2000年底全县贫困乡村实现连片脱贫达到温饱水准，农村居民年人均收入是1994年的2.9倍。

  2001年后，饶河县扶贫开发工作侧重项目扶贫和科技扶贫。本着"宜农则农，宜牧则牧，宜贸则贸"的原则，侧重产业项目扶贫开发。如低产田改造、基础设施建设、引进绒山羊和加拿大双肌臀瘦肉型种猪来帮助贫困农户发展养殖等。八七扶贫攻坚期间，饶河县完成了农业综合开发、中低田改造等一批基础设施项目建设，加快了公路、电力、通讯、广播电视、文教卫生、饮水安全等项目建设，农村基础设施和生活条件得到改善，社会事业有了长足发展，加快了东北黑蜂、珍贵毛皮动物良种基地建设，扶贫产业体系初步形成。

  2002年3月，饶河县被确定为国家扶贫开发工作重点县。按照国家和省《农村扶贫开发纲要（2001—2010年）》的要求，开始实施"整村推进"扶贫战略，当年全县争取国家扶贫资金490.8万元，扶持重点村贫困农户700余户，帮助西林子、四排、西丰等乡镇12个村进行农田水利工程建设，支持贫困村建设平榛苗木基地，推广使用氨基酸叶面肥。2003年，饶河县第一批重点村

"整村推进"扶贫工作成效显著,通过省政府验收。

2004年,饶河县实施"整村推进"扶贫战略第二批重点村。在养殖业、农田水利工程建设、人畜饮水工程建设、道路建设、科技培训和科技扶贫、卫生教育事业、公益事业、农业机械服务建设等进行重点扶持。农村电力、电话、广播电视接通率达100%,新农合参合率99%,乡镇文化站和村级卫生室覆盖率100%。

2012年1月,饶河县再次被确定为国家扶贫开发工作重点县。根据2011年12月中共中央、国务院印发的《中国农村扶贫开发刚要(2011—2020年)》要求,坚持开发式扶贫方针,加大投入力度,强化责任,坚决打好新一轮扶贫开发攻坚战。2013年农村居民人均可支配收入实现2 576元,是2002年的3倍。扶贫开发效果进一步凸显,群众的生活、生产条件得到明显改善。

十二五期间,饶河县争取和落实专项扶贫资金10亿元,通过产业扶贫、整村推进、彩票公益金项目、雨露计划、金融扶贫、社会帮扶等措施,扶贫攻坚工作取得了阶段性成效。完成了34个村的扶贫开发整村推进工作,修建水泥路20.6公里,农田路130公里,农道桥8座,排水渠14.4公里;村屯修建路边沟23公里、安装路灯175盏、栅栏26公里、饮水工程4处;发展畜牧养殖900头;水稻智能催芽车间实现全覆盖,水稻育秧大棚4 300栋,水稻种植面积达到36万亩(含休耕);土地集约种植面积达到65万亩,规模农业成效显著。乡村基础设施建设得到进一步明显提升,农民人均收入翻了一番,全县贫困人口由原来的35 008人减少到17 247人。

深入实施"美丽乡村建设",农村基础设施和生产生活条件逐年改善升级。同时加大产业化扶贫项目建设力度,建成了一批新的水稻育秧基地、名特优鱼繁育养殖基地、对俄有机蔬菜种植基地、肉牛养殖基地和珍贵毛皮动物养殖基地等5个标准化示范基地。实施龙头企业加基地战略，招引企业和基地对接。中顺米业、大顶子山玉米油等粮食深加工项目已竣工投产，辐射带动5 000余人脱贫，扶贫开发取得阶段性胜利。通过扶贫开发，饶河县农村贫困人口大幅减少，经济收入稳步提高，贫困村屯基础设施明显改善，社会事业不断进步，最低生活保障制度全面建立，农村居民生存和温饱问题基本解决，促进了饶河县经济发展、政治稳定、民族团结、边疆巩固、社会和谐。

二、精准扶贫

2015年6月，习近平总书记来到贵州省，提出扶贫开发"贵在精准，重在精准，成败之举在于精准"。2015年10月16日，习近平总书记在本年度减贫与发展高层论坛上强调，中国扶贫攻坚工作实施精准扶贫方略，增加扶贫投入，出台优惠政策措施，坚持中国制度优势，注重六个精准，坚持分类施策，因人因地施策，因贫困原因施策，因贫困类型施策，通过扶持生产和就业发展一批，通过易地搬迁安置一批，通过生态保护脱贫一批，通过教育扶贫脱贫一批，通过低保政策兜底一批，广泛动员全社会力量参与扶贫。习近平指出，扶贫开发工作已进入"啃硬骨头、攻坚拔寨"的冲刺期。从此，"精准扶贫"成为扶贫开发工作的战略重点。

精准扶贫是指针对不同贫困区域环境、不同贫困农户状况，运用科学有效程序，对扶贫对象实施精确识别、精确帮扶、精确管理的治贫方式。2018年以来，饶河县认真按照中央、省、市的总体安排部署，坚持精准扶贫、精准脱贫基本方略，按照《饶河县关于打赢脱贫攻坚战三年行动实施方案》工作部署，在做好贫困县退出工作的同时，持续推进巩固提升工作，全县脱贫攻坚工作取得了实质性成效。截至2018年末,全县共有建档立卡贫困人口370户、612人,其中已脱贫365户、604人,未脱贫5户、8人,全县综合贫困发生率降至0.014%。2018年,全县农民人均可支配收入增长11%,高于全省平均水平。

饶河县委县政府深入贯彻落实中央省市脱贫攻坚工作部署,始终坚持把脱贫攻坚作为压倒一切的重大政治任务和第一民生工程高位推进。2018年,饶河县确立了"实现脱贫摘帽,推进巩固提升"的年度工作目标,为全年脱贫攻坚工作夯实了思想基础。2018年,县委书记、县长走访贫困村分别达到23个和31个,县处级包乡包村领导累计深入乡镇村屯指导脱贫攻坚工作达900多人次,乡镇党委和村党支部书记对辖区内贫困户开展了遍访工作。落实帮扶力量全覆盖,37名县级领导包保9个乡镇和对应的贫困村,5个省直部门、32个市级部门和97个县级部门分别帮扶79个村。强化79名"第一书记"、31个贫困村驻村工作队作用,继续推行"五个一"帮扶机制,并将脱贫攻坚工作纳入全县目标考核中,真正落实了工作责任。

几年来,饶河县在实施精准扶贫攻坚战中,涌现出了很多优秀模范人物。

大通河乡太平村下派第一书记杨繁宇,牢记第一书记"抓党建、促发展"的责任使命,注意发挥村党支部战斗堡垒和党员先锋模范作用,把争取外援与发扬老区自力更生精神相结合,把精神脱贫与发展生产相结合,把改变陋习与弘扬先进文化相结合,走家串户摸村情,身体力行做表率,在家长里短中拉近与群众的感情,化解矛盾促团结,被当地群众称为信得过的贴心人。

他为改变该村落后的生产条件,几年来锲而不舍地积极向上级争取项目资金,共取得建设农田路、桥涵、晾晒场及自来水管网改造、村内道路硬化等生产生活设施资金650万元,使该村基本民生状况有了极大改善。

经过杨繁宇的不懈努力，该村扶贫工作取得了阶段性成果。但他并不满足现状，还在思索能如何持续巩固和提升扶贫成果。他发现太平村位居山区腹部，空气、土地、水源都处于原生态，有发展北药的优良环境条件，于是，他推行党支部+企业+合作社+贫困户模式，2020年尝试整合土地500亩，种植优良品种中草药，培育新的创收增长点，为增加村民收入开辟了新路径，让党旗在脱贫攻坚一线高高飘扬。

巾帼不让须眉的冷菊贞同志的事迹尤其感人。2015年，受双鸭山市场监督管理局委派，冷菊贞同志走进了西林子乡小南河村，任驻村第一书记兼工作队长。几年来，她是全身心投入，忘我工作，以摄影艺术家的独特视野和灵感，发掘红色资源，对陈荣久将军牺牲地和浸润着抗联烈士鲜血的小南河村充满着感情。看到老区村人民还没有完全摆脱贫困的羁绊，她感到责任重大，一种使命感催促她全身心地投入到扶贫开发工作中来。她通过讲当年抗联七军浴血奋战、乡亲们御侮抗争甚至毁家纾难支援抗联打日本侵略者的故事来烘托昂扬向上的精神氛围，用当年抗联七军不畏艰苦、百折不挠的艰苦奋斗精神，去激发村民的内生动力，增强脱贫致富奔小康的信心。她带领全村百姓依托大顶子山区位优势和自然景观特色及抗联七军红色品牌，独特的关东风情和民俗资源发展特色乡村旅游，全力打造乡村旅游特色品牌。独特的红色资源、关东文化，原汁原味的关东风情，让旅游的人们好似穿越时空，又回到了醇厚质朴的闯关东时期和战火纷飞、鼓角争鸣的抗日战场。特色旅游吸引了一波又一波游客，往昔宁静寂寥的偏僻小山村顿时呈现繁荣景象。

在冷菊贞的带领下，小南河村积极开发旅游产品，初步形成了集"吃、住、游、娱、购"的一条龙服务链条，并将贫困户和低收入群体一个不落地纳入到了旅游产业建设中。历经三年的时间，小南河村已经发展成为全省乡村民俗旅游示范点，共接待省内外游客3.2万余人，营业收入近400万元，仅外来企业用工一项，就让村民增收100余万元。这期间，小南河村先后被国家旅游局列入乡村旅游扶贫村、能人带户扶持项目，被国家住建部列为国家规划设计示范村。第一部赫哲族题材电视剧《黑金部落》影视基地也在小南河落成。通过乡村旅游打造了小南河名片，让小南河村走出封闭的世界，展示小村庄的风采。她还组织村民成立了农业旅游开发有限公司，围绕旅游壮大产业链。从村民们最擅长的辣椒酱、小豆腐做起，吸收村民以资金入股，贫困群众以提供劳动力等资源入股分红。她牵头带领乡亲们注册了4件37类商标，随着光伏电站、蔬菜园区、芍药试验基地、省联通产业扶贫等项目陆续对接，让产业福泽全体村民，真正让村民得到了实惠、看到了希望，也为贫困村摆脱贫穷走向富裕找到出路，并在全村形成了创业干事的浓烈氛围。

辛勤的汗水，真诚的付出，结出丰硕精神文明之果。2017年，冷菊贞荣获黑龙江省五一劳动奖章；2018年，冷菊贞荣获龙江最美人物，暨全省百名优秀驻村干部荣誉称号，并当选中国妇女第十二次全国代表大会代表；2019年，她又被授予全国三八红旗手和全国优秀公务员荣誉称号。这一系列的荣誉，是对她几年精准扶贫路上一以贯之、全身心投入的褒奖，也是对她在人生路上新征程中所取得骄人业绩的肯定。她在参加第二届中国美丽乡村论坛暨第五届村政论坛发言时，向全体与会者宣告了自己的目标："为贯彻执行党的十九大提出的'乡村振兴战略'，我申请把驻村服务期再延长3年，我要真正成为一个懂农业、爱农村、爱农民的基层工作者，带领全体村民将小南河的好风景变成大产业。"

三、脱贫攻坚中的县老促会

饶河县是黑龙江省12个国家一类革命老区之一，饶河县革命老区建设促进会自1994年10月成立以来，紧紧围绕县委县政府"打口岸牌，走生态路，发展特色产业，建设富庶幸福文明饶河"的发展战略，结合老促会工作性质和老同志特点，一以贯之地传承和发扬老区精神，老当益壮，余热挥发，潜心研究，当好参谋，关注民生，持续不断地为经济社会发展提供智力支持。饶河虽然远离中心城市，经济社会发展相对滞后，但饶河产业基础是农业、特色是黑蜂和口岸、底蕴是渔猎和红色文化、品牌是乌苏里船歌，还有历史积淀孕育形成的宝贵抗联精神、北大荒精神和珍宝岛精神，这些都是饶河老区独特资源，是建设生态、富庶、幸福、文明和谐饶河的优势所在。饶河县老促会始终怀着对党无限忠诚和对老区人民的深厚感情，把落实习近平总书记关于老区建设的一系列重要讲话精神作为第一项政治任务，发挥自身优势，争取专项资金和协调行业部门资金，改善老区村屯生产生活设施，为老区人民解难事、办实事、做好事，为县委和县政府当参谋、搞调研，在全县发展大局的关键节点和重点民生领域拾遗补阙，为饶河县老区经济社会快速发展和脱贫攻坚作出了贡献。

县老促会成立的26年中，共争取老区建设专项资金800万元，协调配合行业部门争取专项资金3 000余万元。老同志的特长是时间充裕、经验丰富和熟悉情况，因而，老促会自身争取的或协调的项目，都是方向准、问题突出、群众反映比较强烈，项目施工后都产生较好的经济社会效果。如县老促会对四排赫哲族乡四排赫哲族村农田道路情况进行了全面调查摸底后，召开了有村干部、村民代表参加的座谈会，广泛接触群众，听取意见，经过综合分析研究，县老促会认为，该村附近的一条农田断头道路问题较为突出，影响了部分作业区内正常的农业生产。老促会随即开展工作，急事特办，多方协调，当年就补齐了该村农田路的短板。该农田路3.5公里，完成项目总投资23万元，受益农田面积7 000多亩。工程竣工后，看到过去断头泥泞低洼路一朝变通途，笔直平整的新农田路直通金灿灿丰收在望的水稻田，赫哲群众亲切称赞这条路是福泽赫家儿女的致富路。

2016年春起，在全县上下全面推进精准扶贫攻坚进程中，县老促会先后走访了5个革命老区村屯，重点了解和找准人民群众亟待解决的突出问题，从而实施精准对接和精准扶贫。在调查中了解到大通河乡太平村的农田路因多年失修，损毁十分严重，部分作业区春种进不去机械，秋收拉不回粮食，甚至车翻伤人也时有发生，是阻碍太平村整体增收脱贫的一道瓶颈，也是人民群众迫切需要解决的问题。为此，县老促会于当年4月会同县扶贫办紧急向省扶贫办递交了修建道路报告，并得到批准。工程由县政府统一招投标，县扶贫办负责工程设计、预算和签订施工合同，村民代表现场监督，县老促会适时督查和参与工程质量验收，把此项工程建设作为精准脱贫中的样板工程。为确保工期和工程质量，县老促会亲临施工现场解决工程建设进程中发生的占地、排水、清淤、运输等实际问题，保证了太平村这条农田路修复工程如期完成并于当年受益。

该工程总投资45万元，修复农田路7.5公里，新增涵管桥5座，清理排水沟1万余延长米，铺垫石块沙石料11 250立方米，直接辐射耕地近5 000亩，受益农民243人。

太平村农田路修复后，困扰太平村二十多年的种地难问题一朝得到彻底解决，全体村民无不欢心称赞，村民高兴地说："精准扶贫给小山村带来了光明，我们再也不用为春种秋收发愁了，这真是雪中送炭啊！"

　　一直以来，县老促会就是这样以实际行动解民之所需、民之所盼，在关键节点上拾遗补阙，关注老区民生福祉。

　　为县域经济发展和脱贫攻坚建言献策、提供智力支持是老促会的长项。情系老区热土、心系老区人民的县老促会，不计名利，不计报酬，持之以恒为加快老区经济社会建设发挥参谋智囊作用。自2012年起，他们围绕县委县政府中心工作深入开展调查研究，提交了四份有价值、有前瞻性、可操作的高质量调研报告，即《饶河县人民政府2012年对蜂农补助的实施办法》及三份大型《培育发展我县蜜源植物，做大做强蜂产业支撑平台》《我县渔业生产现状，存在的问题及今后发展的对策意见》《发展林下经济，建设富庶美丽饶河》的调研报告及后续的相关跟踪调研报告。

　　他们根据东北黑蜂现状和发展远景规划及保护区内蜜源植物的承载力，在以往调查掌握的资料基础上，未雨绸缪，就如何保护蜂农养蜂积极性，提升东北黑蜂科学保种育种水平，建议县政府自2012年起，对流蜜歉年的养殖纯东北黑蜂农户，每群蜂补助50元。此举开创了中国养蜂业的先河，对今后保护区保种育种所产生的积极影响也必将随着时间推移而越发凸显。

　　发展黑蜂特色产业，就要解决蜜源植物总量不足和分布不均及其他制约因素。老促会于2013年向县政府提交了《饶河县"十三五"蜜源植物培育规划建议》及附属调研报告。该报告历时三个多月，经有关部门配合，反复探讨，多方征求意见，几易其稿。县政府为此召开专题常务会议，决定自2015年起将蜜源植物培育纳入地方预算，每年投入95万元，由林业局负责实施。这一举措，为今后做大做强做优饶河县蜂产业起到了夯基垒台作用，也让这一产业尽快成为脱贫致富和富民强县支柱产业起到助推器作用。

与此同时，县老促会还一如既往关注东北黑蜂相关产业的发展，主动作为，深入养蜂专业户中，从中发现有50余年养蜂历史的民间饲养黑蜂专家——唐临玉老先生，帮助他将一生饲养黑蜂先进工艺和创新改造的蜂箱及黑蜂常见病虫害防治验方，全面系统总结升华，分别发表在中国蜂业杂志，其中一篇被世界第44届蜂业大会秘书处采纳，特邀唐临玉出席本次在韩国举行的世界蜂业大会并做专题介绍。东北黑蜂被世界同行重新认识，向世界展示了饶河，提高了饶河在世界蜂业产业中的知名度。

还值得一提的是，为解决一直制约饶河县蜂产业发展的关键瓶颈，即秋季优质大宗蜜源不足的难题，老促会在没有经费、没有经验、没有资料的情况下，凭着一腔热血和奉献精神，自2014年起深入挠力河湿地踏查，鉴别遴选出优良的窄叶毛水苏品种，并在育苗基地连续进行人工提纯复壮，成功培育出表现型优良稳定且经济、生态能共融的窄叶毛水苏品种。他们的研究成果已被国家林业局和财政部认可，县湿地局以该成果为蓝本于2016年底争取到位资金1 500万元。该成果为毛水苏的原生地挠力河流域物种恢复提供了可能，为今后湿地恢复珍贵蜜源植物和发展富民强县支柱产业奠定了基础。他们这种持之以恒、不求闻达、老有所为、甘于奉献的老区精神，体现了老促会平凡之中的高尚追求、宁静之中的满腔热情、平常之中的强烈责任感。他们的敬业精神和忘我工作态度赢得了老区人民的高度赞扬，获得了县委县政府的认可。

经过长期全面扶贫开发到"十三五"精准扶贫，饶河县域经济持续发展，基础设施建设不断加强，社会事业稳步推进，公共服务明显改善，农民收入持续增加，贫困群众生产生活条件显著提高，贫困人口大幅减少。2018年底，饶河县顺利通过了国家第三方评估检查，实现脱贫摘帽。通过全县脱贫攻坚，让改革发展的成果更好更多地惠及农村群众，让全县人民都过上更加幸福、美好的生活！

第九节　乡镇合理分布

饶河县共有4镇5乡，79个行政村，农业人口3.9万人，耕地近135万亩，其中水田播种面积近32.6万亩（不含休耕面积）。

1.饶河镇位于饶河县东部，东以乌苏里江主航道为界与俄罗斯哈巴罗夫斯克边疆区的比金市隔江相望，西与五林洞镇毗邻，南与大通河乡接壤，北与西林子乡相连。饶河镇原名团山子，因其镇治所的南部有大、小南山各1座，最高海拔106米，山形呈圆状，故被早期来此开发的先民称谓——团山子。建县前为不足10户的小渔村，1925年县城由挠力河口（今东安镇）迁至饶河镇，这里便成为县政府所在地，遂发展为饶河县政治、经济、文化中心，对俄重要口岸。近年来"小南山遗址"考古发掘取得重大成果，遗址墓葬群的遗存物品涵盖了新、旧石器时代和青铜器时代三个时期的文化特征，出土了一批制作精美的玉璧、玉玦、玉环等玉器，时间跨度达15 000年，具有鲜明的中华玉文化特征，证明了饶河县是中华渔猎文明的诞生地之一。

饶河镇辖有7个行政村，全镇居民1.2万余户，近4万人，其中农业1 000余户，人口近3千人。全镇耕地面积7.2万多亩，其中水田3.5万余亩。

2.小佳河镇位于饶河县中部挠力河与小佳气（满语）河交汇处，为本县古居民遗址之一，明朝属于诺罗路，清宣统元年（1909年）建饶河县治后，曾为知县衙门驻地。小佳河镇东与饶河农场、西林子乡相邻，西与大佳河乡、西丰镇接壤，南与五林洞镇相连，北以挠力河为界与胜利农场隔河相望。

小佳河镇治所距县城60公里，是饶河县北部政治、经济、文化中心。全镇辖14个行政村，4 440多户，人口1万多人，其中农业人口9千多人，耕地25.6万余亩，其中水田近8.2万亩。

3.西丰镇位于饶河县西北部，东与山里乡为邻，西南与红旗岭农场毗邻，南与五林洞镇接壤，北以挠力河为界与宝清县、红卫农场隔河相望。西丰镇政府所在地距县城83公里，下辖15个村，3 500余户，1万余人（含城镇），耕地23.6万亩，其中水田2.5万亩。

4.五林洞镇位于饶河县南部，东以乌苏里江主航道为界与俄罗斯滨海边疆区隔江相望，西与宝清县毗邻，南以七里沁河为界与虎林市相邻，北与大通河乡接壤。20世纪初由远东迁徙此地的鲜族人开发种植水稻，朝鲜人称山谷或山间小块平地为"洞"，五林洞因此而故名。五林洞镇政府所在地距县城62公里，辖4个村，620余户，1 800多人，其中农业人口1 200多人。耕地近4.2万亩，其中水田2 000亩。

5.西林子乡位于饶河县东部，东与四排赫哲族乡相连，西与小佳河镇为邻，南与饶河镇、五林洞镇毗邻，北与饶河农场接壤。乡政府所在地距县城15公里，下辖9个行政村、1 700余户，5 200余人（含城镇）。耕地15.6万亩，其中水田近4.6万亩。

6.大佳河乡距位于饶河县中部，东与小佳河镇相邻，西与山里乡接壤，南与西丰镇相连，北以挠力河为界与红卫农场和胜利农场隔河相望，乡政府所在地距离县城70公里。大佳河乡下辖10个行政村，全乡1 700余户，人口5 300余人（含城镇），耕地近18.6万余亩，其中水田4.6万余亩。

7.山里乡位于饶河县的西北部，东与大佳河乡接壤，西以挠力河为界与富锦市为邻，西南与西丰镇相连，北以挠力河为界与红卫农场相望，乡政府所在地距离县城约84公里。山里乡下辖9个行政村，总户数近2 400户，人口7 900余人（含城镇）。全乡耕地23万亩，其中水田面积4万亩。

8.大通河乡位于饶河县城东南部，东临乌苏里江主航道与俄罗斯隔江相望，南部与西部与五林洞镇毗邻，北部与饶河镇接壤，大通河乡政府所在地距县城10公里，大通河乡下辖7个行政村。耕地面积12万亩，其中水田2万多亩。

9.四排赫哲族乡是全国3个赫哲族乡之一，位于饶河县城东北乌苏里江畔，东以乌苏里江主航道与俄罗斯哈巴罗夫斯克边疆区隔江相望，西、南与西林子乡接壤，北与饶河农场为邻，乡政府所在地距县城21.5公里。因饶河建县伊始区划为四个区，四排村一带属于当时长泰区第四牌，后取谐音演化为四排。这一带沿江散居的赫哲族于1921年形成聚居村落，故称四排村。1985年8月26日，黑龙江省民政厅批准成立四排赫哲族乡；1986年2月27日，饶河县委批准成立中共饶河县四排民族乡委员会。

四排赫哲族乡辖4个行政村、1个国营林场，行政区面积52平方公里，森林覆盖率为21%，境内农业区地势平坦，优质草原400公顷，区域内有1江4河，水域辽阔，盛产鲟鳇、鳜、鲑、鲤、鲫等名优鱼种。2019年全乡有居民500余户1700余人（农业人口1 300余人），其中赫哲族89户211人，耕地面积4.7万亩，其中水田面积3万余亩，农民人均年纯收入达到12 578元。

四排赫哲族乡是饶河县率先实施城镇化建设的乡镇，先后建设完成了农民小区一期二期工程和9栋特色村寨民居，同步建设完成了农机中心、幸福路改造、新型供热地源热泵等配套基础设施。利用界江优势大力发展特色水稻种植与加工、鱼产品养殖与加工及黑木耳种植产业。结合"乌苏里船歌诞生地"和"华夏祈福第一乡"的品牌优势，以民族历史文化为底蕴，以自然风光和人文景观为依托，大力发展民族旅游业。现已建成四排赫哲族风情园、乌日贡广场、自驾游广场等重点景区景点及设施。利用赫哲族每年的传统节日"河灯节""开江节"等不断促进旅游产业发展，延伸乡村旅游产业链条，充分挖掘并创新传统鱼皮画、桦树皮画及根雕等民俗工艺品文化价值，在现有旅游资源基础上，加快促进休闲度假与民俗旅游的深度融合，着力提升旅游服务能力和水平，全力构建主题鲜明、功能完善的全域旅游产业布局，打造四排赫哲族乡全域特色旅游示范乡镇。

第十节　赫哲人获得新生，走向幸福康庄路

渔猎民族自古迄今生活在东起日本海，西至西伯利亚，南临朝鲜半岛北部，北抵北冰洋的辽阔区域内，是深受中华文化影响的渔猎文化区，是中华文明的一个重要组成部分。赫哲先民是古肃慎族系的组成部分，肃慎演进到明代时称谓女真。到明中叶，女真人开始分化为建州女真、海西女真和野人女真（又称东海女真）三大部，赫哲是野人女真的重要组成部分。至明末清初，赫哲先民从女真人中逐步分离出来，一个新的民族共同体和民族认同意识——赫哲族形成。近代以来，赫哲族主要分布于黑龙江、松花江、乌苏里江交汇构成的三江平原和完达山余脉。赫哲族有语言没有文字，赫哲族语言属于阿尔泰语系、通古斯语族、黏着语型、满语支。"赫哲"一词来源于"赫真"（东边住的人），由赫哲语"赫真"音变而来，是"黑斤""黑津""黑金""黑哲""赫斤""赫金"等名称的同音或谐音异写。这些称呼原为方位名称，在满语或赫哲语都意为"下游的""东方的"人之

意。"赫哲"作为族称最早出现于康熙二年（1663年）三月，以后清朝文献就把分布于黑龙江、松花江、乌苏里江的三江流域直至日本海广大地区散居的野女真不同部落称谓"赫哲"，其含义为三江"下游"或中国"东方"的人。1934年，凌纯生《松花江下游的赫哲族》一书出版后，"赫哲"作为族称得到自身和外部认同。

赫哲族就是在这样一个文化摇篮中孕育走出的一个民族，并创造了富有鲜明地域特色的本民族渔猎文明，为建设边疆和保卫边疆作出了重要贡献。赫哲族长期饱受没有民族尊严，没有任何政治地位，倍受中外统治者残酷压迫和极端的民族歧视。1948年5月饶河县人民政府成立后，迅速开展恢复生产，发展经济，涤荡旧社会遗留下来的污泥浊水，使劫后余生的赫哲人终于迎来了解放，获得了新生。历经百余年兵燹匪患、烟毒泛滥、疾病肆虐，膏腴之地的饶河已是民生凋敝、百废待兴。获得解放的赫哲人，精神面貌焕然一新，在党的领导下和人民政府的关照下，赫哲族摆脱了被剥削受压迫的悲惨命运，与饶河各族人民一道欣然投入到重整山河故地，建设幸福家园活动中。

饶河县赫哲族集中居住地四排村，在解放初期，当地赫哲族共有5户22口人。县人民政府为照顾赫哲族的生活习惯，决定将挠力河与里七里沁河交汇处的原保安屯（七里沁村）赫哲族全部迁至四排村，富锦、同江市也迁入一些赫哲族人，随之四排村成为饶河赫哲族集中居住区。

饶河赫哲族开始经营种植业是受汉族影响，这一过程只有几十年，是传统渔猎生产逐渐衰微后被一种新的农业生产方式代替的渐进过程。至1948年底土地改革结束时，赫哲族生活尚处于极度贫困状态，党和人民政府发放贷款和生活补助费，无偿地提供渔猎生产工具、粮食、衣物等，帮助赫哲族发展生产和改善生活。1948年重新建四排赫哲族村时，全村赫哲族有26户，130余人，土地197亩，人均分得约1.5亩，全村仅有一头牛、一匹马。赫哲人没有被困难吓倒，共产党让赫哲人翻身做了主人，他们焕发出巨大的冲天干劲。伊玛堪传人——葛德胜村长动员组织赫哲族群众成立两个季节性互助组，畜力不足，就用人拉犁翻地播种，互帮互助，共度时艰，农业当年就获得了好收成。1952年春，他们成立了全县第一个黎明农业生产合作社。1953年底，该合作社成员实现粮食自给有余，并第一次向国家交售水稻2 400斤，开创了渔猎生产向农业生产转变的先河。

党和政府始终关怀赫哲人的成长，即使是百废待兴，困难重重的新中国成立初期，也始终对赫哲族给予特殊关照，尤其是文化教育和卫生状况实现了历史性的突破。1953年黑龙江省政府给四排村拨专款建一所全日制小学，保证适龄儿童全部入学，结束了文盲历史。省政府还拨专项医疗经费，组织医疗卫生人员为赫哲族群众体检，治疗历史遗留下的各种疾病，免费注射疫苗，预防天花等传染性疾病。乡建立卫生所，村建有卫生室，现代医疗卫生防治体系初步建立，赫哲人的卫生健康有了切实保障。

1965年以来，国家重视资源的保护和可持续发展，陆续颁布野生动物限制捕猎和禁猎规定，野生渔业资源也实行限捕和休养生息政策。这些环保政策加速赫哲人摆脱世袭的以渔猎生产为主的谋生方式，转为以农业为主，兼施渔业、畜牧养殖业为辅，融入现代文明社会，生活水平有了较大提高。

20世纪60年代初，四排村居民增加至39户，其中赫哲族25户，98人。至1980年，全县赫哲族除迁至外地者，留居本县之人口增至50户，200余人，多居于四排村，此时他们已有耕地1 900亩，大牲畜30头，大马力拖拉机2台，联合收割机1台，汽船1艘，已初步具备机械化规模农业生产条件。文教卫生状况始终得到国家重点支持保障，村有卫生所和民族小学，赫哲族的卫生健康状况得到根本改善，学龄儿童受教育权利得到保障，困难家庭重大疾病由民政部门给予特殊倾斜救济。截止到1980年，四排村赫哲族共为国家培养大中专毕业生10余名。赫哲族结束了文盲历史，普遍达到初等教育程度，有了自己的知识分子，建立了村级人民政权，赫哲族获得了新生，迎来了快速发展的春天，走上了民族繁荣富裕的复兴之路。

改革开放的春天。从苦难中走出来的赫哲人，内心感恩共产党给予了这个弱小民族以新生，倍加珍惜今天的幸福生活。在党的民族政策和人民政府的亲切关怀下，戍守边疆，建设家园，用智慧和辛勤劳动迎来赫哲人的又一个春天，实现了赫哲人从站起来到富起来的历史性嬗变。1978年12月召开党的十一届三中全会，确立了"解放思想，实事求是，改革开放"的总方针。1983年，饶河县委根据党中央1983年1号文件精神，在全县全面实行家庭联产承包责任制，进一步解放和发展农业生产力。四排赫哲人的生产潜能又一次得到充分的释放，生产的积极性空前高涨，如四排村的尤双喜组建的家庭农场，改革的当年就上缴国家商品粮62万斤。1985年8月26日，黑龙江省政府民政厅批准成立饶河县四排赫哲族乡。1986年2月27日，饶河县委批准成立中共饶河县四排民族乡委员会。2001年3月，县委县政府根据当地赫哲人口的快速增长和社会发展进步及该民族的愿望，重新调整该乡行政区，新行政区包括四排村、曙光村、平原村、东河村和马架子林场，区域面积52平方公里，沿江边境线长54公里，人口1 786人，其中赫哲族187人。据2010年全国第六次人口普查统计，全国赫哲族总人口5 354人，其中黑龙江省3 613人，饶河县992人。

随着生产关系的变革，党和国家的关怀，财政的投入逐年加大，科学技术的推广普及，四排赫哲族乡的赫哲族群众的收入也在逐年快速增长，2007年人均纯收入比1978年增长30倍。经济收入的增加，给该村赫哲族群众的生活质量带来了质的飞跃。家庭电视、手机普及率百分之百，轿车也进入了赫哲族寻常百姓家。

改革开放以后，四排赫哲族乡经济进入了前所未有的快速发展时期，农业生产的现代化要素成分逐年加大，极大地解放了生产力。各级党委和政府对赫哲人的生产、生活条件给予了特殊的关注和投入，累计投资2千多万元，使四排赫哲族乡的民族经济、民族生活水平和精神风貌、社会建设有了跨越式的发展。

2005年，国家重新规划四排村，根据民族特色投资兴建集旅游、民族文化、商贸集市于一体的多功能赫哲新村。其中，赫哲族住宅实现整体改造，投资1 500万元建设现代赫哲新居72栋，每户85平方米，赫哲族人住进了国家扶持兴建的特色新民居，过上了现代化的居住生活，茅草屋时代已成为历史。

如今，四排赫哲族乡的四排村，俨然是一个现代化的小城镇，整洁的白色水泥路，错落有致的赫哲小楼新居，乌日贡广场，反映赫哲族渔猎生活历史的民族风情园，现代化的小学校园、卫生院、文化站等一应俱全。这些，在过去只能是在伊玛堪民族神话故事描绘的理想生活愿景，今朝变为现实。每当你走近四排赫哲小村，漫步在洁净的水泥路，徜徉在乌日贡广场，走入赫哲族风情园，浏览历史的画面，都会被有厚重时空积淀的赫哲历史所感叹，为走出濒危困境又迎来新生的赫哲族兄弟而祝福。

社会的文明进步，让赫哲族传统节日越来越受到全社会的关注，民族文化体育活动更加丰富多彩。在国家帮助下，四排赫哲族乡建起了民族文化活动站和民族文化传习所，定期授课，每年举办开江节、河灯节和乌日贡大会等民族节庆活动，同时还成立了赫哲族文工团，丰富了赫哲族群众的文化生活。

"乌日贡"大会，每年都是在农历的五月十五举行，是赫哲族的传统节日，也是赫哲族最重要的节日。饶河县政府都给予大力支持。在两天时间里他们会着盛装，跳具有民族特色的舞蹈，开展各项民族传统文体活动。

每年农历七月十五日的河灯节，也是赫哲人的重要节日。这一天的夜晚要向乌苏里江放河灯，满江的渔火点亮了水面，寓意赫哲人祈求族人平安、渔业丰收、生活幸福。

20世纪60年代，词作家胡小石、歌唱家郭颂到饶河县四排赫哲族村采风，在赫哲族传统民歌曲调基础上改编成《乌苏里船歌》。歌唱家郭颂以其高亢悠扬的旋律唱响了神州大地，唱出了赫哲人家的幸福生活。《乌苏里船歌》1980年被联合国教科文组织选定为亚太地区音乐教材，这是赫哲族人民的荣誉，也是中华民族的荣誉。优秀的音乐不只是一首歌，每首歌的背后都有它的故事，它的魅力永远不会在人们的记忆中褪色。每个民族都有不平凡的历史，《乌苏里船歌》就是一首充分反映渔猎民族生活情景，展现赫哲族人民过上幸福生活后的欢快、甜美、开朗的精神风貌。

在国家对五小民族教育政策的特殊关照重视下，饶河赫哲族率先实现了"普九"，一批批赫哲人走出赫乡，奔赴四面八方，祖国大地各个领域都展现赫哲族杰出精英的身影。如受该民族尊敬爱戴的葛德胜——饶河赫哲族的引路人、伊玛堪艺术说唱大师；付万金——一位在生产一线锻炼成长为饶河县第一届政协副主席，一生勤勉敬业，致力于民族团结，获得多项殊荣，尤其是在赫哲族语言研究和赫哲族文化遗产的挖掘整理工作方面贡献颇多；王秀林——饶河县第一任四排赫哲民族乡乡长，他心系赫哲家乡，主动放弃在北京部委的优越工作，再返家乡，为四排赫哲民族乡的建立、民族传统产业转型、民族经济繁荣、民族生活水平提高，黾勉敬业不辞辛劳，贡献颇多。这些出类拔萃的赫哲民族代表和整个赫哲族群体都是建设祖国幸福大家园不可缺少的重要力量。

饶河作为赫哲族的家乡，赫哲族在享受改革开放发展进步带来的全面发展进步成果时，最能代表民族特色的民族文化在几近被人们遗忘之时，又得到重新发掘传承，她的说唱文学、民族歌舞、传统体育、工艺美术、重要民族节日、国际交流都受到当地党政领导的重视。赫哲民族文化传承与发展走在时代前列，并焕发出新的生命活力，丰富活跃了边城文化生活，每年慕名而来的游客万余人，带动了特色旅游业的快速发展。饶河赫哲族的发展进步，与党和国家的特殊优惠政策和各级领导的关怀息息相关。让赫哲人难以忘怀的人民大会堂里国家领导人接见时那关切的话语，给予了赫哲人莫大的鼓舞，赫哲人的每一份幸福和快乐都凝聚着党和政府的亲切关怀，这些都给予了赫哲人发展进步以强大的精神动力。

如今，幸福的饶河赫哲人民，在党的阳光照耀下，正以崭新的姿态，与全国各族人民一道，用聪敏的才智和勤劳的双手去创造团结、和谐、文明富裕的美好明天。

第十一节　国营农场概况

饶河县域内分布有黑龙江省农垦总局所属的饶河、红旗岭、八五九、胜利、红卫5个国营农场。各国营农场以种植业经济为主，其产值占农业总产值90%以上，农林牧副渔工商运建服各业全面发展。

20世纪80年代中期，各国营农场进入经济体制转轨时期，先后进行了农机具转让和土地资源开发，逐步建立起一大批以经营土地、农机、畜牧、林业为主的家庭农场，实行利税费定额上缴，自负盈亏的经营机制；工商运建服各业实行集体承包责任制。20世纪90年代中期，所属各类企业逐步进行承包、租赁和产权制度转让等改革。

党的十八大以来，农场各项事业得到了更好更快发展。2019年，全面贯彻党的十八大、十九大精神，以习近平新时代中国特色社会主义思想为指导，深入贯彻习近平总书记对我省重要讲话精神，坚决贯彻党中央和省委关于农垦改革的重大决策部署，实施政企分离，以垦区集团化、农场企业化为主线，突出由行政管理向企业经营转变，大力推进政企分开、社企分开、管办分离，为推动农垦事业发展、建设农业领域航母提供重要支撑。

一、饶河农场

饶河农场位于饶河县东部，东以乌苏里江主航道为界与俄罗斯哈巴罗夫斯克边疆区隔江相望，西与小佳河镇接壤，南以大班河为界与西林子乡和四排赫哲族乡相接，北以挠力河为界与胜利农场毗邻，场部所在地欣城镇距离饶河县城35公里。饶河农场成立于1964年，场部所在地欣城镇，经营区面积696平方公里。全场有9个管理区，一般作业站27个，居民委4个，居民人口1.2万多人。建场50多年来，农场人始终坚持发扬"北大荒精神"，积极组织人力大规模进行开荒建设，耕地面积由建场初期的1万多亩，发展到42万多亩。森林经营面积2万公顷，林木蓄积200余万立方米。农业机械设备不断更新，到2017年，农场拥有农机设备1万多台套，机械总动力27万多千瓦，农作物种植生产基本实现机械化。场部所在地欣城，经过几代农垦人的开发建设，已经崛起为一座现代化风格的综合小城镇，城镇化率达80%。

二、红旗岭农场

红旗岭农场位于饶河县西部,地跨饶河、宝清两县,东与五林洞镇为邻,西隔挠力河与富锦市境内的大兴农场相望,南与虎林市及宝清县境内的八五三农场毗邻,北与西丰镇接壤,场部所在地红旗岭镇距离饶河县城72公里。红旗岭农场成立于1969年5月,场部所在地红旗岭镇。红旗岭农场经营区总面积422平方公里,其中饶河县辖区178.7平方公里。全场有3个管理区,18个作业站,9个工商运建服企事业单位。居民人口9 500余人,2018年全场耕地面积近30万亩,其中水稻面积15万亩。森林经营面积0.9万公顷,林木蓄积83万立方米。各类农业机械及配套农机具1万多台套,农机总动力27万多千瓦,粮食生产全程实现了机械化。

三、八五九农场

八五九农场位于饶河县东北部,地跨饶河、抚远两县,东以乌苏里江主航道为界与俄罗斯哈巴罗夫斯克边疆区隔江相望,西与胜利农场相邻,南与饶河农场毗连,北与抚远县境内的前锋、前哨农场相接,场部所在地四平镇距离饶河县城127公里。八五九农场是1957年在中国人民解放军铁道兵八五〇九部队基础上建立的,经营区面积1 355平方公里,场部所在地四平镇,居民人口2.3万余人。全场有9个管理区,29个作业站,30个场直企事业单位,29个驻场单位及民营企业。经过60多年发展,完成了由粗放型农业向现代农业的跨越式转型,由低效农业向高效农业的根本性转变。

2018年农业播种面积近120万亩,其中水稻面积90万亩。森林经营面积1.3万公顷,林木蓄积217万立方米。各类农业机械及配套农机具1万多台套,农机总动力20多万千瓦,综合机械化程度99.3%。

四、胜利农场

胜利农场位于饶河县北部，东北以老迟山、喀尔喀山主峰为界与八五九农场相邻，西与红卫农场接壤，南以挠力河为界与小佳河镇、饶河农场毗邻，北以别拉洪河为界与同江市境内的洪河农场和抚远县境内的前锋农场相接，场部所在地胜利镇距离饶河县城58.8公里。胜利农场成立于1964年6月，场部所在地胜利镇。经营区面积922平方公里，居民人口1.4万余人。全场有基层行政单位28个，其中农业管理区7个、工副业单位21个。

2018年，全场农作物播种面积近70万亩，其中水稻51万多亩。森林经营面积1.88万公顷，林木蓄积27万立方米。拥有各种大中型拖拉机1 475台，大中型配套农机具13万多台套，机械总动力18万多千瓦，种植业基本实现机械化。

五、红卫农场

红卫农场位于饶河县西北部，地处饶河县、富锦市、同江市结合部，东与胜利农场接壤，西与富锦市境内的创业农场毗连，南以挠力河与大佳河乡、山里乡为邻，北以别拉洪河与同江市境内的洪河农场相望，场部所在地莒平镇距离饶河县城140公里。红卫农场成立于1968年12月，场部所在地莒平镇。农场经营区面积756平方公里，辖8个管理区和4个居民委，居民人口1万余人。2018年，农业播种面积近60万亩，其中水稻近57万亩。森林经营面积0.9万公顷，林木蓄积12万立方米。农田水利基础设施配套较完善，种植业基本实现机械化，有各种农业机械及配套农具2 154台套，机械总动力14.9万千瓦，旱田机械化程度达95%，航化作业近32万亩。

第十二节 饶河境内的林业发展

一、东方红林业局

1956年，牡丹江森林经营局先后在饶河县石场、永幸等地建立森林经营所，开始经营本县森林。1963年经国务院批准，于虎林设立完达山林业管理局，全面采伐那丹哈达岭森林。为加强对饶河境内森林管理，又下设虎头森林经营局，同年秋，成立饶河经营局。1965年撤销饶河经营局，本县森工林场全部划归东方红林业局管理。隶属于黑龙江省森林工业总局合江林业管理局，是国家大型一级森工企业。施业区总面积42万公顷，有林地面积34.56万公顷，森林总蓄积量3 500多万立方米，森林覆被率82%，所经营的森林大部属于国家东北黑蜂自然保护区。全局总人口5.2万人（包括七个村屯人口），在岗职工5 000余人。

饶河县境内有东方红林业局所属大岱、永幸、石场、五林洞、奇源、大牙克6个森工林场。

二、迎春林业局

迎春林业局始建于1963年3月，隶属于黑龙江省森林工业总局合江林业管理局，是国有大型二级森工企业。坐落于黑龙江省东部，完达山脉南麓，三江平原东南部，地处北大荒粮食主产区腹地，国家东北黑蜂自然保护区核心区，施业区总面积21.7万公顷，森林总蓄积1 600多万立方米，林区森林覆被率65.2%。林区总人口为5.8万多人，职工3 000余人，年总产值5.8亿元，饶河县境内有迎春林业局所属的小佳河、宝马山、威山、西丰、芦源5

个林场。

党的十八大以后，林业实施天然林保护工程，全面停止采伐，让过伐的森林休养生息，鼓励职工发展林下经济和多种经营，森林工业经历了有史以来第一次经济转型和生产转产。

三、饶河县林业局

饶河县林业局是20世纪60年代末，为防止乌苏里江我方沿岸水土流失，加强战备而成立的以营造边防林为主的营林机构。黑龙江省委、省人委于1965年决定，在黑龙江和乌苏里江建立若干个边防造林林场。1968年，省革委会生产指挥部批准在饶河县建立反修（马架子）和前哨（通河）林场。1969年建立反修林场，1970年建立前哨林场，1974年建立森川林场。这几个林场在建场初期主要以造林为主，兼采伐少量林木。中苏关系缓和后，饶河林业局所属林场转入以森林采伐和造林并重时期。1978年5月14日，黑龙江省委常委会第五十次会议纪要，及1980年黑龙江省政府黑政字〔1980〕3号《关于处理若干土地、林权纠纷问题决议》，对本县森工、县属、各农场林权管理予以明确划定。饶河县地方林业局管辖林地总面积2.8万多公顷，林木蓄积230多万立方米。随后，县林业局各林场进入侧重以森林采伐为主时期。

20世纪80年代后期以来，全国森林资源消耗量大于生长量，饶河县林地经营面积和林木蓄积量也呈逐年下降趋势。1989年，根据林业部指示，为科学永续利用森林资源，县林业局编制《饶河县森林经营方案》，作为经营森林的指导原则。1992年《通河林场森林经营方案》获得林业行业国内先进成果奖，纳入林业部科技成果库，同时该方案获得佳木斯市政府科技进步三等奖。

2005年，县林业局被国家批准为实施天然林保护工程试点单位。县林业局所属各林场停止森林采伐，转入造林、护林阶段。至此，过伐的森林得到休养生息，林地和林木实现双增长，森林生态系统功能逐年恢复。

第三章　饶河发展远景

一、指导思想

高举中国特色社会主义伟大旗帜，全面贯彻党的十八大、十九大精神和习近平新时代中国特色社会主义思想，坚持全面建成小康社会、全面深化改革、全面依法治国、全面从严治党的战略布局。坚持发展是第一要务，贯彻新发展理念，推动高质量发展，以提高发展质量和效益为中心，围绕"一带一路"国家发展战略，发挥饶河通向远东及东北亚边境口岸通道节点的地缘优势，更加凸显对外开放中的前沿窗口作用，协调全市力量打好口岸牌，充分发挥国内国际两种资源和两个市场作用；更加突出地域特色资源优势，重点打好东北黑蜂特色品牌，举全县之力将饶河发展成为"中国蜂业之都"，使之由知名品牌形成全产业链和全国闻名的东北黑蜂特色小城。全力打造财源支柱产业培育区、绿色食品产业聚集区、东北黑蜂产业园区、百里黄金旅游带、对外贸易服务区，确保农业现代化取得明显进展，让一切可以促进饶河发展的活力都充分地迸发，一切可以创造财富的源泉都充分涌流，促进饶河老区经济、社会发展全面提档升级，造福一方人民。要着力完善体制机制，着力结构调整，着力鼓励创业创新，着力保障和改善民生，统筹推进经济、政治、文化、社会、生态文明建设和党的建设，推进全面脱贫，持续巩固脱贫成果，确保饶河与全国全省同步全面建成小康社会，为实现生态、富庶、文明、幸福、美丽饶河而努力奋斗。

二、发展目标

坚决打赢脱贫攻坚战。把脱贫攻坚战作为重大政治任务和第一民生工程来抓，落实《全县打赢脱贫攻坚战三年行动实施方案》，将产业扶贫作为根本之策，着眼产业扶贫与乡村振兴有机融合，注重把扶贫同扶志、扶智相结合，让脱贫致富的内生动力与外力帮扶有机融合。2022年实现全县农村贫困人口全部脱贫，消除绝对贫困。

经济实力逐步增强。饶河县力争到2022年县域经济总量、产业层次，财政综合实力均要有较大提升，实现赶超越位，县域地区生产总值达到82亿元，年均增长7%。

财税收入快速增长。一般公共预算收入达到2亿元，税收占比达到60%以上，年均增长12%。

规模工业不断优化。第二、三产业增加值占县域地区生产总值比重达到50%以上；县域工业对经济增长贡献率提高20%以上。

居民收入持续增加。农村居民人均可支配收入年平均增长13%以上，城镇居民人均可支配收入年均增长6%以上。

县域排名赶超晋位。县域经济实现高质量发展，综合排名争取进入全省45名以内。

三、产业发展

以县域经济高质量发展、强县富民为主题，以结构调整、发展开放型经济为主线，突出东北黑蜂特色支柱产业对经济发展的带动作用，集中力量做大做强做优一批能支撑饶河县经济快速发展的支柱产业，加快实施"工业强县，项目兴县，开放活县"战略，着力发展支柱产业，狠抓招商引资和项目建设，实现县域经济又好又快发展。

（一）完善工作思路，确保决策科学

突出一产抓融合、二产抓提升、三产抓拓展的产业格局。大力发展外经贸产业、黑蜂产业、农业和绿色食品精深加工产业、旅游产业"四大支柱产业"。突出抓好工业园区和重点项目建设，强化发展要素保障，提高全要素生产率，推动产业优化升级。

（二）做大做强外经贸产业

以创建全省东部地区沿边对外开放重要窗口为目标，加快建设特色口岸，大力发展外向型经济。重点围绕跨境能源、资源综合加工利用和绿色食品、商贸物流、旅游康养、沿边金融等产业，加强与俄罗斯哈巴边区和滨海边区的企业、园区间交流。围绕饶河县对俄合作供给优势接洽俄罗斯市场，按需配货，做大绿色农副产品和文化旅游产业出口，做细做精俄罗斯木材、海产品、药材等资源进口深加工项目，全面提升产业价值链。发挥互市贸易区在吸引外商投资和进出口产品生产要素的集聚牵动作用。培育和引进具有交易服务、物流仓储、检验检疫等专项服务或综合服务的对俄跨境电商平台，推动跨境电商产业发展。把饶河口岸定位为跨境产业集聚区、边境城市合作示范区、沿边口岸物流和中俄文化交流合作重要基地，协调全市资源，汇集全县力量，努力把饶河口岸打造成中俄边境地区政策最优、机制最活、活力四射的特色经济区。

（三）做精做细做强东北黑蜂产业

东北黑蜂产业是饶河县产业发展的重要组成部分，它对于富民强县、提高农作物产量、促进农民增收、维持生态平衡和建设健康中国都有重要的意义。要推动东北黑蜂保护区地方立法尽快落实,依法保护培育和发展东北黑蜂优良蜜源植物、蜂种种质资源、养蜂生产、科学研究、产品生产和销售市场、黑蜂文化,保证黑蜂产业健康有序高质量发展。努力将饶河打造成为"中国蜂业之都",使之由知名品牌形成全产业链和全国闻名的东北黑蜂特色小城,让小黑蜂真正成为富民强县的第一支柱产业。

(四)做强做精旅游产业

以建设"全省旅游强县"为目标,充分发挥饶河大地婀娜多姿壮美的地理风景优势,以国家"全域旅游"发展理念为引导,推动饶河从"景区旅游向区域旅游"跨越。全面提升旅游产业核心竞争力,努力把旅游业培育为饶河县国民经济发展的支柱产业。到2022年,新增国家AAAA级景区2个、三星级以上酒店3家、省级乡村旅游示范点达到5家、建成游客服务中心4家、自驾车营地3座、星级旅游厕所20座,建设俄罗斯风情园、东北黑蜂科普体验园、东北黑蜂蜜源植物园、乌苏里江流域文明史馆、康养旅游度假中心、小南河村东北民俗旅游示范基地等,打响"乌苏里船歌家乡"品牌,初步形成乌苏里船歌百里黄金旅游带全域旅游发展格局。通过落实守边固边政策,积极争取饶河县17个抵边村基础设施建设资金,统筹边境生态、民俗、文化、界江等旅游资源,打造"醉美龙江331风景道",促进边境旅游产业发展,实现兴边富民。

届时,饶河旅游产业将形成年接待游客达100万人次,年均增长不低于15%;旅游收入实现12亿元,年均增长30%以上,旅游业产值占全县GDP10%以上目标;旅游消费占居民消费比重达到10%以上,旅游从业人员达到2 500人,带动县域社会关联就业9 000人。

(五)促进县域文化繁荣发展,着力健全公共文化服务体系

深入挖掘小南山史前文明、赫哲族渔猎文化,不断丰富抗

联精神、北大荒精神、珍宝岛精神为内涵的近、现代文化底蕴，形成以社会主义核心价值观为指导的新时期饶河老区特色文化产业，用以激励老区人民创业致富，使文化软实力产生经济社会发展硬效益。一是建立政府主导、各方参与的公共文化服务体系建设协调机制，把公共文化服务体系建设纳入全县"十四五"规划考核评价体系。进一步完善饶河县文化馆、博物馆、图书馆以及9个乡镇综合文化站和全县79个农家书屋标准化建设，整合资源集中建设村和社区的综合性文化中心，完成乡镇中心村文化广场和博图科技一体馆建设，县文化馆达到国家三级馆建设标准。到2020年底基本建成覆盖城乡、便捷高效、保基本、促公平的现代公共文化服务体系。二是实施公共数字文化工程和边疆文化长廊建设工程，实施公共数字文化服务"进村入户"，打通公共文化服务"最后一公里"。推进南山电视台数字化改造工程，全面完成南山电视台机房改造工程并积极配合抓好工程项目的实施，争取在2020年底全面完成广播电视数字化改造工程。三是积极拓展地域特色文化，提升饶河县赫哲族渔猎文化品位和知名度，重点办好赫哲族的传统节日乌日贡大会，培养一批赫哲文化传人和绘画、雕刻艺术工匠，让地域特色文化焕发出新时代的蓬勃生机。促进对俄文化国际交流，拓展对外文化交流深度和广度。在饶河现有对俄文化交流的载体和平台的基础上，努力构建结构合理、内涵丰富、科技含量高、富有创意的现代对俄文化产业体系。以文化为纽带促进饶河外向型经济发展，带动饶河对俄文化交流的发展不断升级，增强饶河文化对外影响力。

第四章 饶河县大事记

（1946—2020年）

1946年初，侯煜赫奉命率虎林三八支队在饶河建立民主政权。

1946年2月22日，伪西风沟屯屯长贾绍堂组织土匪暴动，新生人民政权湮灭在血泊中，史称西风沟"二·二二"反革命叛乱。

1946年8月初，东北人民自卫军三五九旅警卫团王景坤团长率千余人由虎林前来饶河剿匪平叛。

1947年3月，王景坤团副参谋长徐新彬奉命率队伍前来饶河建政，暂任代理县长。

1948年1月，饶河开始土地改革。2月，根据牡丹江省委指示，饶河工委改为饶河县委，俞时模任县委书记，徐新彬任县长。

1948年5月，县内土地改革工作结束。1949年3月，县委书记俞时模调任合江省共青团书记。集贤县财粮科长亓克英同志继任饶河县委书记兼县大队政委，原县委组织部部长张玉山任县长。

饶河县行政隶属关系变化。1945年"八一五"光复后，饶河隶属中共合江省东安地委；1947年6月东安地委撤销后，饶河又直接隶属合江省委；1947年8月饶河隶属牡丹江省；1948年7月饶河隶属合江省；1949年5月合江省与松江省合并为松江省后，饶河隶属松江省；1954年6月松江省与黑龙江省合并为黑龙江省，饶河隶属黑龙江省；1954年10月，饶河隶属黑龙江省合江行署。

1958年11月，经国务院批准，撤销虎林县、饶河县建制，合并成立虎饶县，县址设在虎林镇。

1964年10月1日，虎林县与饶河县正式分开，饶河县建制正式恢复。

1965年7月，小南山抗日烈士纪念碑动工修建。

1967年6月17日，省革委会批准饶河县革命委员会成立。

1969年3月2日和3月15日及17日，发生了震惊中外的珍宝岛自卫反击战。

1970年9月17日至22日，在县工人俱乐部召开中国共产党饶河县第六次代表大会，中共饶河县委正式恢复。

1976年秋，挠力河畔的大小佳河一带天然毛水苏蜜大丰收。全县1 200群蜂转场至大小佳河一带，20多天时间，平均每群蜂采毛水苏蜜300多斤，最高700斤。同年大佳河乡1群蜂产毛水苏蜜500公斤，创世界纪录。

1978年5月，饶河县黑蜂经北京蜜蜂研究所标定为"中国黑蜂"，也称"东北黑蜂"。

1980年9月，召开饶河县第七次人民代表大会，改县革命委员会为县人民政府。

1983年根据中央一号文件精神，县委县政府在全县农村普遍推行联产承包责任制，并开始实行第一轮土地承包工作。

1986年9月3日，举行饶河抗日游击队纪念碑建成典礼。10月

5日，国务院批准其为国家重点保护文物。

1992年7月17日，饶河口岸联检大厅建设工程破土动工，建筑面积1 400平方米，1993年9月竣工。

1993年5月15日，国务院批准饶河县为开放县，并列为对外国人开放地区。

1993年8月1日，经国务院批准，饶河县由佳木斯市划归双鸭山市管辖。

1994年7月17日，饶河县被列为省级贫困县。

1997年12月8日，国务院颁发国函〔1997〕109号文件，批准建立黑龙江省饶河东北黑蜂国家级自然保护区。保护区总面积11 365平方公里，其中核心区面积4 965平方公里，缓冲区面积6 400平方公里。

1999年10月，经国家特产经济开发办批准饶河县为全国珍贵毛皮动物良种繁育基地。

2002年2月，国家环保总局正式批准饶河县为国家级生态示范区。

2002年3月9日，经国务院批准，饶河县等全省14个县被列为国家扶贫开发工作重点县。

2010年，饶河县被联合国旅游经济促进会、中国旅游品牌协会评为中国十佳原生态旅游名县。

2014年，饶河县被确定为国家级出口食品农产品质量安全示范区和国家绿色农产品原料标准化生产基地。

2015年，饶河县被评为中国十佳宜居县。

饶河县荣获黑龙江省委、省政府授予的（2015—2017年）省级美丽乡村建设先进县。

2018年8月，饶河县顺利通过了国家第三方评估检查，实现脱贫摘帽。

2018年，饶河建成30公里高等级公路，即饶盖（盖州）公路的县城至大岱林场路段。

2019年，珍宝岛自卫反击战50周年。

根据中央和省委关于森工、农场深化体制改革方案，饶河县政府自2019年起，接受其行政和社会事业管理职能。

2020年1月21日，饶河县开展"新型冠状病毒性肺炎"疫情全面防控。1月26日，县疫情防控指挥部发布第一号通告。至疫情结束，饶河县未发生一起感染病例。

后 记

习近平总书记说："老区是党和人民军队的根"。饶河是一类革命老区，饶河各族人民在党的坚强领导下，同全国人民一道风雨同舟，披荆斩棘，砥砺前行，在经历了站起来、富起来和强起来的历史变革中作出了伟大的贡献。饶河革命老区人民在党领导的各个历史时期所汇集凝练成的弥足珍贵革命老区精神，对于当今我们进一步筑牢信仰之基、补足精神之钙、把稳思想之舵，不忘初心、牢记使命，有着十分重要意义。让革命老区精神牢牢扎根、代代传承，为新时代建设生态、富庶、幸福、文明饶河的历史进程提供不竭的智力支持和精神源泉，为实现"两个一百年"和中华民族的伟大复兴的中国梦提供着源源不断的精神动力。

根据国家老促会组织全国各地老促会启动编纂《全国革命老区发展史》丛书要求，饶河县革命老区建设促进会决定编写《饶河县革命老区发展史》，全面系统书写饶河革命老区百年历史，深入挖掘整理饶河革命老区红色文化资源。全书正文共分三个部分，即三编，30万字。本书编纂以习近平新时代中国特色社会主义思想为指导，坚持辩证唯物主义和历史唯物主义相统一、历史真实性与内容可读性相统一的原则，书写饶河革命老区人民从站起来、富起来到强起来的光辉革命史、不懈奋斗史、辉煌成就史，把饶河革命老区人民的伟大贡献、伟大创造、伟大成就、伟大精神充分展示出来，形成一部具有厚重历史特征和鲜明时代特色的作品。本书按照编年体与纪事本末体相结合，以编年体为主的编写体例确定框架结构；运用时经事纬、点面结合的方式记述史实；坚持人与事结合，以事带人的原则处理人与事的关系；采取夹叙夹议，以叙述为主的写作手法。做到了史料与史论、历史与现实、政治与学术统一，文献性、学术性、知识性、可读性相兼容。

本书主要参考资料：元仁山《东北抗日联军第七军》，周保中《东北抗日游击日记》，姚中晋《饶河县志》《饶河县百年拾记》，彭施鲁《我的回顾》，以及《赫哲族简史》《中国东北史》《中国共产党饶河县组织史》《饶河抗日风云》《虎林抗日烽火》《中共黑龙江历史》（上下册）等。

本书编纂工作在编委会领导下，得到县委县政府及有关部门的大力支持，社会各界也给予了热情帮助，在此一并表示衷心感谢。由于编著本人的水平有限加上本书所记述的史实内容多、时间跨度长和编纂时间紧，不妥之处，敬请批评指正。

编者

2019年12月1日

参考文献

［1］元仁山编著.东北抗日联军第七军［M］.哈尔滨：黑龙江人民出版社，2005.

［2］姚中晋编著.饶河县志［M］.哈尔滨：黑龙江人民出版社，1992.

［3］丛佩远主编.中国东北史第一卷［M］；刘信君等主编.中国东北史第六卷［M］.长春：吉林文史出版社，2006.

［4］中共黑龙江历史第一卷上下册［M］.北京：中共党史出版社，2013.

［5］赫哲族简史［M］.哈尔滨：黑龙江人民出版社，1984.

［6］陈佩雄主编.中国通史［M］.长春：吉林文史出版社，2006.

［7］赵素芬主编.周保中文选［M］.北京：中国人民解放军出版社，2015.

［8］周保中.东北抗日游击日记［M］.北京：中国人民解放军出版社，2015.

［9］彭施鲁.我的回顾［M］.哈尔滨：黑龙江人民出版社，2018.

［10］姚中晋编著.饶河县百年拾记［M］.北京：华文出版社，2010.

［11］张海明主编.虎林抗日烽火［M］.黑新出图内字23G2000-4号，2000.

［12］中国共产党黑龙江省饶河县组织史资料［M.］黑出管字第407-40号，1987.

［13］赵素芬.周保中将军传［M］.北京：中国人民解放军出版社，2015.

［14］钟占富主编.饶河抗日风云［M］.黑新出图字第027号，1996.

［15］姚中晋编著.烽燧乌苏里［M］.哈尔滨：黑龙江人民出版社，2015.

［16］鞠桂兰主编.饶河县志1986—2005［M］.哈尔滨：黑龙江人民出版社，2009.